21 世纪普通高等教育“十三五”规划教材·市场营销系列

服务营销

（第二版）

安贺新 主 编
张爱玲 副主编

上海财经大学出版社

图书在版编目(CIP)数据

服务营销/安贺新主编．—2版．—上海：上海财经大学出版社，2020.6
(21世纪普通高等教育"十三五"规划教材·市场营销系列)
ISBN 978-7-5642-3514-7/F·3514

Ⅰ.①服… Ⅱ.①安… Ⅲ.①服务营销-高等学校-教材
Ⅳ.①F713.50

中国版本图书馆CIP数据核字(2016)第048233号

□ 责任编辑 袁 敏
□ 封面设计 张克瑶

服 务 营 销
(第二版)
安贺新 主 编
张爱玲 副主编

上海财经大学出版社出版发行
(上海市中山北一路369号 邮编200083)
网 址：http://www.sufep.com
电子邮箱：webmaster@sufep.com
全国新华书店经销
上海叶大印务发展有限公司印刷装订
2020年6月第2版 2020年6月第1次印刷

787mm×1092mm 1/16 19.25印张 493千字
印数：4 001—7 000 定价：49.00元

21世纪普通高等教育“十三五”规划教材

21 SHIJI PUTONG GAODENG JIAOYU “SHISANWU” GUIHUA JIAOCAI

编委会

BIAN WEI HUI

第二版前言

当前我们已经处于"人人为我服务，我为人人服务"这样一个服务经济时代，但我国服务业对整个国民经济的贡献度还比较低，与世界发达国家相比仍有较大的差距。究其原因，在于服务行业服务营销理念的落后和服务营销战略规划问题以及服务营销策略的有效性问题。学校是为社会培养人才的地方，目前各高校本、硕层次分别开设了服务营销课程，MBA、EMBA 也都将其作为必修课或选修课。基于此，作为一个服务营销学者，为各层次学生以及服务营销的实践者编写与时代同步、理念先进、体系完整的教材是义不容辞的责任。

随着互联网、大数据、人工智能、物联网、区块链等技术的发展及其对各行各业的渗透，服务营销的具体形式和策略也更加多样化。为与时俱进，本编写组对本教材第一版进行了修订和完善。

本书在基本保留第一版内容和体系的基础上，结合服务营销实践的变化，对各章案例进行了更新，把近年来服务营销的最新实践及其策略引入本书，使案例尽可能呈现当前的服务营销实践活动。与之相对应，对每章后面的练习题进行了重新设计，以期通过这些练习，加深读者对企业当前服务营销实践及其策略的认识和理解。另外，本书根据新的渠道形式的涌现，对第七章的内容进行了补充和完善。

本书具有如下特点：

1. 系统性

本书结构、层次设计合理，体系完整，具有较强的系统性。全书共分五篇，介绍了服务营销的基本内容，即服务营销基础（第一、二章）、服务营销战略规划（第三、四章）、服务营销策略（第五、六、七、八、九、十、十一章）、服务营销控制（第十二、十三章）、服务营销发展趋势（第十四、十五章）。结构设计既符合服务企业进行营销活动的程序，其内容又涵盖了服务营销管理活动的全过程。关于服务营销理论和实践知识的阐述层次分明、系统性强。

2. 务实性

本书无论是从体例安排上还是从所涉及内容的角度，都体现了务实性的特点。全书内容有效地联系服务营销的实际，并结合我国的现实情况，力求有一定的理论深度且便于实际操作，注重学生实践能力的培养。如在体例编排上，每章除设有小结及复习思考题外，还附有本章学习目标；正文中穿插与关键知识点相关的实例，为学生生动地展示现实世界；每章后面的案例讨论题引导学生运用所学知识探讨现实问题，加深对服务营销理论的理解，从而锻炼与完善自身的实战能力。

3. 前瞻性

本书理论精练，充分吸取了服务营销的最新理论成果。本书对服务营销的新趋势——电子服务、体验营销等进行了研究，对服务企业创新服务手段及方式具有启发意义，充分体现了前瞻性的特点。

4. 适用性

本书因为特别针对了高等院校课程量的设置以及高校培养学生的创新能力和实务操作水平的要求，所以非常适合作为大学本科经济管理专业的教材和参考资料。此外，由于本书具有很强的实践性的特点，兼顾了实际工作者的需要，因而它也适用于不同层次、不同领域的企业管理人士自学和培训。本书配有教学课件，以备教师教学之需。

总之，我国经济和技术的高速发展，为服务营销理论与实务的研究和实践提供了广阔的发展空间。本书内容力求与时俱进，其基本理论和基本策略与现实服务营销活动紧密结合，内容丰富，对服务营销实践具有很强的指导意义。

本书由中央财经大学安贺新教授任主编，张爱玲教授任副主编。参与编写的主要人员分工为：张爱玲（第一章），吕书梅（第二、九章），徐谷波（第三、四章），范进（第五、十章），姜晓东（第六章），杨旭东（第七、十三章），王俊（第八、十二章），肖晶、安贺新（第十一章），杨波（第十四、十五章）。此外，刘俊男、罗子博、马璞、欧思婕、缪嘉铭、刘怡宏、周宇轩、顾晗、张开阳、汪榕、汪丞基、陈冰、赵铁柏等参与了本书的部分编写。

在本书的编写过程中，我们参考和引用了大量文献，在此向原作者致以诚挚的谢意。书中不当之处敬请读者批评指正，提出宝贵意见。

安贺新

2020 年 3 月

目　录

第三篇 服务营销策略

第四篇 服务营销控制

第五篇 服务营销发展趋势

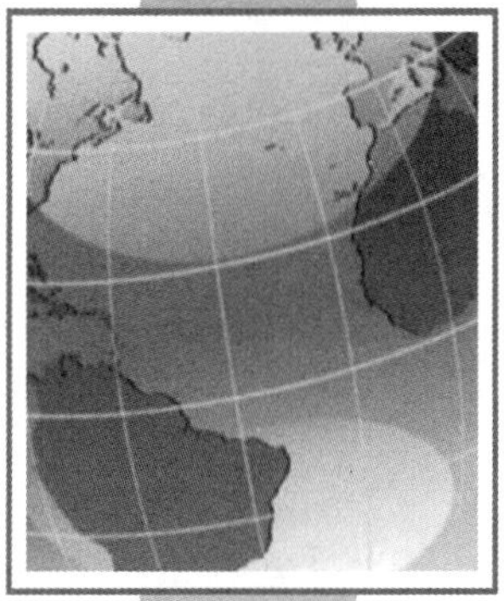

第一篇　服务营销基础

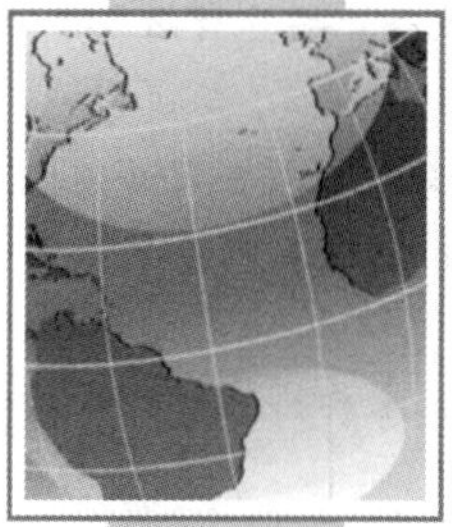

第一章
服务营销概述

学习目标

了解服务营销学的产生、发展及服务营销学与市场营销学的关系。

掌握服务营销观念的内涵及实施思路。

掌握服务的定义及特性。

熟悉服务产品的营销对策。

掌握服务营销中新增3P的内涵。

案例导入

大数据与民航服务营销

大数据和民航服务营销是相辅相成的关系,民航日常的服务营销中会产生大数据。通过数据分析,为民航的服务营销提供强有力的数据支撑,帮助航空公司精准营销,提高民航的服务营销。

一、大数据在民航中的应用现状

麦肯锡全球研究所将大数据定义为一种规模大到在获取、存储、管理、分析方面大大超出了传统数据库软件工具能力范围的数据集合,具有海量的数据规模、快速的数据流转、多样的数据类型和价值密度低等特征。民航旅客运输中产生的数据也符合这四大特征。

2017年,航空旅客运输量增长至5.52亿人次,每位旅客参与民航运输的全过程中都会产生可提取的、可用于服务营销分析的数据。

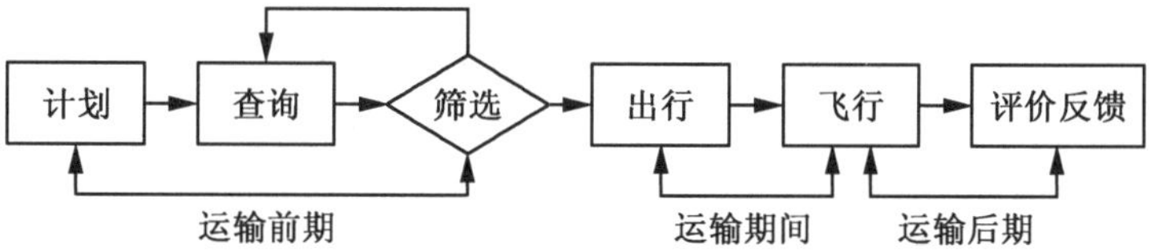

运输前期,旅客计划出行方案,并通过各种渠道搜集航程信息后,结合旅客的消费敏感性进行航程筛选;运输期间,旅客通过不同的交通方式到达机场值机,并体验航空公司的地面和空中服务;运输后期,旅客对本次运输全过程建立了及时有效的评价。旅客在参与民航运输的过程中会产生海量的、快速的、多样的和价值密度低的数据。

航空公司拥有自己独立的数据仓库,其中包含了生产、运营、销售、客户等数据。这些数据覆盖了航空公司生产经营的全过程,航空公司将这些数据处理归类后给各个部门使用,这些数据暂时是相互独立的。

同时,部分数据在当期使用之后,没能够再次使用。航空公司应该将现有的生产、运营、销售、客户等数据库关联起来,形成一个相互关联的大数据库。

国内大多数航空公司的数据仓库目前是不对外开放的,航空公司应该加强获取已有数据库以外的数据,如线上搜索平台、线上代理商、机场、旅行社等。利用已有数据和外部数据的结合,更深层次地进行旅客行为分析,为服务营销提供精准化策略。

二、大数据在服务营销中的应用

(一)旅客行为分析

当前是信息化的时代,民航中优质服务的产品很容易被效仿。因此,目前的民航服务产品具有同质性,即无论是机上服务还是市场营销的附加服务产品,都存在极大的相似性。

这种情况下,航空公司更希望通过差异化服务和精准化服务营销来扩大市场占有率。航空公司必须使自己的产品和服务保持同竞争者之间的差异性,并将这种差异性准确地传递给所需的旅客,使其感知并愿意为差异化的服务买单或支付更高的价格。

为了实现这种差异化,航空企业需要有针对性地细分旅客的特定需求,使产品和服务针对特定的目标客户,甚至为单独的旅客提供定制化、针对化服务。

在日常的服务营销中,航空公司的核心目标是提供更好、更符合旅客需求的服务产品。比如:地面服务场景中,优化头等舱、商务舱柜台的环境设计,减少经济舱柜台的排队等候时间,增加特殊乘客的柜台票务办理便利性,以及提高廊桥、摆渡车接送对乘客的搭乘体验等;在空中飞行场景中,按照旅客的餐食偏好提供餐食,投放旅客喜欢的机上娱乐项目等其他增值服务产品。

这些都能依靠大数据的旅客行为分析给出精准的服务营销策略。所谓旅客行为分析,是指对有关数据进行统计、分析,从中发现旅客日常的生活习惯,让航空公司的营销更加精准、有效。大数据的产生可以帮助航空公司更深层次地分析旅客的行为,描述旅客专属的个人画像。

(二)航空公司精准服务营销

大数据可以帮助航空公司建立每个旅客专属的个人画像,旅客的用户画像除了最基本的姓名、联系方式外,还有家庭状况、收入状况、出行时间习惯、出行地点、飞机座位选择习惯、出行选择酒店档次、出行购物消费金额、随行行李箱品牌及大小、到机场办登机牌预留时间长短、到达和离开机场的交通工具等。

航空公司依靠独立的生产运营数据库较难提取分析到以上信息,因此,航空公司应该积极主动与相关联产业进行旅客行为信息共享,共同勾画更加全面立体的旅客画像。

关联企业包含旅客始发地和目的地的酒店、餐馆、商场等。关联企业之间的旅客数据信息有很大的重合度,只是在不同企业进行不同的消费行为而已。信息共享让服务链上的企业都得到更多的旅客数据维度,使旅客的个人画像逐渐清晰。

大数据在民航服务营销中的最终目的,是通过数据的挖掘与分析使航空公司能够“比旅客更了解旅客自己”。航空公司通过大数据建立的旅客个人画像,可以分析旅客的乘机习惯,为其提供个性化服务营销。

——资料来源:空港航站楼. 大数据与民航服务营销. 搜狐,2018—07—05.

思考:

1. 基于案例分析,大数据技术在现代服务营销中发挥了什么作用?
2. 你还知道哪些服务营销与大数据结合的例子?

第一节　服务营销学的产生和发展

一、服务经济时代的到来

追寻历史发展的印记,我们会发现,20 世纪中期以来,自欧美发达国家开始,世界经济结构发生了深刻的变革,即工业革命以来长期占主导地位的制造业在国民经济中的作用日渐削弱,各种新兴的、门类繁多的服务部门蓬勃发展,服务业正在把全球经济带入所谓的“服务经济时代”。所谓服务经济,是指服务业的产值在国内生产总值(GDP)中的比重超过 60%的一种经济状态,或者说,服务经济是指服务业中的就业者在整个国民经济全部就业者中的比重超过 60%的一种经济态势。

(一)发达国家服务业发展状况

目前,在世界 GDP 总量中,服务业产值已超过了 60%,其中一些发达国家的服务业产值已占国内生产总值的 70%,美国已超过 80%。而服务业的就业比重,发达国家已高达 70%左右,中等收入国家为 50%～60%。可以说,时至今日,服务业的发展程度已成为衡量一个国家、一个地区、一个城市经济发展水平的重要标志。

在发达国家,如美国、英国、日本等,服务业已经成长为国民经济中最大的产业。2001 年,服务业产值在 GDP 中的比重,美国为 76.3%、英国为 72.6%、法国为 72.5%、德国为 69.7%、日本为 71.5%、意大利为 69.5%、加拿大为 66.1%;同年,服务业中的就业者占全部就业者的比重,美国为 75.2%、法国为 74.1%、德国为 64.7%、英国为 73.4%、意大利为 62.5%、澳大利亚为 74.1%、加拿大为 74.4%、日本为 63.9%。事实证明,无论按哪个标准衡量,发达国家在 21 世纪初就已经进入了服务经济时代。

【实例 1—1】

当前,美国服务业已经成为美国经济的核心产业。自 2000 年至今,服务业在 GDP 中的占比仍然从世纪初的 68%抬升到 2017 年的 74%。同时也是吸纳就业的核心力量,据 2018 年 6 月数据显示,服务业就业占比已经达到非农就业的 86.11%。其中,教育医疗、专业服务、休闲住宿和零售这四项就业人口占比超过 52%。

服务贸易方面也迅速发展,20 世纪 70 年代初,美国商品贸易从顺差滑向逆差,而服务贸易从逆差滑向顺差。此后,服务贸易的发展一定程度上填补了商品贸易带来的巨大缺口。实际上,美国的服务贸易在世界上的领先优势非常明显,2017 年,美国服务出口总额达到 3.52 万亿美元,占世界 14.42%,为当前世界第一大服务贸易出口国。仅由此,我们可以看到美国服务业在经济中的核心地位。

从结构上来看,长期以来,金融一直是美国服务业的核心。自 70 年代至今,专业服务受益于信息技术革命而快速增长。到 2000 年之后,社会服务部门得到了较快的发展。到 2017 年,金融、保险、地产等以及商业服务不断扩张,产值达整个服务业的半壁江山,为 47.1%,解决就业占 29%。批发、零售、物流仓储的产值、就业仅占 21.7%、26%。

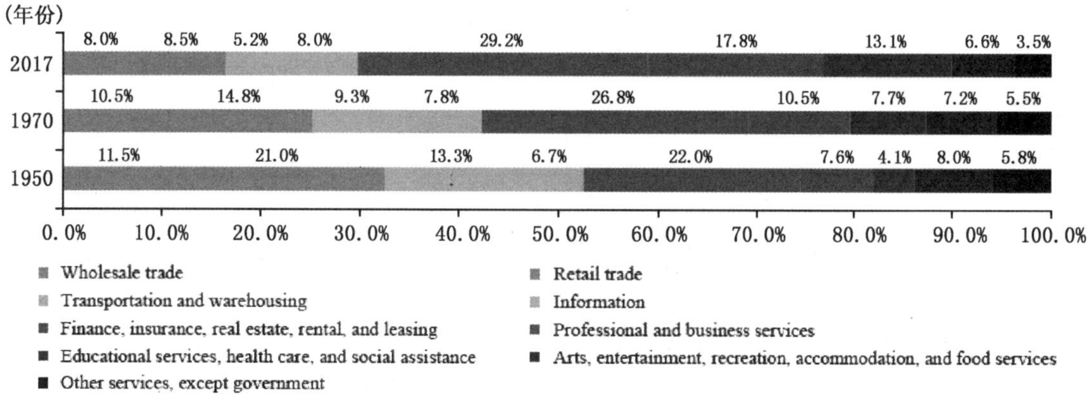

——资料来源:中信建投证券研究发展部,2018—09—17.

(二)我国服务业的发展态势

许多发展中国家的服务业的规模和地位也在迅速上升。从总体发展状况来看,发展中国家的情况比较复杂,有的国家还处于农业经济时代,多数国家已进入工业经济时代,个别国家已接近服务经济时代。我国服务业的发展状况呈现如下态势：

1. 服务业增加值占 GDP 比重不断增长

改革开放以来，中国经济进入了高速发展的通道，在 1978～2017 年的 40 年间，中国的 GDP 年均增长率达到了 9.5%以上。与此同时，作为国民经济一个重要组成部分的服务业，也获得了高速增长。1978 年，我国服务业的增加值为 860.5 亿元，占同期 GDP 的比重仅为 23.4%，而到 2017 年，我国服务业的增加值已达到 427 032 亿元，占同期 GDP 的比重达到了 51.9%。由此可以看出，服务业已逐步成为我国国民经济占主导地位的产业。

2. 服务业就业人数占就业总人数比重不断提高

长期以来，我国处于由农业社会向工业社会过渡的过程中，农业人口占我国人口的绝大多数。以 1978 年为例，我国当年的就业总人数为 40 153 万人，其中农业就业人数达到 28 318 万人，占就业总数的 70.5%。随着我国改革开放的不断深入，我国的就业结构也发生了巨大变化，第一产业的就业比重不断下降，第二产业的就业比重也经历了快速上升并逐渐趋于稳定的状态，而过去的 40 年间，我国服务业也就是第三产业的就业人数和就业比重都呈现出快速增长并不断提高的状态。

1978 年，我国服务业就业人数只有 4 890 万人，仅占当年就业人口比重的 12.2%，而到 2017 年，我国服务业的就业人数已达到 34 860 万人，占当年就业人口比重的 44.9%。40 年来，我国服务业就业人数增加了 7.1 倍，占全部就业人口的比重也提高了超过 30 个百分点，服务业在吸收我国劳动力和促进我国城市化进程方面的作用不断显现。近几年，我国三大产业的比重情况如表 1—1 所示。

表 1—1　　2011～2018 年中国三大产业产值、就业比重情况　　单位：%

年份	占 GDP 比重			就业人数比重		
	第一产业	第二产业	第三产业（服务业）	第一产业	第二产业	第三产业（服务业）
2011	9.2	46.5	44.3	34.8	29.5	35.7
2012	9.1	45.4	45.5	33.6	30.3	36.1
2013	8.9	44.2	46.9	31.4	30.1	38.5
2014	8.6	43.1	48.3	29.5	29.9	40.6
2015	8.4	40.8	50.8	28.3	29.3	42.4
2016	8.1	39.6	52.4	27.7	28.8	43.5
2017	7.5	39.9	52.7	27.0	28.1	44.9
2018	7.0	39.7	53.3	26.1	27.6	46.3

资料来源：国家统计局，http://www.stats.gov.cn.

3. 服务业发展中面临的一些问题

一是总量偏小，第三产业增加值在 GDP 中所占比重还偏低。目前，绝大部分发达国家的第三产业比重在 70%左右，大部分发展中国家在 50%左右，而我国直到 2015 年才突破 50%，2018 年达到 53.3%。二是结构不合理，传统服务业发展相对饱和，现代服务业发展严重滞后，所占比例较低。三是地区间发展不平衡，东部地区服务业发展水平高于中西部地区，城市高于农村。

【实例 1—2】

“当前经济结构转变的重要内容之一是加快服务业发展，这也是补短板的重要方面。”博鳌亚洲论坛副理事长、中国人民银行原行长周小川日前在“《财经》年会 2020：预测与战略”上表示。

数据显示，2018 年，中国服务业占 GDP 比重已经达到了 52.2%，比第二产业高 11.5 个百分点，中国在加速向服务经济转型。

周小川认为，去年年底中国服务业占 GDP 的比重刚刚超过 52%，从全球横向比较看，这是一个相对较低的数字，服务业发展还有巨大空间，是结构改革最主要的内容之一。

“按照我国现在的 GDP 和国民经济发展的状况，服务业占 GDP 比重可以提高到 60% 甚至更高，这个空间可能比许多其他行业更大。”周小川称，要寻找一些原因和分析，做理论上的思考，从而实现服务业和国民经济更好、更健康的发展，减少过去对制造业依赖过多、对货物出口依赖过多等问题。

谈及科技发展与服务业的发展关系，周小川认为，中国比较强调 IT（互联网技术）产业对工业现代化所起到的作用。实际上，从全球研究可以看到，运用 IT 最大、成果最突出的是服务业。

“当前很多民营企业家会感到在制造业投资已经投不出去，因为有产能过剩的现象，也有整体投资的机会在减少的问题。在这种情况下，一种可能性是投向服务业。”周小川表示。

——资料来源：马玲. 周小川：我国服务业发展还有巨大空间. 中国金融新闻网，2019—11—13.

二、服务营销学的产生与发展

（一）服务营销学的产生

服务营销学的产生缘于服务业的迅猛发展和产品营销中服务日益成为焦点的事实。长期以来，营销理论与技巧的产生和发展都是以有形产品为基础的，如果把它们照搬过来用于指导无形的服务活动时往往会出现一些问题，这就要求市场营销学界必须跳出传统的框框来发展服务业的市场营销理论与技巧。这样，市场营销学的一个分支——服务营销学就逐步产生并发展起来。

服务营销学在 20 世纪 60 年代兴起于西方。1966 年，美国的约翰·拉斯摩（John Rathmall）教授首次对无形服务同有形实体产品（包括工业品和消费品）进行区分，提出要以非传统的方法研究服务的市场营销问题。1974 年由拉斯摩所著的第一本论述服务市场营销的专著在美国出版，标志着服务营销学的产生。作者在该书中明确指出，把现有市场营销学的概念、模型、技巧应用于服务领域是行不通的，必须建立服务导向的理论架构。

不过，当时认真领会服务营销的重要性并开展研究的学者甚少，到 20 世纪 70 年代中后期，美国及北欧才陆续有市场营销学者正式开展服务市场营销学理论的研究工作。在服务营销学的形成中，北欧以格隆鲁斯（Christopher Gronroos）和赫斯基（James Heskett）为代表的诺迪克学派（Nordic School）起了巨大的推进作用，在服务质量理论及服务的市场营销管理方面提出了突破性的观点，他们有关服务质量及服务营销管理的理论成为服务营销学的重要理论支柱。

（二）西方服务营销理论发展的四个阶段

服务营销学脱胎于市场营销学，在自己的空间得以茁壮发展。科特勒曾指出，服务代表了未来市场营销管理和市场营销学研究的主要领域之一。在欧美地区，有关服务营销的研究如

火如荼。自20世纪60年代以来,服务营销学的发展大致可分为以下几个阶段:

1. 脱胎阶段(20世纪60~70年代)

这一阶段是服务营销学刚从市场营销学中脱胎而出的时期。这一阶段主要研究的问题是:服务与有形实物产品的异同;服务的特征;服务营销学与市场营销学研究角度的差异。继拉斯摩的研究之后,在1977~1980年期间,理论界对服务特征的研究最为热衷。贝特森(Bateson)、萧斯塔克(Shostack)、贝利(Berry)、洛夫洛克(Lovelock)、朗基尔德(Langeard)等学者纷纷提出经典性论述。于是,不可感知性、不可分离性、差异性、不可储存性及缺乏所有权被归纳为服务所独有的重要特征。

2. 理论探索阶段(20世纪80年代初期至中期)

这一阶段主要探讨服务的特征如何影响消费者购买行为,尤其集中于消费者对服务的特质、优缺点及潜在购买风险的评估。其中,以泽丝曼尔(Valaire A. Zeithaml)于1981年在美国市场营销协会学术会议上发表的"顾客评估服务如何有别于评估有形产品"一文为此方面的压卷之作。当然,服务市场营销学者还探讨了服务的特征对其市场营销战略的制定和实施是否有特别的影响与意义,这些影响是否意味着市场营销人员应该跳出传统的市场营销技巧范畴,采取新的市场营销管理手段。这一阶段具有代表性的学术观点除了泽丝曼尔的"顾客评估服务如何有别于评估有形产品"外,还有萧斯塔克的"可感知性与不可感知性差异序列理论"、蔡斯(Chase)的"顾客卷入服务生产过程的高卷入与低卷入模式"等。

在这一阶段,美国亚利桑那州州立大学成立了"第一跨州服务营销学研究中心"(the First Interstate Center of Services Marketing),成为继北欧诺迪克学派之后的又一个服务营销学研究中心,它标志着美国市场营销学者开始更加重视对服务营销学的研究。

3. 理论突破阶段(20世纪80年代后期)

这一阶段,有关服务市场营销理论的研究获得突破性进展,而这些研究成果为日后服务市场营销学的发展奠定了坚实基础。市场营销学者们在第二阶段取得对服务基本特征的共识的基础上,集中研究了在传统的4P组合不够用来推广服务的情况下究竟要增加哪些新的组合变量的问题。这一阶段具有代表性的学术观点是:

(1)服务营销组合的要素。服务营销应包括七种变量组合,即在传统的"产品"、"价格"、"分销渠道"和"促销组合"之外,还要增加"人"、"服务过程"和"有形展示"三个变量,从而形成7P组合。

(2)由"人"(包括顾客和企业员工)在推广服务以及生产服务过程中所扮演的角色,并由此衍生出两大领域的研究,即关系营销和服务系统设计。

(3)服务质量的新解释,确认服务质量由技术质量和功能质量组成,前者指服务的硬件要素,后者指服务态度及员工行为等软件要素。服务质量的测量可以从可靠性、可感知性、应对性、保证性和移情性五个方面进行。

(4)提出了服务接触的系列观点,包括服务员工与顾客之间沟通时的行为及心理变化,服务接触对整项服务感受的影响,如何利用服务员工及顾客双方的"控制欲"、"角色"和对投入服务生产过程的期望等因素来提高服务质量等问题。

4. 理论完善及实际应用阶段(20世纪80年代后期至今)

这一阶段的研究主要包括以下两个方面:一是围绕7P进行的理论研究。认识到如何有效地执行七种变量要素组合的战略,单从市场营销学的角度作分析及提供意见是远远不够的,必须加强跨学科的研究,也就是说,研究人员应从不同的学科角度,如人事管理学、生产管理学、社会学及心理学等，观察、分析和理解服务行业内所存在的各种市场关系。因此，在对前一阶段的模式进行补充和发展的基础上，学者们进行了多样化的与七种要素有直接或间接关系的研究，这包括对内部市场营销、服务文化、部分员工理论、全面质量管理，以及服务的设计及其市场定位战略等。二是对特殊的服务营销问题的研究，如服务价格如何确定，服务的国际化营销战略，资讯技术对服务的生产、管理及市场营销过程的影响等。

三、服务营销学与市场营销学的关系

（一）服务营销学的研究视角

服务营销学把服务业的市场营销活动和实体产品市场营销活动中的服务作为研究对象。

从本质上看，产品和服务都是提供满足和利益，产品和服务都是“产品”，正如商品和货币都是商品一样。从营销的视角看，消费者购买的商品和服务，都具有实体性和非实体性两种成分。只不过购买商品时，实体成分占主导地位；购买服务时，则以非实体占主要成分。服务业显现的特征以及在市场销售中的客体地位，只是表明在服务产品的名称下对非实体属性的偏重。服务是产品，但又不同于一般产品而是特殊产品，产品营销与服务营销之间并没有不可逾越的鸿沟，不存在本质上的差异，但存在着营销领域、程度和重心上的不同。

服务营销学从两个角度切入：一是研究服务业的整体市场营销活动；二是实体产品市场营销活动中的服务。

服务营销与产品营销有相同之处，也有自己的特色，这些特色是产品营销中难以囊括的。关于营销理念、营销战略选择、营销环境分析等问题，产品营销与服务营销是相通的，但在市场分析的侧重点、营销规划的着眼点、制定企业战略及其方针选择以及营销策略组合等方面，服务营销有其独特的考虑和要求。

服务营销学的研究视点集中从服务业的无形性、不可分离性、不可储存性等基本特征出发，只有紧扣服务业的这些本质特征，服务营销学的研究才能凸显学科的特色，才有助于解决服务业市场营销活动中的营销目标、营销战略、营销策略、营销组合等一系列问题。

（二）服务营销学与市场营销学的差异性

服务营销学作为一门独立的学科，与市场营销学存在着如下差异：

1. 研究对象不同

市场营销学以产品生产企业的整体营销行为作为研究对象，服务营销学则以服务企业的行为和产品营销中的服务环节作为研究对象。

2. 包括的内容不同

市场营销学强调的是以消费者为中心，满足消费者需求，而不涉及对顾客的管理内容；服务营销学加强了顾客对生产过程参与状况的研究，服务过程是服务生产与服务消费的统一过程，服务生产过程也是消费者参与的过程，因而服务营销学必须将对顾客的管理纳入有效推广服务、进行服务营销管理的轨道。

3. 营销组合要素不同

人是服务的重要构成部分，市场营销学也会涉及人，但市场营销学中的人只是商品买卖行为的承担者，而不是产品本身的构成因素，服务营销学强调人是服务产品的构成因素；服务营销学要突出解决服务的有形展示问题，服务产品有形展示的方式、方法、途径、技巧成为服务营销学研究的重要问题；服务的质量很难像有形产品那样用统一的质量标准来衡量，其缺点和不足不易被发现和改进，因而要研究服务质量的过程控制。

4. 关注的重点不同

服务营销与市场营销在关注物流渠道和时间因素上存在着差异。物流渠道是市场营销关注的重点之一，而由于服务过程是把生产、消费、零售的地点连在一起来推广产品的，而非表现为独立形式，因而着眼点不同。对于时间因素的关注，产品营销虽然也强调顾客的时间成本，但在程度上还不能与服务营销相比。服务的推广更强调及时性、快捷性，以缩短顾客等候服务的时间，因为顾客等候时间过长，可能破坏顾客购买心情从而产生厌烦情绪，会影响企业的形象和服务质量，因而服务营销学更要研究服务过程中的时间因素。

除以上四大差异之外，服务营销学与市场营销学还存在其他的差异，这也进一步表明服务营销学有独立存在的必要性。

第二节　服务营销观念的发展与实施

一、关系营销观念

关系营销是自20世纪70年代起由北欧的一些学者提出并发展起来的，以建立、维护、促进、改善、调整"关系"为核心，对传统营销观念进行革新的一种理论。20世纪80年代以来，关系营销得到了更大发展，在企业界得到了较为广泛的应用，在理论上也得到了更为深入的探讨，影响越来越大。

所谓关系营销，是把营销活动看成一个企业与消费者、供应商、分销商、竞争者、政府机构及其他公众发生互动作用的过程，企业与各方通过互利交换及共同履行承诺，实现各自目标。企业与顾客之间的长期关系是关系营销的核心，保持和发展这种关系是关系营销的重要内容。关系营销与传统的交易营销相比，它们在对待顾客上的不同之处主要在于：交易营销关注的是一次性交易，关系营销关注的是如何保持顾客；交易营销较少强调顾客服务，而关系营销则高度重视顾客服务，并通过顾客服务提高顾客满意度，培育顾客忠诚；交易营销往往只有少量的承诺，关系营销则有充分的顾客承诺；交易营销认为产品质量应是生产部门所关心的，关系营销则认为所有部门都应关心质量问题；交易营销不注重与顾客的长期联系，关系营销的核心就在于发展与顾客的长期、稳定关系。

总之，关系营销不仅将注意力集中于发展和维持与顾客的关系，而且扩大了营销的视野，它涉及的关系包含了企业与其所有利益相关者间所发生的所有关系。

(一)关系营销观念的特征

关系营销观念的本质特征可以概括为以下几个方面：

1. 沟通

在关系营销中，沟通应该是双向而非单向的。只有广泛的信息交流和信息共享，才可能使企业赢得各个利益相关者的支持与合作。

2. 合作

一般而言，关系有两种基本状态，即对立与合作。只有通过合作才能实现协同，因此合作是"双赢"的基础。

3. 双赢

关系营销旨在通过合作增加关系各方的利益，而不是通过损害其中一方或多方的利益来增加其他各方的利益。

4. 亲密

关系能否得到稳定和发展，情感因素也起着重要作用。因此，关系营销不只是要实现物质利益的互惠，还必须让参与各方能从关系中获得情感需求的满足。

5. 控制

关系营销要求建立专门的部门，用以跟踪顾客、分销商、供应商及营销系统中其他参与者的态度，由此了解关系的动态变化，及时采取措施消除关系中的不稳定因素和不利于关系各方利益共同增长的因素。此外，通过有效的信息反馈，也有利于企业及时改进产品和服务，更好地满足市场的需求。

(二)关系营销观念的实施

1. 建立并维持与顾客的良好关系

关系营销强调建立并维持与顾客的良好关系，因为顾客是企业生存和发展的基础。而要做到这一点，首先必须真正树立以消费者为中心的观念，一切从消费者出发，切实考虑他们的需求和欲望以及愿意为之付出的成本。其次，要切实关心消费者利益，提高消费者的满意程度和购物的方便性，使顾客的利益落到实处。此外，要加强与顾客的联系，密切双方感情。随着人们消费观念的更新，情感在消费者购买决策中的影响作用越来越大。

建立并维持与顾客良好关系的具体手段还包括数据库营销和顾客组织化等。数据库营销是指通过采集、积累有关消费者各方面的信息，利用计算机进行综合处理并加以科学的分析，从而更加完善地为顾客服务，节约营销成本，提高营销效率，并为新产品开发提供准确的信息。顾客组织化是指通过有效的消费者组织战略，把顾客纳入企业的外围组织系统中，使企业与顾客更为紧密地结合，培养顾客对企业及其产品品牌的忠诚，并使企业能对顾客形成比较有效的控制。

2. 促进合作并共同开发市场

在当今市场竞争日趋激烈的形势下，过去的营销观念所强调的视竞争对手为仇敌，彼此势不两立的竞争原则已绝非上策。适当的企业合作(包括与供销商、中间商、竞争对手等企业的合作)更有利于企业目标的实现。通过各种横向或纵向的企业间的合作能巩固企业已有的市场地位，并依靠合作所产生的合力开辟新市场，顺利进行多角化经营。从宏观的角度讲，企业合作能适度减少无效竞争，提高整个经济的运行效率。

3. 协调关系创造良好的营销环境

政府出于国家整体利益的考虑，通过立法、行政、经济等手段对社会经济活动实行宏观调控和管理，因此企业的营销活动必然受到政府有关规定的影响。在处理与政府的关系上，企业应该持积极态度，遵循国家有关法规，协助研究国家所面临的各种问题的解决方法和途径，保证企业营销的成功。同时，有利于企业树立良好的公共关系形象，并通过与政府的密切合作获得很多直接或间接的利益。

总之，关系营销是不同于传统营销的全新经营哲学，它与传统营销的区别不只是营销模式和工具的简单转换，而是营销理念的本质飞跃。理解和接受营销观念，必须消除一些原有的旧营销观念，彻底从“交易”导向转向“关系”导向。尽管关系营销理论目前在中国还没有被普遍接受和应用，但世界上许多公司的营销实践和该理论本身的革命性已经揭示出了关系营销蓬勃的生命力和美好的应用前景。我们有理由相信，随着我国社会主义市场经济的深入发展和企业营销实践的不断深化，关系营销必将会得到广阔的应用天地，真正成为21世纪的营销观念。

二、顾客满意观念

顾客满意观念即CS(Customer Satisfaction)观念，是指企业的全部经营活动都要从满足顾客的需要出发，以提供满足顾客需要的产品和服务为企业的责任和义务，使顾客满意成为企业的经营目的。这一观念最早始于20世纪90年代日本的汽车工业，随后日本及许多发达国家的其他产业包括服务业也纷纷引进。

(一)"顾客满意"的构成

1. MS——理念满意

这是指企业的经营理念带给顾客的心理满意程度。其基本要素包括企业的经营宗旨、质量方针、企业精神、企业文化和服务承诺。"理念满意"是顾客满意的核心，它是取得顾客信任、理解、关心和支持不可缺少的部分。

2. BS——行为满意

这是指企业的经营行为带给顾客的心理满意程度。企业应该关心顾客希望什么、喜欢什么、不满什么，最后才能决定企业应该如何做，其经营行为方能得到顾客的认可。

3. VS——视觉满意

这是指企业的可视形象带给顾客的心理满意程度。包括企业名称、品牌、标识、字体、色彩、企业口号、承诺、广告语、企业内部的软硬环境、企业形象、员工制服、礼貌用语等。

(二)顾客满意观念的实施

顾客满意观念的实施包括如下几个方面：

(1)站在顾客的立场上而不是站在企业的立场上去研究设计产品(包括有形商品和无形服务)。

(2)不断完善服务生产与提供系统，最大限度地使顾客感到安全、舒适和便利。

(3)重视顾客的意见，重视顾客参与和顾客管理。

(4)千方百计留住顾客，并尽可能实现相关销售和推荐销售(即通常所说的3R——Retention、Related Sales和Referrals)。

(5)创造企业与顾客彼此友好和忠诚的界面，使服务手段和过程处处体现真诚和温暖。

(6)按照以顾客为中心的原则，建立富有活力的企业组织。

(7)分级授权。

【实例1—3】

沃尔玛"客户至上"的原则可谓家喻户晓，它的两条规定更是人尽皆知：

"客户永远是对的"，"如果客户恰好错了，请参照第一条！"更为与众不同的沃尔玛的客户关系哲学是——客户是员工的"老板"和"上司"。每一个初到沃尔玛的员工都被谆谆告诫：你不是在为主管或者经理工作，其实你和他们没有什么区别，你们只共同拥有一个"老板"——那就是客户。为使客户在购物过程中自始至终地感到愉快，沃尔玛要求员工的服务要超越客户的期望值：永远要把客户带到他们找寻的商品前，而不仅是指给客户，或是告诉他们商品在哪儿；熟悉你部门商品的优点、差别和价格高低，每天开始工作前花五分钟熟悉一下新产品；对常来的客户，打招呼要特别热情，让他有被重视的感觉。

沃尔玛一贯重视营造良好的购物环境，经常在商店开展种类丰富且形式多样的促销活动，如社区慈善捐助、季节商品酬宾、竞技比赛、幸运抽奖、店内特色娱乐、特色商品展览和推介等，以吸引广大客户。这种"客户至上"的理念取得了极大的成功，使得沃尔玛发展成为世界上最大的百货公司。

——资料来源：黄涛，孙法平．客户至上：以客户为中心[M]．北京：企业管理出版社，2018.

三、超值服务理念

超值服务就是整合组织所有的资源，以最快的速度、最优的方式向消费者提供超越其心理期待（期望值）的、超越常规的产品或全方位服务。

（一）服务期望的概念

服务期望是指顾客心目中服务应达到和可以达到的水平。了解顾客对服务的期望对有效的服务营销管理是至关重要的。因为服务的质量、顾客对服务的满意程度是顾客对服务实绩的感受与自己的期望进行比较的结果。如果顾客的期望高于服务营销者的标准，那么，即使服务实绩达到服务营销标准，顾客也不会满意；如果顾客的期望低于服务营销者的标准，那么，服务营销者就可能因服务标准过高而浪费服务成本，或不自觉地进入另一个市场，渐渐远离已选择的目标市场。

（二）服务期望的种类

顾客对服务有着多种不同的期望，按期望的水平高低，可分为理想的服务期望、合格的服务期望和宽容的服务期望三类。其中，理想服务的期望水平比较高，合格服务的期望水平比较低，而宽容服务的期望水平介于两者之间。

1. 理想的服务

理想的服务是指顾客心目中向往和渴望追求的较高水平的服务。例如，家长找家教时常常向家教服务中心提出一些附加条件，如教师的性别、年龄甚至其他爱好、专长等，这些附加条件体现着家长心目中理想的家教服务。精明的家教服务中心会对这些附加条件表示关注和兴趣，并予以满足。

服务营销可以通过观察和交谈，了解顾客心目中理想的服务水平。理想服务有时在顾客心里是潜在的、模糊的，顾客尚不能明确地表达。这时，服务营销者应学会猜测和判断，并主动予以启发和满足，这样做往往能收到很好的服务效果。

2. 合格的服务

合格的服务是指顾客能接受但要求一般甚至较低的服务。例如，在美国，麦当劳的顾客投诉远远少于一些星级饭店，其原因在于顾客对星级饭店的期望比较高，是理想服务，因此实现的难度相对大一些；而顾客对麦当劳这样大众化快餐的期望不高，是合格服务，因此实现的难度相对小一些。

顾客心目中合格的服务可被视为是期望服务的最低要求。这种主观要求的界限也是模糊的。因此，合格的服务实际上也有一个波动区间，可称为服务的合格区间。如果顾客感受到的服务水平落在合格区间，顾客会因为服务水平较低而感到不满意，不过还能勉强容忍和接受。如果感受到的服务水平落在合格区间的下方，那么顾客会感到难以容忍，不能接受低水平的服务。强烈的不满足感导致他日后不再购买此服务机构的服务。

3. 宽容的服务

宽容的服务是顾客心目中介于理想服务和合格服务之间的服务。在顾客看来，这类服务虽然不那么理想，但比合格的服务要好，是正常、使人放心和不必去挑剔的服务。“宽容”的意思就是不挑剔和接受。因此，宽容的服务也可称为不挑剔的服务。

宽容服务的波动范围，称服务的宽容区间，宽容区间的上限是理想区间的下限，而宽容区间的下限是合格区间的上限。如果顾客感受到的服务水平落在宽容区间，那么顾客感到这是正常的、使人感到满意的服务，其质量也是达到标准的。服务期望的种类如图 1—1 所示。

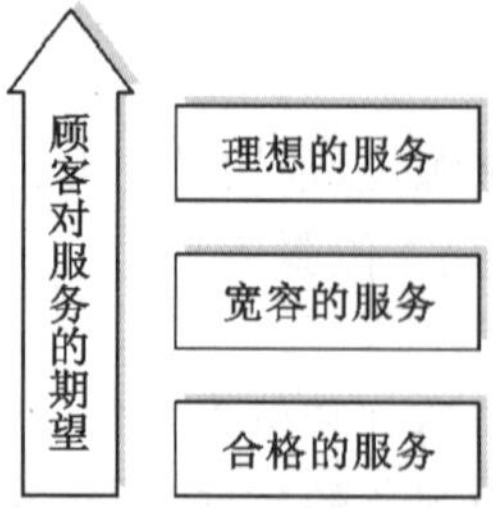

图 1—1　服务期望的种类

(三)顾客附加价值

顾客附加价值也称顾客让渡价值，是指顾客总价值与顾客总成本之差。顾客总价值(Total Customer Value)就是顾客从某一特定产品或服务中获得的一系列利益，它包括产品价值、服务价值、人员价值和形象价值等。顾客总成本(Total Customer Cost)是指顾客为了购买一件产品或服务所耗费的时间、精神、体力以及所支付的货币资金等，顾客总成本包括货币成本、时间成本、精神成本和体力成本(见图 1—2)。由于顾客在购买产品时，总希望把有关成本，包括货币、时间、精神和体力等降到最低限度，而同时又希望从中获得更多的实际利益，以使自己的需要得到最大限度的满足。因此，顾客在选购产品时，往往从价值与成本两个方面进行比较分析，以价值最高、成本最低(即顾客让渡价值最大)的产品作为优先选购的对象。

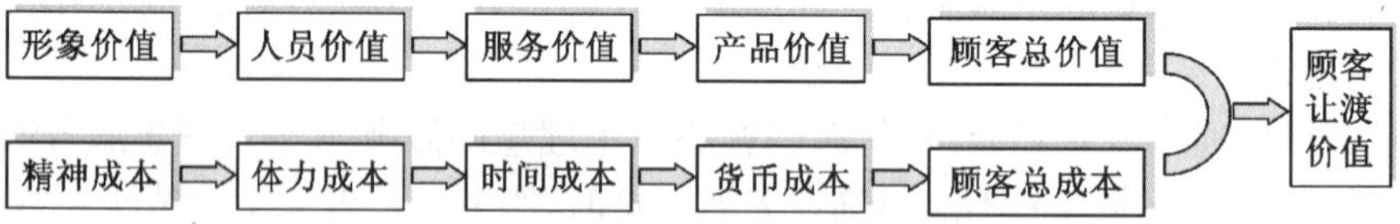

图 1—2　顾客让渡价值

这里的所有价值和所有成本，都是针对某一个特定顾客购买某一特定产品或服务而言的。因为不同顾客购买同一产品其价值项目和成本项目中的大部分都是各不相同的，而且不同的产品或同一产品对不同的顾客价值也不一样，例如，一幅名画对收藏家来说价值昂贵，而对于不懂的人而言，可能其价值就会大打折扣。因此，这里所说的产品的顾客附加价值是产品的顾客相对价值。

顾客附加价值理论的基本假设是：顾客是理性的经济人，他总是追求“顾客附加价值”。这一理论给我们的启示是：产品的顾客附加价值越大，顾客满意程度就越高；当顾客为获取产品所付出的顾客总成本超过所得到的顾客总价值，也就是产品的顾客附加价值为负值时，顾客不满意就发生了。因此，企业只有提高顾客的附加价值才能提高顾客的满意度。

从企业角度考虑，企业应该努力向顾客提供附加价值高于竞争对手的服务。企业可以从三个方面着手：一是增加服务的顾客总价值，包括产品价值、服务价值、个人价值和形象价值等；二是降低服务的顾客总成本，包括货币成本、时间成本、精神成本和体力成本等；三是双管齐下，既努力提高产品的顾客总价值，又努力降低产品的顾客总成本。

【实例 1—4】

一位从美国归来的访问学者讲述了他在美国经历的一件事情。一天，他推着购物车在美国一家超级商场挑选货物时，不小心将货架上的四瓶"杜康酒"碰落，酒洒了满地。他当时心想，这下麻烦了，肯定要赔款了，于是便主动找到售货小姐道歉，并表示愿意赔偿损失。那位小姐一边安慰他，一边用电话向经理通报事故，且检讨了因自己照顾不善而让顾客受惊。更出乎他意料的是，经理出来时满脸赔笑，说已经从闭路电视里看到了。经理不仅毫无责怪之意，反而向他赔不是，还拿手帕为他拭去酒污。当他再次提到赔款时，经理谦恭地说："是我的职员没把货架放稳，让您受惊，责任应在我。"并再度致歉，然后一直陪他将货物采购完，亲自送他走出商场。据这位学者说，他那次是倾其囊中所有，装了满满一车回去的，并且以后每周一次的购物都要到该商场去。他略估了一下，他花在该商场的钱较他弄翻酒瓶所造成的损失多出一倍不止。

——资料来源：吕佩玉．客户管理实务[M]．长春：东北师范大学出版社，2019.

第三节　服务产品的特性与营销对策

一、服务的定义及分类

(一)服务的定义

作为服务市场营销学基石的"服务"概念，营销学者一般是从区别于有形的实物产品的角度来进行研究和界定的。自 20 世纪 60 年代开始，市场营销学为界定服务而出现了许多定义，它们或多或少地包含了服务的某些特征，但并没有一个可以被所有学者认可，可以说，对服务的理解是一个不断丰富和完善的过程。

1960 年，美国市场营销协会(AMA)最先给服务下的定义为："用于出售或者是同产品连在一起出售的活动、利益或满足感。"这个定义的缺点是没有完全把有形产品同无形服务区分开来，因为有形产品也是用于出售并使购买者获得利益和满足。

1963 年，著名学者雷根(Regan)给出的定义为："直接提供满足(交通、租房)或者与有形商品或其他服务(信用卡)一起提供满足的不可感知的活动。"

1974 年，服务营销学者指出，"服务是一种特殊的无形活动；它向顾客或工业用户提供所需的满足感，它与其他产品销售和其他服务并无必然联系"。

以上对服务的定义，突出了服务的"无形性"特点，强调了它的功能是给顾客提供"利益和满足感"。

之后，随着服务业的发展及服务功能的日渐重要，服务定义中所包含的内容也丰富起来。

1983 年，莱特南(Lehttnen)认为，"服务是与某个中介人或机器设备相互作用并为消费者提供满足的一种或一系列活动"。

1990 年，北欧著名的营销学者格隆鲁斯对服务下的定义是："服务是指或多或少具有无形特征的一种或一系列活动，通常(但并非一定)发生在顾客同服务的提供者及其有形的资源、商品或系统相互作用的过程中，以便解决消费者的有关问题。"

美国市场营销协会最近给出的定义是："主要为不可感知，却使欲望获得满足的活动，而这种活动并不需要与其他产品或服务的出售联系在一起。生产服务时可能会或不会利用实物，而且即使需要借助某些实物协助生产服务，这些实物的所有权将不涉及转移的问题。"

菲利普·科特勒把服务定义为："一方提供给另一方的不可感知且不导致任何所有权转移的活动或利益。"

在综合各种对服务的定义和分析"服务"真正本质的基础上，我们认为：服务是一种涉及某些无形因素的活动，它包括与顾客或顾客拥有的财产之间的相互活动，它不会造成所有权的转移。

以上定义都不可能是对服务的最终界定，服务的内涵必将会随着服务业的发展和服务功能的扩大而不断丰富。

（二）服务的分类

服务多种多样，各不相同，对服务进行分类可以帮助我们了解不同服务的本质。划分服务的标准和方法有很多，代表性的观点主要有以下几种：

1. 根据顾客参与服务的程度进行分类

美国亚利桑那大学教授蔡斯（Chase）根据顾客参与服务的程度不同，将服务分为：

（1）高接触性服务，指顾客在服务推广过程中参与其中全部或大部分的活动，如医疗、保健、电影院、娱乐场所、公共交通、学校等部门提供的服务。

（2）中接触性服务，指顾客只是部分地或在局部时间内参与其中的活动，如银行、律师、房地产经纪人等提供的服务。

（3）低接触性服务，指在服务推广过程中顾客与服务的提供者接触甚少，他们的交往大多是通过仪器设备进行的，如有线电视、电子银行、邮电业提供的服务。

2. 根据服务的综合因素进行分类

这种分类方法是1980年科特勒在综合前人研究成果的基础上提出来的，是从服务的综合因素入手，分别从不同的侧面进行分类，主要包括：

（1）根据提供服务的工具不同进行分类。可以分为两类：一类是以机器设备为基础的服务，如售货机、自动化洗车等；另一类是以人为基础的服务，如律师、会计师服务，草坪修剪，卫生清洁等。

（2）根据顾客在服务现场出现的必要性大小进行分类。可以分为两类：一类是顾客必须亲临现场的服务，如体检、美容、美发等；另一类是顾客不需要亲临现场的服务，如汽车修理、服装洗熨等。

（3）根据个人需要与企业需要的不同进行分类。可以分为两类：针对个人需要的专一化服务和针对个人需要与企业需要的混合性服务。

（4）根据服务组织的目的与所有制进行分类。可以分为四类：营利性服务、非营利性服务、私人服务、公共服务。一般的服务性企业或公司属于营利性服务部门；政府、宗教机构、红十字会等属于非营利性服务部门。

3. 无形与有形的连续谱

服务是无形的，但研究服务时往往要对服务所依托的综合要素进行研究，并以"服务产品"的特定概念予以表达。服务产品既有物的因素，也有非物的因素；既有有形要素，也有无形要素。科特勒在其著作《营销管理：分析、计划、执行和控制》一书中，按照服务在产品中所占的比重，将产品分为五种：

（1）纯粹有形产品。产品中几乎不含服务成分，如香皂、食盐等。

（2）附加服务的有形产品。有形产品与附加服务相结合，附加服务主要增加产品吸引力，如家电产品、计算机等。

(3)服务与有形产品混合物。服务与有形产品各占一半，如人们在餐馆用餐，往往在同时消费食品与服务。

(4)附带少量有形产品的服务。如航空公司主要是为乘客提供运输服务，但在旅途中，也为乘客提供一些食品、饮料和杂志等。

(5)纯粹的服务。服务中几乎不附加有形产品，如家政服务、心理咨询等。

在服务产品的交换中，因只有部分要素改变所有权，而另一部分要素只出售使用权，因此，同一服务产品可以不间断地多次出售。服务与有形产品之间存在着有形程度的不同，从高度无形到高度有形之间存在一个连续谱。图1—3有助于我们了解各类服务中包含的有形产品的程度。

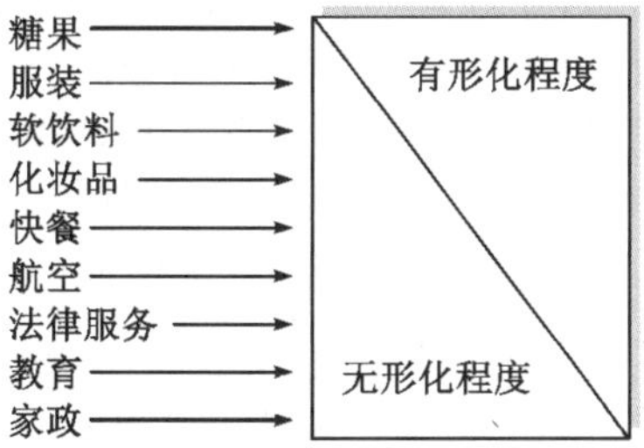

图1—3　产品/服务连续谱

贝瑞和普拉苏拉曼(1991)认为，在产品的核心利益来源中，有形的成分比无形的成分要多，那么这个产品就可以看作一种“商品”(指有形产品)；如果无形的成分比有形的成分要多，那么这个产品就可以看作一种“服务”。

二、服务的特性

与有形产品相比，服务具有以下共同特性：

(一)不可感知性

服务的不可感知性也称无形性。服务不是以物的形式而存在，而是以活动的形式而存在的。不可感知性是服务最为显著的一个特征，它可以从三个不同的层次来理解。首先，服务的很多元素看不见、摸不着，无形无质，让人不能触摸，或凭视觉、听觉、嗅觉感到其存在。其次，顾客在购买服务之前，往往不能肯定他能得到什么样的服务。因为大多数服务都非常抽象，很难描述。最后，顾客在接受服务后通常很难察觉或立即感受到服务的利益，而是要经过一段时间后才能感觉到其存在。服务的这一特性决定消费者购买服务前，不能以对待实物商品的办法去触摸、尝试，也不能用嗅觉或聆听的方法去判断服务的优劣，而只能以搜寻信息的办法，参考多方意见及自身体验来做出判断。例如，汽车出现故障，车主将车子交由汽车修理服务公司处理，但车主在取回车子时，对汽车维修服务的特点及经修理后的汽车部件是否全部恢复正常，都是难以立即察觉并做出判断的。

当然，并非所有的服务产品都完完全全是不可感知的，它的意义在于提供了一个视角将服务产品同有形的消费品或工业品区分开来。

(二)不可分离性

服务的不可分离性是指服务的生产过程与消费过程同时进行，服务人员提供服务于顾客时，也正是顾客消费的过程，生产与消费服务是不可分离的。服务的这一特征要求服务消费者必须以积极的态度参与服务生产过程。在这个过程中，需要把顾客参与生产的过程纳入管理。例如，只有顾客在场时，理发师才能完成理发的服务过程。

（三）差异性

差异性是指服务无法像有形产品那样实现标准化，每次服务带给顾客的效用、顾客感知的服务质量都可能存在差异。这主要体现在三个方面：

(1)由于服务人员的原因，如心理状态、服务技能、努力程度等，即使同一服务人员提供的服务在质量上也可能会有差异。

(2)由于顾客的原因，如知识水平、爱好等，也直接影响服务的质量和效果。比如，同是去旅游，有人乐而忘返，有人败兴而归；同听一堂课，有人津津有味，有人昏昏欲睡。这正如福克斯所言，消费者的知识、经验、诚实和动机影响着服务业的生产力。

(3)由于服务人员与顾客间相互作用的原因，在服务的不同次数的购买和消费过程中，即使是同一服务人员向同一顾客提供的服务也可能存在差异。

（四）不可储存性

服务的不可储存性是由其服务产品的不可感知性以及服务的生产与消费同时不可分割性决定的，使得服务产品不可能像有形的消费品和工业品一样被储存起来，以备未来出售；而且消费者在大多数情况下，也不能将服务携带回家安放。当然，提供服务的各种设备可能会提前准备好，但生产出来的服务如不当时消费掉，就会造成损失（如车船的空位等）。不过，这种损失不像有形产品损失那样明显，它仅表现为机会的丧失和折旧的发生。因此，不可储存性的特征要求服务企业必须解决由缺乏库存所导致的产品供求不平衡问题，制定分销策略来选择分销渠道和分销商，设计生产过程以及有效地弹性处理被动的服务需求等。

服务的不可感知性也为加速服务的生产、扩大服务的规模提出了难题。服务业只有在加大服务促销、推广优质服务基础上积极开发服务资源，才能转化被动服务需求状态。

（五）缺乏所有权

缺乏所有权是指在服务的生产和消费过程中不涉及任何东西的所有权转移。既然服务是无形的且不可储存，服务产品在交易完成后便消失了，消费者并没有实质性地拥有服务产品。以银行取款为例，通过银行的服务，顾客手里拿到了钱，但这并没有引起任何所有权的转移，因为这些钱本来就是顾客自己的，只不过是“借”给银行一段时间而已。

从上述五个特征的分析中不难看出，“不可感知性”大体上可被认为是服务产品的最基本特征。其他特征都是从这一特征派生出来的。事实上，正是因为服务的不可感知性，它才不可分离。而“差异性”、“不可储存性”、“缺乏所有权”在很大程度上是由“不可感知性”和“不可分离性”两大特征所决定的。

三、服务产品的营销对策

（一）针对不可感知性的营销对策

服务产品无形性的特点使消费者往往难以识别服务质量，即由于缺乏有形证据，消费者难以确定自己是否购买到相应的服务产品，因此消费者往往缺乏一种心理上的踏实感与满足感。针对这一特性，企业可采取以下营销对策：

1. 服务有形化

服务有形化是指服务机构有策略地提供服务的有形线索，以帮助顾客识别和了解服务，并由此促进服务营销。美国服务营销学家萧斯塔克指出，顾客看不到服务，但能看到服务环境、服务工具、服务设施、服务人员、服务信息资料、服务价目表、服务中的其他顾客等有形物，这些有形物就是顾客了解无形服务的有形线索。一般来说，实物产品的市场营销，要求企业在有形中增加抽象概念；服务产品的市场营销，则要求在抽象中增加有形证据。

2. 服务技巧化

服务技巧化是指培养和增强服务人员的技能，利用服务技能来吸引和满足顾客，充分发挥技能在服务营销中的作用。尤其对于一些富有服务技巧或技能的服务产品，服务企业可以尽量争取将消费者原本看不到的服务过程展现在消费者面前，增强服务的技能化和吸引力，这些技能化的服务有时会成为吸引消费者购买服务的亮点之一。

【实例 1—5】

看牙医是绝大多数人不期望的一项服务。绝大多数人认为它是令人不舒服的，尤其是不得不长时间坐在诊疗椅上时。很多人害怕看牙医所带来的痛苦，而另一些人则冒着身体不健康的风险根本不去看牙医。现在，有很多实践者推崇水疗牙科，水疗牙科就是用果汁、颈部按摩、脚部按摩，甚至有香味的蜡烛和风铃声安抚病人，一切相关的有形展示都是转移在他们嘴里微创治疗所带来的痛苦。

“这不是一种手法”，蒂莫西·多特森说，他在芝加哥拥有顶尖的牙齿水疗所，在那里病人可以呼吸草浆味的一氧化二氮。他的病人似乎同意：“这是以人们想要治疗的方式去治疗，可以帮助大部分人克服恐惧。”“没有人喜欢看牙医，但是它让这个行为变得如此容易”，一位女士讲到她在等待治疗时，可以同时用一个加热的按摩垫来按摩背部。

热毛巾、按摩、香薰、咖啡、新鲜的蔓越橘面包和白葡萄酒反映了诊所为了迎合顾客的期望所作出的努力，尤其是顾客为了拥有完美笑容，对美白和矫正牙齿的需求不断增长时。这个方法可以吸引那些对看牙医有其他方面压力的病人。很多试过水疗服务的病人说他们没有被额外索取费用，并且他们的花费没有重复看医生和转院看医生的多。在休斯敦，顶尖的牙齿水疗中心在最大的绿地上装饰了喷泉和现代艺术品。病人可以换上睡袍，呼吸八种不同香味的氧气，并且在装饰得像日本花园的房间中放松冥想。牙科区域则有羊皮椅、热香薰毛巾和著名的“泡泡喷射按摩”的服务，即使用空气和水去清洁牙齿。

——资料来源：约亨·沃茨，克里斯托弗·洛夫洛克．服务营销[M]. 北京：中国人民大学出版社，2018.

(二)针对不可分离性的营销对策

1. 服务可分化

服务可分化是指在服务过程中，服务生产者与服务消费者之间实行部分分离。服务可分化可以采取服务自助化、服务渠道化等具体方式。服务自助化即服务生产者向顾客提供某些服务设施、工具或用品，使部分服务由顾客自行完成，服务生产者一定程度地“离开”服务消费者。服务自助化提高了服务效率，同时也避免了更多不可挽回的“真实瞬间”。银行信用卡就是服务可分化的一个非常典型的成功案例。服务渠道化是指服务生产者将服务或部分服务通过服务渠道商提供给服务消费者，以便服务生产者与消费者之间实现一定程度的分离。服务渠道化有利于使用服务中间商或代理商现成的营销渠道，减轻服务生产者的负担，并有利于降低服务成本。常见的做法有：

(1)把服务产品分销中的“物流”与“商流”区别开来，建立以代理商为主体的销售渠道。例如，旅游业、保险业及人才培训行业，常通过中间人招徕客源，或由他们代表企业与客户洽谈业务、安排交货。

(2)有条件的企业,可以配备较多的分支机构,并尽可能在接近顾客的地方增设供应网点,以克服服务产品的生产消费所受到的空间限制。

(3)难以增设分支机构的企业,可用"拉"的策略进行促销,使顾客相信自己产品的独到之处和质量水平,证明自己是该类产品唯一最合适的提供者,从而能把远方的顾客吸引过来。例如:一家在某一领域颇有建树、影响很大的医院,其病人就往往来自四面八方;一家著名的咨询公司或广告商,其客户也常常遍布全国,甚至世界各地。

(4)必要时可以通过灵活的价格政策提供上门服务。这样可以减少客源不足情况下的人员、设备闲置造成的浪费。

(5)在产品中增设顾客参与的内容,使顾客能够主动参与而非被动接受。比如,理发师与顾客共同探讨顾客的脸型与合适的发型。

2. 服务关系化

服务生产与消费不可分化,这在客观上对服务提供方形成压力,要求服务提供方主动改善与顾客的关系,关心顾客的需要。因此,服务营销可以采取关系化策略。服务关系化策略包括服务角色化、服务组织化等策略。服务角色化即让服务人员在服务过程中忘我地进入角色,将服务过程变成演剧过程,将服务中的人际关系变成角色关系。服务组织化是指用某种形式将分散的顾客组织起来,使服务机构与顾客的关系更加正式化、稳固化。例如,服务行业常常采用的"会员制"、"俱乐部"等形式。服务组织化将顾客与服务企业的关系更加紧密化,同时赋予顾客区别于企业非顾客的特殊角色和利益,增加服务人员的服务热情以及顾客的角色归属感。

(三)针对差异性的营销对策

1. 服务规范化

服务规范化是指在服务过程中建立服务规范并用规范引导、约束服务人员的心态和行为,以保持服务的稳定性。服务的规范化具体包括服务理念化、标准化等具体措施。服务理念化是指服务机构建立自己的理念并用理念来规范服务人员的心态和行为。服务机构的理念一般以语言的形式向消费者公布和传达,是服务的有形信息线索,服务理念有助于顾客对服务企业服务的认识,并可以引导服务人员依照服务理念从事服务。同时,服务理念有利于体现和树立服务特色,成为服务企业区别于竞争者的有力证据。服务标准化是指服务机构系统地建立服务质量标准并用服务质量标准来规范服务人员的行为。行为来自理念,行为规范是理念规范的具体化、实施化。服务产品质量虽然不可能像有形产品拥有严密精确的质量标准,但是我们可以通过控制服务过程中服务的提供方式来保证服务产品的质量尽量保持稳定,对于可以采取精确计量的部分要严格实施量化标准。

2. 服务差异化

服务的易变性又存在对服务营销有利的一面。产品质量的标准化与一致化在保证质量的稳定性的同时限制了产品的多样化、特性化发展,因而容易导致产品单调,不能满足顾客的个性化需求。服务的易变性使服务提供者容易根据消费者的具体需求调整服务,为顾客提供针对性服务。具体措施可以采取以下两种:服务变通化和服务特色化。服务变通化是指服务机构或服务人员针对不同的环境或根据环境的变化提供不同的服务,即服务机构或个人根据市场或顾客的需求随时调整服务方式或策略,体现出较强的应变性、灵活性和创造性。服务特色化是指服务机构或人员向顾客提供独特的、体现自己个性的服务。服务特色化体现为:专业特色、环境特色、顾客特色、地域特色和人员特色等。

(四)针对不可储存性的营销对策

1. 服务可调化

服务的不可储存性使得服务业难以像制造业那样用产品库存来平衡供求矛盾，克服的方法就是对服务时间、服务地点加以调整和对服务供求加以调节，解决供求矛盾，实现服务的可调化。具体方法包括服务时间或地点可调化、服务供求可调化。服务时间可调化，顾名思义就是服务机构通过对服务时间的调整来满足服务需求和平衡服务供求矛盾，例如可以通过延长营业时间、提供预约服务等进行服务营销。服务地点可调化是指服务机构通过对服务地点的调整来满足服务需求和平衡服务供求的矛盾，例如增加服务网点、利用其他服务行业的服务网点等。服务供求可调化是指服务机构通过对服务供给和需求的调节来实现两者之间的平衡，即当服务需求大于供给时，采用增加供给的办法实现供求平衡；而当服务需求低于服务供给时，采用刺激需求的办法实现供求平衡。航空业在其消费的淡旺季采取截然不同的票价方案就是服务业调整供求的典型案例。

2. 服务效率化

服务的不可储存性对服务营销也存在有利的一面，因为不可储存在客观上对服务机构或人员形成一种压力，促使他们珍惜时间资源和空间资源，重视服务的时间效率和空间利用率，实现服务的效率化。具体措施包括服务实效化和服务多功能化。服务实效化是指服务机构充分利用服务的时间效率，以速度取胜，例如餐饮业的快餐、邮政业的特快专递等。服务多功能化是指同一家服务机构对同一家顾客提供多种不同但相互关联的服务，以便提高机构的服务效率。同一家服务机构提供多种功能不同的服务，可以使顾客节省时间和成本，提高消费效率，例如当前很多传统百货商场开始转变营销策略，除了供应传统日常生活用品外，还增加了许多服务功能，如超市、餐饮、休闲娱乐、健身房、电影院等，使其定位由传统百货转变为“购物休闲中心”，消费者可以在这里实现“一站式”消费，节省了消费的时间和成本，深受消费者的欢迎。

(五)针对缺乏所有权的营销对策

缺乏所有权会使消费者在购买服务时感受到较大的风险，如何克服此种消费心理，促进服务销售，是营销管理人员所要面对的问题。目前，服务产业发达的国家，很多服务企业逐渐采用“会员制度”的方法维持企业与顾客的关系。当顾客成为企业的会员后，他们可享受某些特殊优惠，让他们从心理上感觉到就某种意义而言他们确实拥有企业提供的服务。

第四节　服务营销要素组合

营销组合是营销理论的核心概念。营销学家麦卡锡(McCarthy)在1964年提出的4P营销组合，即产品(Product)、价格(Price)、渠道(Place)、促销(Promotion)，向来被全球的学术界与营销人员采用，且经久不衰。由于市场环境的变化日新月异，近年来许多业界的专家学者一致认为，4P营销组合已不足以应对现代多变的营销环境，尤其是服务业营销。

因此，为进行服务营销，发展一套有别于4P的营销组合就绝对有必要。近年来，不断有专家、学者提出新的营销组合，最具影响力且被广泛采用的营销组合是美国服务营销学家布姆斯(B. Booms)和比特纳(M. Bitner)的7P营销组合。这两位营销学家认为，从事服务营销，除了传统的4P必须加以修改补充外，应再加3个P，即人员(People)、过程(Process)和有形展示(Physical Evidence)，如表1—2所示。

表 1—2 服务营销组合的七要素

营销组合要素	内　容
产品(Product)	范围、质量、水准、品牌、服务项目、保证、售后服务等
价格(Price)	水平、折扣、付款条件、顾客认知价值、质量/定价、差异化等
渠道(Place)	地点、方便性、分销渠道、分销领域等
促销(Promotion)	广告、人员推销、销售促进、宣传、公共关系等
人员(People)	人员组织、训练、筛选、承诺、奖励、人员形象、人际行为与态度、参与度、顾客接触等
过程(Process)	服务政策与宗旨、服务手续、服务方法、服务人员的部署、顾客参与度、顾客服务准则、活动流程等
有形展示 (Physical Evidence)	服务环境、气氛、装饰、颜色、配置、噪音、整洁度、辅助物、其他可触及的附加物等

一、4P 内容的重新调整

(一)产品

服务产品必须考虑的要素是提供服务的范围、质量、品牌、保证以及售后服务。整体产品的概念同样适用于服务产品。服务产品应该是价值满足的综合体。人们购买服务来解决问题,并且希望得到更多的附加价值。服务产品包括核心产品、期望服务和便捷服务三层含义。

(二)价格

由于服务产品的无形性,服务产品定价比有形产品定价更为重要。服务产品价格的高低,标志着服务质量的水平,决定着企业的利润水平。服务产品定价,需要更加广泛、细致和深入的市场调研,全面把握顾客的需求偏好,参考服务产品的功能、用途、质量、品牌等要素。服务产品若伴随实体产品的话,还要考虑到实体产品在整个服务中所占比重和价值,判定顾客对产品的认知价值,再根据服务产品在顾客心目中的实际调查价值结合前述的公司战略目标来制定服务产品价格。作为一种商品,无疑将考虑到成本、需求、竞争等最基本的因素,随着时代的发展也要考虑到质量、销售或利润目标、品牌定位等要素;作为一种体验还要考虑到"服务生命周期"阶段,即顾客的新鲜感程度。因此,应在顾客认知价值和公司战略目标的双重作用下制定出公司提供的服务产品的价格。

(三)渠道

渠道就是如何把服务交付给顾客和在什么地方进行交付。服务营销人员应该寻找为企业获得竞争优势的适宜的交付服务方法,包括渠道类型、商品陈列、店面位置、运输、管理渠道等。由于服务的特性,服务的销售渠道通常比很多实体商品的销售渠道更直接。对很多服务公司来说,业务的增长意味着在新的地点开设新的服务点。因此,公司对地点的选择非常重要。

(四)促销

服务促销的主要手段有广告、人员推销、营业推广、公共关系、口头传播、直接邮递等。企业营销人员必须把这些手段整合成一个协调的促销组合。即使同一行业中的公司,其促销组合设计也可以是不同的。促销活动又可分为以人员活动为主和以非人员活动为主。在某一个具体的促销活动中,各种促销手段一般是同时存在、相互补充的。

二、服务营销中的 3P

(一)人员

人员是指参与服务提供,并因此而影响购买者感觉的全体人员,包括企业员工、顾客以及处于服务环境中的其他顾客。

所有参与到服务提供过程中的人都对顾客认识服务本身性能提供了重要线索,服务提供者或与顾客接触的人员尤为重要,他们的着装、个人外表以及态度和行为都会影响顾客对服务的感知。实际上,对于某些服务,如顾问、咨询服务、教练以及其他基于关系的专业服务,提供者本身就是服务。在其他情况下,与顾客接触的人员可能在服务提供中发挥相对较小的作用。例如,电话安装人员、航空行李包搬运工或设备发运人员。然而研究表明,这些提供者也可能成为对组织很关键的服务接触中的焦点。

在许多服务情境中,顾客本身也能影响服务的提供,从而影响服务质量和他们自己的满意度。例如,一家咨询公司的客户,通过及时提供他所需的服务信息并将咨询公司提出的建议付诸行动,从而影响他所接受的服务质量。同样,医疗服务的患者对服务提供者制订的健康方案的遵守与否会严重影响他们所接受服务的质量。

顾客不仅影响他们自己的服务产出,也会影响到其他顾客。在一个剧院、一场球赛或课堂中,顾客会影响其他人所接受的服务的质量——强化或减损其他顾客的体验。

(二)过程

过程是指服务提供的实际程序、机制和作业流,即服务的提供和运作系统。顾客实际体验到的服务提供步骤或者作业流,也是顾客判断服务质量的依据。有些服务比较复杂,需要顾客经过一系列复杂而繁多的行动来完成整个过程。高度公式程序化的服务一般遵循这个模式,但过程所涉及的逻辑步骤常常忽略顾客。向顾客提供服务的过程的另一个明显特征是服务是否遵循生产线或标准化方法,或者过程是否是授权赋能的。服务的这些特征在本质上并没有好坏优劣之分,关键在于这些特征是顾客用来判断服务的一种依据。

(三)有形展示

服务的有形展示,是指服务过程中能被顾客直接感知和提示服务信息的有形物。美国服务营销专家萧斯塔克指出,顾客看不见服务,但能看见服务环境、服务工具、服务设施、服务人员、服务信息资料、服务价目表、服务中的其他顾客等有形物,这些有形物就是顾客了解无形服务的有形线索。服务营销不仅将环境视为支持及反映服务产品质量的有力实证,而且将有形展示的内容由环境扩展至包含所有用以帮助生产服务和包装服务的一切实体产品和设施。对于这些有形展示,若善加管理和利用,则可帮助顾客感觉服务产品的特点以及提高享用服务时所获得的利益,有助于建立服务产品和服务企业的形象,支持有关营销策略的推行;反之,若不善加管理和运用,则它们可能会把错误信息传达给顾客,影响顾客对产品的期望和判断,进而破坏服务产品及企业的形象。

一般来说,服务企业可以利用的有形展示分为三种:

(1)环境要素。空气质量、噪音、气氛、整洁度等都属于环境要素。这类要素通常不会引起顾客立即注意,也不会使顾客感到格外的兴奋和惊喜,但如果服务企业忽视这些因素,使环境达不到顾客的期望和要求,则会引起顾客的失望,降低顾客对服务质量的感知和评价。

(2)设计要素。这类要素是顾客最易察觉的刺激因素,包括美学因素(建筑物风格、色彩等)和功能因素(陈设、舒适、标识等),它们被用来改善服务产品的包装,使服务的功能和效用更为明显和突出，以建立有形的、赏心悦目的服务产品形象。

(3)社会要素。社会要素是指参与服务过程的所有人员，包括服务人员和顾客，他们的态度和行为都会影响顾客对服务质量的期望和评价。服务企业通过环境、设计、社会三类有形展示要素的组合运用，有助于实现其服务产品的有形化、具体化，从而帮助顾客感知服务产品的利益，增强顾客从服务中得到的满足感。

本章小结

服务经济是指服务业的产值在国内生产总值(GDP)中的比重超过60%的一种经济状态，或者说，服务经济是指服务业中的就业者在整个国民经济全部就业者中的比重超过60%的一种经济态势。

服务营销学在20世纪60年代兴起于西方，其兴起缘于服务业的迅猛发展和产品营销中服务日益成为焦点的事实。服务营销学的发展大致可分为脱胎阶段、理论探索阶段、理论突破阶段、理论完善及实际应用阶段。

服务营销观念主要包括关系营销观念、顾客满意观念、超值服务观念。这三种观念从不同的角度阐述了顾客对企业的重要性，特别是服务业，只有提供满意的服务、超值的服务，与顾客建立长久的关系，企业才能立足、才能发展。

针对服务不可感知性特征，可采取服务有形化、服务技巧化的营销对策；针对不可分离性特征，可采取服务可分化、服务关系化的营销对策；针对服务质量差异性特征，可采取服务规范化、服务差异化的营销对策；针对不可储存性特征，可采取服务可调化、服务效率化的营销对策；针对缺乏所有权，企业可采取增强信心、维系关系的营销策略。

服务营销要素可概括为7P，分别是产品、价格、渠道、促销、人员、过程、有形展示。其中产品、价格、渠道、促销是市场营销组合的基本要素，但在服务营销中，其内涵有所调整。其余3P是服务营销的特殊要素。人员是指参与服务提供并因此而影响购买者感觉的全体人员；过程是指服务的提供和运作系统；有形展示是指服务过程中能被顾客直接感知和提示服务信息的有形物。

复习思考题

1. 你认为中国是否已经迈入服务经济时代？为什么？
2. 结合服务营销学与市场营销学的关系谈谈服务营销学独立存在的意义。
3. 试列举某一服务产品的实例，分析其与实体产品的不同，并提出相应的营销策略。

案例讨论题

美国小银行的定位：做居民喜欢的社区银行

美国现在有3 000多家小银行，在具有全球影响力的花旗银行、美国银行等跨国银行巨人的眼皮底下，它们是如何生存下来的呢？如果是初到美国，许多人会想当然地将手中的余钱存入美国银行。但你很快就会发现，附近的几家小银行利息很高，其中定期存款利率高出一个多百分点。把钱存入小银行保险吗？答案是肯定的。根据美国有关银行的法律，所有银行均由联邦存款保险公司承保，如果银行破产，每个储户最多可从该公司得到10万美元的本金。因为个人储蓄存款超过25万美元的并不多，这样一来，储户最多只会损失利息。

那么,小银行靠什么赢得顾客呢?一位中国人到美国后第一次走进马里兰州联合银行时,它的服务给这位中国人留下了深刻印象。银行工作人员杰克(后来成了这位中国人的朋友)正在与一位老太太交谈。杰克说:"你这一个月就没出来散散心?"老太太说:"没有,我怎么也忘不了他。32年啦,朝夕相处,眼前总是他的影子。"原来,老太太的丈夫刚刚去世。"那当然。不过,也许他在天堂比在人间更幸福。你应该为他感到高兴才是。"老太太脸上露出了笑容。老太太走后,中国人问杰克:"你和客户都这么熟吗?"他说:"那倒不一定,但绝大多数到这里存贷款的人我都能叫出名字。"的确,这位中国人去过两次后,两位接待过他的职员都知道他的姓了,其中一位甚至记住了他的零存整取账号。

小银行主要为社区服务,前来存贷款的都是附近的常客,相互之间熟悉了,自然就建立起了感情和信任。无论是存钱,还是分期付款买房、买车、买家具,银行与顾客之间都很信任。小银行存款利息高,周围人自然愿意把钱放在这里;贷款利息虽然比大银行高,但购买家用物品或急用,额度小,大银行不一定看得上,手续也更复杂,所以居民还是愿意就近就便。小银行的服务也有特色。存贷款利率种类特别多。比如,定期存款有1个月、2个月、3个月的,也有半年、1年、2年、3年、4年、5年的;既有整存整取,也有零存整取,还有存款利息随行就市、跟涨不跟落的。最低存款额也比大银行低。

小银行可以应顾客的要求上门服务,不另收费。小银行还讲人情,办事通融。李非是另一个中国人。他在一家小银行开立了活期账户,申请了支票,办理了自动取款卡。根据规定,李非在活期账户上的存款余额应在500美元以上,否则就将被罚款20美元。但开户后半年,李非因购物,在活期账户上的余额一度只剩450美元。银行第二个月账单里扣去了20美元。李非抱着试试看的心理来到办理开户的那个营业部,向一位女职员作了解释。李非说:"我开户时间不长,把超支这项规定忘了,希望银行通融。"那位女士回头与当天的值班经理交流了几句,便告诉李非可以,扣款下月退还。而李非的一位同事,在一家大银行因为同样的原因被罚20美元却再也没有被退还。小银行的环境相当好,给顾客以亲切、热情之感。绝大多数小银行营业厅里有煮咖啡的器具,咖啡、糖和牛奶也放在一旁。在等候或办完存贷款手续后,顾客可自泡一杯咖啡。在座椅旁还有小糖果,顾客可随手拿一颗。

——资料来源:杨米沙.金融营销[M].北京:中国人民大学出版社,2018.

共同探讨:

1. 美国小银行的服务体现了哪些服务营销要素?
2. 你对本案例哪个方面印象最深刻?有何启示?

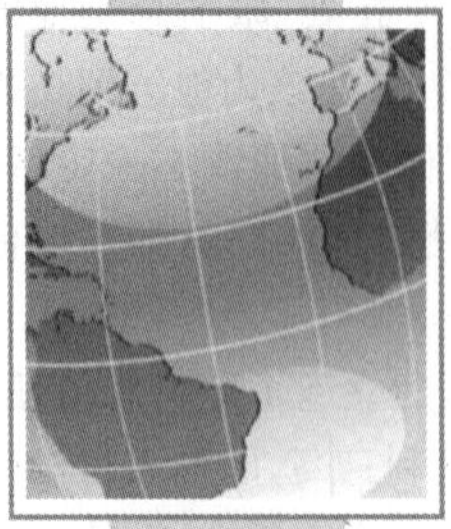

第二章 服务购买者行为分析

学习目标

了解当代服务消费的趋势及特征。
了解影响服务消费水平高低的因素。
熟悉影响服务消费购买决定的因素。
掌握服务消费者购买决策过程。
掌握组织服务购买的过程及特点。

案例导入

服务营销从"心"开始

根据不同旅客的个性化特征,航空公司的服务在一定程度上要突出细分市场的服务需求,以提升旅客的飞行体验,进一步完善客户满意度。

澳航为商务舱旅客提供了一项利用智能手机在网上提前预订咖啡的专享服务。澳航的旅客先下载一个SKIP应用软件,然后选择在一个合适的时间去取自己预订的咖啡。在咖啡预订确认后,旅客会收到一条信息。旅客在经过安检并来到休息室时,就能立刻享受到香醇的咖啡所带来的精神上的愉悦。这项服务自2016年7月起已经在阿德莱德、布里斯班、堪培拉、墨尔本、珀斯和悉尼等机场的澳航商务舱休息室推广了。

达美航空与社交媒体LinkedIn在2014年推出了"达美服务等级创新"合作方案。该方案在每个航班上选择一位幸运旅客,为其提供坐在来自艺术界、商界和技术领域的知名或成功人士旁边座位的机会。尤其是在2014年TED论坛期间,达美航空就安排了一些幸运旅客坐在参加论坛的Pebble智能手表制造公司创始人兼首席执行官埃里克·米斯基,以及著名闪购网站Gilt联合创始人亚历山大·威尔森旁边。这样一来,他们有机会开展面对面的交流和探讨。

爱尔兰航空自2015年3月起,在旗下的7架空客A330飞机上设置了新的公务舱座椅(每架飞机配备32个)。该公务舱座椅有6.6英尺(2米)长和22英寸(56厘米)宽,在全行业也是比较宽敞的。除了第一排以外,其他座椅均采用过道直入式布局。另外,爱尔兰航空还获得了相关许可,为从都柏林和夏农机场前往美国的旅客,在航班起飞前就办理完美国海关和移民局的入境手续。这样,在飞机到达美国后,旅客可以直接入境,而不用再排队办理入境手续。

维珍大西洋航空除了在机上为公务舱旅客设置高脚凳式酒吧之外,还开始在其新引进的波音787飞机上为高端经济舱旅客设置休闲区。休闲区为高端经济舱旅客提供了一个社交平台,旅客可以自助选择甜点、饮料和报纸,还可以与其他旅客和机组人员进行交流。

——资料来源:王双武. 旅行体验:服务营销"心"境界. 民航资源网,2017—04—06. 有删改.

思考:案例中各大航空公司关注了旅客的哪些个性化特征?分别采取了哪些营销策略?

第一节　当代服务消费趋势及特征

一、当代服务消费的发展趋势

相对于商品消费，服务消费需求稍滞后一些。但是，随着商品市场的不断完善和人们收入水平的不断提高，消费者对服务产品的消费欲望大大增加。从量和质两方面来看，服务消费呈下列发展趋势：

(一)服务消费支出在总消费支出中所占的比例呈上升趋势

在当代经济活动中，服务已成为人们最关心的重要因素之一，即使是在许多传统产业的投资中也备受重视。消费者支付复杂的服务开支包括仓储、运输、保险、关税、代理费等，已经达到产品最终售价的70%～80%。许多发达国家服务业迅速崛起，服务部门的地位越来越高，其产生的影响也越来越大。过去的30年，美国服务部门已经为其社会提供了4 400万个就业机会，服务业的发展大大减缓了自第二次世界大战以来经济衰退所带来的负面影响，促进了美国经济的复苏。

在我国，随着经济的发展，人们的收入水平在不断上升，消费结构也在发生变化。与前些年相比，人们用于服务消费的支出在总支出中所占的比重也呈不断上升的趋势。与温饱型消费不同，小康型消费中消费者高生活质量的需求日益旺盛，老百姓逐步成为服务消费的主体。就普通家庭而言，日常的服务消费就相当可观：一部电话，月支出几十元；请个保姆或钟点工，支出几百元；请家教，又是一笔开销。还有如休闲、娱乐、旅游、保健等开销，都属于服务消费。这些类型的服务消费越来越引起人们的重视。我国城镇居民的消费支出结构变化如表2—1所示。

表2—1　　我国城镇居民消费支出结构变化　　单位：%

年　份	1985	1990	1995	2000	2005	2010
食品	52.25	54.25	49.92	39.18	30.59	28.09
衣着	14.56	13.36	13.55	10.01	8.10	8.44
家庭设备用品和服务	8.60	10.14	8.39	8.79	4.55	5.44
医疗保健	2.48	2.01	3.11	6.36	8.81	8.94
交通通信	2.14	1.20	4.83	7.90	10.04	11.60
娱乐教育和文化服务	8.17	11.12	8.84	12.56	11.15	9.52
居住	4.79	6.98	7.07	10.01	14.30	17.05
其他商品与服务	7.01	0.94	4.28	5.17	12.45	10.92

资料来源：国家统计局(本数据于2011年停止更新)。

从表2—1中的数据可以看出，从1985年到2010年的25年间，我国城镇居民的消费支出结构变化非常符合恩格尔定律揭示出的消费变化趋势：食品、衣着的消费支出比重逐渐下降，医疗保健、交通通信以及娱乐教育和文化服务等服务性消费的支出比重逐渐上升。

(二)个人对服务的消费需求呈上升趋势

与温饱型消费不同，现代社会人们更注重追求高的生活质量，个人逐步成为服务消费的主体。生病了，首先想到的是寻求医疗服务；发生了民事纠纷，会想到寻求法律服务；为减轻家务负担，会寻求家政服务；外出旅游，会有旅游公司安排好交通、住宿、就餐等。这些都属于个人服务消费的范畴。

（三）服务消费整体水平不断上升

随着人们收入水平的上升和文化素质的提高，社会公众对服务的需求层次也在不断上升。比如，以前我们从甲地到乙地，只要能挤上拥挤的火车就已经很满足了，而现在我们要求的是舒适、安全、准时的旅游环境；以前我们进餐馆只是为了填饱肚子，而现在我们更多地注重就餐环境是否舒适、服务态度是否友善等。

（四）个性化服务消费比例增大

长期以来，标准化服务都是服务企业经营管理遵循的目标。然而，消费者的需求是有差异的，特别是现代社会，消费者的需求个性日益突出，个性化需求与服务标准化之间的冲突愈演愈烈。面对同一服务的多种需求，企业经营者应以消费者个性化需求为导向，增强服务弹性和应变能力。

（五）服务消费的道德与法律环境日益完善

对服务从业者来说，在道德的范围内，人们已经普遍认可并接受了这一行业，而且越来越多的人主动加入这一行业，并以向别人提供服务为荣。法律法规也为服务业的发展创建了相当宽松的发展空间。对消费者来说，服务消费已经成为日常生活的重要组成部分。

（六）服务消费市场是个巨大的潜在市场，服务消费品呈不断创新的趋势

服务性行业是劳动密集型产业，是容量最大的吸纳劳动力的场所。发展服务消费，对于缓解目前巨大的就业压力、促进改革、维护社会稳定，具有特别重大的意义。在发达国家，第三产业从业人员数占总就业人员数比重超过 70%。如同实物消费品生产需要不断开发新产品一样，服务消费品也在不断创新。技术的突飞猛进使服务产品能更好地服务于消费者。例如，随着科技的发展，医疗技术不断提高，手术变得比以前安全多了。

凡是老百姓感到不方便、不称心或者需要提供帮助的地方，都是服务消费的潜在市场，只要认真加以开发，就能创造出许多新的服务品种来。例如，商业保险服务，现已有 38%的家庭购买了这项新型的服务。根据经验数据，一般月收入 1 500 元左右的家庭就达到了购买商业保险的支撑点。

二、服务消费的特征

（一）消费认知风险性

服务消费者在消费认知方面的风险比实物消费者大，这是因为：

(1)服务产品是无形的，消费者在购买前很难判断服务产品的特点、功能、质量，以及享用服务后所能获得的利益。

(2)服务产品具有变异性，质量不稳定。消费者在这次享受到好的服务，并不能保证下次的服务与这次一样好。这使顾客在购买和消费服务时，在服务功能、财务、心理、身体、社交、时间及最终在质量上的感知风险大大提高，不利于服务产品的推广。

为了减少和降低顾客的消费认知风险，在服务营销过程中可采取的措施有：向顾客提供更多、更真实的服务信息；增强服务质量的稳定性和可靠性；向顾客作出服务承诺，减少服务消费者承担认知风险的压力；建立服务至上、“尽心为客”的服务文化。

（二）信息来源人际性

服务消费者主要通过人际交流获取服务信息，而相对地不很看重大众媒体上的广告以做出购买与否的决定。因为无形性使得服务产品较难有效采取传统的为实物而设计的方法做广告，或者说，较难用媒体广告来有效地传递服务信息，所以服务消费者一般不单靠大众媒体上的服务广告，而更看重自己周围的人所传递的服务信息。因为服务的过程是一种经验，以“人”做渠道的信息才能更好地传达这种经验。

服务营销增加消费者信息来源的途径可以有：重视和利用现有顾客的口碑；重视服务过程中的人际沟通，包括服务人员与顾客之间以及顾客与顾客之间的沟通。

（三）质量识别间接性

服务产品的无形性使得服务消费者在购买和享用服务前，往往只能根据服务价格、服务设施和环境等有形的东西来间接地判断服务质量。在消费者看来，较高的服务收费、较好的服务设施和环境，意味着较高的服务质量和水平。

服务营销可通过利用价格来传递服务质量信息和保持价格的稳定、利用服务设施来传递服务质量信息和保持服务设施的完好、利用服务环境来传递服务质量信息和保持服务环境等措施来增强消费者对服务质量的识别能力。

（四）品牌选择有限性

服务的无形性使消费者难以比较不同品牌的服务，因而消费者对服务品牌可选择的程度比对商品品牌低。

（五）品牌持有稳定性

消费者对服务品牌一般有较高的忠诚度，是不会轻易在服务品牌上“弃旧图新”的。这是因为：第一，“弃旧图新”意味着消费者需要花时间甚至金钱对新品牌进行认知，而消费者一般不愿意再冒认知风险；第二，服务的不可分性使得服务消费者对旧品牌或多或少产生了感情。

（六）接受创新缓慢性

通常消费者接受一项服务创新比接受一项实物产品创新慢。其主要原因是：

（1）很多情况下顾客须亲身体验新服务，风险性高；

（2）无形性使企业很难对顾客展示新服务以增加顾客对新服务的了解和信心。

服务营销可通过重视服务创新中顾客的配合问题，采用服务创新试点，并吸引顾客参与，发挥创新试点的示范作用来促进创新推广。

（七）服务过程参与性

服务的不可分性使得服务消费者参与服务的生产过程，因此，服务消费者对服务质量多少也会有一种责任感。

因此，服务机构要重视对顾客的开放和鼓励顾客参与服务的积极性；加强服务生产者的责任感，以生产者的责任感带动消费者的责任感；通过市场沟通等增强顾客参与的积极性和责任感。

第二节　影响服务购买决定的因素

一、影响服务购买决定的主要因素

服务购买者的购买行为和购买决策在很大程度上受到文化、社会、个人等因素的影响，下面分别阐述这几个因素对消费者服务购买决定的影响。

（一）文化因素

文化是指人类在社会发展过程中所创造的物质财富和精神财富的总和，是根植于一定的物质、社会和历史而形成的特定价值观念、信仰、思维模式、宗教、习俗的综合体。每一个人都在一定的社会文化环境中成长，通过家庭和其他主要机构的社会化过程学到和形成了基本的文化观念。文化是决定人类需要和行为的基本因素，文化的差异引起消费行为的差异，表现为衣食住行、婚丧嫁娶、建筑风格、节日、礼仪等物质和文化生活等各个方面的不同特点。分析文化因素，还要注意亚文化的存在。所谓亚文化，就是每个文化都包含着能为其成员提供更为具体的认同感和社会化的较小群体，在我国主要包括以下几种：

1. 地域亚文化

即使在同一个国家内，处于不同地理位置的各个地区也有着不同的文化和生活习惯。我国幅员辽阔、人口众多、地形多变，南北之间、城市与乡村之间、沿海与内地之间、山地与平原之间居住的人们，在经济水平上有很大的差异，在生活习惯、口味和爱好上也有很大的不同，他们的消费行为、购买行为往往受到以上因素的巨大影响。

2. 民族亚文化

每个国家都存在不同的民族，每个民族都具有独特的风俗习惯和文化传统。我国有 56 个民族，每个民族有着不完全一样的文化，有一些连语言和文字都是不一样的。不同民族风俗不同，饮食、服饰、节日、礼仪都具有差异性。这样，在不同的民族亚文化中，购买的动机和行为也是不一样的。

3. 宗教亚文化

宗教是一种社会行为，它包括信仰、宗教组织、祭礼、文化（宗教建筑、宗教绘画、宗教音乐）等方面的内容。一种成功的宗教能够为广大民众所接受，并且对某一时代人类的社会发展产生较大的影响。除佛教、伊斯兰教和基督教外，在我国还有道教等群体存在。每个国家都存在不同的宗教，每种宗教都有自己的教规和戒律。不同宗教的文化偏好和禁忌十分严格，会影响到该文化中消费者的购买行为和购买决定。

除了亚文化对消费者购买决定的影响，还要注意社会阶层对此的影响。一切社会都存在着社会层次。社会阶层是社会学家根据职业、收入来源、教育水平、价值观和居住区域对人们进行的一种社会分类，是按层次排列的、具有同质性和持久性的社会群体。同一社会阶层的人拥有相类似的价值观、兴趣和行为，在消费行为上相互影响并趋于一致。

（二）社会因素

1. 家庭

在现代社会中，消费者往往以个人或家庭为单位购买产品或服务，家庭成员和其他有关人员在购买活动中往往起着不同作用并且相互影响。家庭成为社会上最重要的消费者“购买组织”。在服务购买决定中，家庭的角色类型有以下几种：

（1）各自做主型，也称自治型，指每个家庭成员对自己所需的产品或服务可独立做出购买决定，其他成员不加干涉。

（2）妻子支配型，指家庭购买决定权掌握在妻子手中。

（3）丈夫支配型，指家庭购买决定权掌握在丈夫手中。

（4）共同支配型，指大部分购买决定由家庭成员共同协商做出。

家庭的购买决策类型会随着社会、政治、经济状况的变化而变化。由于社会教育水平提高和妇女就业增多，妻子在购买决策中的作用越来越大，许多家庭由“丈夫支配型”转变为“妻子支配型”或“共同支配型”。

在研究家庭对购买决定的影响中，还要考虑以下几个问题：

(1)该服务是供个人还是全家共同享用?

(2)购买行为是由个人还是全家共同完成?

(3)该产品或服务的购买是否影响家庭其他用品或服务的购买?

(4)家庭成员对于购买该产品或服务是否存在异议?

(5)若该商品或服务由多个家庭成员共同使用,是否需要改进?

2. 相关群体

相关群体是指能够影响消费者购买行为和决定的个人或集体。相关群体对服务消费者的看法、态度、偏好、行为具有直接或间接的影响。相关群体可以分为成员群体和参照群体。一个人所属的对他有直接影响的群体称作成员群体。其中,有的是首要群体,即成员间有经常性的但非正式的相互影响,例如家庭、朋友、邻居和同事;有的是次要群体,相对来说更正式,但对成员的影响要小一些,包括宗教团体、行业协会、工会等组织。参照群体是指在一个人的态度或行为形成过程中起着直接或间接比照作用的,或仅供参考的群体。人们常常受他并不属于其中的参照群体的影响。比如,一个喜欢打篮球的少年特别崇拜 NBA 球星,他将自己认同于这个群体,而这些球星所做的广告就会极大地影响他的购买行为甚至购买决定。

相关群体对消费行为的影响表现为三个方面:一是示范性,即相关群体的消费行为和生活方式为消费者提供了可供选择的模式;二是仿效性,即相关群体的消费行为引起人们仿效的欲望,影响人们对商品的选择;三是一致性,即由于仿效而使消费行为趋于一致。相关群体对购买行为的影响程度视产品类别而定。据研究,相关群体对汽车、摩托车、服装、香烟、啤酒、食品和药品等产品的购买行为影响较大,对家具、家电等的购买行为影响较小。

3. 角色和地位

每个人的一生会从属于许多群体,如家庭、公司、社团及各类组织。一个人在群体中的位置可用角色和地位来确定。角色是周围的人对一个人的要求或一个人在各种不同场合应起的作用。比如,某人在孩子面前是父亲,在妻子面前是丈夫,在公司是经理。每一种身份都伴随着一种地位,反映了社会对他的总评价。消费者做出购买选择时往往会考虑自己的角色和地位。企业可以根据消费者的需求,将服务设计为专门针对某种角色和地位人群的关联服务。

(三)个人因素

服务购买者做出决定还受到个人因素的影响,如经济条件、价值观和生活方式、心理因素等。

1. 经济条件

经济条件是指消费者可支配收入、储蓄、资产和信贷的能力。经济条件是影响购买行为的首要因素,决定着能否发生购买行为及发生何种规模的购买行为,决定着购买服务的种类和档次。

世界各国消费者的储蓄、债务和信贷倾向不同。例如,日本人的储蓄倾向强,储蓄率为18%,而美国仅为6%,结果日本银行有更多的钱和能以更低的利率贷给日本企业,日本企业有较便宜的资本来加快发展。美国人的消费倾向强,债务—收入比率高,贷款利率高。营销人员应密切注意居民收入支出、利息、储蓄和借款的变化,对价格敏感型的产品和服务更为重视。

2. 价值观和生活方式

不同的人往往在看待事物时产生不同的观点和喜好,不同的价值标准和生活习性,会造成消费者购买行为和购买决定的差异。其中,个性也占到了很大的比例。个性是指消费者带倾向性的、本质的、比较稳定的各种心理特征的总和,包括消费者的气质、性格、能力等方面。不同个性的消费者在购买行为中表现出的特征是有很大差异的。例如，外向型消费者在购买时热情高、喜欢提问，情感体现于面部，主动与营业员交流信息，在做出购买决定时也比较爽快；相反，内向型消费者在购买时行为稳重，喜欢自己体验、自己判断，不愿与人交流，不轻信于别人，在做出购买决定时往往也很慎重。

3. 心理因素

心理因素也是影响服务消费者购买决定的主要因素。因此，对服务消费者心理过程和个性倾向的分析将有助于服务营销。

(1)消费者对服务产品的认识过程。消费者对服务产品的认识过程是从感性认识阶段到理性认识阶段，最后到注意阶段，也就是购买决定阶段。具体来说，消费者在选购服务产品之前，都是通过视觉、听觉等对服务产品的个别特性进行感知。比如外出旅游，消费者会从同事或朋友处打听有关旅行社的信息，或通过网络进行相关信息查询，从而获得对旅行社的基本认识。随后，消费者会深入了解旅行社的服务态度、服务水平、服务能力等，这样对旅行社的理性认识越来越完整、清晰。最后，当某种服务产品与消费者的消费需求相一致后，消费者的注意力就会较长时间保留在所选定的服务产品上。此时，服务营销起着相当重要的作用，有效率的服务营销活动就可能将消费者的服务需求转化为现实的购买决定。

(2)消费者对服务产品的情感过程。在现实生活中，消费者的购买决定并不都是理性认识的结果，在许多情况下，消费者的购买决定还受到情感因素的左右。

服务产品带给消费者的情感体验分为积极性的心理体验和消极性的心理体验。这样的情感体验与提供服务产品的条件、服务行业的特点、服务提供者的表情与态度、服务消费者的心理准备等有很大的关系。提供服务产品的环境给予消费者的不仅仅是第一印象那么简单，有时消费者会通过环境产生联想，联想到服务产品的质量、服务产品提供者的能力等，服务产品的特点是本产品有别于其他产品的地方，也是消费者选购本产品的原因之所在。服务提供者的态度是服务质量的核心之一，服务企业不仅要讲究信誉，而且要注意服务态度，给消费者留下良好的印象，促使其做出购买决定。服务消费者的心理准备是指消费者对服务产品的接受程度。比如，银行要对存取款业务收取手续费、对借记卡收取年费，这对于绝大多数消费者来说都缺乏心理准备，所以银行对推行该项业务应采取谨慎的态度。

(3)服务消费者的个性倾向分析。服务消费者的个性消费心理会对消费者的消费决定产生影响。具体来说：

①追求质量的心理。有关调查显示，有52%的消费者在购买商品时把质量放在首位。服务消费者也不例外，他们在购买服务产品时，也是将服务产品的质量放在其购买决策的首位。比如，消费者在选购医疗服务时，医生的专业能力、业务水平、工作态度及医疗设备的先进性等都会影响到服务的质量，质量便成为影响消费者做出购买决定的主要因素。

②追求方便的心理。从某种程度上说，享受服务就是享受方便。所以，服务产品提供者应本着方便的原则，才会获得更多消费者的信赖和支持。比如，在电脑市场，品牌机的价格远远超过组装机的价格，可消费者还是愿意多掏钱购买品牌机。便捷的服务就是其中的原因之一。例如，购买品牌电脑后，如果出现了问题，只要打一个电话，维修人员就会以最快的速度上门为您排忧解难，而组装机却不会有这样的服务。越是能享受到方便的服务越会受到消费者的青睐。

③追求安全的心理。安全第一，这是服务消费者共同的心声。没有安全保障的服务，许多消费者宁愿选择放弃。比如，超载、超速的客车被严格禁止，就是为了确保旅客的旅途安全。

④追求价廉的心理。调查显示，27%的顾客以价格低廉的商品为购买目标，在这些顾客

中，以中老年人和低收入人群为主。在同类型服务的选择中，价格低廉将成为他们做出购买决定的主要因素。

⑤追求信誉的心理。信誉是服务企业的生命，大部分消费者对应该享受的服务并不太熟悉，所以在选购服务产品时，大多会选择有较高信誉的服务提供商，以此来保障自己的合法权益。比如，旅游过程中经常有宰客现象，为了防止自己在旅游过程中被宰，通常消费者都会选择一家有良好信誉的旅游公司出行。

二、影响服务消费水平高低的因素

（一）收入水平

消费者的消费需求由消费欲望和可支付购买力两部分组成。消费者的收入水平决定了消费者的可支付购买力。根据消费者需求层次理论，消费支出中，首先要满足物质方面的需求，剩余的才会用于服务等精神方面的支出。同样的一项服务，在收入水平高的地区可能需求量旺盛，而在收入水平低的地区却乏人问津。比如，在我国经济较发达的城市，律师业比较发达，而在一些经济落后的偏远地区，律师业还是空白。

（二）物价水平

物价水平直接决定着消费者的可支付购买力，物价水平高，消费者用于物质产品方面的支出比例就会增大，相应的用于服务等精神方面的消费就会相对下降。

（三）生活环境

生活环境的好坏与生活质量的高低通常是联系在一起的。生活环境包括社会环境、人文环境、自然环境、社会阶层等。不同环境、阶层的消费习惯与购买行为有很大的差别，其不仅体现在衣着打扮、饮食起居上，而且对服务消费的偏好也有很大的不同。

（四）人口数量及其构成

不同规模的家庭有着不同的消费特征和购买方式。比如，有一大群孩子的家庭教育费用反而并不太多，而独生子女家庭的教育费用却与日俱增。另外，人口的年龄与性别、职业与受教育程度、个性与生活方式等，都影响着服务消费水平。

（五）积累基金和消费基金的比例

人们总是把总收入分为两部分，一部分用于积累，另一部分用于消费。而积累基金与消费基金的比例却取决于消费者的消费心理和对未来的预期。比如，年轻人的消费心理较开放，倾向于多消费、少积累，因此按揭贷款消费受欢迎。

第三节　服务消费者购买决策过程

一、服务消费者购买决策的内容

根据 5W1H 的原则，服务消费者购买决策主要包括：购买何种服务产品？为什么购买？什么时间购买？何处购买？何人购买？如何购买？

（一）What——购买何种服务产品

购买何种服务产品即确定购买对象。这是做出购买决策的核心和首要问题。决定购买目标不只是停留在一般类别上，而是要确定具体的对象及具体的内容。在进行购买行为时，消费者一般都是从一些品牌中选择出最适合自己的。在选择的过程中，一定会涉及价值判断与比较，这些消费者用以判定品牌优劣的评估标准(一般称为购买考虑因素)正是营销人员不能放过的信息。

(二)Why——为什么购买

消费者为什么购买?是为了自己消费还是馈赠亲朋好友,如果是为了自己消费,在包装上便可以不增加消费者购买的压力;如果要馈赠亲朋好友,包装上则要讲究一些。同样是购买旅游服务,有人为了休息和放松,有人为了感受大自然的魅力,有人则是买来孝敬老人。消费者为什么购买某特定的服务产品?为什么买A而不买B?这是营销人员必须解开的谜题。从营销的角度看,可以称之为购买动机。购买动机复杂多变、不一而足,不清楚消费者追求的服务产品的利益点就贸然出击,很可能会导致事倍功半。

(三)When——什么时间购买

什么时间购买即确定购买的时间,这也是购买决策的重要内容,它与主导动机的迫切性有关。在消费者的多种动机中,往往由需要强度高的动机来决定购买时间的先后缓急;同时,购买时间也与市场供应状况、营业时间、交通情况和消费者可供支配的空闲时间有关。因此,服务营销就是要研究消费者购买决策过程中的时间规律性,以相应调整营销对策。

(四)Where——何处购买

何处购买即确定购买地点。购买地点是由多种因素决定的,如路途远近、可挑选的品种数量、价格以及服务态度等。它既与消费者的惠顾动机有关,也与消费者的追求价廉动机以及求速动机有关。消费者购买地点的确定涉及不同营销渠道的选择问题,可以多样化。比如,如果消费者愿意到中间商那里去购买,那么就可以借助中间商实施商品分销;如果消费者愿意到专卖店去购买,则可以采取直销的形式;如果消费者愿意在家里购买,就可以采用网上分销的形式,让消费者在家里就可以订购。这样就有了多样化的分销渠道。

(五)Who——何人购买

购买决策是一项复杂的行为,金额越大,复杂度就越高,参与意见的人越多,决策的时间也就越长。一般来说,参与服务购买的人,有购买发起人,即首先提议或者想到购买某种服务的人;有购买影响者,他们虽然不直接参与购买的过程,但他们的意见和态度反应却能对服务决策产生影响;有购买决策者,即对怎样购买、是否购买、购买时间、买多少等做出最终决策的人;有购买者,即购买过程的实际操作者;有使用者,即实际接受和使用服务的人。这些角色可以由若干个人承担,也可以集中到一个人身上。

因此,营销人员必须对家庭各个成员的角色与影响力认识清楚,以便针对特定的角色设计出动人心弦的产品特征和诉求重点。

(六)How——如何购买

如何购买即确定购买方式。要根据消费者的要求来组织营销活动。消费者愿意一次性付款还是分期付款,是要求送货还是自己提货,这些都是应该考虑的。

二、服务消费者购买决策的原则

对于同一项服务,不同消费者做出的购买评价不尽相同。有的消费者认为满意,而有的消费者认为不满意。比如,20位消费者在同一家旅行社组成同一个团队旅游,旅游结束后,消费者对此次旅游的评价各不相同。究其原因,可以发现不同消费者持有不同的服务购买原则。一般来说,服务消费者购买决策原则有以下几条:

(一)最大满意原则

就一般意义而言,消费者总是力求通过决策方案的选择、实施,取得最大效用,使某方面需要得到最大限度的满足。按照这一指导思想进行决策，即为最大满意原则。遵照最大满意原则，消费者将不惜代价追求决策方案和效果的尽善尽美，直至达到目标。最大满意原则只是一种理想化原则，现实中，人们往往以其他原则补充或代替。

（二）相对满意原则

该原则认为，在现代社会，消费者面对多种多样的商品和瞬息万变的市场信息，不可能花费大量时间、金钱和精力去收集制定最佳决策所需要的全部信息，即使有可能，与所付代价相比也绝无必要。在制定购买决策时，消费者只需做出相对合理的选择，达到相对满意即可。例如，在购置皮鞋时，消费者只要经过有限次数的比较选择，买到质量、外观、价格比较满意的皮鞋，而无须花费大量时间跑遍所有商店，对每一双皮鞋进行挑选。贯彻相对满意原则的关键是以较小的代价取得较大的效用。

（三）遗憾最小原则

若以最大或相对满意为正向决策原则，遗憾最小则立足于逆向决策。由于任何决策方案的后果都不可能达到绝对满意，都存在不同程度的遗憾，因此，有人主张以可能产生的遗憾最小作为决策的基本原则。运用此项原则进行决策时，消费者通常要估计各种方案可能产生的不良后果，比较其严重程度，从中选择情形最轻微的作为最终方案。例如，当消费者因各类皮鞋的价格高低不一而举棋不定时，有人便宁可选择价格最低的一种，以便使遗憾减到最低限度。遗憾最小原则的作用在于减少风险损失，缓解消费者因不满意而造成的心理失衡。

（四）预期—满意原则

有些消费者在进行购买决策之前，已经预先形成对服务价格、质量等方面的心理预期。消费者在对备选方案进行比较选择时，与个人的心理预期进行比较，从中选择与预期标准吻合度最高的作为最终决策方案，这时他运用的就是预期—满意原则。这一原则可大大缩小消费者的抉择范围，迅速、准确地发现拟选方案，加快决策进程。

三、服务消费者购买决策的过程

消费者购买过程是消费者购买动机转化为购买活动的过程。不同消费者的购买过程有特殊性，也有一般性。消费者购买服务产品的过程因服务产品性质和重要程度不同而表现为不同的过程形式，有时几分钟就可以做出购买决策，有时要花几星期、几个月甚至更长的时间来慎重决策。西方营销学者对消费者购买决策的一般过程做了深入的研究，提出了若干模式。其中采用较多的是五阶段模式，这五个阶段分别是认识需要、搜集信息、选择评价、购买决策和购后行为，如图 2—1 所示。

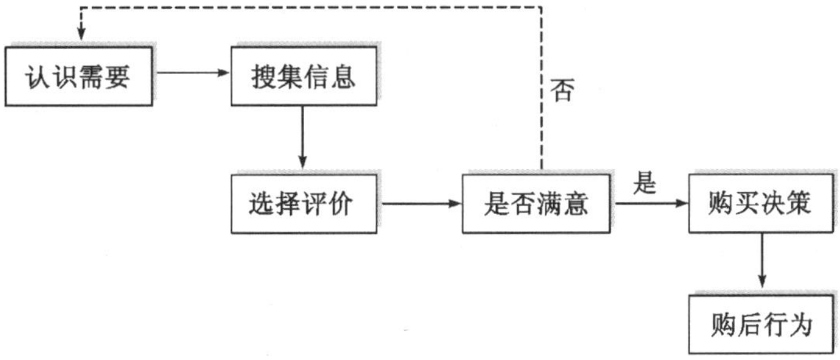

图 2—1　消费者购买决策过程

显然，购买过程在实际购买做出之前就开始了，而且会持续到购买之后。营销人员应关注整个购买进程，而不是仅仅关注购买决策本身。

（一）认识需要

需要是购买活动的起点，达到一定程度时就变成一种驱力，驱使人们采取行动去予以满足。需要可由内在刺激和外在刺激唤起。内在刺激是人体内的驱使力，如饥、渴、冷等。外在刺激是外界的“触发诱因”，食物的香味、衣服的款式等都可以成为触发诱因，形成刺激，引致对某种需要的确认。需要被唤起后可能逐步增强，最终驱使人们采取购买行动，也可能逐步减弱以至消失。营销人员在这个阶段的任务是，了解消费者有什么样的需求或问题，它们是怎样产生的，以及如何把消费者引向特定的产品或服务。通过市场调研，营销人员可以识别出哪些因素最能引发人们对产品或服务的兴趣，然后制订出包含这些因素的营销计划。

（二）搜集信息

产生了需要的消费者可能会也可能不会寻找更多的信息。如果消费者的动机很强烈，或者可满足需求的服务易于得到，那么消费者极有可能直接进行购买。但在多数情况下，消费者的需求并非马上就能获得满足，他必须积极寻找或者搜集信息，以便尽快做出购买决策。消费者搜集信息的来源一般有：

（1）个人来源，即从家庭、朋友、邻居或其他熟人处得到信息。

（2）商业来源，即从广告、销售人员介绍、展览、商品陈列、商品包装等方面得到信息。

（3）公众来源，即从报刊、电视等大众传播媒体的宣传报道和消费信息中得到。

（4）经验来源，即自己参观和实际使用中得到的经验。

这些信息来源的相对影响力随产品和购买者的不同而变化。总的来说，消费者得到关于产品的信息主要来自商业来源，这些来源是企业可以控制的。而最有影响力的信息来源一般是个人来源。个人来源在服务的购买上影响更大。商业来源一般仅告知购买者产品信息，但个人来源能为消费者评价产品。例如，医生通常从商业来源处了解到有关新药，但要向别的医生询问对该药的评价。一般情况下，女性和低收入者受个人来源的影响更大。

（三）选择评价

对于服务产品，大多数消费者不是很了解，消费者与服务产品提供者之间常常处于一种信息不对称的状态。为了缩小不对称性，维护自己的服务消费权益，作为消费者，可能会从不同的渠道获得很多信息。在大量搜集信息之后，需进行分析评价，也就是所谓的货比三家，根据满足其需要的情况做出购买决策。针对顾客的分析比较，在这一阶段企业应该做些什么呢？在这个阶段，消费者需要大量的能够打动他的信息。那么，能够打动消费者的信息是什么呢？经过对众多竞争对手的产品和服务的比较，消费者当然愿意接受那种性能和价格让他比较满意的产品，因此应尽量让消费者多了解自己产品的优点，方便消费者做出判断和选择。

一般而言，消费者的评价行为主要考虑以下因素：

（1）产品属性。产品自身的属性具有极大的吸引力。如：手表的准确性、式样、耐用性；冰箱的制冷效率高、耗电少、噪音低、经久耐用；计算机信息储存量大、运行速度快、图像清晰、软件适用性强。在价格不变的情况下，一个产品有更多的属性将更能吸引顾客购买，但是会增加企业的成本。营销人员应了解顾客主要对哪些属性感兴趣，以确定本企业产品应具备的属性。

（2）重要性程度。消费者会根据自己独特的需要和希望区别不同属性的重要性程度。比如，在购买计算机时，有的消费者认为运行速度是最重要的，信息存储量是次要的；而另一些消费者却可能相反，认为信息存储量是最重要的属性；还有的消费者认为售后服务是最重要的。

(四)购买决策

购买决策即实际的购买过程。相对于实体产品,服务产品的购买过程有其特殊性。由于服务具有生产和消费同时进行的特点,消费者购买服务的过程也就是其消费服务的过程。在这一过程中,顾客不是同其消费客体打交道,而是表现为同服务提供人员及服务设施相互作用的过程。

有形产品的使用是完全独立于卖方影响的,至于消费者何时使用、怎样使用以及在哪里使用都是他们自己的事,同产品的提供者没有任何关系。对于服务来讲,则有着不同的情形。

服务生产与消费同时进行的特征意味着服务企业在顾客享受服务的过程中将起着重要作用。离开服务提供者,服务的消费过程是无法进行的,因为服务提供者同顾客一道构成了消费过程的两大主体。同时,各种服务设施的作用也不容忽视,这些设施是服务人员向顾客提供服务的工具,它们给顾客的印象还将直接影响到顾客对企业服务质量的判断。

企业应该注意,前期的工作尽管成功了,但在这个实际购买的阶段也一定要把握好。要做到热情接待、周到服务,让顾客在非常温馨的交易情境下接受你的商品。因为在这个实际购买的过程中,顾客依然可能做出放弃消费的决策。因此,必须按照顾客接受的最佳状态、最佳时机来考虑接待方式。

(五)购后行为

实际购买的完成并非企业营销行为的结束,作为企业,还要关心、了解消费者的购后感受,这是购买过程的最后一个步骤。购后感受分为购后的近期感受和远期感受。

让顾客满意是企业营销过程的最终目的,而顾客的满意度则来自他们对服务质量的评价。顾客对服务质量的判断取决于体验质量与预期质量的对比,而预期质量受市场沟通、企业形象、顾客口碑及其需求的影响。

服务的购后评价是一个比较复杂的过程。它在顾客做出购买决策的一刹那间就开始了,并延续至整个消费过程。顾客的评价不仅受到以上因素的影响,一些来自社会和环境方面的因素也将起很大作用。从某种意义上说,顾客的评价如何,取决于企业能否妥善管理顾客与顾客、顾客与员工、顾客与企业内部环境以及员工与内部环境之间的关系。

【实例2—1】

如果你是第一次去海底捞,那么一些场景可能是你第一次见到的:等待的人数几乎与就餐的人数相同;手持号码等待就餐的顾客,可以一边观望屏幕上打出的座位信息,一边接过免费的水果、饮料、零食;如果是一大帮朋友在等待,服务员还会主动送上扑克牌、跳棋之类的桌面游戏供大家打发时间;顾客也可以趁等位的时间到餐厅上网浏览区浏览网页,还可以来个免费的美甲、擦皮鞋。

待客人坐定点餐的时候,围裙、热毛巾已经一一奉送到眼前了。服务员还会细心地为长发的女士递上皮筋和发夹,以免头发垂落到食物里;戴眼镜的客人则会得到擦镜布,以免热气模糊镜片;服务员看到顾客把手机放在台面上,会不声不响地拿来个塑料袋装好,以防油腻。

每隔15分钟,就会有服务员主动更换你面前的热毛巾;如果你带了小孩子,服务员还会帮你喂孩子吃饭,陪他们在儿童天地做游戏;为了消除口味,海底捞在卫生间准备了牙刷、牙膏,甚至护肤品;过生日的客人,还会意外得到一些小礼物……如果你点的菜太多,服务员会善意地提醒你已经够吃;随行的人数较少,他们还会建议你点半份。

餐后,服务员马上会送上口香糖,一路上所有服务员都会向你微笑道别。一个流传甚广的故事是,一位顾客结完账,临走时随口问了一句:“怎么没有冰激凌?”5分钟后,服务员拿着“可爱多"气喘吁吁地跑回来:"让你们久等了,这是刚从超市买来的。""只是打了一个喷嚏,服务员就吩咐厨房做了姜汤送来,把我们给感动坏了。"很多顾客都曾有过类似的经历。孕妇会得到海底捞的服务员特意赠送的泡菜,分量还不小;如果某位顾客特别喜欢店内的免费食物,服务员也会单独打包一份让其带走……这就是海底捞的粉丝们所享受的"花便宜的钱买到星级服务"的全过程。毫无疑问,这样贴身又贴心的"超级服务",经常会让人流连忘返,使之一次又一次不自觉地走向这家餐厅。

——资料来源:吕佩玉.客户管理实务[M].长春:东北师范大学出版社,2019.

第四节　组织服务购买行为特点

企业服务营销的对象不仅包括广大的消费者,也包括各类组织。但并非所有的机构客户所进行的服务购入都能称为组织购买,只有当这种购买行为的目的不是用于组织直接消费,而是用于投入或辅助生产时才是服务营销学意义上的组织购买。

在服务经济社会中,服务外包的生产特征使组织购买得以普及,几乎覆盖了整个经济领域。组织购买的主体是一个"人的集合",它作为一个整体有其自身的价值取向和消费意志。这类似于个体消费者表现出的消费心理。但是,购买目的的生产性和购买决策的整体性又注定了组织购买在过程和特征上必然与个人消费有着显著的差异。因此,企业必须研究组织服务购买过程及其特点。

一、组织购买的过程

与个人消费行为的过程类似,组织购买也是个多阶段的过程。在重复购买时很多阶段可以省去,但在典型的首次购买中往往存在七个必要的阶段。而组织购买本身的性质决定了这七个阶段均表现出一些不同于个人消费购买的特点。

(一)发现问题阶段

组织购买过程中发现问题的阶段要从服务外包谈起。服务外包不同于个人服务消费中的家庭劳动社会化。个人服务消费发现的是需要满足的服务需求,购买服务是为了享受服务、获得满足;组织购买发现的是本组织无法完成或无法高质量完成的服务目标。服务外包是为了支持生产、提高劳动效率和经济效益。个人以服务购买为媒介解决了效用问题,组织以服务外包为媒介解决了效率问题。

(二)描述问题阶段

如果说个人消费对问题的描述只是个人对服务的心理预期,即希望将要获得的服务以何种程度满足自己的何种服务需求,那么组织购买对问题的描述却变得非常复杂。首先,描述问题的主体涉及机构的各个部门、科室甚至包括一些外部的咨询机构;其次,对问题的描述更理性、更现实、更具可操作性,其实质是现实问题的客观解决方案;最后,对问题的描述更有竞争性,不再以自己为中心,而是以竞争对手为参照,以获得市场竞争优势为目标。

(三)确定服务阶段

个人消费确定服务多采用效用分析,将服务需求加以组合,找到对应的服务类别,满足所有的效用需求;组织购买服务多采用价值分析,将解决方案予以分解,分别寻找服务供应商,最划算地实现工作需要。

（四）寻找供应商阶段

在组织购买中，以品牌忠诚和广告信任为代表的简化消费选择过程以及个人消费心理的趋势暗淡了不少。高额的调查、咨询成本会在大量购买的推销中变得微不足道；而长期的合作关系又会使漫长的市场选择过程变得相对值得。在寻找标准方面，个人消费理所当然地把服务品质的卓越作为头号选择标准，而对于组织购买而言，服务供应的稳定性才是关键所在，品质不一定要卓越，只需达标，所以与供应商的长期关系在选择服务商时值得重视。

（五）确定服务商阶段

个人消费确定服务商只是一个决策的瞬间过程，而组织在购买中确定服务商则要经过一个复杂的过程，一般要通过招投标的方式组织采购。企业将自己的服务问题归纳整理，交给有合作关系的或业内知名的服务企业寻求解决方案和服务报价，经过专业的权衡比较确定服务供应商。

（六）服务订货阶段

个人消费在确定服务商的同时也实现了服务订货，并几乎无时差地接受了服务消费；而组织购买则需要通过专门的订货合同明确服务的最低技术性能、实现周期、进展评估方案、价格和担保条件等经谈判达成共识的内容，有时供需双方相互派员考察也是非常必要的。

（七）服务评估阶段

个人消费的服务评估多为终极评估，只对服务的最终结果及其引致的服务效用与服务预期加以比较，通过满意度评价服务；而组织购买则多按照合同分阶段考察工作进展，并用预定的标准衡量服务质量。另外，根据客户评估中的意见和工作的需要改变服务供应方式和品质在组织购买中时有发生。个人消费者则仍缺乏足够的力量使服务商改变生产流程，所以往往不情愿地被动适应服务商。

二、组织购买的特征①

如果将组织购买过程中体现出的与个人消费的区别加以汇总抽象，可以轻易发现组织购买行为所独有的一些特征。

（一）参与性

从发现问题开始到服务评估结束，在整个购买过程中，组织中没有一个是服务消费者。但参与服务购买决策的角色几乎遍及整个组织，上至总经理，下至采购员，横跨采购部门、生产部门、财务部门、研发部门、人事部门、营销部门、质量控制部门等的一个决策群集体参与购买决策。组织利益最大、生产效率优先是连接决策参与者的潜在纽带。

（二）专业性

组织购买的决策核心一定是此类服务的行家里手。每项使用外部服务的决策都在长期选择、监控此种服务的部门认可下做出。很多情况下，与供应商的长期合作使采购人员比推销人员对服务的内涵外延、技术指标有更深入透彻的了解，他们指出的服务要求往往一针见血，直指要害。

（三）批量大

组织购买具有大批量、高价值的特点，这是个人购买所不可比拟的。这一特点显而易见，并且是其他特点的根源所在。

---

① 马龙龙，李智．服务营销与管理[M]．北京：首都经济贸易大学出版社，2006.

(四)程式化

组织购买往往都具有固定的程序步骤,缺乏灵活性、随机性。一般地,根据过去的订购经验和熟练程度,根据与服务供应的合同关系不同,购买程序有繁简各异的三套程式方案:其一,简单再订货。这是最简单的购买程式,只需重复组织购买过程的后两个阶段,用于经常性地向熟悉的供应商购买近似的服务。其二,修改性购买。顾名思义,同样是经常性的购买,不同的只是要对服务本身的性能特点或者供应商加以改变,以适应新的生产要求。一般而言,在简单再订货程序基础上,要增加内部协商和对外谈判的过程。其三,全新型购买。即向新的服务供应商购买从未购买过的服务,这是服务外包的第一步,程序最复杂,原则上涵盖了组织购买过程的全部七个步骤。

(五)复杂性

组织购买的复杂性体现在三个方面。首先,组织购买的程序要比个人消费复杂。其次,组织购买准备阶段对信息的要求更为复杂。它要求更多的决策参与者,收集更专业的信息,权衡方方面面的利益以做出轻重取舍。最后,组织购买的服务从技术角度来说比较复杂。诸如设计、咨询、管理外包、生产外包、会计决算、产品分销等服务,需要复杂的人力、知识集约化劳动,这是个人消费不可等量齐观的。

(六)关系性

组织购买中服务供需双方的合作往往源于长期的经济关系。而且,组织购买合同也倾向于形成稳定持久的供货关系,甚至进而形成利益与共的战略合作伙伴关系。组织购买的服务往往要求较强的互动性,服务特征、性能要经常由供需双方谈判修正。为避免像个人消费那样接受既定服务,组织必须维持与上游服务商良好的关系,以保证自身生产的顺利进行和产品质量的稳步提高。

(七)单一性

组织自身生产产品的独特性决定了服务购买的单一性。一般来说,服务商会按照大型订购商的生产特点和服务需求单独设计和专门生产。这对于服务需求方巩固生产特色、服务供应方强化客户关系都是有利的。

本章小结

社会的进步,市场的繁荣,为人类生活提供了越来越多的服务产品或项目。随着社会经济的发展和人们生活水平的提高,服务消费呈现出以下发展趋势:服务消费支出在总消费支出中所占的比例呈上升趋势;个人对服务的消费需求呈上升趋势;服务消费整体水平不断提升;个性化服务消费比例增大;服务消费的道德与法律环境日益完善;服务消费市场是个巨大的潜在市场,服务消费品呈不断创新的趋势。

服务购买者的购买行为和购买决策在很大程度上受到文化、社会、个人等因素的影响。服务消费者购买决策过程不是在掏钱购买后就结束了,消费者购买过程应体现在购前、消费和购后三个阶段,包括认识需要、信息搜集、选择评价、购买决策和购后行为五个阶段。每一个购买阶段都直接影响着本次购买活动,并间接影响着下次购买活动。

组织购买服务与个体消费有着显著的差异性。组织购买本身的性质决定了在购买过程的七个阶段均表现出与个人消费购买不同的特点,呈现出组织购买独有的特征表现。

复习思考题

1. 结合自身的体会谈谈服务消费与产品消费的心理有何不同。
2. 你认为影响服务购买决定的因素有哪些(请按你认为的重要程度排序)?

案例讨论题

广发银行发力养老金融 特色服务吸引中老年人

我国养老金融发展尚处于起步阶段,以养老储蓄为代表的传统养老金融服务依然处于银行类老龄金融产品的主流地位。我国市场上为未退休人群提供的养老储备型金融产品,以及为退休后人群提供的金融服务,均十分匮乏。广发银行洞悉先机,于2016年9月面向50岁以上客户推出"自在卡",打通理财服务、支付结算、增值服务、商超优惠等多重领域,推出适合中老年人的"五心"服务。

一、投资安全是中老年人理财首选

据广发银行日前对900位50岁以上人群展开的深度调研,78%表示他们在选择银行时最关心养老金的安全与保值,而他们认为市场上这类金融产品乏善可陈,很难找到心仪产品和服务。

在金融服务方面,广发银行为中老年人搭建了专属金融服务平台。通过全面整合各项金融产品,兼顾中老年客户对流动性与安全性的理财需求,为其筛选并定制合适的投资理财产品,如定期存款专项利率上浮优惠、智能储蓄产品"灵活息"以及专享理财产品等理财方案。与此同时,对于对用卡安全十分担忧的客户,广发银行联合中国人寿为其提供最高保额10万元的存款损失险,让他们"放心"用卡、"放心"理财。

二、金融服务也需便利优惠

据广发银行调研显示,中老年客户办理业务时间具有周期性和集中性的特点,以存取款、查询账目、缴纳水电煤等基本服务为主,一般会在国债发行、领取养老金等时点集中到网点柜台办理业务。为此,广发银行为"自在卡"客户开辟国债购买专窗绿色通道,免去排队困扰;同时,为他们开通"亲密付"功能,实现资金灵活配置、集中管理,每月定期归集养老金、赡养费,并自动帮缴水电煤各类费用,一站式解决生活费用缴存困扰。此外,"自在卡"客户还享受开卡工本费、瞬时通费用、跨行转账、手机银行跨行转账四项支付结算费用减免优惠,节约交易成本,让客户"省心"。

除此之外,广发银行还特别在中老年人生活的周边社区构建商户特惠体系,令他们享受社区商户的专属服务与折扣,其范围覆盖当地的美容美发沙龙、医疗保健机构、果蔬生鲜店铺、旅行社等,为中老年人提供最大程度的便利与优惠。

三、需要关爱与情感交流机会

近年来,中老年人的情感诉求是社会密切关注的热点。在增值服务方面,广发银行关注老年人的精神愉悦与健康需求,把养老产业投资、健康养老服务、保险服务与银行服务结合起来,为老年客户提供从保险保障、法律援助、医疗服务、休闲娱乐、度假养生等一系列增值服务。

为中老年客户创造情感交流的社交机会,广发银行还成立了"自在卡"俱乐部,不仅定期打造具有区域性、特色性的学习班,包括书画、摄影、烹饪、健康保健等,还会举办扶贫、捐助、捐赠等公益类活动。2016年10月起,广发银行举办了第一届"自在卡杯"全国广场舞大赛,分别在北京、广州、上海、武汉、深圳、郑州、南京、杭州设立九大赛区,并于12月28日在北京水立方进行决赛,大受中老年客户欢迎。

——资料来源:新浪财经,http://finance.sina.com.cn/roll/2017—01—07/doc-ifxzkfuh5893720.shtml,2017—01—07.有删改.

共同探讨:

1. 中老年人购买决定的主要因素有哪些?
2. 试分析本文广发银行在服务消费者购买决策各过程是如何行动的。

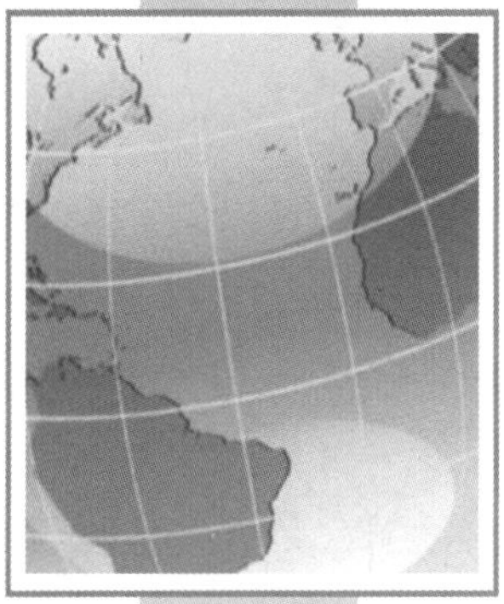

第二篇 服务营销战略规划

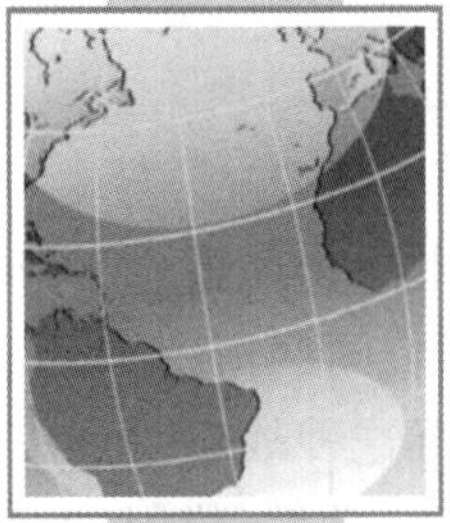

第三章 服务企业的基本竞争战略

学习目标

了解基本竞争战略的类型、优势和风险。
掌握服务企业成本领先战略的实施途径。
掌握服务企业实行差异化战略的步骤。
掌握服务集中战略的表现形式及应注意的问题。
了解创新型服务战略。

案例导入

当头部茶饮品牌的全国化扩张进展轰轰烈烈的时候，“地方势力”也值得关注——在2013年末成立的茶颜悦色(下称“茶颜”)，目前已经在长沙开出超过100家门店，实现了长沙市场的全覆盖。由于目前茶颜只在长沙开店，在游客和本地居民的心中，它甚至成了一张当地名片。

茶颜的店铺与一般奶茶店一样，以街边店为主，会在一个商圈内密集铺店，并且更青睐学校、商业街等年轻人集中的区域，定价区间主要为12～17元。可以形成参照的是，CoCo都可的价格区间在5～7元、一点点的价格区间在6～13元。对于目前拥挤的新茶饮赛道来说，价格区间就意味着品牌区间、生存区间，茶颜要实现的就是在这个价格区间内做到极致。

那时风靡大街小巷的饮品店，都走和CoCo类似的风格，可爱、卡通。“我不想跟他们一样，而且我知道我跟他们一样，一定死。因为做不过他们。”茶颜创始人吕良在访谈中这样说道，也开始了茶颜独特的生存之路。

除了价格方面的差异化以外，在产品开发逻辑方面，茶颜汲取了星巴克的灵感。即使用高成本的原材料，比如纯牛奶、淡奶油，与当时行业里用的价格比较低的茶叶的惯常做法相背而驰。其次是“中茶西做”，星巴克是咖啡加不同比例的牛奶的艺术，而茶颜则是用做咖啡的方式来做茶，用茶来加不同比例的牛奶。

最后，品牌方面，茶颜主打中式风，从产品名(“幽兰拿铁”、“声声乌龙”、“抹茶菩提”)到外观(古画素材和从当代艺术家购得的版权)，再到整体的门店设计，都呈现出了一致的东方写意风格。从2018年开始，茶颜开始在长沙核心商圈的购物中心推出品牌概念店，比如位于九龙仓IFS的“桃花源”店、解放西路的“竹林煮茶”店。

茶颜开展的“中国风文创结合＋逗比接地气”的互动，用年轻人更容易接受的方式做传统文化——他们做得比跟随故宫、国家宝藏等文创大IP而来的这一波热潮要早，也紧紧抓住了目标顾客的认同感。

——资料来源：佚名．单城开店过百家，长沙茶饮茶颜悦色来到扩张前夜．搜狐网，2019－03－13．有删改．

思考：

1. 茶颜悦色采取了何种竞争模式？有什么优势和劣势？
2. 茶颜悦色的案例对进入者竞争模式有何启示？

第一节　服务企业的基本竞争战略概述

竞争战略是指服务企业为了谋求长期的生存和发展，根据外部环境和内部条件的变化所做的具有长期性、全局性的计划和谋略。基本竞争战略是由美国哈佛商学院著名的战略管理学家迈克尔·波特提出的，包括成本领先战略、差异化战略、集中战略三种。企业可以从这三种战略中选择一种作为其主导战略。

一、成本领先战略

成本领先战略是一种内涵积累式战略。其要点是企业努力使产品成本达到最低水平，使其在同行业中具有低成本优势，从而使企业可以在与竞争者产品定价水平相同的情况下获取最大利润，或者可以用低价格与竞争对手争夺市场份额，扩大销售量。实行这种战略，可以在市场上筑起较高的进入壁垒，减少新进入者的威胁。在这种战略的指引下，企业的目标是要成为本行业中的低成本生产厂家。实施这种战略的企业必须在原材料采购、生产工艺、生产规模和实体分销等方面占有全面优势，因此，通常只有行业中的大企业才有实行此战略的实力。

成本优势的来源各不相同，而且与行业结构有关。这些来源包括追求规模经济、专有技术、优惠的原材料等因素。在劳动密集型的服务业中，成本优势要求足够低的管理费用、源源不断的廉价劳动力和针对人员高流动性所设置的高效率的培训过程。低成本生产商必须发现和开发所有具有成本优势的资源。如果企业能够创造和维持全面的成本领先地位，则它的价格只要控制在行业平均或接近平均的水平，就能获得高于平均水平的经营业绩。当企业的实力与对手相比相当或相对较低的时候，成本领先者的低成本优势将转化为高收益。但是，成本领先者也不能忽视差异化战略。如果企业的产品被认为不能与其对手相比或不能被客户接受，即使企业是成本领先者，为了增加销量，将被迫削价以至于低于竞争者的价格水平，而这将抵消其低成本优势地位所带来的收益。

成本领先战略要求企业就是成本领先者，而不是去做竞争这一地位的几个企业之一。若成本领先者不止一个时，它们之间的竞争常常十分激烈，而这样的后果将极大地削弱企业的盈利能力。因此，成本领先是一种必须先发制人的战略。

二、差异化战略

差异化战略是指企业力求就顾客比较重视的一些方面在行业内独树一帜。在差异化战略的指引下，企业选择在行业内被许多客户视为重要的一种或多种特质，并为其树立一种独特的地位以满足顾客的要求，企业因其独特的地位而获得溢价的报酬。差异化经营赖以建立的基础是产品本身、销售交货体系、营销渠道及其他一系列因素。一个能创造和保持经营差异性的企业，如果其产品价格溢价超过了为保持特异性而追加的额外成本，则企业就会获得高于行业平均水平的盈利。

差异化战略要求企业选择那些有利于顾客并使自己的经营独具特色的性质。企业如果期望得到价格溢价，它必须在某些方面真正具有差异性或被视为具有差异性。与成本领先战略相反的是，行业中若存在多种被客户广泛重视的特质，将可能出现多种成功的差异化战略。而做好差异化战略要求企业首先要确定谁是真正的买方，除了最终用户，销售渠道也可以是买方。其次要确定企业是通过降价还是提高买方效率来为买方创造价值，以及影响或可能影响买方价值链的所有方式。最后是确定买方的真实购买意图，从开始注意到最终付款采取不同的策略来突出产品的差异化。

实行差异化战略，就是要使企业所提供的产品与同业相比独具特色，使顾客对本企业的产品感兴趣，产生依赖，消除价格的可比性，从而形成较强的竞争力。实施这种战略，应从设计、工艺、质量、款式、包装、品牌、销售渠道、促销手段和服务等目标顾客看重的产品特性中选择一项或几项，全力建立本企业在这方面的优势地位，从而获得较高利润。一般来说，在一个有若干产品特性为顾客所看重的行业里，可以有多种差异化战略选择，从而可能使多家企业通过差异化战略赢得竞争优势。

三、集中战略

集中战略的要点就是集中力量服务于一个或几个细分市场，使企业在一个较为狭窄的目标市场上赢得低成本优势或差异化优势，从而使企业在该目标市场上处于较为有利的市场地位。在这种战略的指引下，企业在行业内找出一个或一组细分市场，将其作为目标市场，使其战略是为目标市场服务，而不是为其他的市场服务。通过为目标市场进行合理的战略优化，从而寻求在目标市场上的竞争优势，但是它不拥有在全部市场上的竞争优势。

集中战略有两种实现方式：一是在成本领先战略的指引下，企业寻求其目标市场上的成本优势；二是在差异化战略的指引下，企业寻求其目标市场上的差异化优势。这两种形式都以目标市场与行业内的其他细分市场存在的差异为基础。目标市场要么是满足了客户的特殊要求，要么是满足了目标市场的生产和销售体系与其他细分市场的不同。正因为多目标竞争者不能很好地服务于一些特殊的细分市场，因此，实行集中战略的企业可以在专门服务于这些细分市场的过程中获得竞争优势。

如果一个企业所选择的细分市场的产业结构很有吸引力，那么实施集中战略就会获得高于平均水平的收益。大多数产业包括大量的细分市场，也就是说，每一个包含着不同的顾客需求或不同的最优生产或交货体系的细分市场都是集中战略的候选市场。

第二节 服务企业的成本领先战略

在竞争激烈的当今社会，成本问题渗透到企业的每个角落，在同等条件下如何争取成本最低成为企业制胜的法宝。成本领先战略要求企业具有先进的设备、严格的成本和费用控制、技术上不断更新。实施低成本战略通常要求在先进的设备上投入大量的资金，采用具有攻击性的价格，因此在经营初期会因为抢占市场份额而承担亏损，但是成本低可以抵御竞争，可以使一些效率低的生产者在竞争的压力下自动退出竞争，也可以阻止一些试图进入的企业，让它们望而却步，从而减少竞争者。

一、成本领先战略的含义及其影响因素

美国著名战略专家、哈佛商学院教授迈克尔·波特认为：成本领先战略是指企业通过降低成本，在研发、生产、销售、服务、广告等领域，使本企业的总成本低于竞争对手的成本，甚至达到全行业最低，以构建竞争优势的战略。

成本领先战略是构建竞争优势的基础。一般来说，影响企业成本领先优势的因素有两个：产品功能和产品成本。一方面，顾客对产品的需求是多层次的，从而形成多层次的市场，但企业的产品定位只能局限于某一层次，而不能包容所有的层次。同一层次中产品的功能是相同的，若企业产品有竞争者，只要产品的成本低于竞争对手，就具有了成本领先优势。另一方面，若在某一层次中，企业的产品没有竞争者，其成本就没有可以比较的对象，企业只具有潜在的竞争对手，企业生产产品的成本越低，竞争者进入这一市场的可能性就越小，当产品的成本低

到一定程度时，便能产生一种对竞争对手的威慑力，使竞争者放弃进入这一层次市场的打算。

二、企业实施成本领先战略的收益与风险

成本领先体现了市场经济优胜劣汰的机制。低成本竞争提高了消费者的福利，又通过大量销售弥补了利润流失，是供求双赢的理想选择，也是成熟服务业常用的竞争手段。企业实施成本领先战略主要益处如下：

(1)可形成进入障碍。企业的生产经营成本低，便为行业的潜在进入者设置了较高的进入壁垒，使那些在生产技术不熟练、经营上缺乏经验的企业或缺乏规模经济的企业很难进入本行业。

(2)可降低替代品的威胁。所谓替代品，是指那些与本企业产品具有相同功能或类似功能的产品。企业的成本低，在与替代品竞争时，仍旧可以凭借其低成本的产品和服务吸引大量的顾客，降低或缓解替代品的威胁，使自己处于有利的竞争地位。

(3)抵御购买商讨价还价的能力。在防御购买商讨价还价能力方面，低成本能够为企业提供部分的利润率保护，因为再强大的客户也很难通过谈判使价格低于产业最低成本水平。否则，此时其他企业将被迫退出市场，从而提高现有企业的垄断水平，反而降低购买商的谈判能力。

(4)可保持领先的竞争地位。当企业与行业内的竞争者进行竞争时，由于企业的成本低，可以在其竞争者毫无利润的低价格水平上保持盈利，从而扩大市场份额，保持绝对的竞争优势。

虽然企业采用成本领先战略可以使企业有效地面对行业中的竞争，以其低成本的优势获得高于其行业平均水平的利润，但是，成本领先战略也有以下几个方面的问题和风险：

(1)实行成本领先战略要求企业必须成为成本领先者，而不仅仅是降低了成本或成本较低。成本领先战略的理论基石是规模效应和经验效益，它要求企业提供的产品或服务有较高的市场占有率，否则大量生产就毫无意义，而不大量生产也就不能使成本有明显的降低。

(2)成本领先战略易遭到竞争者的模仿，使成本领先者丧失优势，甚至遭受伪劣商品的冲击而损害产品形象，或使竞争者开发出更低成本的生产方法。例如：竞争者运用新技术或更低的人工成本，形成新的低成本优势，使得企业原有的优势成为劣势；或者竞争者采取模仿的办法，当企业的产品或服务具有竞争优势时，竞争者往往争相仿效，形成与企业相似的产品和成本，给企业造成困境。

(3)成本领先战略由于关注成本而容易忽视顾客需求的变化，不能根据市场需求的变化及时调整企业的营销策略，不能将主要精力和资源用于产品差异化，这样反而会增加成本。成本领先者只提供标准化产品，而不率先推出新产品，也可能使企业逐渐失去顾客。

(4)规模经济性要求企业必须形成较大的产量才能降低成本，成本领先者因此特别关注生产制造领域，重视对原材料库存成本进行管理。这样，生产与材料管理就成了成本领先战略的核心职能，而市场营销、服务、技术开发和基础设施等活动较少得到重视，这又势必影响到企业的生产经营效果。

三、服务企业实施成本领先战略的途径

(一)顾客低成本化

市场中不同的顾客往往服务的成本也不相同，如果某些顾客在同样的感知服务质量水平

上，企业为他们提供服务的成本要比其他顾客低，那么这些顾客就可能成为服务企业的主要目标市场。具体来说，服务企业可以从以下几个不同角度来识别和寻找低成本的顾客：

1. 考察顾客的风险程度

如人寿保险企业在选择目标顾客时，经常会把年轻人作为它们的考虑对象，因为年轻人身体健康，与老年人相比，发病、死亡的概率更低；在年轻人中，那些不经常出差旅行、没有飙车嗜好的群体，他们出现意外事故的概率也较低。因此，这些顾客的低风险降低了企业的服务成本。

2. 考察顾客在服务中的参与程度

如果顾客参与服务程度较高，就可以减少服务人员的投入，顾客作为企业的一种暂时性资源，弥补了服务企业的成本开支。如瑞典的宜家，鼓励自助型的顾客，让他们自己组装、搬运家具，从而降低了服务成本，同时又使顾客从中获得了价格优惠。

3. 考察顾客服务需求的特殊性

如果顾客没有特殊的服务需求，企业就可以为他们提供大众化的服务，这样就可以有效降低企业的服务成本。例如，沃尔玛、家乐福、麦德龙等国际零售企业，其客户定位就是那些愿意批量购买、追求实惠、不需要特别服务的客户，这类客户的服务成本较低，也是沃尔玛、家乐福、麦德龙等国际零售企业得以实现低成本服务战略的重要基础。

（二）服务标准化

服务标准化与服务个性化相对，其目的在于通过服务生产传递的工业化技术，减少服务过程中服务人员与顾客之间的互动，从而降低企业服务成本。服务营销同样可以应用标准化生产技术，一方面，一些比较专业的服务如律师事务所、会计师事务所和提供保健服务的专业机构，在大街上设立铺面，面向广大的家庭服务，将专业性的服务与家庭的日常消费结合起来，这样这些特殊的机构可以减少成本开支，同时扩大自己的目标顾客。这里很重要的一点是“日常性”，因为是经常性的，这些专业机构能够以很低的价格提供专业性服务，而消费者也很乐意接受。另一方面，随着技术的进步，不少服务企业都尝试应用服务的工业化和标准化技术。如以麦当劳、肯德基为代表的快餐业，通过标准化生产制作过程，为所有顾客提供几乎相同的食品与服务；同时，由于服务的标准化，服务企业可以在多场所提供几乎相同的食品和服务，实现了服务企业低成本扩张。

（三）用资本代替劳动

资本投入是固定成本，劳动投入是可变成本。只有固定成本才能随销售扩大实现摊薄，所以应该把资本用于购买先进设备以提高效率和稳定性，购买自动服务机械，延长服务时间，提高便利性，从而获得市场承认的生产扩大，以降低平均成本。ATM 柜员机给金融业带来的革命性飞跃便是这一策略奇效的集中体现。值得注意的是，这种服务形式一般而言更适合于低接触性的服务需求，而对有高接触性的服务需求的顾客是不合适的。同时，企业还需要考虑由于新技术的应用，顾客是否对这些新技术存在使用上的障碍。企业需要尽量降低顾客使用的技术门槛，便于顾客使用，否则只能事与愿违，加大顾客与企业之间的距离，进而可能降低顾客继续使用企业服务的意愿。

（四）服务分离化

服务的一个明显特性就是服务企业与顾客的不可分离性，这势必会增加服务现场中企业与顾客的互动，从而提高企业的服务成本。如果通过分销渠道创新、传递机制改进和服务产品本身的有形化可以实现产销分离，那么集中生产将在原有人员设备条件下，享有规模优势和低成本地域租金，成本领先则由此实现。比如，航空运输业将飞行运营管理、机场经营和预订中心进行分离，大大提高了网络扩展速度，降低了运营成本，使机票降价成为可能。将服务交易与服务作业分离，就使服务企业的运作像工业那样可以在后台高效率地进行，进而降低服务成本。再比如，餐馆可以开展送外卖的服务，避免了顾客直接参与服务过程，也可以降低成本。

(五)服务复合化

服务复合化是指在同一家服务机构，顾客可以享受到多种不同但相互关联的服务，这样既提高了企业的服务效率，又提高了顾客的服务消费效率。服务复合化首先要尽量满足同一顾客的不同需求，其次要尽量满足不同顾客的不同需求，而这两者通常可以同时存在于一家服务机构。服务复合化使顾客可以在同一时间和同一地点享受更多的服务，这就等于增加了单位时间服务的量，也就是提高了服务的时效。比如，网上银行就是银行(信用卡)功能增加了上网功能，可以使服务增值。服务的复合化，能满足一部分顾客计划外的服务交易，从而也就增加了服务企业的收益，比如金融机构在提供存取款、证券等多功能服务的同时也增加了服务收费。实行服务复合化要注意自己的核心服务与其他相对次要服务的关系，同时也要注意所投入的成本与所获得的收益之间的关系。

【实例 3—1】

十二年砥砺前行 西部航空持续提供优质服务

作为行业开拓者，西部航空以打造亚洲盈利能力超前的低成本航空为目标，不断探索低成本航空的中国模式，并努力推动低成本航空在中国市场的普及。西部航空的转型很快得到业界认可，连续三年被全球权威航空评估机构 SKYTRAX 评为“中国领先低成本航空”，并连续四年斩获(WTA)世界旅游大奖。

一、服务多样化

西部航空秉持“灵活、多选、暖心、高效”的服务理念，以满足旅客实际需求为目标，为旅客提供灵动的选购体验、丰富的辅营产品及服务项目，用科学精细的管理高效回馈旅客。

在机舱服务方面，西部航空彻底实行增值服务定制化，采用按需索取、付费服务的模式。比如，取消免费餐食供应，以减少短途飞行时部分旅客不必要的餐食支出。

西部航空相关负责人介绍，西部航空成立专业调研小组，专门分析研究乘客消费习惯，并以其为导向，加强宣传和促销，让越来越多的乘客认知低成本航空，并在丰富的菜单式产品和诚挚的服务中获得乘客的认可。

二、丰富航线布局

在航线布局上，西部航空向东布局沿海重点城市，向西在祖国西南边陲多点开花，连点成线，为少数民族地区谱写着民航赞歌。

如今，西部航空已成为重庆民航市场不可或缺的角色，仅在 2018 年，西部航空的旅客承运量就超过 850 万人次，低价、高效地服务了大众航空出行的需求，更促进中西部旅游业交通业的便利发展。

接下来，西部航空将继续深耕重庆、郑州两地。航线网络覆盖全国一、二线城市和主要三线旅游城市，并不断拓展重庆到东南亚、南亚、东亚的国际航线，逐步形成国内衔接国际的航线网络布局，加强西部航空国际化战略，提高国际品牌知名度和美誉度。

未来，西部航空将通过发挥自身低成本运营模式优势，提供更具高性价比的出行服务，让更多的老百姓坐得起飞机，推动民航大众化。

——资料来源：十二年砥砺前行 西部航空持续提供优质服务．快资讯网，2019—06—14．有删改．

第三节　服务企业的差异化战略

对大多数企业而言，客户最为关心的是能够在自己想要购买的场所随时购买、享受到同样品质的产品和服务。然而，除了一些基本的要求外，不同地区、不同目标市场客户在产品使用、售后服务等方面可能有着迥然不同的需求，特别是在区域文化差异性较大的市场，这种对产品和服务的需求差异性尤为突出。正因为如此，企业在制定客户服务战略时必须考虑到客户的差异性。

差别化战略的实质在于创造一种与众不同的服务消费感受。这种差别无非是企业输送给顾客的一种感受信息，从普通的产品设计到标准化的CI设计都是差别化战略指导下的不同实施策略和手段。差别化有很多载体，包括形象（联邦快递准确快捷的形象）、商标（麦当劳的金色拱门）、技术（中国电信的宽带网服务）、规模（全球最大的零售商沃尔玛）、服务特性（美国运通信用卡的全球性适用）等。差别化战略是基于目标顾客可承受成本分析的战略选择，其目的在于明确细分市场，吸引目标顾客和培养顾客忠诚。

一、服务企业实行差异化战略的意义

一是可以使服务有形化。服务通常是无形的，顾客在享受完一次服务后可能会慢慢忘记提供服务的机构。为了增强顾客的记忆，使顾客能回忆起曾经住过的宾馆，许多宾馆都提供印有宾馆名字的精美洗漱用具，而且顾客可以将其带走。

二是可以定制标准产品。关注定制化的企业可以用很少的花费赢得顾客的满意。一家能记住顾客名字的饭店可以给顾客留下很好的印象，使他们产生一种宾至如归的感觉，也就容易形成对饭店的忠诚。

三是可以增强与顾客的沟通，提供更多的信息。一些顾客常常会觉得缺乏购买信息而对服务的购买产生风险感。由于对服务缺乏了解或信心，因而对一些比较复杂而且花费比较高的服务，比如汽车维修、房屋装修等，顾客就会找那些愿意花时间解释其所做的工作、设备齐全、工作清洁有序而且能够对此服务提供担保的机构。当顾客和企业的信赖关系建立起来以后，顾客会觉得多花点钱也值得。

四是会重视对员工的培训。人是企业中最重要的因素，而且由于人事开发和培训所带来的服务质量的提高是竞争对手难以模仿的竞争优势，一般处于行业领导地位的企业都非常重视对员工的培训与开发，其高质量的培训项目在同行中一般是很有名的。有些公司还建立了自己学院式的培训中心，比较有名的是麦当劳的汉堡包大学，其一流的培训为麦当劳的发展壮大立下了不可磨灭的功劳。

二、服务差异化战略的基本特点

服务差异化战略具有四个特点：服务变通化、服务多样化、服务特色化、服务高质量化。

（一）服务变通化

服务企业或服务人员可以针对不同的环境或根据环境的变化提供不同的服务。实施变通化的服务企业一般在服务中具有很强的灵活性和创造性。例如，商用楼实行席位制办公使得租赁服务变通化。这种席位制办公最大的好处是便利和节省，推出了这类服务后，商务中心在整个楼面出租不景气的情况下，写字间的出租率仍达到了80%。实施服务变通化的企业，往往很重视服务的创新，面对激烈的市场竞争，只有创新才能生存、发展。

（二）服务多样化

服务多样化是指服务企业及其员工针对不同的顾客或不同的需要而提供不同的服务。不同的顾客对服务的要求是不同的，同时，同一顾客对同一家服务企业的要求也可能是多种多样的。做好服务多样化可以更好地细分市场，服务多样化就是针对不同的细分市场提供不同的服务，是服务个性化的前提。同样，服务多样化也有利于服务的创新和服务技巧的提高。

【实例3－2】

科学的进步使得化妆品的品种也越来越多，不同肌肤特性都有着相应的产品保养成效。因而，传统的化妆品店已经很难在现代满足人们多元化的消费需求，丝琪兰美妆超市在一日千里的化妆品销售商场中，成功打造了良好商场的化妆品多品牌销售模式，为了满足顾客日益渐增的多元化、一站式购物需求。

除了时尚美妆产品外，丝琪兰美妆超市还增加了洗发水、沐浴液、护发素、啫喱膏、香水等日用品，丝琪兰美妆超市专为婴幼儿敏感柔嫩的肌肤专设了儿童护肤品专区，只为还孩子一个健康柔嫩肌肤，让孩子高兴生长。丝琪兰美妆超市也为广大男士同胞提供男士专用的洗护产品，不管男女老幼，走进美够都能找到适合自己的那一款产品，这也让丝琪兰美妆超市成为当下顾客美妆选购的首选场所。

——资料来源：以创新突破传统同质化 丝琪兰美妆超市获市场高度认可．融合网，2019－11－25．有删改．

（三）服务特色化

服务特色化是指服务企业和员工向顾客提供能体现自己特色的服务。服务企业可以在以下几方面形成自己的特色：专业特色，抓住自己的专业特点做足文章；交叉特色，将不同的行业交叉，比如旅游与农艺相“交叉”，搞有园艺特色的旅游服务；传统特色，比如一些老字号具有悠久的传统文化，再比如服务地点独具特色的自然或文化环境。

【实例3－3】

风筝小镇

位于廊坊安次区的风筝小镇第什里是中国宫廷风筝的发源地、传承地、生产地，已有500多年的历史。走进第什里，风筝无处不在：村口古香古色的牌楼上，绘着一只只五颜六色的风筝，旁边一只红“蝴蝶”拖曳着“风筝小镇”几个大字作势欲飞；在地区最大的风筝放飞广场上，巨大的双蝶燕雕塑屹立中心；村道路灯杆上，各种风筝图案栩栩如生，道旁风筝店铺林立；风筝体验中心内，做工精美、色彩逼真的各式风筝争奇斗艳。小镇以第什里村为中心，带动周边20多个村街发展风筝产业，并结合石桥村的御绣、南马庄的蜡杆、新建风筝馆、村史馆、风筝桥、御绣展馆、梨花广场等12个旅游文化项目，使小镇的景点逐渐连线成片，促成了“风筝主题”特色旅游的形成。

——资料来源：为美好而来，新空港孔雀城，廊坊非遗旅游成为其中一大亮点．网易房产，2019－11－25．有删改．

（四）服务高质量化

高质量对服务企业而言可以体现在自动化程度、员工专业素质和文化层次、程序的清晰度、服务范围的专一性（比如骨科、皮肤科专科医院往往被认为在各自的领域比综合性医院更有优势)、同事合作的熟练程度等方面。当然从另一个角度讲,高质量策略可以通过控制顾客感受,使顾客满意于感知的质量来实现。比如,在设施一般的场所提供专业周到的服务远比单纯提高设施档次要节省大量的投入。

三、差异化战略的优势和风险

所谓差异化战略,是指企业向顾客提供的产品和服务在行业范围内独具特色,这种特色可以给产品带来额外的加价。差异化的目的是为了增强竞争力和盈利,因此,必须分析顾客需要怎样的差异化,同时,企业还必须研究差异化所创造的价值是否超过了它所增加的成本。

实施差异化战略会给企业带来明显的竞争优势,具体表现为以下三个方面:

(1)差异化的产品和服务能够满足某些消费群体的特定需要,因而可培育顾客的品牌忠诚度,降低其价格敏感性,缓解竞争压力。

(2)差异化本身可以为企业产品带来较好的溢价。因为产品的差异化使产品的特征和功能难以被替代和模仿,从而增强了企业讨价能力,使顾客愿意为这种差异化支付较高的费用。

(3)采用差异化战略使企业在应付替代产品竞争方面具有优势。因为购买差异化产品的顾客对价格的敏感性较低,更注意品牌,一般不轻易接受替代产品。

由于差异化战略往往会给企业带来相应的竞争优势,因而被许多公司作为一种优先选择。但是,追求差异化的风险也是客观存在的,主要表现为以下三个方面:

(1)差异化并非唯一决定因素。顾客是否选择那些具有鲜明特性和独特功能的产品,不仅取决于这些产品与竞争对手的产品的差异化程度,而且还受到顾客的相对购买力水平、经济环境、社会文化、成本优势等各方面因素的影响。特别是在经济萧条时,由于经济环境恶化,购买力水平下降,消费者会更加注重产品的实用价值和功能,对价格十分敏感。此时,试图通过实施差异化战略取得竞争优势的企业将面临较大的风险。

(2)技术的进步。随着科技水平的提高和技术的进步,产品差异化特征和特别功能将会被削弱,逐渐被其他产品所替代,而顾客消费水平的提高和消费心理的成熟又会使其舍弃原来的选择。同时,差异化战略对产品也提出了很高的要求,企业可以通过高质量来进行产品差异化,也可以通过不断推出新的功能来进行产品差异化,差异化的服务也是重要的方面。

(3)竞争对手的模仿。竞争对手的模仿可以缩小顾客感觉到的服务差异,这是随着行业的成熟而发生的一种普遍现象。事实上,企业能否通过差异化取得竞争优势,在一定程度上取决于其技术和服务是否易于被模仿。

四、服务企业实行差异化战略的步骤

实行差异化服务战略由了解客户需求、设计服务方案、制订服务执行方案、实施服务方案、完善沟通渠道5个顺延的、闭环的步骤组成。

(一)了解客户需求

成功的客户服务是企业战略规划的一个重要组成部分,它有助于企业顺利达成销售目标,增加客户保有率并增加投资回报率。为了成功实施既定的差异化服务战略,企业必须深入了解、把握各细分客户群的期望和需求。企业可以采用电话、拜访、会议等访谈形式,与主要客户群建立起各种形式的定期交流,也可以采取研讨、客户联谊会等形式与主要客户群展开互动讨论,保证了解到客户需求的深层内涵。

(二)设计服务方案

为了成功实施差异化服务战略,企业需要仔细分析客户、客户群及各主要目标市场,通过对上述群体的分析找到企业在服务组合及客户需求方面可以改进的地方,这样做的最终目的是争取在与客户打交道的过程中持续超越客户的期望值。在充满变化的市场上,客户的需求可能会不断升级——客户会不断产生新的服务需求。企业不太可能满足所有客户的需求,但是企业可以专注于自己的优势领域,针对客户情况、竞争情况和自身资源情况,设计价值定位和服务方案。

(三)制订服务执行方案

企业应该保持足够的弹性,并能快速反应,这是保证业绩持续增长的基本条件。为持续提升客户服务水平,必须针对特定目标客户制订具体的服务执行方案,从而充分调动自己的资源来随时随地满足该目标客户的各种需求。

(四)实施服务方案

企业不仅要通过调整服务组合来适应目标市场的需求及变化,还应该使企业的客户服务组织也能适应目标市场的需求及变化。为了组建成功的客户服务机构组织,企业既需要在企业内部培养专业服务人员,也需要与销售渠道建立业务联盟并协助培训这些外部机构的营销、销售、客户服务人员。为了创造价值,增加客户保有量,向客户提供具体、一致、可靠、可衡量的服务项目成为核心。

(五)完善沟通渠道

企业必须持续关注客户的需求及期待,抢在竞争者之前发现客户的具体需求或其变化趋势,注重客户的意见和反馈,并能有效地改进自己的客户服务工作,因此企业需要制订有效的沟通计划。通过完善沟通渠道努力接近客户,搜集情报、提供建议、总结经验、反馈信息,与客户一直保持紧密接触,促进销售,增进客户的满意度和忠诚度。

第四节　服务企业的集中战略

一、集中战略的含义

集中战略即聚焦战略,是指把经营战略的重点放在一个特定的目标市场上,为特定的地区或特定的购买者集团提供特殊的产品或服务。实行集中战略主要是通过深入了解特定目标市场的顾客需求,从零散的交易型服务变为固定的、专业的关系型服务。集中战略是成本领先战略或差别化战略在细分市场中的应用。企业首先在整体市场中寻找自己的目标市场,确定之后再根据自己企业的特色决定下一步行动——若是成本领先就在集中战略中突出成本的应用,若是具有特色的差异化就将差异化在集中战略中表现出来。

该战略的前提思想是:企业业务的专一化,能以更高的效率和更好的效果为某一狭窄的细分市场服务,从而超越在较广阔范围内竞争的对手们。这样可以避免大而弱的分散投资局面,容易形成企业的核心竞争力。

二、集中战略与其他竞争战略的比较

服务企业之所以选择实施集中化战略,可能是出于不同的原因与考虑:一是由于企业实力较弱,难以在大范围的市场展开竞争,转而在局部区域谋求竞争优势;二是由于市场与产业的

同质性较弱，存在一些未被占领的细分市场，企业乘机进入。一般来说，服务企业可以根据市场细分的步骤，从细分市场的规模与增长速度、细分市场竞争状况，以及企业的资源与能力等方面进行分析和考虑，寻找行业中潜在的市场机会。

集中型战略与其他两个基本的竞争战略不同。成本领先战略与差异化战略面向全行业，在整个行业的范围内进行活动。而集中型战略则是围绕一个特定的目标进行密集型的生产经营活动，要求能够比竞争对手提供更为有效的服务。公司一旦选择了目标市场，便可以通过产品差异化或成本领先的方法，形成集中型战略。也就是说，采用集中型战略的公司，基本上就是特殊的差异化或特殊的成本领先公司。由于规模较小，采用集中型战略的公司往往不能同时采用差异化和成本领先的方法。如果采用集中型战略的公司想实现成本领先，则可以在专用品或复杂产品上建立自己的成本优势，这类产品难以进行标准化生产，也就不容易形成生产上的规模经济效益，因此也难以具有经验曲线的优势。如果采用集中型战略的公司要实现差异化，则可以运用所有差异化的方法去达到预期的目的，与差异化战略不同的是，采用集中型战略的公司是在特定的目标市场中与实行差异化战略的公司进行竞争，而不在其他细分市场上与其竞争。在这方面，重点集中的公司由于其市场面狭小，可以更好地了解市场和顾客，提供更好的产品与服务。

三、服务集中战略的表现形式

（一）角色化服务

角色化服务是指服务企业的员工在对顾客的服务中忘我地进入角色，将服务过程变成演戏过程，使服务中的人际关系变成角色关系。员工进入角色要做到仪表、语言和行为举止都达到服务规范的要求，要忘我，还要引导顾客也能进入角色，或者让他们明白在服务过程中他们的角色定位。角色化服务可以体现出“过程”的作用，服务过程中的运作政策、程序、人员处置权的使用、对顾客问题的解决，这些都是服务人员在与顾客的接触中要涉及的，从而也就在企业的运作过程中让顾客清楚地知道自己的权利和义务。角色化服务还可以促进关系营销和内部营销的发展。使用角色化服务，可以改变员工与顾客的关系，如在零售业中，使交易变成“参谋”与“主人”的关系，从而有利于处理好与顾客的关系，同时还能改进企业内部的营销。做好服务角色化一定要注意解决好服务人员的双重身份，让他们彻底转变思维，积极地投入工作。

（二）细微化服务

细微化服务是指服务企业及其员工从小处来关心和贴近顾客，切实为顾客着想，使服务关系更深一层。做好细微化服务可以加深顾客对服务的感知。服务质量有较强的主观性，而细微化的服务既可以让顾客产生有利于企业的感受，又可以保证服务的质量。细微化的服务可以更快地消除顾客的陌生心理，有利于顾客与员工的亲近，从而有利于顾客与企业的亲近。要做到服务的细微化，就要求企业的员工有很强的观察力，做到察言观色，还要有广阔的知识面，了解更多的社会信息，这样也可以提高他们自身的服务技巧。

（三）倾斜化服务

倾斜化服务是指将服务关系的重点放在现有的顾客身上，服务的营销政策向老顾客、常客、回头客等倾斜，紧紧把握住他们，培养他们对企业的忠诚度。因为企业的盈利很大程度上就是来自他们，而且企业的发展也要靠他们。做好服务倾斜化最主要的是能保持企业与现有顾客的关系，有利于培养企业或品牌的忠实顾客。

(四)组织化服务

组织化服务是指将顾客用某种形式组织起来,使企业与顾客的关系更加正式化,也更加稳定化。服务组织化也是服务倾斜化的一种,即让一部分顾客参加一个对他们有益的组织,比如出版社建立的读者俱乐部,也是对这些顾客的一种政策倾斜。因此,服务组织化和服务倾斜化经常是联系在一起的。服务组织化因为是服务倾斜化的一种,所以它也具备服务倾斜化的作用,即有利于保持和培养忠实顾客。当然与服务倾斜化相比,服务组织化具有自己的特点,它比服务倾斜化中的顾客关系更正式,也就更加便于管理。服务组织化是服务的延伸,如读者俱乐部就是将图书的发行服务延伸到图书的阅读指导和对图书的交流等服务,同时也有利于增加服务收益。服务组织化一般具有很好的社会效益,能为企业带来更多的收入。但是,服务组织化也有一个很大的缺点就是成本花费较多,如出版社建立一个读者俱乐部就要投入大量的资金。

(五)合作化服务

合作化服务是指不同的服务机构之间通过渠道来合作并接近顾客且发展与顾客的关系。服务合作化也是一种服务的关系化策略,比如:宾馆和航空公司的合作是共同服务于乘客;报纸业和出租车联系起来,做到一车一报,也是典型的服务合作化。当然,服务的合作化也可以看作是特殊的服务组织化,可以看成是一家服务机构利用另一家服务企业把顾客"组织起来",而且这两方是互惠互利的。实行服务合作化可以拓宽服务的渠道,帮助推进服务的促销,服务合作以后,双方就会告诉你很多你要了解的东西而且双方的行为是义务的,能取得双赢的结果;可以推进服务的创新,在合作化经营中往往伴随着企业的服务创新,而合作又可以增强创新推广的力度。

四、采用集中战略应注意的问题

(1)集中战略采用者由于产量和销量较少,生产成本通常较高,影响企业的获利能力。因为集中战略的实质在于从一个狭窄的目标市场与产业的均势之间的差异中获取利润,狭窄的集中战略本身是不产生也不会带来足以取得平均水平的经济效益的。

(2)集中战略的利益可能会由于技术的变革或顾客需要的变化而突然消失。在现代市场条件下,新产品层出不穷,消费者的需求日新月异、变化万千,谁能洞察消费者需求的变化,及时创造出适合消费者需要的新产品,谁就能赢得顾客,掌握市场竞争的主动权。因此,技术的进步和消费需求的变化会给集中战略采用者带来较大的风险。

(3)集中战略采用者要始终面对成本领先战略者和差异化战略者的威胁。三个基本竞争战略都有各自的优势和风险,在许多产业中,不同企业奉行不同的战略,也能共存并赢利。然而,如果两个或更多的厂商选择奉行同样基础上的同样的基本战略,其结果可能是一场旷日持久而又得不偿失的混战。特别是一个产业中所有的厂商都以同样的方式采用同一形式的竞争战略,其结果是一败涂地。每一种竞争战略都容易遭到采用不同类型战略企业的攻击而给企业带来风险。

第五节　创新型服务战略

创新对于服务战略的成功至关重要,对于服务企业占领未来的竞争市场来说同样也是关键要素。对于创新型服务战略一般有两种重要的观点:一种是用非常规的竞争来超越竞争对手，从而获得优势、取得成功。其实质是用一系列的方法来创造独创性的价值，从而更有效地服务于顾客。另一种观点认为，作为一个创新型的组织，在参与竞争时应对未来有一个很清晰的认识，很清楚地知道自己在未来竞争中将要达到的目标、在同行业中处于怎样的水平、自己的优势和劣势、通过怎样的方法和策略达到自己的目标。这样的组织善于发现和满足顾客尚未被满足的需求。因此，它们更容易在服务上创新。例如，深圳航空公司了解到深圳的移民夫妇比较多，他们忙于工作而没有时间接送远在他乡的孩子，于是针对这些顾客的需求推出了“航空特快专递送儿童”服务。

一、蓝海战略

“蓝海战略”是由欧洲工商管理学院教授 W. 钱·金和勒妮·莫博涅基于对跨度达 100 多年、涉及 30 多个产业的 150 个战略行动的研究而提出来的。他们认为，市场可分为“红海”和“蓝海”，“红海”代表已知的市场空间，“蓝海”代表未知的市场空间，企业如要赢得明天，就不能只靠与对手在现有“红海”市场竞争，而是要靠开创“蓝海”——蕴含庞大需求的新市场空间，来走上增长之路。换句话说，所谓的“蓝海策略”，就是企业把目光从关注并超越竞争对手(摆脱“红海”)，扭转到去创新并开启巨大潜在需求，从而重建市场和产业边界(开创“蓝海”)。

“蓝海战略”的实质就是创造没有人与其竞争的市场空间，实现超越竞争。旅游业的竞争不是拼价格就是拼服务，这就造成了一片“红海”，因此，在旅游市场营销中注重消费人群细分，寻找旅游“蓝海”，显得尤为重要。“蓝海战略”致力于增加需求，并力图摆脱竞争，不再汲汲营营于瓜分不断缩小的现有顾客需求。此外，“蓝海策略”也重视人性层面，特别强调应该了解如何建立信任和决心，以及了解智慧和感情认知的重要性。借着改变传统经营思维来打破现有市场的限制，去创造广大无竞争的市场，蓝海策略为旅游企业提供了解决路径。不少专家指出，实际最为高明的竞争是“红海”和“蓝海”的组合，将价格战与价值创新有机结合，先是价值创新，开创“蓝海”，然后面对跟随者展开“红海”竞争，同时进行新的价值创新，开创新的“蓝海”，如此循环往复，保证自身的市场地位和丰厚的利润，从而立于不败之地。

【实例 3－4】

从军用到民用，看镇华智能如何闯入中国“无人船艇”蓝海

“无人化”是当今制造业发展的趋势：“无人工厂”日渐成为智慧工厂升级的方向，“无人机”早已飞入寻常百姓家，“无人驾驶汽车”屡屡驶入公众视野……船舶，作为很多人既熟悉又陌生的领域，在这次“无人化”浪潮里，也悄然发生着翻天覆地的变化。

无人船艇，又称水面机器人，一种水面作业平台，一般具备有人驾驶、遥控、自主航行三种操控模式，满足特定的航行、通信和控制要求。无人船艇的作业是通过“无人船艇＋”的形式实现的，即以无人船艇为水面作业平台，加载各种传感器和检测设备，以完成各种功能，环境测量、水域调查、安防救援是当前无人船艇最广泛的应用。

近年来，自动控制、物联网、大数据等技术的快速发展，与船舶有关的环境感知技术、通信导航技术的广泛应用，为无人船艇的开发和应用提供了技术可行性。

而急剧增长的需求是支撑无人船艇行业快速发展的经济基础和根本保障，2014 年，我国无人船艇行业市场规模约为 1 152 万元，2018 年已经增长至 24 750 万元，行业市场规模在 4 年的时间内增长了 20 多倍，年均复合增长率达到了 115%，随着市场培育成熟期的到来，未来几年的增速会进一步扩大。

创始人张飞认为，同其他很多科技行业一样，无人船艇企业在经历未来几年的市场选择后，会沉淀为多强格局。“抓住这几年机会，做好技术积累和市场开发，是一项时不我待的事业。”

2019年，他在信阳市成立了镇华智能，看中的是当地发达的造船业和几家具备海船制造资质的造船厂。短短半年多的时间，他的团队不仅完成了无人船艇的研发，而且通过大量海试数据验证了产品的功能参数。

控制系统方面，镇华智能的专长主要体现在控制算法和拓展性两部分。控制算法上，复合的实时纠偏算法可实现艏向和航迹的实时保持；拓展性上，基于ARM开发的控制系统，良好的接口方案和优良的抗干扰能力，可灵活拓展各类应用。通信系统方面，采用窄带数传电台和北斗冗余双链路数据传输，增加通信的稳定性，同时利用北斗短报文透传通讯，理论上的通讯距离为北斗覆盖范围。同时，配备失联返航和失联点待命两种心跳机制，确保无人船艇的航行安全。

未来，镇华智能将通过Pre-A轮融资，预计出让20%的股份融资3 000万元，以用于无人检靶船的批量生产、新船型（偏向民用）的渐次开发以及民用市场的推广。

——资料来源：从军用到民用，看镇华智能如何闯入中国“无人船艇”蓝海．猎云网，2019—11—25. 有删改.

二、长尾战略

“长尾”是统计学中幂律和帕累托分布特征的一个口语化表达，由美国人克里斯·安德森提出。长尾理论认为，由于成本和效率的因素，过去人们只能关注重要的人或重要的事，如果用正态分布曲线来描绘这些人或事，人们只能关注曲线的“头部”，而将处于曲线“尾部”、需要更多的精力和成本才能关注到的大多数人或事予以忽略（见图3—1）。图中Body部分表示处于20%的传统大客户，The Long Tail部分表示处于80%的中小客户。

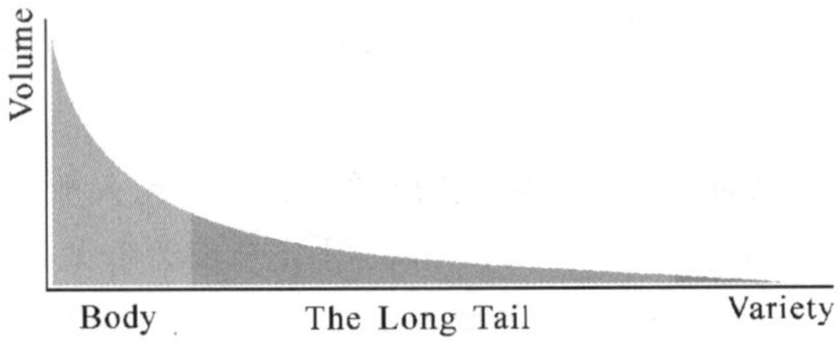

图3—1　长尾图

在销售产品时，厂商往往关注的是少数几个所谓“VIP”客户，“无暇”顾及在人数上居于大多数的普通消费者。但由于网络技术的发展使得关注的成本大大降低，人们有可能以很低的成本关注正态分布曲线的“尾部”，关注“尾部”产生的总体效益甚至会超过“头部”。其实这其中的关键就在于如何降低长尾部分的交易成本，而网络平台和网络的聚合效应为此提供了成功的可能。

【实例3—5】

长尾理论告诉我们，任何时候都存在着一些在当时利润不高的长尾消费需求。企业，尤其是初创企业，要瞄准暂时还是非主流的长尾消费需求，因为这个消费需求市场往往是被很多企业忽视或者不愿去占领的边缘市场。其实，很多企业的成功是从一个不太起眼的边缘市场入手而一步步做大做强的。如果一个初创企业同大企业进行正面的直接竞争，获胜的可能性很小。而如果从非主流的边缘市场入手，面临的市场竞争就会小得多，甚至有可能获得大公司的帮助，从而得到飞速的发展。

关注非主流的长尾消费需求，可以发展出高端的消费群体，从三线城市诞生的货运宝这一互联网车货匹配平台就是应用这一理论的典范。货运宝通过切实调查货车司机的困难与需求，为其提供了一系列相关的服务，例如会专门研究和同城货运相关的政策文件、法律法规、变化趋势、车辆价格等。如 4.2 米的货车容易超载、哪些货物的运输容易被罚款、各省区市的 ETC 办理等，特别重要的还会推送到司机群中进行宣传。除此之外，在北京等城市，货运宝已经和很多餐饮门店达成合作，司机来店里吃饭，不仅有折扣，还能领到货运宝免费提供的茶叶、水杯、T 恤、藿香正气水等小礼物，这些服务成本很低，却完全切中了司机们的痛点。在成功打入市场后，未来，货运宝将从司机群体入手，为他们提供保险、金融、加油、维修等一系列服务，货运宝盯上的，是中国 3 000 多万货车司机背后的长尾市场。

在中国，像货运宝这样的企业还有很多。有时候，撬动行业不需要大刀阔斧，只需要找到底层用户最真实的需求。一只蝴蝶的振翅，也可能引起一场风暴。

——资料来源：用好互联网时代的长尾理论．品牌财富网，2019－09－27．有删改．

长尾战略的销售逻辑是：销售成本越低，销量就越大。实现这一点要靠长尾“集合器”，就是能将数不尽的各类产品集合起来，将它们变成易于寻找的公司和服务。一类企业是网上网下相结合的混合零售商，产品一般是通过邮件或者是联邦快递运送的，而效率来自两个方面：第一，用集中化仓储方法降低供应商成本；第二，尽量利用网站的搜索功能和其他信息优势提供无限的产品选择。纯数字集合器企业只需要把产品信息储存在硬盘上，然后通过宽带运送它们。例如，一家大型书店通常可摆放 10 万本书，但亚马逊网络书店的图书销售额中，有四分之一来自排名 10 万以后的书籍。这些“冷门”书籍的销售比例正高速增长，预估未来可占整体书市的一半。这意味着消费者在面对无限的选择时，真正想要的东西和想要取得的渠道都出现了重大的变化，一套崭新的商业模式也跟着崛起。

三、CI、CS 与 CC 营销战略

CI 是英文 Corporate Identity（企业形象或企业识别）的缩写，它是一种企业形象设计的战略，是把企业所希望塑造的在社会公众中的印象，通过鲜明的标准化、统一化的视觉形象体系（包括听觉、嗅觉、触觉）展现给观众，从而有别于其他企业并具有明显的个性。CI 组合，即企业识别系统，由三个子系统组成：理念识别（Mind Identity，MI）、行为识别（Behavior Identity，BI）、视觉识别（Visual Identity，VI）。CI 策划，就是运用 CI 方法对企业进行整体策划，帮助其创造富有个性和感染力的全新形象。CI 策划作为完整的、统一的形象塑造方法，它的导入往往使企业由显层标识到深层理念都发生积极的转变。

CS 是英文 Customer Satisfaction 的缩写形式，是指顾客满意。CS 营销战略是 20 世纪 90 年代初在国外一些先进企业开展的以消费者为中心、围绕顾客而进行的崭新营销战略，它包括五大满意系统：

（1）理念满意系统（Mind Satisfaction，MS）；

（2）行为满意系统（Behavior Satisfaction，BS）；

（3）视听满意系统（Visual Satisfaction，VS）；

（4）产品满意系统（Product Satisfaction，PS）；

（5）服务满意系统（Service Satisfaction，SS）。

CS 战略的指导思想是把顾客需求作为企业开发产品的源头，在产品功能、价格设定、分销促销环节的建立以及完善售后服务系统等方面以利于顾客的原则，最大限度地使顾客感到满意。它的目的是提高公众对企业的满意程度，营造一种适合企业生存发展的良好内外部环境。

一般认为，CI 是以“企业中心论”为出发点和战略重点的，而 CS 则以“顾客中心论”为出发点和战略重点。CI 有战略性、系统性、差别性、标准性和可传播性等特点，应把它看成是将企业从表面视觉到深层次进行合理规划、重塑和整合的系统工程。CS 则把顾客满意不满意作为衡量各项经营活动和管理活动的唯一尺度，围绕顾客进行产品开发、生产、销售和服务，它要求企业通过发掘自身经营范围内产品和服务，接近顾客满意的标准，实现其经营个性化，让顾客在接受该产品和服务后达到满意状态。

CC(Corporate Culture，企业文化)与 CI、CS 合称为“3C”理论。从三者对比而言，CI 和 CS 具有较明显的“工具性”，而 CC 更具“理念性”。企业文化既是一种理论，也是一种管理方式。把企业文化作为一种管理方式看，使用什么样的“工具”进行管理，反映着不同的管理风格，也会造就出不同层次的企业文化。因此，CI、CS 与 CC 既反映不同的企业营销方式，也反映不同的企业营销文化。

本章小结

根据哈佛大学商学院迈克尔·波特教授的观点，企业基本竞争战略包括成本领先战略、差异化战略和集中战略三种类型，每一种类型的战略都包含着通向竞争优势的一条迥然不同的途径。成本领先战略和差异化战略是在比较广泛的行业领域内谋求竞争优势，而集中战略则是围绕一个特定的目标进行密集型的生产经营活动，要求能够比竞争对手提供更为有效的服务。

产品功能和产品成本是成本领先战略的影响因素。企业实施成本领先战略具有收益和风险，服务企业可以通过顾客低成本化、服务标准化、用资本代替劳动、服务分离化、服务复合化等方式实施此战略。

服务企业实施差异化战略具有重要意义，服务差异化战略具有四个特点：服务变通化、服务多样化、服务特色化、服务高质量化。差异化战略的实施具有相应的优势和风险，实行差异化服务战略由了解客户需求、设计服务方案、制订服务执行方案、实施服务方案、完善沟通渠道 5 个顺延、闭环的步骤组成。

集中型战略与其他两个基本的竞争战略不同。服务集中战略的表现形式包括角色化服务、细微化服务、倾斜化服务、组织化服务、合作化服务等。采用集中战略应注意生产成本较高、技术的变革或顾客需要的变化、其他战略的威胁三个方面的问题。

创新对于服务战略的成功至关重要，对于服务企业占领未来的竞争市场来说同样也是关键要素。创新型服务战略包括蓝海战略、长尾战略，以及 CI、CS 和 CC 营销战略等。

复习思考题

1. 描述企业基本竞争战略的类型及各自的优势和风险。
2. 描述服务企业实施成本领先战略的途径。
3. 描述服务企业实行差异化战略的步骤。
4. 描述服务企业集中化战略的表现形式。

案例讨论题

55公里是一家全球精品当地玩乐旅行服务商，致力于为中国自由行旅行者打造品质与特色兼具的当地一日游服务。在种草变得越来越容易的今天，自由行旅行者们的出行"拔草"似乎还一直停留在1.0时代：做攻略与准备出行成为越来越多人的"行前负担"。如何让又忙又想玩的人走得更加轻松，成为55公里创立的初衷。

2018年6月，55公里当地玩乐业务正式上线。其将目的地一日游作为核心业务，在中国、日本、东南亚等8个国家的40个城市开展业务，希望用模块化的当地参团服务，以天为单位满足自由行爱好者的出行需求。

一、自营业务进入市场

开展初期，55公里尝试的是海外产品的严选代理。凭借多年运营经验，团队不仅在3个月内超过了飞猪上90%的竞争对手，也进入用户满意度TOP梯队，一年时间，55公里实现第一个千万营收。但团队认为，海外代理成绩只证明团队线上运营的能力，要想真正俘获用户，还需要在线下产品与运营中扎稳根基，建立自己的壁垒。2019年，55公里自营业务正式上线。

"小团与当地人是标配，产品和服务是核心"。为了给自营产品的用户更有保证的服务，55公里用小车小团＋散拼的方式旨在给到年轻用户更高的性价比，也将一日游产品统一设定为景点＋体验的模式，将一个城市的头部玩法全面剖解。与以往旅行目的地创业公司不同的是，55公里团队仅聚焦于头部观光需求，个性化长尾体验仅以20%的比例打包进一日游行程中，用更小的投入满足更多的用户需求。

旅行业务的产品与模式都是容易复制的，只有经过运营积累的口碑才能成为公司的核心壁垒。55公里团队在每个城市搭建自己的供应链，自己招募当地人，并从产品、培训、流量等多方面为之赋能，在统一的标准下进行管理，输出价值。经过55公里选拔和培训的"当地里手"，每一位都通过了讲解、摄影、驾驶、沟通、服务、应急等多维度考评。

二、广阔的市场前景

市场规模方面，55公里把目标用户设定为希望率先服务好和有出行服务需求的自由行用户。相关数据显示，中国80后和90后城镇自由行群体的年出行人次约为20.15亿，"假设其中有30%的人每人消费100元，55公里的潜在市场规模为600亿"。

除此之外，2016年中国自由行人次将近50亿，但传统的自由行服务的触达率仅为8.9%，许多人不知道同样的时间在境外自由行板块的新旅行里面已经衍生出来完全全新的服务品类——一日游、半日游，它已经以30.8%的市场需求成为仅次于当地租车的第二大用户需求。

随着当地玩乐在线化程度越来越高，目的地服务将成为继跟团游、自助游之后的第三个旅游新时代。

——资料来源：创业邦，http://www.cyzone.cn，2019－10－22.

共同探讨：

1. 55公里进军旅游市场，采用了什么基本竞争战略？

2. 该战略有什么特点？存在什么优势和劣势？

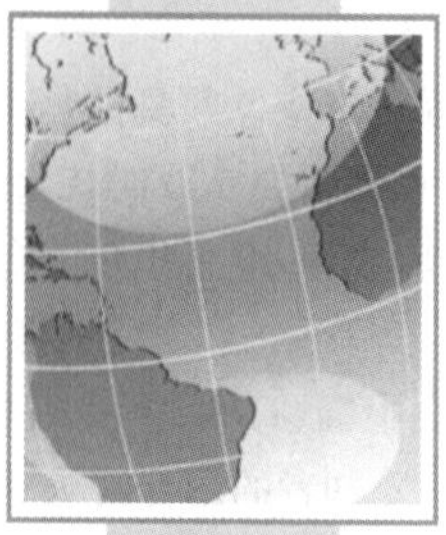

第四章 服务市场细分、目标市场选择与市场定位

学习目标

了解服务市场细分的含义和条件。
掌握服务市场细分的依据和步骤。
掌握服务目标市场选择的方法。
了解服务市场定位的概念和原则。
掌握服务市场定位的层次和步骤。

案例导入

Coolfree酷风家用中央空调，从诞生之初就瞄准"轻中产"人士，洞察到他们善于探索生活中的乐趣，对新鲜事物充满好奇，渴望在自由满足个性化需求中，追求生活的质感。基于此，Coolfree酷风家用中央空调以"臻于心静界，舒适新居所"为产品目标，以"我行我酷，舒适有度"为品牌主张，以严苛的品质、人性化设计、智能化产品、贴心化服务，为"轻中产"人士提供自己的舒适新居所。

面对家用中央空调隐藏安装不易清洁，容易过敏损害健康的问题，Coolfree酷风创新智清洁科技，搭载至臻金亲水翅片、智能水洗科技、外机反转除尘，从源头上解决健康隐患；突破传统4、7档送风限定局限，首创100档无级送风，更加灵活调节风速大小，将舒适一手掌控，满足不同家中成员和场景的送风需求，无论是老人、儿童还是睡眠、办公、休闲、风速随心调，自然更舒适；采用全直流变频系统，动力更强劲，空调从启动到制冷、制热，只需短短60秒，能够带来"跑车级"的加速快感。

——资料来源：美的Coolfree酷风目标"轻中产"2019年冲击80亿大市场. 万维家电网，2019－03－28. 有删改.

思考：

1. Coolfree酷风家用中央空调采用了什么样的市场细分、定位方法？
2. 这些方法有什么优势和劣势？

第一节 服务市场细分

市场细分是20世纪50年代由美国著名市场营销学家温德尔·史密斯（Wendell Smith）率先在其发表的《市场营销策略中的产品差异化与市场细分》中提出的，随后受到了国际市场营销界的广泛重视与普遍运用。市场细分是企业定位的前提，是营销战略规划的重要方面，无论是进入市场前的准备还是制定具体的营销策略，都需要对整体市场进行细分。

市场细分对于服务企业具有重要意义，随着服务市场上新竞争对手的不断加入和服务产品项目的增多，企业之间的竞争日益加剧，市场细分有助于企业投资于能够给其带来经济利益的领域，从而避免因盲目投资而造成的资源浪费。同时，即使在较为成熟的行业中，市场机会仍然存在，市场细分也有助于企业通过产品的差异化建立起竞争优势。

一、市场细分的含义和理论基础

市场细分就是根据消费者明显不同的需求特征将整体市场划分成若干个具有不同需要、性格或行为的消费者群体，并针对每个消费者群体采取单独的产品或营销组合战略，从而使顾客需求得到更为有效的满足，并达到留住顾客和提高顾客忠诚度的目标。

市场细分理论的提出主要基于以下三个理论基础：

（一）消费者需求的异质性

由于人们所处的地理条件、社会环境不同，所接受的文化教育、技术培训不同，自身所特有的心理素质、价值观念不同，因而他们对商品的需求也不一样。而且随着科学技术和社会经济的发展，市场的供给越充裕，人们的生活水平越高，市场细分的必要性也就越大。也就是说，只要存在两个以上的顾客，需求就会有所不同。购买者的需求差异是绝对的，它为市场细分提供了可能。

（二）消费者需求客观上存在着同质性

由于在同一个地理条件和社会环境下，总有一些人接受相同的文化教育和技术培训，并具有类似的心理特征和价值观念，因此，市场上总有一些购买者的需求会表现出相同的趋势。购买者需求的同质性是相对的，它使市场细分从可能变为现实，因为需求上的同质性使购买者在市场上聚合成一个个不同的群体。

（三）企业资源的有限性和为了进行有效的市场竞争

市场细分的背景还在于买方市场的全面形成和卖方竞争的日益激烈。就目前的市场而言，有厚利可图的市场越来越少，现代企业由于受到自身实力的限制，不可能向市场提供能够满足所有需求的产品或服务。每个竞争者只有依靠进一步的市场细分来发现未满足的需要，捕捉有利的营销机会，才能在激烈的竞争中求得生存和发展。因此，企业资源的有限性和为了进行有效竞争是市场进行细分的外在要求。

市场细分是现代企业从事营销活动的重要手段。市场细分有利于营销者发掘最佳的市场机会，有利于按目标市场的需要开发、改进和生产产品，有利于针对目标市场制定适当的营销组合策略，把企业有限资源集中用在目标市场上。

二、服务市场有效细分的条件

细分一个市场有许多方法。然而，并不是所有的细分都是有效的。例如，可以根据服务购买者头发颜色的不同，将他们分为淡黄色头发的顾客和浅黑色头发的顾客，但是购买服务与头发的颜色无关。再者，如果所有的服务购买者每月都购买相同数量的服务产品，并且认为所有的服务产品都是相同的，只愿意支付同一价格，那么，从营销观点来看，这个服务市场细分的必要性将很小。即便将市场进行细分，也毫无意义。通常情况下，要使细分后的市场有效，必须具备以下几个条件：

（一）可衡量性

可衡量性是指用来划分细分市场大小和购买力的特性程度等，是能够加以测定的。这就需要有一些标准，能明确辨别谁在细分市场之内、谁在其外，以此来衡量潜在需求。同时，顾客具有的特征信息易于获取和衡量，如顾客的偏好，对服务、价格、广告宣传等的反应等。

（二）可赢利性

可赢利性是指细分市场的规模要达到足够获利的程度。一个细分市场应该是值得为之设计一套营销规划方案的尽可能大的同质群体，具备一定的购买力，企业可从中获得利益。细分市场的规模要大到足以使企业有利可图的程度。这里要将实际的需求和潜在的需求加以区分。

（三）可达到性

可达到性是指有效地到达细分市场并为之服务的程度。市场细分部分必须是企业有可能进入并占有一定份额的，否则没有现实意义。例如，细分的结果发现已有很多竞争者，自己无力与之抗衡，无机可乘；或虽有未满足的需要，有营销机会，但缺乏原材料或技术，货源无着，难以生产经营，这种细分也是没有现实意义的。

（四）可行动性

可行动性是指为吸引和服务细分市场而系统地提出有效计划的可行程度。细分市场应该是通过成本合理的营销组合能够达到的或能够进行沟通的。企业也要能够比较方便地进入细分市场。比如一家银行要针对某细分市场做广告，该细分市场上的购买者就应该达到一个特定的数量，以抵消其做广告的费用。

三、服务市场细分的依据

（一）消费者市场细分的依据

服务市场细分的变量很多，而且不同类型的市场，细分变量也有所不同。下面就服务消费者市场的细分，分别加以论述。

服务消费者市场细分的依据是客观存在的需求差异性。但差异性很大，究竟按哪些因素细分，没有一个绝对或固定不变的模式。各服务行业、企业可采用不同的变量，用不同的方法进行细分。例如，可以根据服务消费者特征细分市场，也可以通过消费者对服务产品的反应细分市场等。无论用哪一种因素进行细分，关键是能获得最佳的营销机会。

可以将影响服务消费者市场需求的因素，即用来细分服务消费者市场的变量概括为四大类：地理因素、人文统计、心理因素和行为因素（见图4—1）。

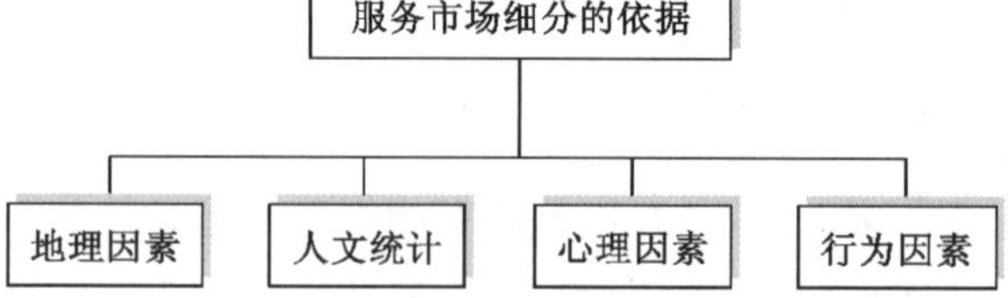

图4—1 市场细分的依据

1. 地理因素细分

地理因素细分就是把服务市场分为不同的地理区域，如国家、州、地区、省、市、县、城镇或街道等。以地理变量作为服务消费者市场细分的依据，这是因为地理因素影响消费者的服务需求和反应。不同地区的服务消费者有不同的需求特征和不同的营销反应。这在旅游、饮食服务等行业特别明显。例如，提供饮食服务的企业考虑到当地人们的口味偏好，可以有针对性地在一个或几个经营地区开展相应的经营活动。

2. 人文统计细分

人文统计细分是将服务市场按人文统计学的变量，如年龄、家庭人数、家庭生命周期、性别、收入、职业、教育、宗教、种族、国籍、民族和社会阶层划分成的不同群体。人文统计变量是区分消费者群体最常用的因素。这是因为，消费者的欲望、偏好和使用率等经常与人文统计变量有密切的联系。同时，人文统计变量比大部分其他类型的变量更容易衡量。例如，美国的一些银行根据顾客的生命周期划分市场，他们把顾客生命周期分成单身、年轻新婚、年轻满巢、中年满巢、年老空巢就业和年老空巢退休六个阶段。银行可以根据处于不同生命周期阶段的顾客的不同需求提供相应的服务。此外，诸如社会阶层、家庭收入、住所类型、职业等细分变量也被一些公司所采用。

当然，有时候并不一定能精确地判断出某服务产品的消费倾向与人文因素确实有关。如一般认为经理人由于有较高的收入，所以会购买凯迪拉克汽车，而体力劳动者则倾向于购买雪佛兰汽车，但事实上许多经理人也喜欢购买雪佛兰汽车，有些体力劳动者也购买凯迪拉克汽车，这种细分因素在实际市场中的错位，同样在服务市场中也经常出现。所以，为防止这一现象给市场细分带来不确定性，企业往往把几个人文统计变量结合起来作为细分的依据。

3. 心理因素细分

消费者的态度、兴趣和观念等方面的心理信息可以给要描述的细分市场划定一个更为清晰的形象。特别是当运用人文统计因素难以清晰地划分出细分市场时，考虑顾客的心理因素特征就显得特别有意义。

心理因素细分涉及的标准很多，如消费者的个性、兴趣、生活方式、生活态度、价值观等都可以作为细分的依据。在服务行业中，历史上的市场细分对心理因素的重视是不够的，因为在心理细分方面的尝试尚未得到明确的成功。但是，目前许多服务企业已经越来越倾向于采用心理因素进行市场细分。例如，美国一家研究机构将购买汽车的消费者划分为六种类型：汽车爱好者、理智的稳健派、追求舒适的人、讽刺挖苦汽车的人、需要司机的人、恐惧汽车的人。企业可以根据不同消费者的特性，设计出各具特色的汽车。

【实例 4－1】

随着二胎政策的开放，儿童人口数量的不断增长，悄然而至的正是智能玩具广阔的市场前景。国内智能玩具盛行一时，经济增长超过 40%，位居全球第一，成为全球城市创新发展的新趋势。

杭州都市宝贝玩具店依托强大的集团实力背景，整合现有资源，进行了产业转型升级，实行了智能玩具模式。杭州都市宝贝玩具店携手一线教育专家、一线玩具产品研发专家，经过多年的市场深入研究，整合现流行的智能玩具，运用创客概念、创客教育相结合的形式，基于学生兴趣，使用数字化工具，利用互联网 App 平台实现玩具选购、玩具回收、玩具共享等功能，让玩具实现循环利用，延长玩具的使用周期。这不仅满足了父母与孩子双重心理需求，集孩子玩乐、体验、认知为一体，还通过智能玩具形式让玩具实现了资源共用和资源循环利用。

——资料来源：杭州都市宝贝玩具店：打造独一无二的品牌特色．兰州新闻网，2019－10－09. 有删改。

4. 行为因素细分

在行为因素细分中，根据购买者对服务的了解程度、态度、使用情况或反应，将他们划分成不同的群体。行为细分的变量包括利益、使用状况、使用频率、忠诚度、待购阶段、态度、购买时机等，是建立细分市场至关重要的出发点。

(1)按利益细分。利益细分是指将那些为获得某种利益而购买服务的人从整体市场中分隔出来。这是一种卓有成效的市场细分方式。与心理细分不同的是,利益细分更注重于服务购买者。通过利益细分,可以使服务提供者开发出相应的、能同时提供各种利益的服务品种。例如,一个银行的营业所可以从银行的市场上寻找到想获得的各种利益群体:一部分顾客想获得全方位的服务;一部分顾客想获得以低息借贷的优惠贷款;还有一部分顾客想获得高存款利息、快速服务和个人理财服务。那么,银行可以根据这些利益群体的需要设计出不同的服务结构,使其中的一部分或几部分顾客得到他们想要的利益;同时,银行也可以从提供有特色的一揽子服务中获得声誉。

(2)按使用状况细分。许多服务产品可以按使用状况将消费者分为从未用过、曾经用过、准备使用、初次使用、经常使用五种类型。从另一个角度也可以将顾客分为实际使用者和潜在使用者。通常,市场占有率较高的服务企业对准备使用者较感兴趣,而一些小企业则只能以经常使用者为服务对象。不同的服务企业对使用状况不同的顾客,在广告宣传及促销方式等方面都应采用不同的策略。

(3)按使用频率细分。市场可以按服务被使用的情况,首先将消费者划分为使用者和非使用者,然后根据使用程度,再把使用者划分为少量使用者、中度使用者和大量使用者。大量使用者的人数通常只占总市场人数的一小部分,但是他们在总消费中所占的比重却很大。营销者通常偏好吸引对他们服务的大量使用者,而非少量使用者。

(4)按忠诚度细分。一个市场也可以用消费者的忠诚程度来细分。假设有五种服务品牌A、B、C、D、E,根据消费者对产品忠诚度的高低可以将其分为四种类型(假设有6次购买行为)。

①坚定忠诚者:始终不渝地购买一种品牌的消费者。其购买模式为A、A、A、A、A、A,代表了消费者对服务品牌A的专一忠诚。

②不稳定的忠诚者:忠诚于两种或三种服务品牌的消费者。例如,购买模式为A、A、B、B、A、B,代表了消费者对服务品牌A和服务品牌B同样忠诚。

③转移型的忠诚者:从偏爱一种服务品牌转换到另一种服务品牌的消费者。例如,购买模式为A、A、A、B、B、B,反映了消费者对品牌A的忠诚转移到品牌B。

④多变者:对任何一种服务品牌都不忠诚的消费者。例如,购买模式为A、C、E、B、D、B,反映了一个没有忠诚度的消费者,他是一个有什么服务品牌就消费什么品牌的购买者,或是一个购买多种服务品牌的消费者。

每一个市场由不同数量的四种购买者组成,企业对自己市场上的消费者类型进行分析,可以发现很多问题,便于及时采取相应措施。例如,服务策划者应研究对本服务坚定忠诚者的特点,以进一步认准目标市场;研究对本服务忠诚度不稳定者,发现哪些同行竞争性最强,并设法改善自身定位;通过调查转移型忠诚者放弃本企业服务的原因,了解本企业营销的弱点并加以改进;对于多变者,可努力推出新服务产品来吸引他们。

(5)按待购阶段细分。在任何时候,人们对于购买服务的准备程度各不相同。有些人还不知道使用哪种服务,有些人已经知道,有些人知之甚详,有些人已有较大兴趣,有些人已产生购买欲望,有些人即将购买。企业对处于不同购买准备阶段的顾客群,要有不同的营销策略,并且要随着准备阶段的进展而随时修改营销方案。

(6)按态度细分。消费者对产品的态度可分为五种:热爱、肯定、无差别、否定和敌视。针对不同的态度,可采取不同的营销对策,如对抱有否定和敌视态度者,不必浪费太多的时间来扭转其态度;对态度无差别者则应尽力争取,设法提高他们对产品的兴趣。

(7)按购买动机细分。根据购买者产生需要、购买或使用服务的时机,可将他们区分开来。某些服务项目专门适用于某个动机,营销者可以把特定动机的市场需求作为服务目标,如旅行社可专为某种动机提供特色旅游服务。

【实例 4—2】

在龙湖上市的第十年,纵观十年发展之路,龙湖集团以“坚守客户视角,回归服务本心”的价值观和持续稳固主航道业务的初心始终走在行业前列。龙湖用自己的匠心精神,完美诠释“雕塑家和画家”的诗意建筑。首先之于客户需求探索,龙湖集团地产开发根据客户住宅和商用有不同的精心设计。其中,在住宅设计中,龙湖巧妙细分客户为“大安居”、“小安居”、“功改”的客户。“小安居”描摹了为了留在市区、愿意牺牲舒适度和朝向的客户群体,所以为其打造面积段在 85 平方米左右的三房;“大安居”则指客户已经有了改善的意愿和项目,在产品设计上,必须有两个卫生间,面积段可放大到 95 平方米;“功改”的客群特点是随着家庭人口增加,在居住需求上趋于舒适和升级,所以会更重视细节的研磨,而面积段则为 130 平方米至 140 平方米,四房两卫设计。龙湖通过系统深入的客户调研,精准对接用户需求,从住宅环境到商业环境,不只是在宜居环境下功夫,更追求细节品质,打造实用体验与美学感官的高度融合。

——资料来源:十年回归与转型:龙湖集团年中报战绩亮眼．搜狐焦点,2018—03—26. 有删改.

(二)组织机构市场细分的依据

组织机构市场细分的变量与消费者市场大致相同的部分不再赘述,另外还要考虑一些其他变量。在大多数情况下,组织机构市场不是以单一的变量进行细分,而是把一系列变量结合起来进行细分的。

1. 按最终使用机构的性质细分

组织机构市场常按最终使用机构的性质将市场细分为若干个小市场。由于不同使用者的性质不同,对服务的需要侧重也不同,因此要制定不同的营销策略。例如,物流服务商针对生产型企业和经营型企业,物流服务项目完全不同。

2. 按客户规模细分

客户购买规模的大小,即购买服务的机构大小,也被许多企业作为细分市场的一个重要变量。例如,办公大厦的保洁服务,因大厦的规模、大厦内涉及的办公机构数量与性质都不同,故对保洁服务的要求既不同又复杂。另外,大、中、小客户对企业的重要性不同,所以在接待上也要有所区别,大客户通常由主要的负责人接待洽谈,一般中小客户则由推销员接待。

3. 按购买量细分

即按机构购买服务的量进行市场细分。有些机构在一定的时间内购买服务的量很大,但购买的频率不高;而另一些机构在一定时间内的购买量并不大,但频率却很高。所以,它们对服务的要求就有很大的差别。

四、服务市场细分的步骤

服务市场细分一般包括三个步骤:调查研究并确定相关市场,确定最佳的细分变量,细分市场。

(一)调查研究并确定相关市场

所谓相关市场,是指企业向其推广服务产品的目标顾客群。例如:某家投资银行将资产超过100万元的人士作为自己的目标顾客;某家酒店则瞄准商务人员市场等。为确定企业的相关市场,服务营销者要与消费者进行非正式的接触,并将消费者分成若干个小组,以便了解他们的动机、态度和行为,进而通过问卷调查向消费者收集相关的市场资料,如服务产品的知名度、服务产品的使用方式、对该服务产品所属类别的态度等。在了解这些信息的基础上,企业必须对自身的资源状况做出分析,明确自己的优势和劣势,然后确定企业服务产品线的宽度、顾客的类型、地理范围等营销要素。

(二)确定最佳的细分变量

前面我们介绍了很多可以用来细分服务市场的变量,实际上,企业在选择细分市场的依据时,并不能照搬这些标准,而必须对其进行甄别或有所创新。所以,企业必须确定最佳的细分变量。

一般而言,在确定最佳细分变量时,首先要把各种潜在的、有用的标准都罗列出来。在列出这些标准之后,要对其重要性做一评估,选择出那些被认为是重要的标准。同时,还需要对那些重要的标准再做进一步的详细划分,以确定最佳细分变量。一般而言,一项好的或合适的细分变量应具备以下三个特征:

1. 恰当性

这是好的细分标准必须具备的第一个特征。这意味着它必须与消费者对指定的产品或服务的行为与态度有密切的联系,或者说,它所定义的所有细分市场必须在对指定产品或服务的行为和态度中显示出各自鲜明的区别。

2. 测量的可能性

一项合适的标准应当是易于测量的,或者至少是可识别的,如细分标准中人口统计、地理等标准总体上符合这一条件。而个性和心理因素则不太容易测量,如焦虑可以作为细分人寿保险市场的标准,却很难获得关于特定的人群中有多少是焦虑的、有多少是沉着的统计资料,而且也难以从调查中获得相关的统计。

3. 实际操作价值

合适的细分标准应具备的第三个特征是对市场营销人员有实际用途,引导他们向某个或某些特定的细分市场努力,或者使他们根据不同的细分市场确定不同的营销组合。

(三)细分市场

在这一阶段,服务营销者按照确定的细分标准,将消费者划分成不同的集群,然后根据主要的不同特征给每个不同的细分市场命名。

最后需要强调的是,由于细分市场是不断变化的,所以市场细分的过程必须定期反复进行。在这个过程中,要密切关注市场出现的一些新变化、新特征,尤其应当关注新的服务类型的出现及其对本企业市场的影响,以便及时调整营销策略。

第二节　服务目标市场选择

前面介绍了服务企业细分市场的依据和步骤。其实类似的方法还有很多,我们无法把它们全部罗列出来。事实上,企业在选择细分市场的依据时不能照搬这些方法,必须有所创造,以建立起差异化竞争优势。因此,企业必须选择最佳的细分依据。

服务目标市场是服务企业决定进入的、具有共同需求或特征的顾客集合。也就是说,服务企业在细分出来的若干个子市场中,根据其自身条件,选择出对自己最有利的、决定要进入的目标市场。

一、评估细分市场

市场细分揭示了服务营销者面临的市场机会，接下来服务营销者就要对各个细分市场进行评估，企业在评估各种不同的细分市场时，必须考虑以下四个因素：

（一）细分市场的规模和增长率

潜在的细分市场要具有适当的规模和预期的增长率，只有规模和预期增长率适当的细分市场，才能成为服务企业进入的驱动力。企业必须首先收集并分析各类细分市场的现行销售量、增长率和预期利润率。企业只对有适当规模和增长速度的市场感兴趣。但是，适当规模和增长速度是一个相对概念。对大企业而言是指销售量较大的细分市场，这些大企业常把销售量大、增长率和利润率高的市场作为目标市场。然而，并不是对于每一个企业来说，最大和增长最快的细分市场就最具有吸引力。一些较小的企业会发现它们缺乏必要的技能和资源来满足较大的细分市场的需要，或者这些市场的竞争太激烈。对这些小企业而言，适当规模和增长速度的细分市场是不被大企业看中的很小的细分市场，有些服务企业选择那些较小的和较逊色的细分市场，对它们反而更加有利。因此，无论是实力雄厚的大企业还是实力较弱的中小企业，都必须考虑目前的销售量及其增长率，选择与自身条件相适应的市场作为目标市场。

衡量一个企业在某一市场上的发展潜力可以采用购买力指标法。购买力指标法以三个指标为基础：细分市场消费者人数与总市场人数之比；细分市场消费者实际工资与总市场消费者实际工资之比；细分市场销售额与总市场销售额之比。细分市场的购买力指标(BPI)为：

$$\text{BPI}=\frac{0.2\times\text{细分市场人数}}{\text{总市场人数}}+\frac{0.5\times\text{细分市场消费者实际工资}}{\text{总市场消费者实际工资}}+\frac{0.3\times\text{细分市场销售额}}{\text{总市场销售额}}$$

（二）细分市场的赢利能力

细分市场不但要具备理想的规模和预期增长率，还要有理想的赢利能力。当然，不同服务企业的目标利润是不同的，即使同一服务企业，在不同时期的利润率也会有所不同。但从长期来看，任何服务企业都必须保证一定的获利水平，否则，企业将无法维持生存和发展，也就失去了进入细分市场的意义。

（三）细分市场结构的吸引力

理想的赢利能力会使细分市场更具有吸引力，但相同市场赢利能力的细分市场，由于结构的差异，对企业的吸引力是不同的。某些服务市场可能具备理想的规模和增长率，但在利润方面却缺乏吸引力。所以，服务企业必须明察几个影响细分市场长期吸引力的重要结构因素。

1. 服务细分市场的竞争状况

如果某个细分市场已经有了为数众多、实力强大、竞争意识强烈的竞争者，则该细分市场就会失去吸引力。如果企业的细分市场正处于稳定或萎缩状态，面临生产能力不断扩大、固定成本过高、市场退出壁垒过高或者竞争者投资很大等问题时，企业坚守该市场通常需要付出高昂的代价。

2. 新加入的竞争者状况

若某个细分市场的赢利能力过高，则可能吸引新的竞争者加入。它们会投入大量的资源，增加新的生产能力，并争夺市场份额，那么这个细分市场可能就会失去吸引力。反之，如果新的服务面临着森严的进入壁垒，并且有可能遭到市场内原有服务企业的强烈报复，它们就很难进入。

3. 替代服务情况

如果某个细分市场已经出现了替代服务或者具有潜在的替代服务，该细分市场就会失去吸引力。替代服务会限制细分市场内价格和利润的增长，许多实际或潜在的替代服务产品也会限制细分市场中价格的实现和增长，当然也会限制利润的增长。

4. 购买者的议价能力

如果某个细分市场中购买者的议价能力很强或正在增强，则该细分市场的吸引力就较小。拥有强大议价能力的购买者会设法压低价格，对服务提出更高的要求，这会使服务提供者的利益受到损害。

5. 供应商的议价能力

如果细分市场中的买方比卖方更能讨价还价，或者提出更高的质量或服务要求，那么，卖方便会努力压低价格，引起供应商之间的相互争斗。这样便降低了卖方的获利能力。如果细分市场中存在很强的供应商，能够控制价格，或者能够降低服务的质量或减少其数量，则该市场的吸引程度也会降低。如果供应商很大、很集中，市场中很少有替代产品，或者该供应商投入市场的服务产品非常重要，供应商就会变得非常有优势。

(四)企业的目标和资源

即使某个细分市场具有合适的规模和增长速度，也具备结构性吸引力，服务企业仍需将本身的目标和资源与其所在的细分市场的情况结合在一起考虑。某些服务细分市场虽然有较大的吸引力，但不符合企业的长远目标，因此不得不放弃。尽管这些细分市场本身可能很具有吸引力，但是它们会分散企业的注意力和精力，使企业无法实现主要目标；或者从环境、政治或社会责任的角度考虑，选择这些细分市场并不明智。

如果某一服务细分市场适合企业的目标，那么，服务企业还必须考虑是否具有占领该市场所必需的技能和资源。如果企业缺乏赢得细分市场竞争胜利所必需的力量，或不能够适时地取得这些力量，那么该企业就无法进入这个细分市场；除必需的力量以外，企业还要有超过竞争者的技能和资源，才能在细分市场上真正获得胜利。只有当企业能够提供优越的价值并取得竞争优势时，企业才能进入该细分市场。

此外，服务企业在选择目标市场时除了要认真考察上述四个因素外，还应当考虑营销的社会责任这一越来越受关注的因素。这表现在企业选择目标市场时应当尽力避免将脆弱的或者处于不利地位的顾客当成目标市场，或向顾客提供有争议的或具有潜在危险性的服务。

二、选择目标市场

目标市场是指服务提供者决定进入的、具有共同需要或特征的购买者集合。在评估不同的细分市场之后，企业就必须对进入哪些市场和为多少个细分市场服务做出决策，这就是目标市场的选择问题。

(一)选择目标市场的覆盖模式

进入目标市场，一般有五种模式可供企业考虑(见图 4－2，其中 P 为服务产品，M 为细分市场)。

1. 密集单一市场

企业选择一个细分市场进行集中营销。公司通过密集营销，更加了解该细分市场的需要，并树立特别的声誉，因此可在该细分市场建立巩固的市场地位。另外，企业通过提供和促销的专业化分工，也获得了许多经济效益。然而，密集市场营销比一般情况风险更大，如个别服务

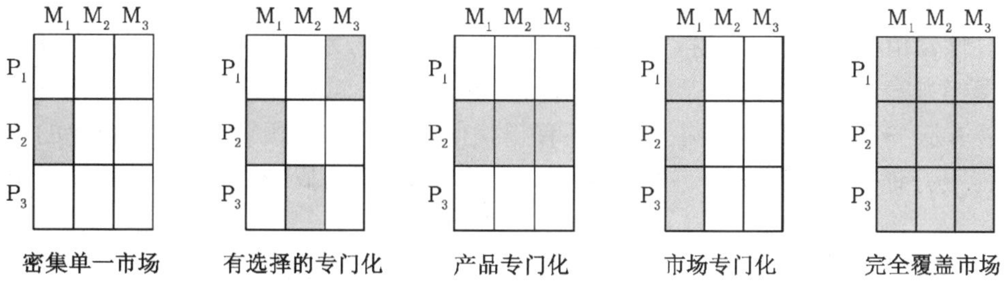

图 4—2　服务目标市场的五种覆盖模式

细分市场可能出现不景气的状况，或者某个竞争者决定进入同一个细分市场。

2. 有选择的专门化

企业进入几个互不相关的细分市场，其中每个细分市场在客观上都有吸引力，并且符合企业的目标和资源条件，而且都有可能赢利。这种多个细分市场目标优于单个细分市场目标，因为这样可以分散风险，即使某个细分市场失去吸引力，公司仍可继续在其他细分市场获得利润。

3. 产品专门化

企业为各类顾客群提供一种服务产品，企业通过这种战略，为某个产品树立起很高的声誉。在不同的细分市场上，除提供某种相同的服务产品以外，其他的营销组合因素可以不同。

4. 市场专门化

市场专门化是指专门为满足某个顾客群体的各种需要而服务。顾客可以在不同产品之间挑选自己满意的产品。企业因专门为这个顾客群体服务而获得良好的声誉，并成为这个顾客群体所需各种服务产品的代理商。

5. 完全覆盖市场

完全覆盖市场是指服务企业想用各种服务满足各种顾客群体的需求。一般只有大企业才能采用完全覆盖市场战略，例如国际商用机器公司等。

(二)选择目标市场的覆盖战略

一般来说，有三种可供选择的市场覆盖战略：无差异性营销、差异性营销和集中性营销。

1. 无差异性营销

无差异性营销(见图 4—3)是指企业不考虑细分市场的差异性，对整个市场只提供一种产品。企业的产品针对的是消费者的共同需求而不是不同需求。企业设计出能在最大限度上吸引购买者的产品及营销方案。服务企业依靠大规模的分销和大众化的广告，在人们的心目中树立起优秀的服务形象。无差异性营销能够节约成本，如无差异性广告会降低促销费用。由于不必做细分市场调研和规划，因此降低了市场调研和产品管理成本。无差异性营销的缺点是，如果许多服务企业同时在一个市场上实行无差异性营销，竞争必然激化，获利的机会反而不多。同时，在开发使所有消费者都感到满意的产品或品牌时，会遇到许多困难。因此，不应忽视小的细分市场的潜在机会。

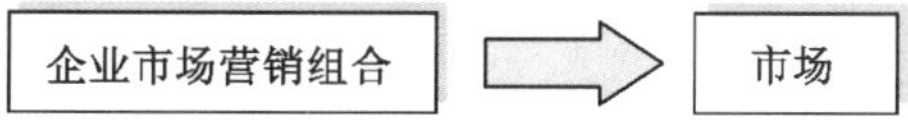

图 4—3　无差异性营销

2. 差异性营销

差异性营销(见图 4—4)是指企业决定以几个细分市场为目标,为每个细分市场分别设计服务及营销方案。这些企业希望在每个细分市场中通过不同的服务和营销战略来提高消费者对公司及其服务系列的整体认同。企业还有望获得更多的忠诚顾客,因为该企业的产品和营销方式能更好地满足每个细分市场的愿望。因此,这种营销战略能扩大销售,提高市场占有率。

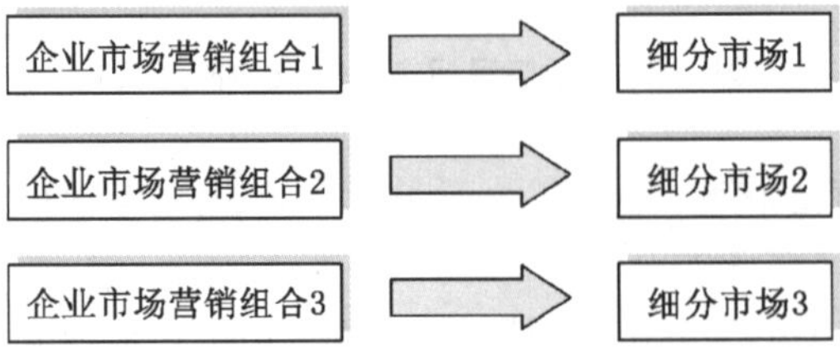

图 4—4 差异性营销

在市场竞争激烈程度加剧的情况下,越来越多的公司开始采用差异性营销战略,差异性营销往往能带来比无差异性营销更大的总销售额。但是,差异性营销会增加营销成本。对不同的细分市场分别采取不同的市场营销计划需要额外的市场调研、预算、销售分析、促销策划和销售渠道管理。同时,为打入不同的细分市场而实施不同的广告计划也会增加促销费用。因此,企业在决定采用差异性营销战略时,必须先衡量一下销售量的增长和成本的增长孰轻孰重。

【实例 4—3】

随着我国汽车保有量的持续增长,预计到 2020 年我国汽车保有量将超过 2.5 亿辆,其中私家车将突破 2 亿辆。对比成熟的西方市场,我国平均 4.5 年的车龄呈现出一片大好形势,这也预示着汽车后市场中的润滑油保养业务仍有巨大潜力。

海湾石油(中国)有限公司在这一潮流中也通过自己的差异化营销战略打开了广阔的市场。海湾石油的差异化营销共分为四大业务模块:润滑油业务、加油站、养护品以及衍生品,围绕着四大核心模块形成消费习惯的闭环,在四个模块中产生客户的黏性和忠诚度。具体来说,润滑油业务方面,润滑油在早期一直被汽保行业认为是个快销品,是比较容易跟客户产生品牌、产生黏度的品类;加油站,对于消费者而言,在品牌忠诚度方面受交通以及实际情况影响比较大,所以打造闭环进行拓展加油站也是计划之一;养护品,当进入深层次的拓展后,用户使用养护品的频次远远大于润滑油的频次,因为它可以很好地跟美容、洗美以及快修快保进行整合,形成更好的融合;衍生品,根据品类,既可以设计为服装帽子,也可以是手表,甚至是任何商品,当它的品类没有限制的时候,它的影响也将是无限的,而且也容易增加用户黏度。

通过四个闭环,海湾石油实现以高频看低频的差异化营销,同时四个品类形成车主的闭环,全渠道地展示海湾的形象,把海湾真正意义上变成一个看得见、摸得着、拿得走的与车主共赢的生态模式。

——资料来源:打造新零售差异化营销,海湾石油车主导向生态链开启. 慧聪网,2018—11—30. 有删改.

3. 集中性营销

集中性营销(见图 4—5)也称为密集性营销,就是选择一个或几个细分市场作为目标,制订一套营销方案,集中力量争取在这些细分市场上占有大量份额,而不是在整个大市场上占有小量份额。例如,美国的戴尔电脑公司专攻个性化设计的个人计算机服务市场等。

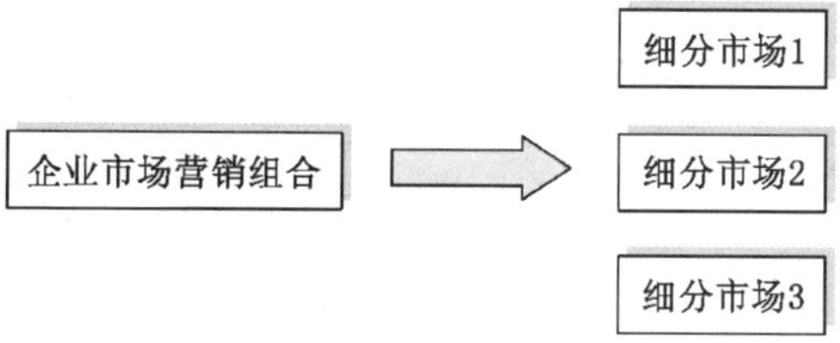

图 4—5　集中性营销

集中性营销之所以能够使企业在其服务的细分市场(或专门市场)中取得很高的市场地位,是因为该服务企业更了解细分市场的需要,以及它在此细分市场中所赢得的特殊声誉。由于进行专门化服务设计、分销和促销,企业还可节约大量经营开支。如果细分市场选择得当,企业便能赢得较高的投资回报率。同时,集中性营销蕴涵着高于一般的风险。被选中的服务细分市场可能会疲软不振,或者更大的竞争者会决定插足同一细分市场。

三、盈利客户分析

当服务企业选定了其目标市场,接着就要致力于开发出一套或几套有针对性的营销组合方案,尽量满足目标市场需求。但有一个常常被服务营销人员忽略的问题,即企业的盈利率与其客户之间的关系。虽然从营销的角度来看,企业经营的目的是其客户的满意,并从中获取相应的利润,但一个不能忽视的事实是企业的不同客户对其利润的贡献是不一致的。根据美国运通公司詹姆斯 · V. 帕特的观点,最好的顾客与其他顾客的剩余支出相比,在零售业是16∶1,在餐馆业是 13∶1,在航空业是 12∶1,在汽车旅馆业为 5∶1。这说明不同的顾客对企业的利润贡献差别是很大的。另一组数字则说明,有一些客户对公司的利润贡献可能是负的。著名的 80/20 法则认为:在顶部的 20%顾客创造了公司 80%的利润。威廉 · 谢登把它修改为 80/20/30,其含义是,“在顶部 20%的顾客创造了公司 80%的利润,但其中的一半给在底部的 30%非盈利顾客丧失掉了”。这说明,服务企业不但应当区分其盈利顾客与非盈利顾客,而且应当“剔除”最差的顾客,以改进利润收入。

所谓盈利顾客(Profitable Customer),就是指能不断产生收入流的个人、家庭或公司,其收入应超过企业吸引、销售和服务该顾客所花费的可接受范围内的成本。应该注意的是,这里所说的收入和成本不是某一笔交易所产生的收入和成本,而是强调长期的收入与成本流。

进一步研究表明,为公司带来最大利润的往往是那些中等规模的客户。因为他们不仅不像大客户那样要求价格折扣和更多的附加条件,而且不像小客户那样需要花费高昂的交易成本。他们支付的价格接近全价,享受良好的服务,所以往往他们对公司的利润贡献最大。

常用来分析盈利客户的一个方法是顾客/产品盈利率分析。如表 4—1 所示,顾客按行排列,每个方格就代表向该顾客出售产品或服务所获利润情况。顾客 1(高盈利顾客)购买了三个盈利产品和一个无利润产品,即 P_1、P_2、P_3 和 P_4,产出了较高的利润;顾客 2(利润顾客)购买了一个盈利产品和一个亏损产品,其对利润的贡献为零;顾客 3(亏损顾客)则对公司利润有负贡献，因为他购买了一个盈利产品和两个非盈利产品。对此，企业可以提高无利产品或服务的价格，或将其取消；或者尽力向非盈利顾客推销盈利产品。

表 4—1 盈利顾客分析

	C_1	C_2	C_3	
P_1	+		+	高盈利产品
P_2	+	+		盈利产品
P_3	+	−	−	亏损产品
P_4	−		−	无利润产品
	高盈利顾客	利润顾客	亏损顾客	

第三节 服务市场定位

企业在选定目标市场、制定营销目标之后，还要决定怎样占领市场。市场犹如竞技场，众多品牌各显其能，以赢得一定的市场份额。服务市场包含着各式各样的需求形态，对于任何一个企业而言，无论其规模有多大，能够满足的只是整体市场中的一小部分需求，而且由于服务自身的特征决定了服务企业的规模往往小于制造业企业，所以服务企业对服务市场的定位就显得格外重要。

一、服务市场定位的概念

定位的观念可以追溯到识别需要然后再满足顾客的观念。这个观念至少 20 世纪 40 年代就已存在于营销文章中，然后发展成为识别创造产品吸引力和"唯一销售建议"改进方法的概念。其他作者引用的相关概念还包括产品的差异化、有特色的经营主张和市场位置分析。

市场定位这一概念是由美国的两位广告经理艾·里斯（Al Ries）和杰克·特劳特（Jack Trout）于 1972 年提出的，近年来得到广泛的重视和发展。所谓市场定位，是指企业根据竞争者现有产品在市场上所处的位置，针对顾客对该类产品某些特征和属性的重视程度，为本企业产品塑造与众不同的、给人印象鲜明的形象，并将这种形象生动地传递给顾客，从而使该产品在市场上确定适当的位置。

所谓服务市场定位，就是对公司的服务产品进行设计，从而使其能在目标顾客心目中占有一个独特的、有价值的位置的行动。在如今高科技的信息时代，同类服务的竞争越来越激烈，企业为使自己的品牌获得有利的认知和普遍的认同，使品牌形象深入人心、持久不忘，就需要准确地对自己的服务进行定位。

二、服务市场定位的原则

市场定位的最终目的是提供差异化的产品或服务，使之区别于和优于竞争对手，而不论这种差异化是实质性的、感觉上的，抑或是二者兼有的。虽然服务的差异化不如有形产品那样明显，但是，每一种服务都能让顾客感受到互不相同的特征。既然如此，服务企业在进行定位时必须尽可能地使产品具有十分显著的特色，以最大限度地满足顾客的要求。通常，在评价差异化特征时有以下几个标准可供选择：

(1)重要性，即差异所体现的需求对顾客来说是极为重要的。

(2)显著性，即企业产品与竞争对手的产品之间具有明显的差异。

(3)沟通性，即这种差异能够很容易地为顾客所认识和理解。

(4)优越性，即这种差异明显优于通过其他途径而获得的相同利益。

(5)独占性，即这种差异很难被竞争对手模仿。

(6)可支付情形，即目标顾客认为因产品差异而付出额外花费是值得的，从而愿意并有能力购买这种差异化产品。

(7)可赢利性，即企业能够通过实行产品差异化而获得较多的利润。

此外，每一种服务都会有一系列区别于其他服务的特征，其中有些特征可能是实质性的，另外一些则可能是感觉上的。企业在市场定位时常面临一项重要的抉择，即向目标顾客推销其服务所需要的特征数量究竟是一个还是多个。有的营销人员喜欢"强调一点而不及其余"，他们认为，通过大力推广产品的某一优点容易在顾客心目中形成市场领导者地位的形象。也有一些营销人员认为应该介绍产品的多个特点，这样能够寻找到更多的市场机会，并不易被其他竞争者所跟随。但无论怎样，在进行市场定位时必须遵循的是，服务企业必须承认和接受服务产品在顾客心目中已有的形象和看法；另外，企业的定位应致力于满足那些顾客认为是重要而又没有或很少被满足的需求。

三、服务市场定位的层次

市场定位是一个系统而不是孤立的问题。人们习惯上提到的定位多指由服务企业提供的产品和服务的定位。事实上，市场定位作为一个系统有好几个层次，一般包括：

第一，行业定位，即把整个服务行业当作一个整体进行定位。

第二，企业(机构)定位，把组织、机构当作一个整体进行定位。

第三，产品组合定位，把企业提供的一系列相关产品和服务进行定位。

第四，个别产品和服务定位，对某种特定的产品和服务进行定位。

(一)服务行业定位

在考虑企业定位及产品定位之前，服务企业必须对自己所在的整个行业在整个服务产业中的位置有所了解，即进行行业定位。图 4—6 显示了部分服务行业在整个产业中的相对位置。

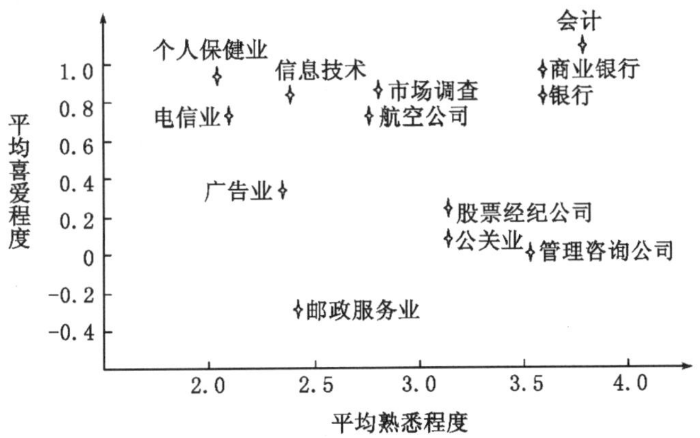

图 4—6　部分行业的相对位置

(二)服务企业定位

服务企业定位与服务产品定位是相辅相成的,企业定位处于定位层次的高层,服务企业必须先定位它们的产品,然后才能在公众心目中树立起良好的企业形象;而企业定位则对先前的产品定位起着强化的作用。一旦企业的定位成功,使企业获得良好的社会声誉,则企业的产品定位也会相应得到巩固,并会为企业带来长期效益。

一般而言,企业根据自身的资源状况和市场中的竞争状况可在如下定位中进行选择:

(1)市场领先者,即在行业中处于领导地位的企业。这样的企业是指那些相关产品或服务在市场上占有率最高的企业。这样的企业既是市场竞争的主导者,也是其他企业挑战、效仿或回避的对象。

(2)市场追随者,即在市场上处于次要地位,一时不能建立领导者地位,而采取追随市场领导者的产品或服务的企业。根据其追随领先者的程度可分为紧密跟随者、距离跟随者和选择性跟随者三种定位。

(3)市场挑战者,即在同行业中虽然居于次要地位,却已发起与领导者的竞争并且迅速后来居上的企业。

(4)市场补缺者,即那些在市场中某些部分实行专业化经营,以避免与主要企业发生冲突而求安一隅,仅为市场提供某些有效的专业化服务的企业。这种定位一般适用于那些实力较弱的中小企业。

(三)服务产品定位

服务产品定位是将某个具体产品定位在消费者心中,无论何时何地,只要消费者产生了相关需求,就会自然而然地首先想到这种服务产品,达到先入为主的效果。服务产品定位是整合定位系统的基础。

服务产品往往是无形的东西,如美容、音乐会、教育等;也可以是有形的产品,如饭店的顾客需要的是高质量的食物。服务产品定位的目的就是让这些有形或无形的服务产品在消费者心目中留下深刻印象,因此产品的各个要素都要与这一定位形象相符合。根据科特勒对产品的分析,一个产品应该包含五个层次:

第一层次是核心产品,这是产品基本的层次,也是顾客真正购买的服务或利益,它体现产品的使用价值,能满足消费者某些方面的需要。如对于旅店来说,顾客购买的就是“休息和睡觉”;而对于电影院来说,顾客购买的就是“娱乐”。

第二层次是形式产品,指的是产品实在的形体及外观,它是核心产品的载体。如旅店的形式产品就是许多出租的房间,而电影院的形式产品就是放映电影的场所和设施等。

第三层次是期望产品,也就是顾客购买产品时期望的一整套属性和条件。例如,对旅店的客人来说,期望的是干净的床、香皂、淋浴设施、电话、衣橱和安静的环境,大多数旅店都能满足这种最低限度的期望。

第四层次是附加产品,指购买这种产品的顾客所得到的附加利益和服务,如使用说明、质量保证等。对于旅店来说,可以通过提供电视、香波、鲜花、快速结账服务、美味餐饮和优质房间服务来增加其产品的内涵。

第五层次是潜在产品,也就是该产品将来可能的所有增加和改变。对于这一层次,消费者现在可能体会不到,将来在条件改善以后才能享有。

最后需要说明的是,服务企业并不需要在上述的所有层次进行定位。但对于那些规模大、开展多种经营的服务企业而言,企业定位、产品组合定位和个别产品定位则是必要的。但应明确两点：一是企业定位和个别产品定位必须具有清晰的相关性，并有内在的逻辑关联；二是品牌既可以产生于产品组合层次，也可以产生于个别产品层次。

四、服务市场定位的步骤

企业的市场定位包括三个步骤：一是识别潜在的竞争优势；二是选择相对的竞争优势；三是显示独特的竞争优势。

（一）识别潜在的竞争优势

消费者一般都会选择那些给他们带来最大价值的服务产品。因此，赢得和保持顾客的关键是看竞争者能否更好地理解顾客的服务需要和购买过程，以及向他们提供更多的价值，使企业获得竞争优势。竞争优势来源于企业为顾客创造的价值，但这个价值必须大于顾客为获得该价值所支付的全部成本。那么，企业可以用什么样的方法来使自己的活动区别于其他竞争者呢？一般来说，可以通过服务产品、人员、渠道和形象方面的属性进行定位来创造差异化，以使自己区别于竞争对手。

1. 服务产品差异化

企业如果仅提供一般化的服务，那么风险是很大的。服务企业应当认识到，每个消费者为不同的服务特性设定的优先次序是不同的。这主要取决于使用服务的目的、购买决策者是谁、使用服务的时间、个人消费者是单独使用服务还是与多人共同使用、共同使用者的构成情况等因素。与此同时，取得竞争成功的关键常常有赖于服务的增加和服务质量的提高。企业可以使自己的服务产品区别于其他竞争产品，提供具有高度差异的服务产品。

【实例 4—4】

打造产品差异化 满足用户多元消费需求

2019 年，浦发信用卡在互联网思维的引领下，积极引入前沿的金融科技与极具前瞻性的经营理念，全力推动消费金融产品的差异化——浦发信用卡围绕“场景化”、“智能化”、“个性化”等金融服务诉求，推出了大量“与众不同”的消费金融产品，深受消费者喜爱。

具体而言，在“场景化”方面，去年 11 月浦发信用卡上线了品质商户联盟平台——“小浦惠花”，用户只需通过浦发信用卡官方 App 浦大喜奔进入该平台，就能享受到众多消费场景的大量线下消费福利，包括美食折扣券、满减优惠、额外 3～5 倍积分和 3%消费金额返利等，既方便用户在一站式平台获得众多消费场景的金融服务，又给他们极具竞争力的消费优惠力度，激发他们的消费潜力。在“智能化”方面，用户只需打开浦发信用卡浦大喜奔 App 的“财富”板块，可以方便地看到适合自己的消费金融产品推荐，以及根据自身消费习惯和信用额度，综合评估得到相应的消费额度。这背后，是浦发信用卡借助大数据分析与人工智能技术，结合用户以往的消费记录准确判断他未来的潜在生活需求，以此为基础推荐合适的消费金融产品与刷卡额度，让用户不再“烦恼”消费时找不到合适的消费金融产品。在“个性化”方面，浦发信用卡针对不少消费者的用车换车需求变化，打造了“小浦买卖车平台”，让用户享受买车、卖车、车后服务等一站式极致体验。

——资料来源：打造产品差异化 满足用户多元消费需求．中国新闻网，2019—03—11. 有删改.

2. 人员差异化

企业可通过雇用和训练比竞争者更好的人员来取得强大的竞争优势。人员差异化要求企业细致地挑选与顾客直接接触的职员，并认真进行培训。这种差异化主要表现在职员的能力、资格、态度、诚实、责任、沟通等方面。

3. 渠道差异化

企业可以通过其分销渠道来取得差异化，特别是在渠道的覆盖面、专业化和绩效上。较广的渠道覆盖面可以解决顾客对便利性的要求；专业化的渠道对顾客而言一方面可以获得服务质量保障，另一方面可以提供更特别的服务获得方式，同时，也有利于企业提高服务绩效。例如，奥拓邮购及目前众多的网络销售，让顾客体会到足不出户就可以得到产品的特殊感受，这些企业都以其直接营销渠道实现了差异化。

4. 形象差异化

即使竞争者之间的服务产品看起来相似，购买者也会根据服务企业或品牌形象观察出不同来。因此，服务企业通过树立形象使自己不同于竞争者。企业的品牌形象要能传达服务产品与众不同的利益和定位。树立一个鲜明的形象需要进行创造和艰苦工作。

(二)选择相对的竞争优势

假设企业已经很幸运地发现了若干个潜在的竞争优势，那么企业可以选择其中几个竞争优势，并据此进行市场定位，来决定企业必须推出多少差异及推出哪些差异。在推出的多个差异中，企业可以只大力促销一种利益，也可同时促销几种利益，但企业必须避免出现定位过低、定位过高、定位混乱等错误。在推出哪种差异，即突出哪些不同的竞争优势时，并不是所有的差异都有意义或有价值，一种差异是否值得建立应看它是否满足下列条件：差异的重要性、专有性、优越性、感知性、先占性、可支付性和可赢利性。

市场定位实质上是一种竞争策略，它反映市场竞争各方的关系，是关于某企业在已经确定的目标市场上如何处理与其他企业竞争关系的基本思路。从这个角度出发，选择相对竞争优势的方法可以分为以下几种：

1. 避强定位策略

这种策略是指企业力图避免与实力最强或较强的其他企业直接发生竞争，而将自己的产品定位于某类产品"空隙"，使自己的产品在某些特征或属性方面与最强或较强的对手有比较显著的区别。这种策略的优点是，企业能够迅速占领市场，并在消费者心目中树立一定形象。由于这种定位策略的市场风险小、成功率高，常常为多数企业所采用。

【实例4—5】

江小白：年轻人的白酒

江小白的目标客户群是80/90后的年轻人，其中90后年轻人是核心目标群体。传统白酒大都以宴会、商务、政务为主要的饮用场景，而江小白聚焦于"小聚、小饮、小时刻、小心情"四种年轻人的饮酒新场景。小聚，指的是三五个同事、朋友、同学之间的非商务应酬；小饮，就是不拼酒，点到为止，讲究适度；小时刻，指的是经常性与偶然性的时刻；小心情，是指酒这个产品是和心情、情绪所挂钩的，而不仅仅是一种功能性需求。除此之外，在包装方面江小白也颠覆了以往行业龙头的包装风格，与传统白酒实现区隔，传统白酒为了凸显文化感和价值感，包装上大都古朴厚重，而江小白开创性地将语录体包装在外观上，与传统白酒完全不同。

——资料来源：江小白：年轻人的白酒．知乎，2019—04—01．有删改．

2. 迎头定位策略

这种策略是指企业根据自身的实力，为占据较佳的市场位置，不惜与市场上占支配地位的、实力最强或较强的竞争对手发生正面竞争，而使自己的产品进入与对手相同的市场位置。

3. 重新定位策略

重新定位是指对销路少、市场反应迟钝的产品进行二次定位。初次定位后，由于顾客需求偏好发生转移，市场对本企业产品的需求减少；或者由于新的竞争者进入市场，选择与本企业相近的市场位置，致使本企业市场占有率下降。这些情况下，企业就需要对其产品进行重新定位。因此，一般来说，重新定位是企业摆脱经营困境、寻求新的活力和获得增长的一条途径。

(三)显示独特的竞争优势

该步骤的主要任务是服务企业通过一系列宣传、促销活动，将其独特的竞争优势准确传播给潜在顾客，并在顾客心目中留下深刻印象。为此，服务企业应从三方面进行努力：

(1)建立与市场定位一致的形象。通过积极主动的联系沟通，将市场定位传递给目标顾客，引起他们对本企业市场定位的认同和喜爱，使他们有效识别相关服务。

(2)巩固与市场定位一致的形象。这是一个持续过程，需要企业采取一系列措施，使企业与项目信息不断传递到市场，让顾客对服务的认识由浅入深、由表及里、由偏到全。

(3)矫正与市场定位不一致的形象。有时，市场推广促销方案的使用，可能会使部分目标顾客对企业服务的市场定位理解出现偏差。如高档健身场所吸收没有相应经济实力的顾客参与活动，会影响其高档的定位。

一旦选择好市场定位，企业就必须采取切实步骤把理想的市场定位传达给目标消费者，要避免因传播不当在公众中造成误解：如传递给公众的定位过低，不能显示出自己的特色；或传递的定位过高，不符合企业的实际情况，使公众误认为企业只提供高档服务；或定位含糊不清，不能在顾客中形成统一明确的认识。上述各种误解，都是由于定位传递的失误所造成的，应当注意防止。

五、服务市场定位的执行

企业和服务的定位需要通过与顾客隐性和显性的接触来传达出去，即公司的职员、政策和形象都应当反映类似的形象，传递期望中的市场定位。事实上，企业期望的定位和实际传递的定位往往不一致。

如果目标细分市场的顾客对企业提供的服务反应冷淡，那么定位就很有可能失败。反应冷淡的原因主要是企业的服务毫无特色，与竞争者相比没有明显的优越性。为此，企业的定位战略必须突出本企业服务与众不同，而这些不同之处正是顾客所看中、渴望的。因此，企业必须经常考察其定位战略，使之不至于过时，或者脱离目标顾客所需。市场营销组合是执行定位战略的关键所在，执行定位的市场营销组合必须基于与目标细分市场相关的、关键的、突出的特性。确立这些特性应该分析竞争者的位置以发现其弱点所在。市场营销组合代表着实施定位的无限机会。下面，我们将说明每一组合因素如何支持服务企业的定位。

(1)服务产品。服务产品本身能够传递定位。

(2)价格。零售商和连锁酒店非常清楚价格在定位中的作用。价格以及一定价格带来的服务质量的改变有助于企业进行重新定位。

(3)服务的便利性和地理位置。有些银行把自己定位为更加接近顾客。它们的成功有赖于新技术的采用——广泛安置自动柜员机(ATM)的可能性，同时还延长了银行的营业时间。

(4)促销。促销与定位的联系紧密，因为正是广告和促销方案使得定位得以传播。

(5)职员。职员对定位起着关键作用。如果某企业的定位是“我们会更加努力”，那么它必须设法保证每个职员确确实实地为服务顾客而付出更大的努力。企业在传递其定位之前，首先要对员工进行培训以提高其服务表现。

(6)顾客服务。顾客对自己直接接受的服务质量的高低最有感触,因此可以把顾客服务作为一个竞争者不易模仿的武器来使用,以获得竞争优势。它是公司定位战略中创造差异化的一种重要方法。

本章小结

市场细分理论的提出基于市场需求的异质性和企业资源的有限性这两个基本理论前提。有效的市场细分应满足如下条件:可衡量性、可赢利性、可达到性、可行动性。服务企业可依据消费者的自然属性和行为属性将市场进行细分,也可以根据最终使用机构的性质、客户规模和购买量对组织机构进行细分。市场细分包括三个步骤:调查研究并确定相关市场;确定最佳细分变量;细分市场。

选择目标市场之前,应对各细分市场进行评估,评估的标准包括细分市场的规模和发展潜力、细分市场的赢利能力、细分市场的结构吸引力、企业的目标和资源等各方面。服务企业进入目标市场有五种模式,即密集单一市场、有选择的专门化、产品专门化、市场专门化和完全覆盖市场。服务企业可选择的市场覆盖战略有无差异营销、差异性营销、集中性营销三种。服务企业要对其客户进行盈利率分析,以将其营销努力主要作用于盈利顾客,"剔除"那些没有利润贡献或亏损的顾客,提高企业的赢利能力。

服务市场定位,就是对公司的服务产品进行设计,从而使其能在目标顾客心目中占有一个独特的、有价值的位置的行动。服务市场定位遵循多项原则,依据行业定位、企业定位、产品定位三个层次展开。服务市场定位包括三个步骤:识别潜在的竞争优势、选择相对的竞争优势、显示独特的竞争优势。企业必须经常考察其定位战略,使之不至于过时,或者脱离目标顾客所需。

复习思考题

1. 描述市场细分的条件、依据和步骤。
2. 描述服务企业评估目标市场的标准和进入目标市场的模式。
3. 描述服务市场定位的层次和步骤。

案例讨论题

顺丰速运:服务营销造就成功

随着我国电子商务市场的飞速发展,我国每年的快递业务总量也呈现出爆炸式的增长。快递是连接电商与客户的纽带,快递业的成长直接关系着我国电子商务市场的发展规模。眼见着如此巨大的市场份额,不论是国内民营快递企业还是国际快递巨头,都想从中分得一杯羹。然而,在众多国外优秀企业都在市场上战斗得如火如荼、血流成河的时候,顺丰却好像一个局外人,始终坚持着自己较高的定价。

而 2019 年,在整体行业快递单票收入普遍下降的情况下,顺丰单票收入保持在相对稳定水平。国家邮政局公布的数据显示,6 月份快递行业整体单价水平为 11.78 元,同比下降 2.05%,降幅环比扩大 1.3 个百分点。从顺丰公布的 6 月月度数据可以看出,顺丰的单票收入达到 23.21 元。相对于行业整体单价水平持续下降,作为目前国内最大的直营快递公司,在保持高服务质量的同时,顺丰的单票价格保持着持续的领先优势。

顺丰对于自身产品的定位有着自己独特的标准,顺丰不与联邦快递、TNT 等国际快递争夺高端市场,也不会降低自身的价格与服务质量来与"四通一达"打价格战以获得低端市场,顺丰只专注于快递行业中的小件且单位价值较高的中端市场。其次,目标市场确定的前提下,顺丰按照客户细分设计了自己的市场定位——为中端客户提供高端服务,收取高端价格。以上的产品定位与市场定位对于顺丰发展有两大好处:一是中端客户自身品牌忠诚度很高，不易被竞争对手抢走；二是小件高价值货品对快递质量要求高而对快递价格承受力强。

顺丰速运虽然保持着较高的产品价格，但是它的服务体验在整个民营快递行业中也是首屈一指的。其2018年快递服务总体满意度得分为75.9分，较2017年上升0.2分。快递企业总体满意度排名顺丰速运居首，在时限准时率方面，顺丰速运排名第一。具体来说，当你有一份会议急件需要在24小时之内从广州送达北京时，周围的人一定会首先为你推荐顺丰。到目前为止，顺丰是国内快递业中唯一一家使用全货运专机的民营快递企业，顺丰在中国大陆目前已建有7 800多个营业网点，覆盖了中国大陆31个省、自治区和直辖市，300多个大中城市及1 900多个县级市或县区。运输方式的独特性和完善的全国服务网点，再加上快件"今天收明天到"、"365天无节假日"的服务承诺，使得顺丰迅速赢得了广大消费者的心，并且保持着较高的品牌忠诚度。几乎不需要任何媒介的宣传推广，低调的顺丰通过消费者的口口相传就顺利实现了"快速"这一独特的品牌诉求(USP)。此外，顺丰同城于2019年10月24日正式宣布公司化运营并发布新品牌"顺丰同城急送"，在服务层面，顺丰同城急送将在即时配送这一新领域，延续顺丰对于优质服务的理解，为客户创造与众不同且全面、稳定的服务。顺丰同城急送将通过空间和时间双重维度的融合，通过智能的融合调度来满足多种类型客户及其多元需求，实现全局化最高效。

——资料来源：百战网，2019—07—19；徐洋．顺丰速运服务营销的成功经验研究[J]．中国商贸，2014(18)．

共同探讨：

1. 顺丰速运细分市场的目的是什么？细分市场的依据是什么？
2. 顺丰速运细分市场的方法有效吗？为什么？
3. 顺丰速运选择目标市场以及确定目标市场的营销策略对你有什么启示？

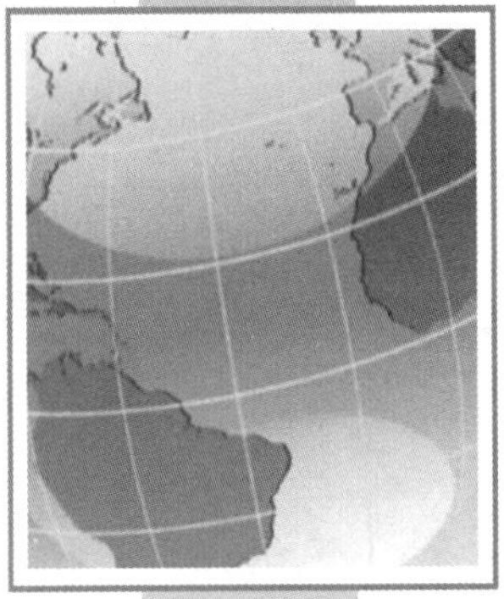

第三篇　服务营销策略

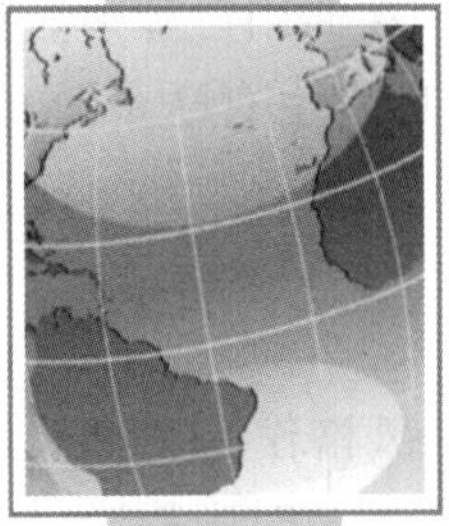

第五章 服务产品策略

学习目标

了解服务产品的概念和作用。
掌握服务产品组合的特点和制定方式。
掌握服务产品周期的含义及其特点。
了解服务新产品开发的过程和方法。
掌握服务产品品牌策略的制定步骤和实施方法。

案例导入

昆明盘龙区打造全市首个“互联网＋智慧养老”平台

2018 年 12 月 24 日，盘龙区“互联网＋智慧养老”信息化服务平台启动。这是昆明首个“互联网＋智慧养老”平台，服务平台的启动上线也标志着盘龙区“互联网＋智慧养老”信息化服务工作全面展开。目前，盘龙区大部分老人选择传统的家庭养老方式。但是传统单一化的养老模式已越来越无法适应全社会的养老服务需求。

为推动养老服务工作，经过一年多的准备，盘龙区整合 750 余平方米的国有资产进行装修改造，建设了盘龙区“互联网＋智慧养老”信息化服务平台。服务平台融合了政府、企业、社会服务与需求、政策与市场资源，为老人提供全方位服务。

盘龙区老年人服务平台分民政养老服务监管系统、养老业务管理系统等 10 个板块，将居家养老、社区养老、机构养老等大数据纳入平台统一管理，并提供统一服务。线上、线下互联互通后，服务平台将打造养老“O2O”新模式，连接社区资源、社会服务供应商、慈善组织和社工机构，为盘龙区 60 岁以上老人提供所需的生活照料、医疗康复等服务。服务平台启用将“还权于老人”，把个性化服务送到老人家里，实现了政府垂直化管理、机构水平化运营、涉老资源社会化参与的三维管理模式，并与大数据、物联网、移动互联网等技术有效融合，形成了区、街道、社区三级养老服务网的互联互通。

——资料来源：昆明日报．昆明盘龙区打造全市首个“互联网＋智慧养老”平台．国家养老网，https://www.guojiayanglao.com/2018/12/25/3138.html，2018－12－25.

思考：

1. 构建互联网＋养老模式有什么优势？
2. 盘龙区养老服务平台提供了什么具体的产品或服务？

第一节　服务产品整体概念

服务营销不同于实物营销，实物营销推出的是有形产品，可以使用户直接感知其形状大小、款式、实际功能，而服务产品大多无形，是一种心理体会过程。两者通常重叠在一起，共同发生作用。科特勒(2005)指出：“服务往往依附于有形的物品，而有形的物品里也包含服务的成分。”

一、服务产品与实物产品的区别和联系

实物产品是能给客户带来利益的某种实际产品，具备一定的功能，客户在使用过程中能满足其某种需要。服务产品同样也能满足客户某些需要，但与实物产品既有区别也有联系。

(一)服务产品与实物产品的区别

服务产品与实物产品的区别如下：

1. 依附载体不同

实物产品所依附载体为有形物体，通常客户在挑选时以其形状、颜色、风格作为选择的依据，同时注重观察其功能的多少及与自身的匹配程度。因此，产品本身的质量及时尚程度很大程度上决定着最终交易的达成。而服务产品不仅依附于有形物体，同时还有无形的服务，如客户非常看重的服务态度、精心设计的服务流程、服务过程中的贴心照顾，以及令人满意的工作效率等。虽然服务产品基础在于有实际功能的有形物体，但是有了人性化的服务无形中使产品增值，带来更大的利润空间。

2. 生产过程与消费过程的分离程度不同

实物产品一般通过市场调研或客户反馈获得客户需求信息，从而设计出产品并付诸生产，其在销售阶段提供给客户进行消费的是成品，一般不可能再临时更改，它的生产过程和消费过程是相互脱离的，独立性较强，因而客户的反馈往往经历较长时间后才会引起生产变动。服务产品的生产过程往往同消费过程结合在一起，因环境变化或所服务客户的不同，会临时更改服务措施，具有更加灵活多变的特征，生产同销售的连接更为紧密，客户的反馈会及时迅速地反映在生产过程中。这其中很大一部分原因在于实物产品是可以保存的，以备未来的消费；而服务产品是即时性的，生产过程也即消费过程，例如出门旅游、观看演唱会等。

3. 客户参与程度不同

实物产品的客户参与程度较低，仅在投产前的市场调研阶段和销售阶段会与客户进行沟通交流，而且往往是在产品出现重大问题后，收到客户投诉才引起相应弥补措施。服务产品从产品设计到客户消费的全过程始终有客户参与，对于客户的反应做出相应处理是服务产品工作的重心，通常决定着产品销售的成败，因此如何真正做到面向客户、以客户为中心是服务产品营销的重点。例如，在婚庆服务中，要根据新人的不同要求提供不同的婚庆礼仪服务。

4. 产品的易变性不同

产品是采取统一标准和规范来进行生产的，销售给某一特定消费群体，随意性不会大。实物产品在产品设计阶段考虑了目标市场，针对不同的目标群体设计不同的款式和风格。如手机在设计时通常考虑男士手机和女士手机的不同，因为客观上男士手掌和女士手掌大小不同，因此在产品设计时，男士手机较为大气、成熟，颜色较为单一，而女士手机较为小巧，颜色绚丽。而在销售阶段，不会因销售人员的态度等因素影响到实物产品的质量和款式。

服务产品营销活动中，服务人员和客户同时参与，虽然在事先可以规定服务的标准和规范，但无法做到像实物产品的制作工艺那样严格统一，往往受到服务人员素质、时间和客户素质的影响，其对客户的服务水平维持在同一水平较难以做到。因此，服务产品的易变性较为明显，表现在服务质量难以控制，其标准在实际执行中难以达到预期效果。因此有必要针对客户的差异性实时改变服务策略，增强适应市场的灵活性，同时对直接服务客户的一线员工应进行严格培训，并使其随机应变，争取客户满意度的提高。

(二)服务产品与实物产品的联系

服务产品与实物产品的联系主要体现在:

1. 实物产品是服务产品的存在基础

在人类发展过程中,大部分资源是稀缺性的,因此要通过劳动创造出实物产品来满足最基本的生活需要,如房子、衣服、粮食。可以说,实物产品是人类生存发展的主要来源,也是服务产品生产的基础,也只有在实物产品基础上才可以提供优质服务。在提供良好的住宿服务时,需要事先准备好房屋、淋浴设施、能够联网的硬件、有线电视、电话等;提供令人满意的旅游服务,则必须要安排好乘坐舒适的车辆、景区的攀登设施或缆车、有当地特色的餐饮等。

2. 服务产品是实物产品历史发展的结果

随着社会的进步和经济的高速发展,物质产品已极大丰富,人类逐步从繁重的体力劳动中解放出来,为满足其精神上的需求,开始制造出大量服务产品,如娱乐服务、咨询服务、监理服务等。从历史角度看,实物产品中相对低层次的产品易通过复制来完成,而服务产品是社会物质文明高度发展的结果,是创新型的产品。

3. 实物产品可以很大程度上提高服务产品质量

服务产品不可能脱离实物产品而存在,必须以实物产品为基础。而且现代通信器材、计算机设备、高速的互联网产品能在时间、成本、效率方面极大地提高服务质量和水平。在餐饮和旅游业中大量使用的对讲机能在很大程度上节省时间、及时处理客户问题。

4. 实物产品与服务产品结合带动经济发展

第三产业即服务业是当前和未来发展最具潜力的产业,能极大地解决就业问题,带动经济发展。在发展服务业的同时,积极生产实物产品和服务产品,将两者结合起来发挥效用。

二、服务产品的整体概念

服务产品是客户感知到的服务的全过程,使客户在服务中获得效用,满足其受到尊重等方面的心理需要。作为客户感知到的服务和企业提供的服务因为各自立场不同而存在差异,而这些差异也正是衡量企业服务水平和服务营销能力高低的关键因素,因此我们有必要从以下三个方面来考察服务产品的整体概念:

(一)面向客户

提供服务产品的目的并不是带来自身效率的提高,而是提供给客户所需要的高效率服务,也即带给他们所需要的效用和利益。从企业所能提供的服务中识别客户切实需要的东西,真正做到以客户为中心,是服务产品概念的核心问题。

这其中蕴藏着一些基本问题亟待解决:首先,与客户进行交流,在客户需求还处于模糊的状态下,能够不怕麻烦,帮助客户理清思路,是抓住客户的关键所在;其次,客户在服务过程中的预期会因地理或环境状况而发生变化,如何主动干预这些变化,而不是被动适应,是服务企业稳定客户关系的重要因素;最后,在服务成本与客户利益及社会效益间如何权衡,以求得共赢也是企业不得不面临的问题。

(二)服务理念

对于客户的各种利益诉求,是不是都能做成标准的服务产品,并且始终把服务理念包含在每个服务产品中,是使客户满意的条件之一,也是服务产品的核心要素之一。

客户有要求、询问、使用、投诉等权利,在其行使权利的过程中,企业不能推卸责任,要使每一位员工都能把服务理念贯彻在服务活动过程中,给每一位客户提供最周到的服务,并针对不同客户提供不同方式的服务。

(三)产品要素

在向客户提供的服务产品中,一般来说可以分为三个层次,即核心服务、期望服务和便捷服务。核心服务又称主服务,是满足顾客主要需求的服务项目,如宾馆提供的住宿服务、酒店提供的餐饮服务、铁路提供的运输服务等。一个企业可以提供多种主服务。期望服务又称附加服务,是主服务的一种横向扩展,它是企业用来提高服务价值或者使自己的服务更具有差异化,以区别于其他企业而提供的服务,如宾馆的洗衣服务、商务服务、租赁服务等。便捷服务是为了让顾客能方便接受核心服务而提供的一些附加服务,它与主服务是一种纵向的联系,如宾馆的接待服务、机场的登机服务等。

第二节 服务产品组合

服务产品组合是指存在相互联系的一组服务的结合,每种服务产品的风险不同、受众不同、赢利周期不同,因此可以取长补短、优势互补,从而以最优化的组合方式给企业最大化的利润空间。因此,每一个服务型企业要针对不同的目标客户群,准备不同价格档次的服务产品,以对所有客户都能产生吸引力。

一、服务产品组合的维度

服务企业要寻求服务产品的最优化组合,必须从不同维度考察服务产品组合的特点,以实现服务产品的优势互补。我们可以从以下三个维度来观察:

(一)服务产品组合的宽度

服务产品组合的宽度是指服务型企业所提供的独立服务项目的个数。服务项目越多,则服务产品组合的宽度就越大。一般旅游景点的服务项目中都包含有景点游玩、住宿、特色商品的购买、晚上的娱乐活动等,这样丰富多彩的服务产品的组合使游客在整个旅游过程中感受到多样的服务,会非常满意。

(二)服务产品组合的深度

服务产品组合的深度是指服务型企业所提供的某一服务项目中服务内容的多少。这种有特色的服务内容越多,其深度也就越大。如在有些温泉景点中,虽然游玩的内容不多,但是在住宿上狠下功夫,推出室内温泉、露天温泉、药浴温泉、地热疗养、鱼疗温泉等,通过这种做深做大,使客户在享受单一服务项目时并不觉得单调,反而感受到更周到的服务。

(三)服务产品组合的相关度

服务产品组合的相关度是指服务型企业所提供的各种服务产品之间是密切联系的,都围绕着企业的核心竞争力来展开,能给客户带来一个整体印象。例如,旅行社提供的各种服务项目联系紧密,目的都是为了客户在旅游中能体会到大自然带来的乐趣,但是这其中的住宿服务能使其精力得到快速恢复,特色商品的购买能带来纪念意义,娱乐互动使其精神上保持愉快,从而使客户在景点游玩中精力充沛,对该次旅游保持极大的兴趣。

因此,我们在考虑提升企业的服务产品组合营销能力时,实质上是从以上三点来加强的,或者在宽度上增加更多的服务产品,或者在深度上提供更具吸引力的服务,或者增强服务产品连接的紧密性,从而带来质的飞跃。

二、服务产品组合的方式

企业在具体制定其服务产品组合时，不仅要从服务产品组合的宽度、深度、相关度来考察，还要依据外部环境因素，如国家的政策、银行的利率水平、市场销售情况、竞争对手的实力等；以及内部因素，如企业的成本、人力资源情况来进行选择。同时，要以客户为中心，以最小的企业成本换取最大的社会效益和经济效益为目的。一般的组合方式有以下几种：

（一）细分市场型

抓住市场中的主流需求来定制产品组合，以最具竞争力的深度服务来锁定目标客户，这是性价比最高的优化组合。通过大量市场调研，了解谁是主流客户，他们的主要需求是什么，最容易忽略的服务是什么，以此为依据来丰富服务产品的内涵，量身打造出他们所需的服务，能给企业带来巨大的效益，同时给客户带来适合其自身的服务。例如，商务型宾馆主要为来往频繁的商务人士提供住宿服务，针对其工作特点，推出 24 小时服务电话、宽带上网服务、订票服务、接送服务等，从深度上解决了客户的实际问题。

这种类型的服务可以使企业集中力量来提供高效优质服务，但存在服务面窄、受市场波动影响大的缺陷，一旦发生类似疫情、自然灾害等问题，就会面临客户不足的局面，因此增强品牌效应，在业内树立良好口碑是其努力方向。

【实例 5—1】

据了解，截至 2018 年底，兰州政府通过政策扶持、产业规划、资金投入、设施建设、创新机制等措施，初步建成了以居家养老为基础、社区养老为依托、机构养老为补充的养老服务发展体系。城关区虚拟养老院院长秦田田说，2009 年，城关区率先推出了虚拟养老院服务，满足了老人就近享受就餐、家政等养老服务的需求，被老人们亲切地喻为“没有围墙的养老院”、“没有门槛的养老院”。

在此基础上，从 2017 年开始，兰州市探索“幸福 6＋N”社区养老服务新模式，政府主导型综合为老服务模式、社工服务型社区为老服务模式、企业连锁型居家社区服务模式、机构延伸型居家社区养老服务模式、物业服务型居家社区养老服务模式和农村互助型居家社区养老服务模式等，为老年人提供医疗咨询、康复服务、心理咨询、精神慰藉、双向转诊、免费体检、临终关怀等医养结合服务，并在城乡社区老年人日间照料中心设置了健身康复室，配套了健身和康复设施，帮助老年人开展文化体育健身活动。城关区虚拟养老院推广发展智慧养老、互联网＋养老模式，通过智能养老技术开展家庭医师签约服务、上门照护服务等，为居家老年人提供健康保健、康复服务、预约挂号、药品配送等医疗服务以及专业养老护理等照护服务，实现了医疗卫生与养老服务的有机融合。

——资料来源：甘肃日报．居家养老为基础 社区养老为依托 机构养老为补充 兰州多元养老模式服务七十万老人．国家养老网，https://www.guojiayanglao.com/2019/05/29/4272.html，2019－05－29. 有删改.

（二）全面推进型

利用企业的优质服务平台提供最广的产品组合，吸引不同年龄、不同职业、不同喜好的客户消费，是节省成本、保持稳定客户群的最好方法。市场上的客户一般都有同类的喜好，也即最基本的需求，通过长时间的交流和积累，服务型企业可以逐渐挖掘出此类需求，据此提供优质服务。客户使用宾馆服务可能有各种原因，如参加考试、探亲、商务、旅游等，他们有最基本的安全需求、卫生需求、舒适需求。宾馆为吸引各类人群，在装潢设计、清洁卫生、安全保障方面提供优质的服务，例如提供长期租房和短期的钟点房等。

全面推进型的服务有利于扩大市场容量，满足各种特定的客户需求，但也存在众口难调、经营成本较高、对产品组合的宽度要求大等缺陷，因此要求企业资金充足、质量控制能力强，并具备覆盖目标市场的能力。

(三)特别服务型

营销手段应该不拘一格，因此避开市场竞争最激烈的客户抢夺，而采取人弃我取、积少成多的产品组合方式也是服务企业可采取的一种方式。这就要求服务型企业能够抓住特定人群，提供特别服务产品。在旅游风景区，团体客户往往是高档宾馆抢夺的对象，而实力较小的宾馆无法与其竞争，因此利用当地的农家特色服务来吸引散客或者自驾游客户，也能起到良好的效果，一方面避其锋芒，另一方面抓住特定人群，提供特别服务，虽然客流量小，但也能够细水长流，保证长期客户。

这种类型的产品组合能对特定客户产生巨大吸引力，但是存在受众少、宣传机会少等缺陷，使企业难以做大做强，因此有必要做深入的市场调研，加大宣传力度。

三、服务产品组合的制定策略

要制定出适合市场的服务产品组合，就必须将现有和未来规划的产品进行归类，了解每一服务产品的特点和优势，评价其蕴藏的潜力，从而依据企业实际情况选择最有价值和效率的组合。

(一)传统分析法

传统分析法主要依据产品服务时间长短、效率高低、赢利能力大小来划分，据此可分为三类服务产品：

1. 长线服务产品

其服务时间较长、效率较低、赢利能力偏小，但是具有稳定性，可获得长期稳定的现金流，支持企业的长远发展，是服务型企业的基石。例如，城市中的宾馆可根据客户的特点，提供长期租房服务，其利润较低，但是收入稳定，可保证企业的长远发展。

2. 中期服务产品

其服务时间不长、效率中等、赢利能力较强，是主要的收入来源，但保持稳定的客户资源是较难解决的问题，受市场波动影响大。宾馆的日常服务即为此种类型，客户入住少则一天，多则一周，是大多数客户的选择。宾馆应围绕这一主流需求来打造服务产品，使客户下次仍会选择入住。

3. 短期服务产品

其服务时间极短，但效率最高、赢利能力最强，能在短期内给企业带来可观收入，但波动性最大、机会较少，因此企业只能提前预备，抓住机遇。对于重大考试，类似中考、高考、公务员考试等，会在短时期内有大量钟点房需求，正由于时间短，客户往往不在乎价格，而关心环境安静、安全等问题，因此商家应提前做好准备，安排好舒适安心的环境，抓住这次难得的商机提供优质服务。

(二)波士顿矩阵法

该方法是由美国波士顿咨询公司提出的，主要从市场占有率和销售增长率两个维度来评价产品，此方法对于我们服务产品的评价和选择也有一定借鉴意义。波士顿矩阵法根据市场占有率和销售增长率的高低将服务产品划分为如下四大类：

1. 明星产品

明星产品是指市场占有率和销售增长率高的产品，此类产品应该是企业的成熟产品，已具有品牌效应，获得了市场的充分认可。企业应集中精力将此类产品的质量保持下去，延长其赢利时间。

2. 财源产品

财源产品是指市场占有率高、销售增长率低的产品，是有待发展的产品。企业应努力提高产品性能，获得更大的利润空间。

3. 问题产品

问题产品是指市场占有率低、销售增长率高的产品，存在一定的问题。该类产品是极具风险的产品，可能给企业带来极大利润，成为明星产品；也有可能失去客户的信心，退出市场，使企业遭受损失。因此，企业应该主动寻找问题，扩大市场份额，使其早日转化为明星产品。

4. 不景气产品

不景气产品是指市场占有率低、销售增长率低的产品，已经处在衰退阶段，开始退出市场。企业对于该类产品应予以逐步淘汰，将人力、财力等资源转移到新产品的研发上来。

以上四种分类对于服务型企业的产品组合决策有一定参考意义，对于一个成熟的企业应该有所舍弃，将其主要精力放在现在和未来有赢利能力的产品研发上，而对于过气的服务产品应早点放弃，以防拖累企业的主要业务。

第三节　服务产品生命周期

任何事物都有其产生、发展、消亡的过程，我们称之为生命周期，服务产品也有其生命周期，从产品正式进入市场开始，到产品被市场所淘汰，最终退出市场为止，大体经历了导入、发展、成熟、衰退的过程。这四个阶段的衡量标准通常是从客户需求和利润额的变化来考察的，有波峰和波谷。当服务产品处于其生命周期的某一阶段，会呈现该阶段的特点，需要我们对其营销策略做出实时的调整。因此，了解服务产品生命周期的全过程，正确识别服务产品所处阶段，有利于我们适应市场变化，做出正确合理的营销决策；利用营销手段延长服务产品的成熟期，延缓其进入衰退期；针对市场需求的变化，适时淘汰过时产品，研发新服务产品。

一、导入期

服务产品刚进入市场时，有让客户从不了解到熟悉的过程，我们称之为导入期。在产品上市的过程中，生产与销售成本较大，其利润可能为负。

(一)服务产品的特点

在导入期内，服务措施紧张筹备，服务产品正式进入服务市场，所面临的主要问题是如何缩短客户熟悉新服务的时间以及他在主观上消除风险顾虑的时间。在该阶段中，客户可能无法接触到服务信息或还不能主观接受，销售增长率低，前期投入巨大，发生的成本较高。服务市场上的同质竞争对手几乎没有，处在一个摸索改进的阶段。

(二)营销策略

在导入期内，应以在短时间内迅速抢占市场份额作为目标，而不应过重关心成本上的得失。首先可以在试销过程中，使得对新服务产生兴趣的客户率先使用产品，通过他们的积极反应来改进服务产品的性能，同时利用他们的口口相传打开销路，起到货真价实的宣传作用。其次辅以大面积的广告宣传，扩大使用效果，使尽可能多的客户参与进来，扩大市场面，快速进入成熟期。在这一过程中，企业必须详细了解客户的了解途径、购买动机、群体特征等，以期制定合理的营销策略。在导入期的营销策略具体可以有以下两种：

1. 低价位结合高强度促销的密集市场渗透策略

通过各种市场营销手段，扩大目前市场上的占有份额，集中精力于精确定位的细分市场上，利用低价位使客户在主观上消除了对不了解服务产品的购买风险，这对于价格敏感的客户是最有效的方法。然后尽力去保持客户，防止其投向其他产品，另外通过打折等手段使客户经常购买和使用服务，努力营造客户群。

2. 高价位的选择策略

针对客户群中的高端客户，有选择性地推出高价位的服务产品，目的是短时期内降低营销费用，获得高额利润，只要产品合适、定位准确，就可以获得高额利润。

二、发展期

如果开始的客户能够保持下来，并且通过口碑和良好的使用效果不断吸引新客户进行尝试，服务产品的需求快速增长，销售额和收益率快速上升，服务产品就进入了发展期。

(一)服务产品的特点

在发展期内，服务市场初具规模，产品销售量连续增加，由陌生转为熟悉的客户量快速增长，生产和流通的成本不断减少，广告费用也持续降低，企业利润稳步上升。但是，受到行业领先者利润的引诱，产品竞争者开始出现，同质产品开始出现，竞争趋于激烈。

(二)营销策略

在发展期内，正是大量客户不断涌入的时期，客户已真正认识到该服务产品的功能与效用，需求量急剧膨胀。在这种情况下，服务企业应在保证质量的前提下，尽量去扩大服务能力，满足日益增多的客户需求，加班加点扩大市场占有率，提供系列服务。在服务产品研发方面，注重对客户群的细分，挖掘出更多品种的服务产品去满足不同档次客户的要求，同时扩大产品规模；在广告宣传方面，开始注重企业品牌形象的树立，因为此阶段客户和现金流已不成问题，正是增强客户消费信心和对企业信任感的最佳时机；在促销方面，可以考虑对已有产品利用打折促销，同时增强包装的力度，对新产品采取高价策略。这样既能利用合理价位吸引客户，打击竞争对手，同时也能保证自己的高利润不会发生变化。

三、成熟期

服务企业保持了稳定的市场份额，获得巨大的销售利润，同质服务产品的竞争达到白热化阶段，标志着服务产品进入了成熟期。

(一)服务产品的特点

在成熟期内，潜在客户已基本挖掘完毕，现实的销售是以往客户的重复购买，销售量已达到顶峰，不再增加，甚至开始出现负增长，广告费用也降到最低，企业利润保持在稳定范围内。大量的同质商品和仿制品开始进入市场，扩大了客户可供选择的机会，并且参与抢夺中低端客户。

(二)营销策略

由于服务被多个竞争对手模仿，而客户对服务产品已经有足够了解，因此如何使客户保持旺盛的购买力是企业在此阶段的重中之重。一味采取降价的措施并不是最好的选择，应采取更积极主动的营销策略。

1. 多元化经营

服务企业可围绕其核心价值拓展业务范围，提供更多的服务产品以供选择，采用多元化经营可以分散风险，较好地提高企业效益。旅游企业也可以投资餐饮业、运输业，通过多元产业整合上下游产业链。

2. 差异化经营

在客户群体中更精准地细分市场，为不同喜好的客户提供更细致的差别服务，以减少服务成本，提供更高效的服务。

3. 深度经营

由于市场中存在过多的同质服务产品，难以吸引稳定客户，同时客户的需求也在不断变化，对服务的要求越来越高，因此有必要追踪客户需求的变化，对原有的服务产品进行革新，增加新的服务元素，丰富服务内涵，从而在深度上提供优质服务，以核心优势保证稳定客户流。

【实例 5—2】

2019 年 11 月 19 日，中国互联网医药健康领军企业 111 集团与百年老字号中药企业天津同仁堂达成战略合作。双方宣布将在线上线下渠道渗透、产品推广、大数据、品牌认知和患者教育等方面实现资源共享与优势互补。111 集团将成为天津同仁堂直供合作的互联网医药健康平台，双方的合作将为全国更多患者及其家庭带来更加便捷的中医药健康服务。

据了解，借力 111 集团线上线下一体化医药健康平台，双方将展开多产品线深度合作，共同开发细分市场，依托拳头中药产品市场增量不断深化合作层级。此外，天津同仁堂还将为 111 集团提供线上独家产品规格。对于双方的合作，111 集团联合创始人、执行董事长于刚博士表示，111 集团将助力天津同仁堂使药品触达更广阔市场，造福更多患者，并期待 111 集团的互联网科技优势能为“百年老店”的持续发展提供催化剂。

凭借线上线下全渠道覆盖能力，111 集团已成为国内外医药企业布局院外市场的首选战略合作平台，截至第三季度，已经有 150 家药企与 111 集团达成直供合作。

——资料来源：证券日报，2019—11—19. 有删改.

四、衰退期

客户偏好发生转移，销售量不断下降，赢利能力开始下滑，表明服务产品进入衰退期。

（一）服务产品的特点

在衰退期内，服务产品开始更新换代，价格被迫下跌，维持现状会出现亏损。

（二）营销策略

在此阶段，服务企业可以大幅减少促销费用以降低成本，获取最后的利润；减少服务产品的生产量，提供给忠诚的老客户；当机立断，将不合时宜的老产品淘汰，研发新的服务产品。

五、延长成熟期的营销策略

成熟期促销成本低、销售量大、利润高，如果能延长服务产品在成熟期的销售时间，则能给企业带来高额利润，为新产品研发做好准备。

（一）市场转移策略

在大多数客户已经对服务产品不感兴趣时，转移市场到较为陌生的客户群体中，为原有产品寻找新的客户。如旅游景点的宣传可转移到别的城市，吸引不同地点的客户。

（二）产品改良策略

对原有产品进行创新，将过时的部分去除，增加新的内容，购买新的服务设施，增加服务项目，从而延长服务时间。

（三）改变市场用途

原先是针对某种市场的服务，因为市场饱和或者技术过时，通过改造，变为适合其他市场用途的服务产品。

第四节　服务新产品的开发

随着社会经济的发展，新技术层出不穷，企业间的竞争也日趋激烈，服务产品的出现与仿制速度也不断加快，服务企业要能在竞争中立于不败之地，必须坚持开发出新产品，这样才能适应市场的需求和变化，保持稳定增长。

一、新产品开发的必要性

新产品的开发是企业根据主观和客观环境变化的要求主动进行的，只有创新，才能实现差异化营销，准确定位市场。

（一）分散风险的需要

原有的服务产品必将进入衰退期，而客观的市场环境及竞争对手的仿制会加速产品的淘汰，尽早开发出新产品，早日投放市场，可以降低目前市场中的风险，重新开始新的销售量增长。

（二）优化服务资源

在原有产品成熟的情况下，促销成本会大大降低，人力资源也会有所富余，多出的服务设施可以引入新服务，极大地节约资源、创造效益。

（三）保持核心竞争力

核心竞争力是一个企业发展的核心动力，是其保持稳定增长的源泉。企业如果停滞不前，原本领先的服务水平和机制也会过时，因为客户的要求是不断提升的，所以利用企业已有的技术和资源，进行新产品的开发，可以保持企业的核心业务不会被淘汰，在市场中充满竞争活力。

（四）探寻利润增长点

寻找新的利润增长点，需要花费时间去做调研，向客户提供满足预期的服务组合。在大多数竞争对手还未引起注意的情况下，率先进行服务新产品的开发，可以抢得先机，获得超前利润。

由于服务新产品的开发过程主要以概念创新、观念更新为主，是无形性的劳动，因此其高度抽象、任务艰巨，并伴随着非常复杂的客户体验、总结和规范化、标准化的工作，所以成功推出一项服务产品的成本很高。

二、服务新产品的开发类型

服务新产品的含义非常广泛，不仅指市场上从未有过的产品，如开发新的旅游路线、新的服务方式，也包括对原有服务的重新包装、在先前的服务组合中增加新的服务项目、改进服务质量、模仿竞争对手的服务产品。因此，只要对原有的服务进行了革新和升级改造，都可称之为新产品的开发。具体可以将开发类型分为以下几种：

(一)服务产品的改善

利用新的服务理念和技术对原有的服务水平予以提升，本质上是对核心服务以外的服务内容进行调整，增加服务产品的价值，给予客户更多的利益。不进行重大的改革，只进行小范围形式上的修改，如增加自助餐的餐饮品种、提供音乐上的享受、宾馆延长服务时间等。这种改善行为能较好地提升服务水平，同时节约成本，最大限度地利用现有资源。但是由于创新度不高，只能稍稍延缓产品赢利时间，不能从根本上改变产品退出市场的趋势。

(二)服务产品的仿制

在竞争对手的产品刚进入市场之际，迅速地做出反应，研究其新产品的运营模式、具体流程、规范化手段，在企业内部快速复制，推出同质或略有创新的产品，对于企业也是非常好的选择。新产品的研发极具风险，其投资和获得利润之间的周期可能较长，由于这种仿制能够快速跨越市场的检验时间，同时节约研发成本，能够抓住时机抢占市场份额，所以也是企业提升竞争力的重要手段。但是，仿制对企业的能力要求比较高，一方面企业要能抓住市场上新产品的核心技术，不能只仿其形，而忘记它所存在的机制和环境；同时，时机把握要准确，如果错过时机，会造成服务产品的滞销和资源的极大浪费。

(三)服务产品的扩展

增加现有服务的品种覆盖范围，拓宽业务领域，由于投资少，营销方式和机制已经具备，因此见效快，但收益不会太大。

(四)服务产品的创新

利用已有资源，引进新技术、新理念，或在观念上进行创新，使用全新的服务组合满足客户日益增长的需求，给予他们更多的选择和惊喜，或者研发出市场上从未出现过的服务产品。其创新程度最高，但风险也最大，只要经得起市场的检验，回报也将是最高的。

三、服务新产品的开发程序

服务企业对于新产品的开发可采取很多方法，可以利用自身资源进行独立研发，也可以直接购买其他企业的产品进行二次开发，还可以委托专门机构进行开发或者与其他公司合作开发。一般独立的开发过程可分为以下七个步骤：

(一)产品创意

在新产品研发的初始阶段，要对服务的基本构造和方式进行开发性的设想，这是一切工作的基础。这种创造性的思维活动是发散性的，尽可能多地提出创意，然后在其中挖掘出较为符合实际的可供开发的方案。这种设想并非不着边际，而是建立在充分的信息收集的基础上的，可以通过广泛的市场调研来获得，也可通过非正式的访谈、咨询来获得。收集的渠道外部可以从客户、科研机构、咨询公司、市场竞争对手、中间商处获得，内部可以从企业管理人员、营销主管人员处获得。

客户是服务产品的最终使用者，决定着产品的成败，因此企业首先应重视客户的需求，听取他们对产品的意见和建议，这是产品创意的最根本来源。但由于客户群教育背景不同、水平不同，很难从他们那里直接获得对新产品的构想和系统看法，因此有必要制定规范的调查表，了解他们的问题和意见，整理后成为第一手资料。

企业内部的营销人员对服务产品的销售情况最为熟悉，掌握着客户的需求偏好，通过与他们的沟通交流也能快速获得整体印象；对于竞争对手销路较好的服务产品的分析与提炼，也能成为本企业创意的来源。

在获得充分信息的基础上，为加快新产品创意的产生，适时利用各种方法和技术也是有利的催化剂。例如，利用专家意见法，邀请本行业的专家彼此交换意见和看法，提出有建设性的设计方案；采用头脑风暴法，利用宽松的环境，鼓励企业的每名员工都提供各自的想法，即使没有实际意义也可以，使灵感不断涌现，让最被忽视的环节暴露出来；还有侧面思维法等。

（二）创意筛选

对于前期做出的各种创意方案，企业不可能全部付诸实施，必须有选择性地放弃不切合实际的想法，利用现有的技术、资源状况、服务机制来寻找适合本企业特点的创意，这样才不会造成成本的浪费。

这种创意的筛选过程必须经过严格的步骤来进行：

(1)判断该创意是否符合企业的发展方向和总体目标，包括企业未来将从事的业务领域及销售目标，不符合的创意直接剔除。

(2)建立指标体系和评价标准，对于企业的现有资源、营销能力、技术水平、管理水平安排权重，再针对某项创意对每项要素打分，按分值来排列所有创意。

(3)进行可行性分析，分析企业的资金能力和市场需求是否达到需开发的程度。

(4)分析竞争对手是否有同类已销售服务产品，以及对未来的外部环境做出预测。

在一系列严格考核后，选取最能带来经济效益和社会效益的创意作为未来研发的基础。

（三）概念形成与测试

产品的创意经过筛选后还不能直接付诸实施，需要将其转变为服务概念。产品的创意是一个较为模糊的概念，是一个可能的构想，而作为服务概念，必须定位准确，有详细的描述。提供给学生的旅游服务创意，可以分解为节日旅游、假日旅游、毕业旅游等，其定位于不同年级的学生，因此时间行程安排也有所不同。这种细分的概念还要提供给客户，听取他们的看法和意见。另外，还要与竞争对手的同类服务产品进行比较，了解它们在客户心中的地位。

（四）经济效益分析

经济效益分析是为了了解该服务概念在预期市场上的赢利能力大小和风险性，主要是预测未来所需要的人力资源、销售状况、成本、利润水平及购买者行为和使用目的，可以利用较为成熟的分析方法，如盈亏平衡分析、投资报酬率法等。另外，还需要收集产品投放市场的经济信息、人口分布情况、行业发展情况、客源信息等，这一阶段的成果也为上市的时机和成本控制提供参考。

（五）产品研发

这一阶段是从概念到产品成形的过程，是最为重要的环节。企业的管理人员、技术人员、营销人员将协调配合，进行新产品的设计与开发，重点解决两个方面的问题：一是产品的核心功能，这是吸引客户的关键；二是提供配套服务，使客户较为容易地获得服务，以及方便地解决服务过程中存在的问题。例如，宾馆的选址、交通条件、建筑风格、内部装潢及配套服务设施，要做到性价比最高为佳。

（六）样品试销

在服务成品正式投放市场之前，可以将小批量的服务样品投放到典型性的市场上试验销售，观察客户做出的反应，这样做可以降低正式投放时的风险。通过试销，可以使企业较为精确地预测产品未来的利润，通过客户的反应及时发现产品的缺陷，利用客户的真实使用感受所提供的建议来改进服务水平，提高成功率。

(七)正式上市

科特勒认为,新服务产品在正式上市时,要进行四项最基本的决策,即何时推出这项新服务、何处开始推出新服务、向何人推出新服务、如何推出新服务。因此,企业要选择合适的时间、地点,针对特定人群,采取合适的销售策略和渠道,有计划地进行市场推广。在成功上市后,服务产品开始进入市场导入期。此时,还应及时收集客户反馈,了解市场变化,为产品的改进做好准备。

四、服务新产品开发原则

规模化生产和经营,对企业的管理水平是一个考验,为保证服务产品的高质量和低投诉率,应该遵循一些普遍原则:

(一)成本收益原则

不求短期内的成本收益相等,而是在长期内实现成本收益相当,为了企业的长期优势和战略,短期的不赢利也是可以的。

(二)目标匹配原则

产品的研发要能与企业的发展目标相匹配。

(三)客户导向原则

企业所提供的服务必须与客户需求相一致,不适应市场的服务,即使服务态度再好、技术水平再高,也吸引不了客户。

五、影响服务新产品研发成败的因素

服务新产品的研发工作,投入多、周期长,作为行业的前锋,承担巨大的风险,不是任何投入都有产出,因此要提前注意可能引发失败的因素。

(一)市场调研率

没有进行充分的市场调研,不了解客户的真正需求,市场定位错误,对市场需求预测过高,会使新产品开发一开始就走错路线。

(二)产品核心竞争力不够

推出的服务创新度不高,只是原有产品的改头换面或者对别人的简单模仿,会使产品没有新意,失去对客户的吸引力。

(三)投放决策错误

对于投放市场的时机选择错误,选择的销售渠道不畅,市场推广不力,都会影响产品的销售额和市场影响力。

第五节　服务产品的品牌策略

产品品牌是吸引客户长久购买的利器,同时也是保持稳定客户群的有力措施。通过品牌,客户了解企业的服务特色、服务水平,将该企业与同类其他企业完全区分,快速识别所需要的服务,增强了对企业的信赖。可以说,企业采取品牌策略可以增强自身的竞争能力。

品牌的定义虽如此简单,但已超越了符号说明的范畴,甚至已成为企业的巨额无形资产,成为企业实力的象征。企业以品牌显示其在市场上的领袖地位与质量保证,客户利用品牌显示其社会地位、欣赏品位,彰显个性,满足心理需要。

一、品牌的含义与作用

科特勒在《营销管理——分析、计划、控制》一书中将品牌定义为:“一个名字、名词、符号或设计,或是上述的总和,其目的是要使自己的产品或服务有别于其他竞争者。”美国市场营销协会对品牌的定义如下:品牌是一种名称、术语、标记、符号或设计,或是它们的组合运用,其目的是以此辨认某个销售者或某群销售者的产品或服务,并使之同竞争对手的产品和服务区别开来。

品牌主要由品牌名称和品牌标识所组成,品牌名称是可以用文字表述的内容,如联想、万科、微软等;品牌标识是符号设计或图形图像,如 BMW、肯德基的上校形象等。另外,一个品牌经过一系列严格的法律程序后成为受到法律保护的商标,具有专有权,仿冒必究。

品牌在市场中起到了非常重要的作用,可以使得客户争相购买,质量和品牌两者在竞争过程中结合,给消费者指明了购物方向。

(一)广告效应

一旦产品创出品牌之后,起到了非常大的广告宣传效果,此时已无须投放大量广告,品牌标识已成为“指路灯”,品牌形象在市场上广泛传播,通过口口相传之后,人们已达到只看牌子不看产品的程度,这正是品牌的力量之所在。

(二)标记作用

市场中同类同质产品繁多,如何使客户在众多产品中选择自己的产品,如何使自己的产品独树一帜、吸引眼球,品牌起到了良好的提醒作用。例如,在逛街的时候看到树立的一个大 M 标识,就知道离麦当劳不远了。

(三)保值增值

良好的品牌形象,将在很大程度上提升产品的价值,某些产品的品牌价值已经超越自身产品价值,成为企业的无形资产。

(四)美化作用

对客户而言,陌生的产品,虽然质量过硬,但总有距离感,有了美观大方的品牌修饰后,可以拉近客户与产品的距离,起到刺激消费的目的。

二、服务产品品牌设计原则

服务产品的品牌在市场竞争中发挥的作用越来越大,当我们设计品牌的时候可以参考以下原则:

(一)简约易记

名称或标记太过烦琐,容易增加客户记忆的负担,时间长了反而会忘记。采用大众化的词汇和形象,为客户节约熟悉时间是最高效的选择。像耐克的品牌标记就是一个简单的勾号。

(二)经典别致

品牌在起名上既要遵循传统,又要新颖时尚、别具一格、具有艺术性,这样才能与其他的品牌相区别,令人感到愉悦。像中国传统的餐饮服务业老品牌稻香村、全聚德,就一直为人津津乐道。

(三)入乡随俗

在品牌进入国外市场或其他地区时,要考虑到当地人的风俗习惯,采用当地群众喜闻乐见的形式来表达,这样才能减少品牌的推广阻力。如 BMW 进入中国市场时使用了非常中国化的名字宝马，著名搜索引擎Google进入中国市场后采用了谷歌的名称，贴近普通大众。

（四）朗朗上口

品牌最厉害的手段是利用口口相传的威力起到广告效应，因此发音上的缺陷会极大影响品牌的传递，特别是名称长、发音绕口的品牌名称会极大地损害产品的传播。像Coca Cola公司采用“可口可乐”的品牌名称、著名的咖啡品牌“雀巢”，都是朗朗上口，好说好记好听。

三、服务产品的品牌策略

（一）品牌化策略

世界上大多数商家都使用个性化品牌，因此要给产品加上品牌名称和品牌标识，这样才能利于市场推广，吸引忠诚的消费者，树立企业的良好形象。

（二）品牌质量策略

一个品牌往往代表着该产品的质量档次，一旦给客户形成这样的感觉之后，即使再在此品牌上下功夫，仍很难得到客户的认可，因此可以考虑再创品牌，提升档次，通过差异化营销来吸引不同水平的消费者。

（三）品牌使用策略

对于品牌的设计和使用可根据企业的实际情况来决定，企业可以自己设计品牌、自己使用，这可以在企业发展初期产品需求量不大时采用；但企业业务量加大时，可以采用自己设计品牌，然后委托他人生产的贴牌模式，解决资金和成本问题，有利于扩大市场份额，解决产能不足的问题。

（四）系列品牌策略

企业在产品线很长，在行业内发展了很长时间，在各个方面都做得比较优秀，此时应该不断打出子品牌，这样才能细分市场，使各个档次的客户都能记住自己所需要用到的品牌，并且不同的产品品牌前还冠有企业的统一名称，使所有子品牌享有企业的良好声誉，又各具特色，并能在市场上形成一个总体效应。例如，联合利华在提供洗护服务上拥有十几个子品牌的产品。

【实例5—3】

2019年11月22日，东风悦达起亚IN核SUV——全新一代傲跑在广州车展正式上市，共推出四款车型，售价区间为10.88万～12.58万元，以客户与市场为准则，尊重和倾听客户与一线经销商的声音，在产品、技术、客户满意度和未来出行四大战略方向构筑了全新的业务模式。

东风悦达起亚将导入现代起亚全球新能源专用平台，主力开发混动、纯电车型，到2025年全面扩大电动车产品矩阵。公司计划引入现代起亚氢燃料电池汽车技术，加快产业化步伐；在智能网联和无人驾驶领域，这家韩系车企计划到2025年实现L4级别自动驾驶汽车量产。针对市场反馈不断调整品牌策略，在细分市场中不断深耕。

——资料来源：证券日报，2019—11—23. 有删改.

四、服务产品品牌管理策略

在品牌的形成产生到发展壮大的过程中，不同阶段要针对品牌的发展特点，遵循客观事物的发展规律，制定相应的管理策略，使其健康茁壮成长。

(一)认知阶段管理

在认知阶段最重要的是打出品牌的知名度,以让客户购买该类产品时只记住某一品牌为目的。客户在开始时是不了解这一品牌的,通常是记住了品牌的形象,但随着接触的增多,可以根据形象喊出品牌的名称,最终达到在客户中有口碑,产品与品牌的联系最为紧密。因此,在保证产品质量的前提下,要通过各种手段来向客户传达信息,强化其品牌记忆,特别是采用某些促销手段以达到记忆深刻的效果。例如,某手表公司广告上宣传在约定地点、时间将免费赠送手表,当客户按时到达地点后,公司用飞机直接向地面抛撒手表,而客户发现表没有摔坏,因此马上创出了知名度。

(二)美誉阶段管理

在产品知名之后,客户之间会通过相互介绍、主动推荐的方式无形地推销服务产品,如有过去某地出行经历的旅客会在他人询问旅游所见所闻时流露出对旅行社的赞扬或者批评,在某影院看过电影的观众回来后和朋友聊天时会透露出对影院服务态度的评价,这时的品牌推广效率远高于在媒体上做广告的效率。因此在这一阶段,认知上升为美誉,在保证质量的前提下,对每一位客户都要尽心照顾,当有投诉意见时,应尽早处理,这样才不会影响到他人。

(三)忠诚阶段管理

当企业品牌的质量保持了较长时间后会出现忠诚的客户,他们只认品牌,认为是品牌保证了质量,这是企业现在和将来稳定的客户群。如何延续这种忠诚,是这一阶段的重点工作,企业可采取打折、优惠等措施,对他们的忠诚进行奖励,如在某宾馆住的次数越多,打折的力度就越大,使其获得心理上的满足感,感受到企业的重视和关注。

本章小结

实物营销推出的是有形产品,可以使用户直接感知其形状、大小、款式、实际功能,而服务产品大多无形。两者通常重叠在一起,共同发生作用。服务产品是客户感知到服务的全过程,使客户在服务中获得效用,满足其受到尊重等方面的心理需要。我们可以从客户角度、服务理念、产品要素三方面来理解整体概念。

服务产品组合是指存在相互联系的一组服务的结合,每种服务产品的风险不同、受众不同、赢利周期不同,因此可以取长补短、优势互补,从而以最优化的组合方式给企业最大化利润空间。服务产品也有其生命周期,从产品正式进入市场开始,到产品被市场所淘汰,最终退出市场为止,大体经历了导入、发展、成熟、衰退的过程。

服务产品的出现与仿制速度不断加快,服务企业要在竞争中立于不败之地,就必须坚持开发出新产品,这样才能适应市场的需求和变化,保持稳定增长。服务产品品牌是吸引客户长久购买的利器,同时也是保持稳定客户群的有力措施。通过品牌,客户了解企业的服务特色、服务水平,将该企业与同类其他企业完全区分,快速识别所需要的服务,增强了对企业的信赖。

复习思考题

1. 服务产品整体概念包含哪些元素?
2. 服务产品的开发程序是什么?

案例讨论题

北京扩大共有产权养老社区试点

日前，北京市正式确定共有产权养老社区试点项目的下一步扩围计划，即在通州区半壁店区域建设全市第二家共有产权养老社区，预计今年开工建设，2020 年有望实现入住。备受消费者关注的新试点产权分配方式基本确定，即复制现有试点的模式，由企业和购房者分别占有 5%和 95%，购房者将拿到 50 年的共有产权不动产证，每间养老居室仍需有 60 岁以上老人居住，每个月将缴纳一定数额的服务费。新试点项目还将建设配套的社区卫生服务中心和幼儿园，房价与周边商品房价格基本平齐。

2016 年，市民政局、市住建委联合印发《共有产权养老服务设施试点方案》(以下简称《方案》)，明确本市首个也是当时唯一的共有产权养老社区试点为位于朝阳区双桥的恭和家园项目。该模式以“居室分割定向出售、公共服务空间持有经营、限龄人群居住”为主要内容，其中，养老居室由养老服务企业与符合条件的购买者分别按 5%、95%的份额共同持有，多项措施限定 60 岁以上老年人居住；由企业对配套医疗、护理、餐饮等公共服务设施持有经营。

去年年底，本市首个共有产权养老社区在朝阳双桥恭和家园已经开放。近日，共有产权养老社区将扩大试点。乐成老年事业投资有限公司(以下简称“乐成养老”)项目负责人向北京青年报记者透露，继朝阳双桥项目后，本市正式确定了下一步扩围计划，即在通州区半壁店区域建设全市第二家共有产权养老社区，预计今年开工建设，2020 年可实现入住。

“目前，半壁店试点规划占地 8 万平方米，其中 2 万平方米的独立养老机构及 6 万平方米的共有产权养老社区，分别可以向社会提供 300 多张养老机构床位和 800～900 套养老居室。”乐成养老项目负责人表示，新试点还将建设 7 000 余平方米的社区卫生服务中心作为养老配套的医疗机构，打造医养结合模式，为周边老人提供必要的医疗服务。此外，还将建设一个 4 000 多平方米的幼儿园。

乐成养老项目负责人表示，当下，仅靠国家财政来负担养老并不现实，应该引导社会资本引入养老产业。可长久以来一直未能探索出一个合理的盈利模式，因而在重资产、高投入、回报周期长的现状下，社会资本常常裹足不前。即便像“乐成养老”这样最早从事专业养老服务的民营企业，也曾为此发过愁。以乐成养老旗下的高端养老机构“北京双井恭和家园”为例，作为北京首家“医养结合”试点单位，该项目总投资 3 亿多元，按照目前的价格(每人每月每床 7 000 元至 25 000 元不等)，也要 50 年才能收回成本。“这样的项目，谁会来做第二个呢？与其把希望寄托在民营资本的‘情怀’上，不如探索像共有产权养老住房这样政府、企业、消费者三方共赢的新模式。”该负责人说。

——资料来源：北京青年报．北京扩大共有产权养老社区试点．国家养老网，https://www.guojiayanglao.com/2018/07/13/1756.html，2018—07—13. 有删改.

共同探讨：

1. 共有产权养老社区提供的服务产品组合包含哪些内容？
2. 共有产权养老社区的服务理念是什么？

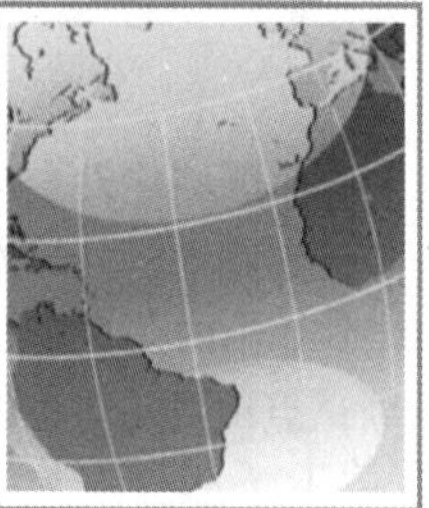

第六章 服务定价策略

学习目标

了解影响服务定价的因素。

熟悉服务定价的特殊性。

掌握服务定价的方法、策略。

了解服务定价策略制定所需要注意的问题。

案例导入

德媒:中国厂商凭什么称霸非洲手机市场?

据德国之声电台网站10月28日报道,年龄在35岁以下的非洲人中,77%的人如今都使用智能手机。报道指出,非洲的智能手机市场竞争激烈,畅销智能机折合人民币四五百元,能够满足非洲客户需求的手机品牌不多,但一些平均500元左右的定价的中国品牌成为其中的佼佼者。

据报道,在几内亚比绍首都的街头寻找工作的巴尔德说,他本人最近购买了一款中国品牌智能手机:“价格便宜并且拥有我们在非洲所需要的所有功能。手机已经配备进入重要社交媒体的服务器。此外,手机本身坚固耐用,在待机模式下电池可以使用几天。因此,我非常感谢中国人,是他们让我们能够如此轻松地使用互联网!”

报道介绍,业内人士表示,价格是一些中国品牌手机最有力的武器。此外,中国手机品牌厂商还仔细分析了非洲用户的需求,之后对手机进行了改进。不仅是在几内亚比绍,在塞内加尔、尼日利亚和埃塞俄比亚,来自中国的手机都占据着当地市场的主导地位。

——资料来源:参考消息网—财经频道,2019—10—29. 有删改.

思考:

1. 非洲市场上中国品牌智能手机为何选择平均500元左右的定价?
2. 为什么价格敏感的非洲消费者愿意多付出100元左右购买中国品牌智能手机?

第一节 影响服务定价的因素

服务定价是在市场营销中服务企业根据所提供服务的成本、需求、竞争等情况确定服务产品市场价格的行为。随着服务营销研究的逐步发展,越来越多的企业认识到服务定价是服务营销组合中的重要因素之一,定价是否合理直接关系到企业的发展前景。在服务营销市场中,各种有形产品定价的概念和方法均适用于服务产品定价。但由于服务行业自身特征的影响,其定价也有不同的特点,在不同的服务形态和市场状况中,这些特征所造成的影响也不同。因此,确定服务产品的价格时,必须对影响服务定价的各种因素进行全面了解和把握。

一、成本因素

服务产品的价格应当能弥补所发生的成本和费用,企业才能持续经营。因此,成本因素在定价决策中可以作为服务产品价值的基础部分，决定了服务产品价格的最低界限。

服务产品成本是指在服务的生产、消费过程中所花费的物质消耗及支付的劳动报酬。服务产品的成本一般可以分为三种，即固定成本、变动成本和准变动成本。

固定成本是指不随服务产出变化而变化的成本，其在一定时期内表现为固定的量，如服务设施、人员工资、办公设备、建筑物、折旧等。

变动成本是随服务产出变化而变化的成本，如电费、运输费、临时用工工资等。

准变动成本是介于固定成本和变动成本之间的那部分成本费用，与顾客数量和服务产出数量密切相关，如清洁服务场所的费用、员工加班费等。准变动成本的多少取决于服务的种类、顾客的数量和服务活动对额外设施的需求程度。因此，不同服务产品的差异性很大，其变动涉及的范围也很不一致。

在产出一定的情况下，服务产品的总成本应该等于固定成本、变动成本和准变动成本之和。在制定价格策略时，服务企业需要考虑不同成本的变动趋势。一般情况下，在大多数服务行业中，固定成本在总成本中所占的比重最大，而变动成本所占比重往往较小，甚至接近于零，而准变动成本逐步增加。

二、需求因素

服务产品的最低价格取决于成本费用，而最高价格则取决于市场需求状况。在考虑需求因素影响时，价格需求弹性是分析制定价格策略的一个很好的工具。需求的价格弹性是指因价格变动而相应引起的需求变动比率，反映了需求变动对价格变动的敏感程度。价格需求弹性通常用弹性系数来表示。该系数是服务需求变化百分比与价格变化百分比的比值。当弹性系数大于1时，表示富有弹性；当弹性系数小于1时，表示缺乏弹性。在现实生活中，不同服务产品的需求弹性是不尽相同的。例如，在某些市场上需求受价格变动的影响很大（如公共交通服务、旅游娱乐市场等），而有些市场则影响较小（如医疗、教育等）。如果对服务的需求是有弹性的，那么定价水平就特别重要。服务企业也经常关注产品之间的交叉弹性，交叉弹性是指一种产品价格变动而引起互补产品或替代产品的需求的变动。当一种产品价格变动时，该产品的需求发生变化，而且其替代产品和互补产品呈现相对应的变化，例如，当汽车票价上涨时，乘坐火车出行的人会增多，不必要的出行会减少，导致对旅游、餐饮服务需求的减少。

通常在谈到顾客需求时，常常会使用顾客感知价值来加以度量。泽丝曼尔等人认为，服务定价往往是通过与顾客的感知价值相匹配的方式确定的。顾客感知价值受感知利益与感知成本的影响，要想使消费者愿意购买，企业就必须使消费者所感知的利益大于其所感知的成本。因此，可以用公式来表示顾客的感知价值：

$$顾客感知价值=感知利益-感知成本$$

从上述公式可以看出，要使顾客感知价值最大，就必须使感知利益和感知成本的差值最大。

三、竞争因素

服务产品的最低价格取决于成本费用，最高价格取决于市场的需求状况（顾客感知价值），在这个价格区间，企业能把所提供的服务价格定多高，则取决于市场上竞争者所提供的服务价格水平。对服务企业来说，市场竞争状况不仅要获得对手的价格信息，以了解竞争者的价格水平和策略，还需要了解它们的成本状况，了解其成本、价格和利润率是如何确定的；同时还应加强与顾客的沟通，以了解他们对自己和竞争者服务的态度、认识和感知。这样企业便可以分析评价竞争对手在价格方面的竞争力，并制定出合理的价格策略。

一般来说，在产品差异小、竞争激烈的情况下，企业在价格方面的活动余地也相应缩小。在服务产品之间区别很小且竞争较强的市场，可以建立相当程度的一致价格。如果服务产品具有很高的差异性，则产品定价可以出现一定差异，甚至很大差异。

四、服务产品自身因素

相对于有形产品而言，服务产品具有其自身特性。首先，服务的无形性特征使得服务产品的定价比有形产品的定价更为困难。大多数顾客在选购有形产品时，可以很自然地检视产品，并根据其质量和自身的经验来判断价格是否合理。而在购买服务产品时，顾客不能客观地、准确地检查无形无质的服务。其对服务产品只有一个抽象的概念，难以对其形成一个公允准确的质量价值认识。其次，服务的易逝性、不可储存性导致服务的供求始终难以平衡。当供大于求时，服务企业可能必须使用优惠价及降价的方式以充分利用剩余的生产能力，这就使边际定价策略可以得到普遍应用，例如在淡季，酒店客房和航空公司实行折扣、提供更多的服务内容来吸引更多的客人。但是，企业如果经常采用这种定价方式，往往会增强顾客的预期，他们可能会故意不去消费某项服务，因为他们预期必然会在将来降价。为了防止这种现象，服务企业就要给予提前订购服务的顾客优惠特价。再次，服务产品的异质性决定了服务无法像有形产品那样实现标准化，每次服务带给顾客的效用、顾客感知的服务质量都可能有差异。这主要体现在以下几个方面：(1)服务人员的心理状态、努力程度、服务技能都可能导致所提供服务存在差异；(2)顾客的知识水平、文化素养、爱好等也直接影响到服务的质量效果，即使对同样的服务，每个顾客的感知价值也是不同的；(3)相对于有形产品而言，服务不可分离的特性使得每一次服务的性价比各不相同，服务产品的质量很难以一个固定的标准来衡量。同时，服务又受到时间、地理因素，以及设备和人员情绪技术等因素的影响，这也增加了服务产品定价的不确定性，直接影响到服务的定价水平。

第二节　服务定价的特殊性

服务产品相对于有形产品具有无形性、不可储存性、异质性和不可分离性的关键特征。正是由于这些特征，使得服务定价在成本、需求和竞争各个方面都比有形产品定价更为复杂。本节就服务定价在各个方面所存在的特殊问题做进一步探讨。

一、服务定价的成本特殊性

由于服务业本身所具有的特性，决定了服务定价在成本方面呈现出一系列不同于产品定价的特殊性，如服务的变动成本很难估算、服务定价采取成本导向的难度加大、获悉实际价格滞后、规模经济效应有限等。

(一)服务的变动成本很难估算

在服务企业中，由于服务业的无形性、异质性等原因，准确估算服务的变动成本与准变动成本是相当困难的。例如，对于铁路运输公司和剧院来说，每增加一位顾客的变动成本几乎接近于零，而家政公司增加一个顾客的变动成本却很显著。铁路运输公司和剧院怎样为单一的顾客确定价格？在火车开动前和电影放映前是否应该将剩余座位的票打折出售？家政服务公司对需要教育服务的顾客和清洁服务的顾客该如何制定价格？事实上，变动成本的估算困难使得成本控制的确存在一定的困难。

（二）服务定价采取成本导向的难度加大

服务变动成本的难以确定及服务流程对最终价格的影响都使服务定价采取成本导向具有较大的困难。其他一些因素的存在也增加了服务定价成本导向的难度。首先，由于服务产品的无形性，实物消耗成本在总成本中可能是微乎其微的。其次，劳动力成本的估算进一步增加了评估具体服务成本的难度。尽管服务企业的资金密度在不断增加，但是提供服务产品的最主要资源仍然是人，而要明确提供服务的劳动力的价格是很困难的，在给服务定价时可以采取单位时间工资为定价的基础计入变动成本，但劳动力的技术、知识、经验等无形资源都是难以评估的。而且由于服务行业的劳动力流动量大、流动性强，寻找优秀人才更是企业不得不直面的一个重要问题。最后，很多服务企业不能够事先评估服务产品的价格。例如，一名律师只有在全面掌握顾客信息的基础上才能确定该收取的代理费用。种种因素纠合在一起使服务企业对成本的预计和控制难度加大，因此，在服务定价时，采用成本导向的方法难度更大、要求更高。

（三）获悉实际价格滞后

对于许多服务产品，顾客只有在服务结束后才能知道偿付的实际价格。由于服务不可分离性的特征，使得服务的生产、消费和购买同时进行，比如一位女性顾客打算花费30元去修剪头发，但理发师在服务过程中针对顾客的实际情况建议顾客改变头发的颜色，尝试一下新的造型。如果消费者接受了理发师的建议，那么该项服务的最终价格就包括染发、烫发等项目的价格。而这些项目，在服务开始时，顾客是不能事先知道的。还有一些高度定制化的服务，在服务没有完全结束前，消费者可能也不知道应该支付的最终价格。当病人去医院看病，事先确知的只有挂号费，最终支付的价格必须在看病结束后根据医生的各项检查及用药等费用才能确定。

（四）规模经济效应有限

由于服务业的不可分离性及异质性，使服务企业很难像有形产品制造商一样重复制造流程。比如，发型师为每位顾客提供适合的造型建议，理财专家为不同的顾客制订不同的理财计划。服务产品不仅不能被简单复制，也不可以被储存，航空公司班机剩余的座位不能留到下一航班提供给顾客，宾馆空余的房间不能留到明天提供给入住者。那些带有定制化要求的服务更要求服务产品提供者充分考虑顾客的特殊需求。因此，大部分服务企业很难依靠规模效应带来成本优势。

二、服务定价的需求特殊性

服务产品定价在需求方面同样也表现出一系列有别于有形产品定价的特殊性：服务产品的需求更加缺乏弹性，服务产品的销售可以采用隐形捆绑行为，可以更多地考虑交叉价格弹性的作用以及价格歧视的可行性。

（一）服务产品需求更加缺乏弹性

相对于有形产品而言，顾客对服务的需求往往更加缺乏弹性。而且顾客对价格反应的敏感程度，可能随着顾客类型、服务种类、需求水平、使用情景等方面的差异而有所不同。我们在服务市场上可以看到这样一种现象：如果服务产品是消费者不容易获得的，那么服务企业往往可以收取较高的费用，服务的定制化程度越强，顾客的价格敏感性越低。在实践中，服务企业应尽量考虑影响消费者价格敏感性的一些因素，从而做出正确的服务定价决策。奈格尔(Nagel)等人归纳出10个影响消费者价格敏感性的因素，这些因素的变动趋势与消费者敏感性程度关系如表6—1所示。

表6—1　影响消费者敏感程度的因素与消费者敏感性程度关系

影响消费者敏感程度的因素		消费者敏感性程度
(1)预期替代品的数量	↘(少)	↘(低)
(2)预期服务能够提供的独特的价值	↗(大)	↘
(3)转换成本	↗(高)	↘
(4)对同类产品比较的难易程度	↗(难)	↘
(5)价格作为质量表现的代表性程度	↗(强)	↘
(6)服务消费占收入的比例	↘(小)	↘
(7)顾客追求最终服务利益的程度	↗(强)	↘
(8)分担成本	↗(大)	↘
(9)相同情景下，类似服务的感知价格差异	↘(小)	↘
(10)顾客消费库存的能力	↘(低)	↘

当然，随着服务种类不同，价格的敏感性也会随之变化。不同类型的消费者对每种价格敏感性因素的重视程度也不一样。在实践中，服务企业必须找出那些对其目标市场顾客购买决策影响更加突出的因素，从而做出最优的定价决策。

(二)隐形捆绑行为及交叉价格弹性

如果某种产品的价格需要在其他多种产品的影响下制定，而这些其他产品的价格又没有提供给顾客，而且也没有采取明确的捆绑定价策略，我们称其为隐形捆绑价格。比如，在游乐园里，游乐项目是其核心服务，但同时也提供诸如游览车、自行车租赁、出售特色玩具和纪念品等额外产品和服务。消费者很可能不经意间就会把各项服务的价格捆绑在一起，如门票的价格和食物、饮料、纪念品的价格显然没有明确绑定在一起，但它们之间却会相互影响，并进而影响消费者的购买决策以及消费者的总体感知水平。事实上，消费者往往把自己的总体消费维持在一个可接受的范围之内，“进入”价格制定过高，就会导致消费者总体花费降低，从而导致总收入的减少，因此，服务企业必须对自己所经营的全部产品之间的交叉价格弹性给予足够的关注，这将大幅度提高企业的总收入水平。

(三)价格歧视的可行性

价格歧视的本质是针对不同的消费者收取不同的价格。例如，足球比赛根据不同的座位收取不同的票价，飞机票会因购买时间和座位的不同而收取不同的价格。如前所述，由于消费者的类型和服务的种类不同，其价格敏感性也就可能不同。有研究表明：购买服务较少的消费者的价格敏感程度要低于购买服务较多的消费者，把服务企业所提供的服务视为至关重要的消费者的价格敏感程度要低于那些认为服务不太重要的消费者。事实上，企业往往可以根据顾客特征、服务提供特征和使用特征等多种标准来实施价格歧视。例如，在顾客特征方面，企业可以根据个人特征(如不同身份特征或不同年龄阶段的人群会表现出不同的支付意愿和支付能力)、客户在关系生命周期所处的阶段(如一些服务企业运用特价来获取新的顾客并通过向现有顾客提供忠诚项目来挽留顾客）和关系特征（如顾客价值、俱乐部的会员资格等）来实施价格歧视。例如，一些银行对于高端客户可能免收转账费。在服务提供特征方面，企业可以根据所提供服务的特征来实施价格歧视，如服务水平（主要指顾客感知到的价值的质量方面，企业可以对低质量服务收取较低的费用）和服务要素的数量（捆绑定价）等。在服务使用特征方面，企业也可以根据服务时间、地点和使用量来实施价格歧视。例如，对很多服务而言，城市的价格水平往往高于农村，而且这种价格差异能够为大多数顾客所接受；在顾客那里所提供的服务价格往往不同于在服务供给者那里的，比如医生出诊到病人家里的收费价格往往更高；提前订购某种服务往往能获得一些优惠。当然，实施价格歧视也必须具备某些条件，如服务企业必须有设定价格的能力，服务所面对的市场可以进行有效细分，不同细分市场的需求价格弹性是不同的。

三、服务定价的竞争特殊性

同样，服务定价在竞争方面也表现出一系列有别于产品定价的特殊性，如竞争价格的难以比较性、自助服务带来竞争优势。

（一）竞争价格的难以比较性

有形产品的竞争往往更加明显，服务产品竞争更加隐蔽。在服务消费中，消费者更加难以对比所提供的相同或类似服务产品竞争对手之间的价格差别。消费者在超市选购食品，不同品牌的同类食品前基本摆放着相应的价格标签，几乎是一目了然，所以比较食品价格并不是一件很难的事情。然而，服务产品价格信息的获取则相对困难，由于服务是无形的，人们往往无法把所有服务都标上价格并放在一起展示，对于那些高度定制化的服务更是如此。在服务消费中，价格往往是建立在服务企业对顾客全面了解的基础上，即使消费者能够得到真实的价格信息，在类似的服务企业之间进行价格比较也仍然不是一件很轻松的事情。比如，消费者想了解各个银行信用卡服务的价格时，需要考虑诸如信用卡年费、最大信用额、还款期限、银行工作效率、服务态度等综合因素。为了获得这些信息，顾客必须与银行工作人员进行接触或打电话咨询等，这样的价格比较流程是需要花费相当多时间和精力的。

（二）自助服务带来竞争优势

由于电子信息及技术的发展，顾客往往可以在互联网上远程了解商品信息，企业也可以更多采用电子技术对销售终端进行遥控。越来越多的企业主动邀请顾客参与到产品和服务的讨论中，而有些行业走得更远，它们将企业业务流程的一部分交由顾客完成。诸如ATM机和自动售货机此类的自助服务，不仅为企业节约了资源、降低了成本，而且也深深影响着消费者的服务感知，这包括更多的便利、更多的控制权、更多的自主性、更高的效率等。由此，在许多行业中，顾客自助服务已经成为一种发展趋势，并带来不可忽视的竞争优势。

四、服务定价的生产与消费特殊性

由于服务具有不可储存性及生产消费的不可分离性特点，使得定价必须考虑服务产品生产和消费区别于有形产品的特殊性。

（一）生产特殊性

服务定价在生产方面区别于有形产品的特殊性主要表现在以下几个方面：产品线的定价更为复杂、折扣购买并储存服务的困难性、服务价格的多样化等。

1. 产品线的定价更为复杂

在营销学中，产品线定价是指一种产品或一组类似的产品采取不同定价的营销行为。由于产品是有形的，产品的消费者还是能够比较容易地收集产品价格的信息，进行比较并做出购买决策。但在服务行业，服务是看不见、摸不着的，消费者的比较评估变得十分抽象。比如，医院通常有普通门诊和专家门诊的区别，而专家门诊收取的费用往往是普通门诊的好几倍乃至几十倍，但病人很难获悉专家的医疗水平比普通医师高多少，也很难事先知道专家是否真的比普通医师能够提供比较好的医疗方案。即使事后发现专家门诊给出的医疗建议与普通医师给出的是一样的，那时，病人也已经不能改变主意了。由于许多采用产品线定价的服务企业并未给顾客提供专业意见和可靠信息，消费者很难了解价格背后的真实服务信息。这样的定价虽然给顾客提供了根据自身情况做出选择的机会，但也给顾客带来不少困惑，继而对做出恰当购买决策产生了一定的负面影响。使用产品线定价的行业主要有电信业、医疗卫生保健业、金融业（不同种类的核算、储蓄、投资理财计划等）。

2. 折扣购买并储存服务的困难性

在产品营销中，价格往往是影响消费者购买和储存决策的重要手段，价格政策可以直接影响消费者的行为。消费者常常会在换季时利用折扣价格添置衣物，产品销售者经常使用打折手段来处理库存。但在服务业中，由于服务的不可储存性，消费者很难利用折扣价来购买和储存服务。比如，消费者无法在酒店淡季时支付房费，将房间留到旺季居住；消费者也不能在话费优惠时段购买一小时，留在非优惠时段拨打。消费者在需要服务的时候，往往只能按照当时的市价来进行购买。

3. 服务价格的多样化

服务的生产与消费不可分离性决定了在服务流程中服务提供者和消费者会有相当多的互动。服务提供商需要根据顾客对服务的反应来进行灵活的应对和调整，并且在许多定制化服务中，根据不同顾客的特殊需求和具体情况，服务价格更加多样化。

（二）消费特殊性

服务定价在消费方面也表现出一系列有别于产品定价的特殊性，如价格可能是服务质量的有限参考指标、消费者难以确定服务的保留价格。

1. 价格可能是服务质量的有限参考指标

对于有形产品，消费者可以通过比较、实体观感和触觉感受产品的好坏以决定是否购买，而服务的无形性、不可储存性以及服务与人员的不可分离性使消费服务变得更加难以决策，消费结果也难以确定。因此，在服务消费中，消费者更易将服务价格作为判断服务质量的线索。比如，消费者在购买服装前就可以确定服装的品牌、款式和颜色，也能够真切感受到实物产品，然后做出购买决策。相反，消费者理发时，尽管能够从发型师的描述和某些照片中想象样子，但只有在理发结束后，消费者才能真正知道发型与自身的匹配程度。在消费者获得服务信息较少的情况下，价格就成为可利用的重要依据甚至是唯一关键的判断标准，这就是人们常说的“一分钱，一分货”。

当然，价格作为参考标准的作用随着企业的各种营销手段及其向消费者提供的服务信息（品牌信誉、企业成就、服务承诺及顾客口碑）的增加而下降。随着品牌、广告和人员推销手段越来越丰富，企业信息繁杂到消费者难以处理的时候，价格的重要性又凸显出来，消费者又会重新依赖价格判断服务的质量。所以，服务企业必须谨慎制定价格。除了要能支付成本或与竞争对手对抗外，价格的制定必须要传达适当的质量信号。定价过低，会导致顾客对服务质量得出不准确的判断；定价过高，则会使顾客难以达到预期的服务感知。

2. 消费者难以确定服务的保留价格

保留价格是指顾客愿意为产品支付的最高价格。在购买产品之前，消费者通常都会有一个保留价格。当确切知道产品真实价格后，消费者会把真实价格与保留价格作对比，以决定是否购买。在购买有形产品时，消费者获得的信息相对充分，比较容易形成确切的、合理的保留价格。但对于无形产品而言，可供参考的信息一般较少，消费者很难在心理上形成确切的保留价格。

对于初次购买服务的消费者而言，保留价格主要来源于市场上的竞争价格。当一些消费者对某项服务处于特别紧急和重要的需求状态时，如重大事故或疾病，消费者可能会在完全不考虑成本的情况下做出购买决定。然而，再次购买时，由于已经获得了关于该项服务的具体信息，确定保留价格就不是那么困难了，以前的服务体验和价格信息可以作为具体的参考标准。这时，顾客对价格的关注程度远远高于首次购买。

通过以上分析可知：价格在服务购买决策中是一项十分关键的信息，是消费者评估服务的一项重要标准。价格不仅会使消费者对服务企业所提供服务的成本做出评估，而且也会在某种程度上向消费者提供服务质量的信息。有研究表明，在下列情况下，消费者往往更倾向于把价格看作质量的代表：

(1)价格是消费者可以获得的、能够体现几种备选服务方案之间差别的主要信息。

(2)备选方案是有差别的，消费者对各项备选方案的评价和感知可能也存在差异。

(3)各备选方案之间的价格差距较大。

(4)在某些服务风险较大的情况下，许多服务会隐含着信誉承诺，如医疗或管理咨询。

当消费者面对上述情况时，价格就成为判断质量的重要线索。

第三节　服务定价方法

尽管服务和产品在许多方面有着不同，但对于消费者来说，他们可能并不关注所购买的究竟是服务还是产品，消费者真正想购买的是产品和服务带给他们的利益和价值。从这个意义上来讲，产品和服务定价的本质是一样的。因此，服务定价也可以参考产品定价的基本方法，在考虑服务特殊性的条件下，做一些符合服务特征的修改。

一、成本导向定价法

成本导向定价法是指企业依据其提供服务的成本决定服务价格。该方法的优点：一是简单明了；二是在考虑生产者合理利润的前提下，当顾客需求量大时，能够使服务企业维持在一个适当的利润水平，并降低顾客的购买费用。成本导向定价法的基本公式是：

价格＝直接成本＋间接成本＋(边际)利润

其中，直接成本包含与服务产品有关的原材料和劳动力，间接成本是固定成本的一部分，边际利润是直接成本与间接成本之和(总成本)的某个百分比。此方法广泛应用于公用事业、制造业和广告业中。例如，一家管理咨询公司以成本导向制定价格时，首先要计算出给顾客提供咨询服务所需要的成本，然后再加上公司希望获得的特定水平的利润，这就可以确保制定出的价格能弥补成本并获得期望的利润。对于提供专业服务的企业来说，通常会设置一个“系数”或是“涨价幅度”，将这个系数与员工每小时或每天工资额相乘，就可以得到每小时或每天服务收取的价格。这个通过系数设定的乘积应当能够使全部收费在补偿所有成本后，仍有一定的利润。

成本导向定价法主要包括成本加成法、目标收益定价法、平衡分析法和边际定价法等几种。有研究表明，成本加成定价法是服务企业最常用的一种方法。不过成本导向定价法在服务领域的应用会面临一些困难和存在一定的缺陷。主要表现在：

(1)服务业成本很难确定和计算，特别是在企业提供多样化服务的情况下，例如银行要精确确定出纳员在开支发票、储蓄以及短期资金市场账户上的时间以确定收取多少服务费，这将是一件很困难的事情。

(2)应用成本导向定价法很难定义一项服务的单位，尤其是对于那些不易描述和衡量的服务产品或者主要是劳动成本的服务产品。由于服务不能像产品一样用“件”、“只”或“千克”等单位来衡量，这样在制造业产品定价中很容易了解的每单位价格概念在服务业中就成了一个模糊的概念。所以，许多服务都是以输入单位而不是可计量的输出单位来出售的，例如，大多数专业性服务(如咨询及技术、心理辅导)是以小时计量出售的。

(3)服务企业成本的因素主要是人而不是材料，而人所花费的时间价值，尤其是专业人员的时间价值是很难估算的。如客服热线的接线员每小时的工作价值有多大是很难判断的。

(4)服务的真实成本很难作为衡量顾客感知价值的参照，例如，裁缝修改一件价值 3 500 元的大衣和一条价值 200 元的长裤同样收取 30 元，裁缝的标准是两项工作需要同样的时间。但是，他可能忽略了一个事实，消费者愿意为那件昂贵的上衣付出更高的价格，但会觉得 30 元对于修改一条长裤来说有些贵了。

【实例 6—1】

位于朝阳区三里屯地区的幸福公寓物业费原为每月每平方米 3 元，近几年来物业费缴纳率一直维持在接近 100%的水平。但因人力成本上涨等原因，目前物业公司已处于微量亏损的状态。经过酝酿和研究，今年上半年，该小区业委会主动提出将物业费上调 10%，即每月每平方米 3.3 元。今年 6 月，该小区召开了业主大会，88%的业主投票同意物业费上涨提案。物业费上涨部分的 70%将为一线物业工作人员涨工资，剩余部分用于完善社区建设。

——资料来源：物业经理人一物业管理智库，2019—10—20. 有删改.

二、竞争导向定价法

竞争导向定价法是指以与竞争对手各方面之间的实力对比和竞争对手的价格作为定价的主要依据，以竞争环境中的生存和发展为目标的定价方法。竞争导向定价法主要包括根据市场均价定价、与竞争者相似定价、定价高于竞争者、定价低于竞争者及根据市场领先者价格定价等几种方法。最常见的竞争导向定价是根据市场均价定价。这种定价方法是努力把自己的价格保持在本行业内其他竞争对手的平均价格水平上，这也被称作“现有定价”或“模仿定价”。其主要原因是：当成本难以估算时，管理人员倾向于认为平均价格是行业内集体智慧的结晶，会给企业带来比较公平的回报，而且这种方法有助于行业内各企业之间的和谐。当然，也有一些服务企业倾向于采取和竞争对手类似的价格，或者瞄准市场领先者的价格来进行定价，这就要求服务企业必须持续关注竞争者的定价，以确保自己的价格战略得以实施。当服务企业能够成功实现差别化时，往往可以收取比市场均价更高的费用，而那些差别形成是由于服务水平较低而导致的，则应收取低于市场均价的费用并不断改善服务，以提高企业竞争力。

竞争导向定价法主要适用于以下两种情况：一是所提供服务的标准化。服务企业所提供的服务产品基本是一致的，顾客也可以了解到不同竞争对手之间的价格差异，并会对差异做出反应，如干洗店、快递公司等。二是寡头垄断，即行业内只有少数大型服务供应商，如航空业、通信业、汽车租赁业。

相对于有形产品，服务业的竞争导向定价法也存在一些问题：首先，在竞争定价的情况下，服务定价更多考虑的是如何与竞争对手竞价而忽略了自己的成本或者市场需求状况，导致一些服务企业制定的价格不能与其自身情况相匹配。例如，公司希望得到一份合同，条件是它的报价比竞争对手低，而公司的定价又不能低于一定水平，因此，很难抉择。其次，一些较小的企业在竞争压力下，可能面临费用收取太低而不能获得足够空间的利润，以致无法在行业生存下去。最后，服务的异质性使得通过比较不同企业之间的服务然后定价变得更加复杂。例如，各大银行机构都提供金融理财服务，但各自收取的费用并不相同。对于高度定制化的服务，通过比较确定价格是很困难的，消费者要识别不同价格则更加耗费精力。

三、需求导向定价法

前面两种定价方法主要考虑的是企业自身和竞争对手的情况，并没有考虑到消费者可能缺乏参考价格，可能对价格非常敏感，而且可能会以价格来判断质量的问题。尽管成本导向定价法与竞争导向定价法作为基本方法在企业定价中都很重要，但作为企业，更应该每时每刻都在思考顾客，并勇于根据顾客的需要来制定价格。需求导向定价法，即定价与消费者的感知相一致，定价以消费者会为提供的服务支付多少货币为导向。需求导向定价法着眼于消费者的态度和行为，服务质量和成本则为配合价格而进行相应的调整。

我们常常用顾客感知价值来度量顾客需求，不同的消费者会有不同的偏好，即使同一消费者在不同情境下对同一服务的价值也有不同的理解，消费者对价值有以下四种不同的描述：

(1)价值就是低价。有些顾客认为价值等同于低廉的价格，其对价格非常关注。

(2)价值是从产品或服务中获得的东西。顾客主要关注产品和服务为其提供的利益。

(3)价值是用支付价格换来的质量。这样的顾客把价值看作是货币和获得服务之间的交换，他们关注性价比。

(4)价值是付出的所有东西所得到的全部回报。这部分顾客不仅考虑在购买服务过程中支付的金钱，也会考虑他付出的时间、精力等全部成本以及服务企业能够提供的全部利益。

不管顾客对价值认同有何种差异，要想使其愿意购买，服务产品必须使消费者所感知的利益大于所感知的成本。如前所述，顾客感知价值可以用下面的公式表达：

顾客感知价值＝感知利益－感知成本

这个公式表面简单，但它得出的结果却非常重要，也就是说，为使顾客价值最大，就必须使顾客的感知利益和成本差值最大。有形产品的需求导向定价法中，许多如何提高顾客感知利益和降低感知成本的方法都可以作为服务定价的参考，但在服务定价中应用时必须考虑以下因素：

首先，计算消费者感知价值时必须考虑非货币成本和利益。当服务需要花费时间、给顾客带来不便及增加心理和搜寻成本时，货币价格必须做出相应的调整予以补偿。如果服务可以节省时间、提供方便、节省心理及搜寻成本，消费者会愿意支付较高的货币价格。这里关键是确定所涉及的每个非货币因素对消费者价值的影响程度。

其次，消费者对服务成本的信息知之甚少，由于消费者很难确定服务的保留价格，这将导致货币价格的作用在初次购买时不像在购买产品时那么明显。

最后，在需求导向定价法中，对非货币成本的关注非常重要。提高顾客感知价值有时最简便的方法就是降低顾客的感知成本。顾客感知到的成本不仅包括货币价格，也就是说，服务产品需求函数不仅仅是货币价格的函数，它还受到其他非货币成本的影响。一般而言，顾客在购买和使用服务时付出的非货币成本包括时间成本、便利成本、心理成本、搜寻成本等。这些成本常常成为是否购买和再次购买服务的评估因素，其重要程度有时甚至会超越货币价格。比如消费者去银行转账、汇款，如果需要排很长的队、办理手续烦琐、工作人员态度恶劣，那么即使银行收取手续费很低，他也会觉得自己支付的成本很高。很多情况下，通过为客户减少这些成本，服务企业可以向客户收取额外的费用。

以上三种定价方法在实践中都各有优势，然而缺陷也是显而易见的。比如，成本导向定价法没有考虑顾客需求、没有考虑独特的服务特征和出售条件；竞争导向定价法没有在究竟比竞争者定价高或者低的问题上提出有意义的具体指导；需求导向定价法实施比较困难；等等。在现实中，服务企业为了更好地制定出适合自己的定价策略，则应该综合考虑服务定价的几个重要方面，包括市场状况、企业内部成本和收益结构、捆绑及非捆绑服务定价、额外服务的提供、价格标准、顾客导向的价格、需求敏感性等因素。诚然，这样操作时，复杂性会大大增加，但其代表着企业服务定价的一种方向，即综合考虑各种相关因素，权衡制定。

【实例 6－2】

为什么有些消费者宁愿花大价钱买 iPhone?

尽管 2018 年苹果手机在全球市场上的表现都没有以往强势，但是作为全球手机界的霸主，iPhone 依旧拥有着非常强的品牌号召力，除了一部分忠实果粉之外，还有很多手里有钱的消费者并不在意手机的优劣差别和性价比，他们只需要一个好用、好看、上档次、有面子的手机，至于钱，不是问题。部分消费者购买 iPhone XR 不只是买一部手机，而买的是一种身份、地位和潮流的象征。

——资料来源：网易新闻，2019－02－25. 有删改.

第四节　服务定价策略

随着经济的发展、消费者收入水平的不断提高以及生产专业化程度的提高，各种类型的服务企业在经营中应当根据自身具体情况，在以基本定价方法为导向的基础上，选择适当的价格策略，运用一些价格技巧，使企业定价与企业目标相一致。

一、基于企业战略角度的价格策略

定价决策在实现企业整体目标过程中具有战略性地位，任何企业的定价决策都要同企业的战略目标一致。例如，一家新开的旅游公司为了迅速占领市场，可能在总体价格制定上采用低价位策略；另外，企业也可能为了树立自己在行业内只做专业、注重品质的形象而采用高价位策略。

在服务产品定价中，由于服务产品的特殊性，顾客有时很难确定一项服务的成本，也不清楚该服务的保留价格，尤其是在服务产品投放市场之初，这种情况更为多见。这就决定了在服务成本和市场需求状况决定下的价格低高限区间内，其基本价格的确定可以有以下几种策略：

(一)高价位策略

当消费者不清楚服务成本及保留价格时，常常把价格作为判断服务质量的标准。这时，服务是缺乏弹性的，尤其是对于比较专业的服务来讲，价格的变化不会对主要需求造成太大影响，这种情况下就可以采取高价位策略。

这种策略的优点是：有利于企业迅速实现预期盈利目标，掌握市场竞争及新产品开发的主动权，减少投资风险；有利于在顾客对新服务尚无理性认识之前，树立良好形象，强化企业高价、优质的印象；有利于新服务进入成熟期后拥有较大的调价余地，可以逐步降价保持企业在长时间内拥有一定的竞争力等。

高价位策略只有在某些情况下使用才会有效：

(1)当某项服务刚刚导入市场，并显示出明显的优势。

(2)专业化程度高、技术性强的行业。例如咨询、特殊教育、审计、金融理财这样需要较高专业水平、知识含量的行业，消费者要获取关于服务及其替代产品的信息是比较困难的，而这些行业的服务对顾客来说往往比较重要，顾客愿意花高价购买让其放心的服务。

(3)拥有一定声望、知名度较高的企业，其采取这种策略的目标对象是那些收入水平较高的目标顾客。

高价位不仅能够显示企业的卓越服务质量，也给顾客在身份、地位、财富上的满足感和优越感，因此即使定价很高，顾客也愿意消费。

高价位策略的运用不仅受到一定条件的限制，而且存在以下缺点：高价格不利于开拓和增加销量，不利于占领和稳定市场，哪怕是新服务的初次投放，高价高利容易引来众多竞争对手，最终迫使价格下降，缩短企业预期盈利期；高价在某种程度上损害了顾客利益，容易遭受顾客抵制，影响企业形象。因此，在顾客日益成熟、购买行为日趋理智的情况下，这一策略应该谨慎运用。

【实例 6－3】

12.98 万元的雅马哈摩托车如何赢得消费者？

日前，雅马哈在国内引进了一辆价值 12.98 万元的新车，即 MT-09。有消费者评论“给我一个不买汽车的理由”，然而市场反馈表明，对于雅马哈的目标顾客——真正的摩托车爱好者——来说，他们更看重雅马哈 MT-09 颇有气势的设计、独一无二的外观、高效率的三缸发动机，认为它是非凡的外观和高性能的完美组合。

——资料来源：百度文库，2019－07－18. 有删改.

(二)低价位策略

低价位策略是与高价位策略相反的一种定价策略。在有形产品市场上，相对于高价位策略，低价易被顾客接受，迅速占领市场。但对于服务业来讲，使用低价位策略必须满足一定条件：

(1)该服务行业的标准化程度高，服务企业之间很难通过差异化手段向顾客提供额外价值。比如街道的若干干洗店，顾客无论将衣服送到哪个干洗店，尽管服务态度或时间上略有差别，但核心服务——洗净的效果基本是一致的。

(2)该服务的弹性需求大，消费者对价格变动的敏感性较高。如果服务的标准化程度较高，消费者认为服务企业提供的产品差不多是同质的，那么在不考虑时间成本、便利成本等条件下，消费者就会寻找价格最低的服务企业。

在满足上述两个条件时，低价位策略是非常有效的。但服务与产品在某些方面存在较大差异，例如，服务产品相对于有形产品来说是缺乏弹性的，而且消费者在比较服务时更容易把价格作为判断质量的标准。因此,在服务行业里使用低价位策略应该特别慎重。而且企业一味追求并维持低价,往往会在降低服务价格的同时,怠于提高服务质量,使实际服务缩水。当消费者发现企业这种行为时,不但不会被低价格所吸引,反而会对企业留下不好的印象。这种情况在消费者对服务质量的关注程度较高时尤为明显。

(三)适中定价策略

适中定价策略又称为"温和价格",是企业为了建立企业与服务产品的良好形象,把价格定在介于高价和低价之间。这样的适中价格,不高不低,给顾客留下良好的印象,不仅有利于招徕顾客,还能使生产者满意。该定价策略尽量降低价格在营销手段中的地位,重视其他在市场上更为有效的竞争手段。许多服务产品都采用这种定价策略。

采用这种策略,由于价格比价稳定,一般会使企业实现预期盈利目标,并着眼于企业的长期发展,但定价较为保守,又缺乏主动进攻性。应注意的是,制定的适中价格也是由参考产品的经济价值决定的,并不是一定要与竞争对手保持一致或接近,它甚至可以是市场上的最高或最低价格。比如,当大多数潜在购买者认为某种服务的价值和价格相当时,即使价格很高,也属于适中价格。

【实例 6—4】

为什么得到的知识付费项目定价最多的是 199 元?

在得到上,除罗振宇的罗辑思维售价 1 元之外,全部专栏的订阅价格均为 199 元/年。

熊太行认为 199 元的价格比较合适,他认为这是一道经济题,重点在于这个价格,要把那些不想认真读东西的人拦在门外,但也不至于让那些真正想学习的读者读不起。

以非虚构写作的相关课程为例,GQ 杂志总主笔何瑫在知乎上一场在线讲座的售价为 29.9 元,而在中国三明治开办的五讲课程售价 999 元,在馒头商学院的五周课程售价 799 元。

熊太行认为,何瑫的课程比较小众,贵点是可以的,不同平台上区别定价很正常。而得到专栏的定价比较固定,他所开设的《关系攻略》也是遵循平台方的价格。

有观点认为,得到专栏的价格之所以被定在 200 元以下,主要是因为这个价格易于被接受,用户不用做太多思考。而某些线上训练营定价 699 元,是由用户数量和成本决定的。然而不论是哪种形式或内容的课程,超过 999 元就不易被市场接纳。

——资料来源:青年创业网,2019—06—26. 有删改.

二、基于顾客感知价值下的定价策略

服务产品的基本价格确定以后,企业还需要考虑到市场需求状况的变化,随时对基本价格进行调整以实现企业的战略目标。

在介绍需求导向定价法时,我们已经介绍过顾客感知价值的含义,也了解了消费者对感知价值的四种表述:价值就是低价;价值就是从产品或服务中得到的东西;价值是用支付的价格换来的质量;价值是付出的所有东西得到的全部回报。

因为顾客对服务价值的感受不同,对某项服务做出的不同水平的支付意愿也不同。服务企业可以依据顾客不同的价值感受,考虑顾客需求制定出相应的价格。具体定价策略如表 6—2 所示。

表 6—2　　四种价值定义下的定价策略

价值感受	价值就是低价	价值就是从产品或服务中得到的东西	价值是用支付的价格换来的质量	价值是付出的所有东西得到的全部回报
定价策略	折扣定价 尾数定价 差异化定价 渗透定价	声望定价 撇脂定价	超值定价 市场细分定价	互补定价 捆绑定价 结果导向定价

(一)基于“价值就是低价”的定价策略

1. 折扣定价

服务企业以打折或降价的方式使对价格敏感的顾客获得更高价值。在服务业中,常见的折扣有数量折扣(对购买量大的消费者给予折扣)、现金折扣(对提前付清全款的消费者给予折扣)、贸易折扣(为使代理商或分销商促销维护产品及服务而给予的折扣)。在实践中,折扣定价可以用来作为促销手段,既可以鼓励提早付款或大量购买,也可促进服务的生产和消费。

【实例 6—5】

小程序限时折扣:优选好物说

优选好物说是“练瑜伽”新媒体旗下的全品类小程序商城,主要销售分销商品。限时折扣和满减送是小程序商城的重要营销工具,可以帮助商家有效提高产品销量和客单价。

店铺内商品种类较多,选取部分商品进行小程序限时折扣活动,在正常售价商品对比下,客户的优惠感知会更强烈。优选选取的大部分活动商品都是利润较高的,限时折扣的核心在低价,这样选取能够保证卖家的利润,另外利润空间大,活动的优惠力度也可以更大,激励客户更多下单。促销力度大、库存少的商品,活动时间设得短,1～3 天;促销力度小、库存足的商品,活动时间设 2 周～1 个月。

截至活动结束,平均限时折扣单品销售额达到 10 万元以上,最高的单品销售额近 40 万元,客单价提升 50%,店铺销量也迅速提高。

——资料来源:企业服务汇,www.chiefmore.com,2019—01—10. 有删改.

2. 尾数定价

在整数价格之下制定一个带有零头的价格,比如 2.98 元、398 元,使顾客产生获得低价的感觉,也让顾客感到企业制定价格是经过了精心计算的,而非随便估价。

3. 差异化定价

这是一种“依顾客支付意愿”,针对不同顾客收取不同价格的方法。常见的差别定价的区分标准主要有以下几种:

(1)时间差异,意味着取决于服务消费时间不同的价格变化,如电信公司制定的晚上、清晨的电话费可能只有白天的一半;航空公司或旅游公司在淡季的价格便宜,而旺季一到,价格立即上涨。

(2)地点差异,比如演唱会不同位置的座位定价不同,火车卧铺的价格也随位置不同而不同。

(3)顾客支付能力差异,服务企业把同一服务按照不同价格卖给不同的顾客,在公园、旅游景点等将顾客细分为学生、老年人和一般顾客,对学生和老年人收费较低。

(4)服务产品的品种差异,如汽车租赁公司对使用不同品牌、型号汽车的顾客收取不同租金。

采用差别定价的条件是市场可以"根据价格细分",差别价格不会引起顾客的厌恶和不满,并且必须保证这种差别不是非法的。但是,差别定价的使用可能导致顾客延缓购买,比如电话费在晚上 9 点钟以后更便宜的话,没有急事的顾客可能就会等到这个时间后再打。而且,某种情况下,顾客认为差别定价是一种变相的折扣,并认为是一种例行的现象,从而影响到现在的购买。

4. 渗透定价

渗透定价是指新服务进入市场时以低价的方式鼓励顾客尝试或广泛使用而采取的定价方式。

(二)基于"价值就是从产品或服务中得到的东西"的定价

1. 声望定价

声望定价是指服务企业制定高价传递其专属形象,也叫形象定价。某些企业有意造成高质量、高价位的印象,如五星级酒店、高档健身俱乐部。该种定价往往适用于那些已经建立起高知名度或是已经培养出特殊细分市场的服务企业,当其对提供的奢侈性服务索要高价时,需求反而会随着价格提高而上涨,因为昂贵的服务在表现价值和声望方面具有更高的价值。

2. 撇脂定价

这种策略以高价和大量的促销投入推出新服务。在服务能够替代原有服务并且具有较大优势时,可以在短期内获得较大收益。

(三)基于"价值是用所支付的价格换来的质量"的定价

1. 超值定价

这种定价将广受欢迎的几种服务组合在一起,然后制定一个总价格,该价格明显低于分别购买各项服务的价格之和,使顾客感到"付出少而获得多"、"物美价廉"。例如,麦当劳的各种套餐及移动通信公司的"超值话费套餐"等。

2. 市场细分定价

对同一服务,不同的顾客可能具有不同的支付意愿,而且对服务质量水平要求也不同。这一策略将顾客分为不同的细分市场,根据不同的细分市场分别制定不同的价格和服务组合。比如,有些服务企业采取会员制,将会员分为贵宾会员、普通会员、学生会员等,分别配置不同的服务组合,并收取不同的价格。

(四)基于"价值是付出的所有东西得到的全部回报"的定价

1. 互补定价

这种定价包含三种定价方式:

(1)两步定价。这是指服务企业将价格分为固定费用和变动费用两部分。在一定范围内收取固定费用,超出范围则加收变动费用。如电信公司每月要收取座机费,还要收取通话费;游乐园或旅游景区通常在门票中包含了部分项目的费用,顾客想享受其他服务还得另外支付费用。采取这种策略时,企业往往将固定费用压得很低以便吸引顾客使用该服务项目,并通过变动费用获取利润。

(2)俘获定价。这是指服务企业提供一种基本服务,然后提供继续使用该服务所需要的外围服务。如数字电视公司为用户免费安装转换设备,吸引顾客,然后以收取足够多的外围服务费来弥补设备的损失。

(3)牺牲定价。这是指对某项服务制定低价(甚至低于成本)以吸引顾客,再向其提供其他赢利更多、价格更高的服务。这种方法常用于零售业，将顾客熟悉和对价格敏感的商品和服务以特价推出，其他服务则以较高的价格提供给顾客。

值得注意的是，在现实生活中，这三种定价方式往往是相互关联的，就其表现形式上来讲，往往很难区别其归属。

2. 捆绑定价

捆邦定价是指对捆绑在一起的几种服务，制定具有吸引力的价格。捆绑在一起的服务中，包括一些单独出售时顾客可能不需要的服务。对于拥有多种产品的服务企业而言，捆绑定价是一种有效的价格策略，它不仅有助于产品的交叉互补销售，而且还能为顾客提供一组定制化服务。捆绑价格主要包括混合捆绑价格和主导混合捆绑价格。混合捆绑价格是指顾客可选择单独或成组购买服务，但后者价格更低。主导混合捆绑价格是指如果第一种服务是以全价支付，那么其他服务价格将得到优惠。

【实例 6—6】

井格：5 000 元撬动 600 万元

夏季一般都是火锅的淡季，为了提升夏季销量，2019 年 5 月 15 日井格火锅发起了“38 元畅饮节”的活动。用户只要花费 38 元，就可以获得 300 瓶啤酒加 200 瓶酸梅汁，算下来每瓶饮料其实才几分钱，用户贪便宜的心理很容易被触发而且产生购买行为。

当用户通过 38 元获得 500 瓶饮品后，因为规避损失的心理，这次消费完成后，下次再聚餐时，为了不浪费，就会去井格火锅的心理暗示，井格通过这个活动增加了用户的到店率。

井格饮品投入这么大，会不会亏本？

一般来说，每桌消耗的啤酒数量不到 10 瓶，实际成本只有几十块钱，而每桌的平均客单价至少几百，通过几十块钱不赚钱的饮料撬动的是消费者源源不断地来消费，通过其他菜品盈利。而且这次活动井格还同啤酒和酸梅汤品牌达成合作，通过异业合作，让饮料品牌分摊了部分成本。

最终，井格只花费了不到 5 000 元的营销费用，单月撬动了 600 万元的营业额。

——资料来源：前瞻经济学人．作者：黄二爷，2019—10—21. 有删改.

3. 结果导向定价

服务的特征决定了服务结果的不确定性很高，很多服务直到结束时才能判定其价值。结果导向定价就是一种以最终服务结果为定价依据的定价方法，能够降低消费者和服务企业的风险。比如，广告代理商和客户约定：若销售额增长 10%，收取全额费用；若增长 5%，则收取一半的费用；若低于 5%，分文不取。常见的结果导向定价方式有以下几种：

(1)或有定价。这是最常见的一种形式。律师就常常采用这一定价方式，在案件结束后，客户按照案件标的金额的一定比例支付给律师。显然，这种服务价格直接与服务的结果有很大联系。

(2)封闭投标。客户先公开发标说明希望得到的服务结果，让有意提供服务的多家供应商进行封闭投标，一般由最低报价者得到提供服务的机会。

(3)退款保证。服务企业承诺如果服务没有达到与顾客约定的服务标准，顾客有权要求退款。这一方法适用于那些对自己服务结果高度自信的服务企业。

(4)佣金。是指按照销售价格的一定比例来计算佣金和收取费用。

三、定价策略制定所需要注意的问题

选择服务定价方法，实施服务定价策略，可以帮助企业解决服务产品的定价和性能问题。但任何一家企业必须清楚地认识到：为一项服务定价是一个复杂的决策过程，企业必须综合考虑并利用各种相关信息。洛夫洛克认为，制定一个完整的价格策略最起码应该考虑如下问题：

（一）服务应当收取的价格是多少

围绕某项服务应该收取多少钱，企业必须深入思考以下问题：

（1）组织提供服务的成本是多少？组织的目标利润率是多少？成本及盈利构成了制定服务价格的基础。

（2）针对该项服务，顾客的价格敏感度如何？在不同的价格区间内，服务的价格需求弹性如何？这决定了服务价格的上限。

（3）竞争者的价格是多少？与竞争者在服务及价格方面的差距在哪里？

（4）是否应该给出折扣价格？何时、何地提供折扣？提供多少折扣？

（5）在基本价格水平上，是否需要选择适当的价格策略？选择怎样的价格策略来对价格实施调整？

（二）定价依据是什么

企业应当明确自己的定价依据是什么，在现实中，不同企业往往有不同的依据和标准，常见的有：

（1）依据完成工作的数量，如干洗店洗一件衣服。

（2）依据提供服务的时间单位，如宾馆一天的住宿费。

（3）依据服务所覆盖的地理位置，如货运公司按照距离确定运输品的费用。

（4）依据服务对象的重量或大小，如邮政快递包裹等。

（5）依据所消费的有形资源。

（6）依据交易价值提取，例如代理商根据交易额提取一定比例的佣金。

（7）依据服务对象的类型，中国网通对拥有联通手机的用户制定特别的服务。

（8）对一项服务是否单独收费？是否应该将各项服务要素进行整合，收取捆绑价格？

（三）由谁来收费

主要有两种方式：

（1）由服务企业直接收取。

（2）由一个专业的中间商收费。对于有些服务，将收款工作交给专业的中间商去做，不仅能够节约成本，而且往往能给顾客带来便利。比如，大型音乐会的票务销售，银行代缴水电费、话费等。

（四）应当在哪里付款

（1）传递、交付服务的地点。

（2）对于顾客较为便利的零售店或中间商。

（3）消费者住所。

服务组织所在地对于顾客来说总不是很方便，在顾客购买服务时，能为其提供付款的便利，也是一种吸引。现在越来越多的企业接受网络、电话预订和信用卡消费，这样既方便了顾客，也便于服务企业销售服务产品。

（五）应当在何时付款

服务付款形式多种多样，一般主要有以下三种：

（1）交付服务之前。

（2）交付服务之后。

（3）分期付款。

现实生活中，我们可以得到很多例子：门票、机票是在服务消费之前购买；餐厅的账单和修理费用则是在服务交付后付费；在家居装修中，我们更多见到的付款方式是，先支付一笔首期费用，余下的金额分期予以支付。

（六）应当怎样付款

付款方式多种多样，现金付款在很多企业眼中可能是最简单的一种方法，但是它会带来很多安全问题及效率问题。常见的付款方式有：

（1）现金（需要考虑到服务顾客和服务组织是否准备好零钱）。

（2）信用卡、借记卡及代金券、支票等。

（3）第三方支付。

（七）如何把价格告知市场

在上述问题解决之后，服务企业还必须考虑如何把自己的价格信息以最好最经济的方式传递给目标市场。这时，主要需考虑以下问题：

（1）如何清晰、明白地向顾客传达信息？是通过广告、标牌、电子显示屏，还是销售员及顾客口碑？

（2）传播信息内容是什么？如何让顾客了解产品价格、付款方式、时间等？如何不让顾客被信息误导而对企业的道德标准产生怀疑？

本章小结

随着服务营销的不断发展，服务定价问题日益受到学者和服务企业的关注和重视，由于服务具有无形性、不可分离性、异质性和不可储存性等特征，使得服务定价在成本、竞争、需求、生产和消费等方面与产品定价有着显著的差别。

尽管服务定价和产品定价有着诸多差别，但我们依然可以借鉴产品定价方法将其划分为三种：成本导向定价法、竞争导向定价法、需求导向定价法。三种定价方法各有其优点，又各有其局限性。服务企业在制定价格决策时应根据企业目标，将成本、竞争对手定价、顾客需求等各个因素综合考虑，围绕企业营销战略确定企业的基本价格策略，即高价位策略、低价位策略、适中价格策略。服务产品的基本价格确定以后，企业还需要考虑市场需求状况的变化，随时对基本价格进行调整以实现企业的战略目标。必须指出的是，为一项服务定价是一个复杂的决策过程，企业必须综合考虑并利用各种相关信息。服务业的定价是管理、经验、技巧、直觉和运气诸多要素结合的结果。

复习思考题

1. 服务定价依然可以采用有形产品的定价方法，但由于服务自身的特殊性，在实施过程中将会面临哪些难题？应如何克服？试举例。

2. 从企业战略角度考虑,企业采取高价位策略和低价位策略,其适用条件是什么?

3. 考虑到不同顾客的需求和价值感知,企业可采取哪些价格策略?试着联系生活实际给出恰当例子。

案例讨论题

2018年,喜马拉雅FM针对知识付费推出的"付费会员",已经招募了221万名会员。同时官方公布,目前其付费用户自2017年以来月均ARPU值超过了90元,这对整个知识付费行业来说无疑又是一个令人振奋的消息。

以罗辑思维、吴晓波频道等为首的自媒体平台通过售卖课程、举办讲座、销售书籍等方式打破了传媒业以广告收入为主的盈利模式,实现知识与媒体的跨界结合。

据统计,2018年国内知识付费行业市场规模约49.1亿元,预计至2020年其规模将达到235亿元,越来越多消费者愿意为高品质的知识买单。

一、知乎

有问题,上知乎。目前知乎作为中文互联网最大的知识分享平台,是一个真实的网络问答社区,社区氛围友好且理性,连接了各行各业的精英。其付费产品包括知乎live、私家课、书店、会员课堂和会员专区。

其中最核心的是知乎live,它是由知乎团队创办的实时语音问答产品。主讲人可以对某个主题分享知识、经验或者见解,听众可以向主讲人进行实时的提问并获得解答。知乎live的价格限制在9.9元至499.99元之间,具体价格由主讲人决定。

听众参与live的方式是购票(主要也是营造社区氛围),最开始为了激起用户的兴趣,live主可以将票送给好友(一般是比较知名的大V),邀请对方加入自己的live,同时关注了被邀请者的用户或者是粉丝可以看到对方加入了哪场live,这样就很有可能追随大V购票参与其中,这种推广方式可以低成本地号召普通用户作为听众加入live。

二、得到

得到是罗辑思维团队推出的一款主打知识付费的App,通过订阅专栏、付费音频、电子书等方式为用户提供内容。得到的产品定位是提供最省时间的高效知识服务。提倡碎片化的学习方式,让用户在短时间内获得有效知识。

目前得到拥有35个订阅专栏,除罗振宇的罗辑思维售价1元之外,全部专栏的订阅价格均为199元/年。另外还有上百项付费内容,涵盖了音频课程、电子书等服务。

三、喜马拉雅FM

喜马拉雅是一款手机随身听的知识付费App,其拥有中国最大的声音库,包括有声小说、相声、评书、新闻等节目。喜马拉雅平台通过大量的免费视听资源维持用户,再通过付费会员折扣价和精品课程提升KOL的收入,获得双赢。付费会员价有18元/月、109元/年等,可获得优惠价74元/月VIP有声书10 000多本,234元/月众多大咖课程。

同时建立用户分销机制:利用已有的平台用户基础,采用渠道分成的方式鼓励用户转发付费产品,让其他用户产生购买行为,促成他人产生购买行为的用户可以获得5%的分成。比如用户转发了一个售价为100元的付费音频的链接至朋友圈,其他用户点击该链接购买了这个音频,那么分享者就能获得5元的分成,降低了用户听课成本,同时也会号召到更多的用户参与到分销中。

——资料来源:人人都是产品经理,2018-12-28. 有删改;Chinabrands知识付费平台,2019-03-30. 有删改.

共同探讨:

1. 各大知识付费平台采取的是什么样的价格策略?

2. 知识付费平台采取的这种策略具有哪些优势和劣势?

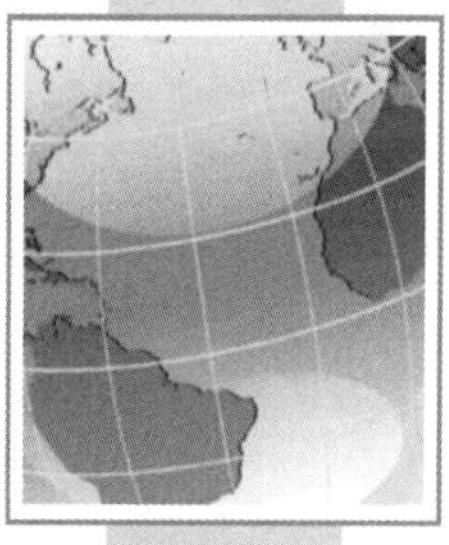

第七章
服务的位置和渠道策略

学习目标

熟悉服务分销渠道的概念及其分类。

掌握服务渠道的发展和创新。

理解服务渠道位置的确定。

思考渠道策略的确立和选择。

案例导入

康师傅的渠道革新

据有关行业媒体报道，康师傅在2018年末对渠道通路利润政策做出了重大调整：把经销商在康师傅方便面上的经营毛利由每箱2.5元调整到4.5元，直接增加了2元，增幅达到80%。

一、保持合理的渠道商利润

目前受限的毛利空间和不断上升的企业成本已经阻碍了经销商的发展。在渠道环节必须要有一个合理的利润空间，才能确保行业的健康发展。

这次康师傅大幅提升渠道通路利润，能在当前的市场环境下高度关注经销商通路企业利益，是非常积极的一种市场变现，也是在行业中带了一个好头。

二、从品牌力、渠道力共同发力，推动通路效率提升

面对市场环境发生的变化，需要品牌商从品牌一端和渠道一端实时做出相应变革调整，共同发力推动企业的深度变革，重塑企业的市场形象，以此推动通路效率的提升。

在产品一端，用打造航天品质重塑品牌形象。自去年以来，康师傅把自己的品牌重构，与中国的航天事业做紧密结合。特别是以“航天精神中华行”为契机，走出了一条重构品牌内涵、重构品牌价值、重构品牌使命的新的营销模式。

在渠道一端，积极探讨新的渠道模式创新。2018年11月2日，康师傅控股与阿里巴巴零售通达成战略合作协议，旗下五大事业部(康师傅饮品、康师傅方便面、百事可乐、康师傅食品、星巴克即饮咖啡产品)将整体接入零售通。一方面，康师傅利用阿里巴巴零售通的优势，推动经销商借助零售通平台，有效提升品牌下沉效率，进一步扩大经销商在线下零售小店的市场覆盖能力；另一方面，康师傅借助零售通的技术优势，全面开启线下经销商体系渠道数字化变革，通过门店数字化、供应链数字化、营销数字化、决策数字化等为传统线下经销商渠道接入数字化技术手段，带领经销商进入数字化时代，实现渠道变革，提升通路效率。

三、营销重点逐步向渠道一端转移

目前，整体的市场营销由大众时代逐步转向以互联网传播为标志的小众营销时代。特别是以小媒体传播、社群化营销成为新的营销力量。或者讲，整体的市场营销由以往的完全品牌商主导，变成了品牌商、渠道商、零售商合作创新的新营销体系。品牌商如何整合遍布全国的经销商资源、终端零售商资源，发挥他们在当前互联网环境下小众、社群方向营销变革中的价值，成为营销变革的重要方向。未来的互联网营销，经销商、零售商的小众传播价值、社群营销模式将会为品牌商发挥越来越重要的营销价值。

以康师傅为例，截至2018年第三季度，公司在全国有100个仓、3万多家经销商、13万家以上的直营零售商，这是非常有价值的新营销资源。如何有效整合这些资源，挖掘他们在新营销转换过程中小众传播、社群营销的重要价值，就成为当前品牌商需要高度重视的核心。

——资料来源：鲍跃忠．品牌商要探索新的渠道创新模式．搜狐网，2019—01—11．有删改．

思考：

1. 康师傅在2018年末对渠道通路利润政策做出重大调整的意义何在？
2. 康师傅的案例对品牌商探索新的渠道创新模式有何启示？

第一节　服务渠道的类型

如何将自己的服务提供给需要的顾客是企业服务营销组合中的重要部分，也即服务分销问题。服务分销是指服务企业为目标顾客提供服务时对所处的位置和传递方式进行选择和确定，以满足顾客的需要并获得竞争优势。也可以这样理解：企业为了获得竞争优势，需要寻找并制定适宜的交付服务的方法和地点的策略，方便顾客对服务产品的购买、享用并获得需要的价值。

一、服务分销的含义

（一）服务分销

服务分销渠道是指服务产品从服务提供者移向消费者所涉及的一系列服务企业和中间商。由于服务的特殊性，服务销售通常是服务提供者和顾客直接接触，因而服务分销以直销最普遍，当然直销并不是服务分销的仅有方式，也有许多服务企业的销售渠道包括一个或一个以上的中介机构，它们执行着不同的功能，目的无非是更快或更广泛地传递服务。

在市场上可供服务企业选择的销售渠道主要有直销和经由中介机构分销的间接渠道，而随着网络技术的发展，电子渠道这种新型的渠道模式也随之兴起，并迅速发展、不断创新，成为一些服务企业获得竞争优势的环节。除直接渠道外，我们可将其他的渠道类型都称为间接渠道，而间接渠道必然有服务中间商的加入。服务渠道基本结构如图7—1所示。

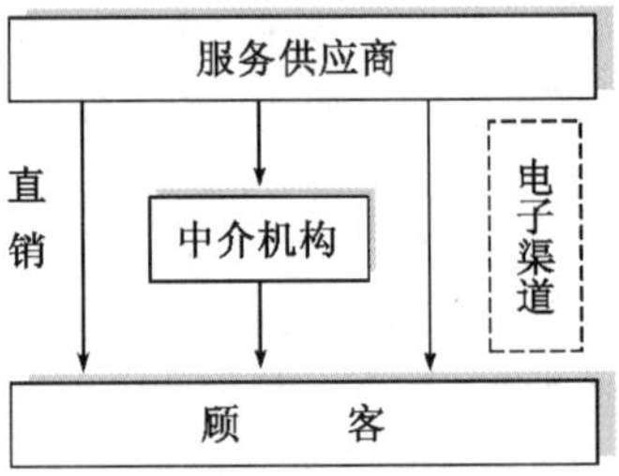

图7—1　服务渠道基本结构

（二）服务中间商

在服务供给中，供应商和顾客直接接触，这是由服务和消费的不可分割性决定的，而在顾客接受服务时，如果供应商不在场，就需要寻找方法，让其他人或机构介入服务的传递，这就是服务中间商。

服务中间商可以为供应商完成许多职能。首先，中间商和供应商常常合作完成服务的生产，实现对顾客的服务承诺。如在快餐、干洗这样的连锁加盟店，都是由中间商利用服务供应商所开发的流程和标准来实现服务的。另外，服务中间商还可以使服务本地化，为顾客提供时间和空间上的便利，如旅行社或者保险这样的行业中，通常一家中间商会同时代理多家供应商为顾客提供服务，所以它们可以把多种选择集中于一个地方，从而为顾客选择提供方便。在金融或者其他专业化服务中也有类似的情况，通过服务中间商和顾客建立的广泛信任关系，建立起稳定的市场供需关系。

与产品的分销渠道相比，服务分销渠道要直接得多。因为供应商不是直接将服务提供给顾客，就是提供给向顾客提供服务的中间商。因为服务具有易逝性且无法储存，所以大多数服务的归属权利无法在分销渠道之间转移。因为服务具有无形性，因此不存在库存，使得仓储不再是服务分销中必需的功能。换句话说，因为服务不能像有形产品那样生产、存储然后进行销售，许多适合产品生产者的渠道，在服务行业中是不可行的。服务分销的重点是识别能够把顾客、供应商和中间商联系在一起的方法。在服务分销渠道中，最主要的中间商形式是特许经营，此外还包括代理人、经纪人和电子渠道。

另外需要提及的是，服务中间商本身也是服务组织，它们不仅是商品的中介，也是服务的中介。供应商依靠服务中间商来向顾客传递它们的产品以及服务，顾客从中间商那里获得服务，并且对组织的质量进行评价。供应商必然面临的挑战是：作为整个过程的引导者，应该如何保证中间商提供的每一个要素都与整体的服务概念相吻合，从而创造一个持续的、无缝的品牌服务体验，否则就会失去对顾客的有效控制。供应商们有必要寻找合适方式，控制和激励服务中间商来适应服务企业的目标和标准。

二、服务分销渠道的类型

(一)直接渠道

直接渠道也称直销，是指供应商和顾客直接接触来完成服务。一种直销是服务和服务提供者不可分割，企业需要直接面对顾客才能完成服务，像对不动实体的服务，如家居装修、园林修剪等，员工必须带上设备、工具到顾客所在地去安装和维修，如空调清洗、钢琴调试等。另外一种是，服务企业走向顾客是一种有意的选择，企业可以有多种方式完成服务，选择直销是出于竞争的考量，一般上门服务会花费企业更多资源，所以企业选择直销时，往往是为了获得某些特殊的营销优势。直销优势体现在：

(1)对服务的供应与表现，可以保持较好的控制，若经由中介机构处理，难免造成失去控制的局面。

(2)以真正个人化服务方式，提供有特色的、差异化的服务产品。

(3)可以在与顾客接触中得到关于目前需要、需要的变化及消费者对竞争对手产品的态度及意见等信息反馈。例如，通过消费者对企业服务态度和时间的抱怨获知竞争对手的相关服务方式，使企业获得改进和改变的方向。

需要说明的是，企业选择直销服务的时候需要更多的时间、人力、交通等相关成本，一些大公司一般不提供太多相关服务渠道选择，服务提供者更喜欢在前台接待企业客户而不是去客户家里单独拜访。尽管如此，服务单个客户也存在利基市场，因为有些客户愿意为私人服务所带来的便利多支付一定的费用。一个年轻的兽医专门提供为宠物出诊的家庭呼叫服务，与需要等候在拥挤的兽医院相比，顾客很乐意为家庭呼叫服务多支付费用，因为家庭呼叫不仅节省了主人的时间，而且减少了宠物的压力。类似的服务需要在我国越来越多，如私人教师、私人医生、家庭健身教练、办公室和家庭送餐以及为商业人士定做服装等。

(二)间接渠道

间接渠道是经由中介机构的服务分销,服务中介机构的介入方式不同,而且有些还相当复杂。例如,金融领域的货币产品的销售渠道就是这样,银行信用卡是信用服务的实体化表征,但并不是服务本身。通过信用卡,银行有能力克服服务不可分割的问题,同时利用商品零售商作为信用的中介机构。信用卡又有能力扩大地区性市场,因为信用卡可以使得使用者将银行信用变成"库存",这样,银行就有能力维持远离交易地的信用客户。

服务业市场的中介机构形式很多,常见的有下列五种:

(1)代理。代理服务的提供商与潜在的购买者进行接触,代理收集订单并转交服务供应商,一般在旅游观光、旅馆、物流、保险等服务业市场出现。

(2)代销。专门执行或提供一项服务,然后以特许的方式销售该服务。

(3)经纪。在某些市场,服务必须或经传统惯例的要求由中介机构提供才行,像股票市场和广告服务业等。

(4)批发商。从事批发业务的服务中介机构。

(5)零售商。直接面对顾客提供相应的服务。

从服务中介机构的职能看,有些承担多种中介服务内容,比如旅行社,可以提供预订机票、酒店,也可提供组织旅行团队等服务。

【实例 7—1】

链家依托传统的"鼠标+水泥"的方式在传统的房产"租卖售"中通过信息的不对称来获取利差,通过每一个线下门店的拓展,坐上了行业的头把交椅。

至今为止,遍布各地的房产中介门头依然是"坐商"的思路,从本质来讲,链家模式是双边代理,利润来源是通过撮合交易获取中介费,链家的营收模式还是过于"简单粗暴"。

对低频大额房产交易,门店作为流量入口的扮演者,从某种程度而言,供需之间的调节并非市场的直接反应,中介在其中起着四两拨千斤的作用,简言之,中介要做的是在供需之间建立信息壁垒,撮合交易才容易达成。

——资料来源:陆水月. 链家"生死"时速. 新浪网,2019—05—29. 有删改.

三、特许经营渠道

特许经营是服务传递的一种最常用也最有效的方式。该模式从制度上保证了供应商提供的服务能够标准有效地传递给消费者。

特许经营中必然包含两方,即特许人和受许人。特许人是指在特许经营活动中将自己所拥有的商标、商号、产品、专利和专有技术、经营模式及其他营业标志授予受许人使用的组织或个人。受许人是指特许经营活动中,被授予使用特许人的商标、商号、产品、专利和专有技术、经营模式及其他营业标志的组织或个人。

(一)特许经营的基本类型

一般来说,特许经营按照特许权的内容划分,可以分为两种基本类型:商品商标型特许经营和经营模式特许经营。对服务的特许经营主要指后者。

1. 商品商标型特许经营

商品商标型特许经营已经有很长的历史,是指特许人向受许人转让某一特定品牌产品的制造权和经销权。在这种形式的特许经营中,特许人通常是一个制造商,或者是一个产品部件生产商。特许人授权受许人对特定产品或商标进行商业开发的权利,而受许人需要定期向特许人支付费用。特许人仍然保留对商标的所有权,而且与该商标相连的商誉的任何增加都主要由特许人完成。这类特许经营的典型形式包括汽车经销商、加油站以及饮料的罐装和销售等。应用商品商标型特许经营的著名企业有福特汽车、可口可乐等。目前,在国际上,这种模式的发展趋势放缓并逐渐向经营模式特许经营演化。

2. 经营模式特许经营

目前人们通常所说的特许经营是指经营模式特许经营。在这种特许经营模式下,特许人授权受许人使用其商号、经营方式等在限定的区域和时间内进行业务经营。特许人向受许人提供包括经营管理各个方面内容的全套方案,该方案通常包括在操作手册中。受许人必须遵守这些规定,以保证所有分支店提供的商品和服务保持同一质量标准。特许人提供的经营模式需在其直营店中经过全面的测试,并被证明是成功的以后才能出售给受许人。特许人应在受许人开业之前和之后向其提供培训和连续的支持与协助,包括各种必要的服务以及广告和促销活动。受许人应为特许权、特许人的培训及其他服务支付首期特许费和后续的年金,这些经费使特许人能够为受许者提供培训、广告、研究开发和后续支持。受许人拥有的业务,在法律上与特许人相互独立,可以自由处置其业务。

(二)对特许经营的理解

(1)特许经营是以特许经营权的转让及运作为核心的一种经营方式。其本质是利用自己的专有技术与其他人的资本相结合来扩大经营规模的一种商业发展模式。对特许人来说,是技术和品牌价值的扩张,而不是资本的扩张。

(2)特许经营是以经营管理权控制所有权的一种商业组织方式,受许人拥有加盟店的所有权和管理执行权,但不拥有管理决策权。管理决策权属于特许人。

(3)特许经营是一种双赢的商业模式。只有使特许人获得比直接经营更有效率的发展,使受许人获得比独立经营更多的利益,特许经营才有自己的生命力。

(4)特许经营是一种特殊交易。在特许经营中,进行交易的是一种特殊商品,它包括商标、专利和经营模式等;特许人和受许人签订特许经营合同后,即意味着双方长期交易的开始,在合同期限内,特许人和受许人要保持紧密持续的相互支持和配合。

(5)特许经营是一种智能型的商业组织形式。特许经营使特许人能够最充分地组合利用自身的优势,并最大限度地吸纳广泛的社会资源;而受许人则降低了创业风险及时间、资金等创业成本。

特许经营是现代企业扩张或扩大利益的有效方式,它可以使企业在不用大量投资的情况下开设具备相同的特征并具有相同经营管理模式的多个服务场所。该方式对于增长导向的企业很有吸引力,但为保证双赢,还要坚定企业的顾客导向和高质量服务。

【实例 7—2】

餐饮业的特许加盟

2018 年 5 月 23 日上午,2018 盟享加中国特许加盟展广州站在琶洲国际会展中心开幕,200 余个以餐饮为主的加盟品牌与会。从展会现场参展品牌来看,轻投资、低门槛的饮品、小吃、快餐等类型是组成这次参展品牌的最大跑道,尤其饮品,是近两年热门中的热门。具体的品类有便当、外卖、米线、冰淇淋、果茶奶茶等,还有一些现在比较新鲜的三角烧、爆米花、锅盔、炒栗子等。他们大多投资额较小,在 10 万元、20 万元左右。现场也能看出这类品牌非常受观众的欢迎,很多展台都是爆满状态,这也与观众以二三十岁的年轻人群体为主息息相关,他们手里刚积累了一些资金，但头脑非常灵活，不再像以前的老辈喜欢把钱存到银行或购买理财产品，而是想尽办法活用手里的资金。展会现场同期还有多场论坛，关注的是时下热门的“餐厅体验”、“供应链”等问题，百果园、海底捞供应链服务商蜀海、网红品牌 MYLAB 分子冰淇淋、广州知名餐厅拉丁餐饮、拍档、我呀便当、时代商联中央厨房等该话题下的当红企业纷纷到场参会演讲。展会第二天还将举办多场会议，讨论大数据、堂食＋外卖、跨界经营等问题，届时会有星巴克、美团点评、京东商城、幸福西饼、九毛九等企业参与。

——资料来源：佚名．2018 盟享加中国特许加盟展广州站：轻餐饮轻资产趋势明显．财经网，2018—05—23. 有删改.

特许经营模式为解决服务传递的规模化和服务标准化提供了一个有效的工具。但要保证加盟商精确地复制特许者的运作过程是非常困难的，使所有的单元实现完全的服务标准化也是相当困难的，即使有完善的特许经营协议并处在完全的监控之下，由于因素的差异和所处环境的不同，也很难实现完全的控制。虽然如此，对于追求服务高度一致性的公司而言，特许经营仍可以为其提供达到该目标的最好方法。

第二节　服务分销渠道的拓展和创新

本节从宏观和微观两个角度研究服务渠道的拓展和创新问题。从宏观角度来看，电子渠道、渠道的国际化发展以及大数据时代下的全渠道营销是宏观服务渠道发展的趋势，也是企业竞争发展中的一种创新体现。从微观角度来看，便利顾客获得需要的满足是渠道变化的出发点。

一、宏观服务渠道的发展

(一)电子渠道

技术的发展特别是远程通信、计算机技术使服务传递发生了诸多变革，甚至一些观察家预言互联网将从根本上改变营销渠道的结构和战略。基于互联网的网络服务已经存在于我们的日常生活之中，越来越多的网上交易意味着电子渠道的增长。通过网络进行信息搜寻，预订酒店机票，购买游戏、电影、音乐、书籍、服饰，实现远程医疗和教育，已成为我们自然的生活方式，这也体现了电子渠道的现实情况。根据产品和服务的不同以及企业渠道策略的选择，一种是服务的完全电子化渠道，另外一种是在原有传统渠道基础上增加了电子化渠道，都属于服务渠道的创新和改变。例如，有些银行减少银行分支机构的开办，引导消费者使用电子银行渠道，以降低成本、提高生产率、扩大市场、获得竞争优势。

1. 电子渠道的概念

电子渠道是唯一不需要直接人际交互的服务分销渠道，主要是通过计算机、PDA、手机等通信设备来实现对消费者的服务。其功能对象是那些事先设计的服务(如信息、网上教育和娱乐等)，并通过电子媒介来进行服务的传递。

2. 电子渠道的优势

一种服务的生产越依赖技术或设备，就越不依赖与服务供应商面对面的接触，也就越缺少生产与消费不可分割的特征。作为一种分销渠道，互联网方便了信息流、谈判流、服务流、交易流和促销流的流动。与传统渠道相比，互联网对消费者信息搜索行为的研究无疑更好，因为有了互联网，企业就可以在短时间内收到消费者的反馈，还可以建立虚拟社区来促销产品或服务。

消费者使用并喜爱电子渠道的原因有:便利性、更多选择、低价格以及较少的体力和交通成本。另外,24 小时全天候服务以及传送及时的优点对于时间宝贵的忙碌者来说尤其具有吸引力。具体表现在:

(1)降低了成本。从理论上而言,电子渠道的应用可以降低分销成本,因为减少了中间环节,比传统的分销渠道更有效率。服务供应企业通过电子渠道可以减少人员、培训、相关固定资产等投入,也减少消费者的交通成本、时间等资源。

(2)扩大了交易范围。电子渠道以互联网为应用基础,这种方式能够使全世界任何拥有电脑并且能够上网的消费者通过网页寻找所需的产品和服务,实现产品和服务的选择与购买。

(3)给顾客带来了便利。利用电子渠道,顾客能够在其需要的时间和地点获得供应商的服务。顾客不必受供应商的时间(工作时间)、地点(如门店)的限制,而是根据自己的个性化需求来安排和实现购买。

(4)有利于客户关系管理。互联网能够让企业与顾客之间实现零距离互动,并且针对特别的顾客需求开发实现定制服务,形成优良的客户管理关系。应用和选择电子渠道的服务企业越来越重视网络信息管理,并能引导顾客转向他们感兴趣的服务。

电子渠道的魅力可以由这样一个角度的数据显示出来:2018 年是"双十一"创立以来的第十个年头,淘宝这年的"双十一"交易额高达 2 135 亿元,这个庞大的数字让我们看到了网络的力量。电子渠道本身也在不断创新,这也是其拥有竞争优势的重要原因。例如,淘宝的支付宝及阿里旺旺、招商银行不断升级的网络平台、携程的网络社区,使顾客能够解决遇到的任何问题,增加了使用的安全性,获得了信任感。

【实例 7—3】

宁波银行打造优质客户体验的电子渠道

宁波银行始终坚持以客户需求为导向,不断追求电子银行服务的创新和突破,打造业内领先的电子银行服务品牌。在完善网上银行、电话银行、移动银行、自助银行、电子支付、宁行 E 家人网络社区平台、银企直连、在线客服等电子服务渠道的基础上,宁波银行积极建设微信银行、智能机器人、网上营业厅等新型渠道,为客户提供更加优质的服务和体验。

网上银行是银行实体网点的重要补充。宁波银行个人网上银行具备账户管理、超级网银、转账汇款、支付缴费、信用卡还款、投资理财、自助贷款等多种功能,市民足不出户就可以完成多数非现金业务。

——资料来源:毕然,杨玉成,张饶雪. 宁波银行打造优质客户体验的电子渠道,为客户提供卓越服务[N]. 江苏经济报,2019—10—21. 有删改.

电子渠道的优势虽然清晰可见,但不能掩盖其存在的问题:第一,虽然具有成本优势,但建立基于电子渠道的运营系统,需要设备、技术的投入和维护,需要与物流、金融等相关机构的供应链合作,是一项复杂的工程;第二,电子渠道需要不断创新,要走在技术开发的前沿才能保证自身的竞争力;第三,有些服务产品无法满足顾客在传统方式下实现的购买乐趣,且不能实现成交后即刻得到商品的满足感;第四,安全原因一直都是一些顾客止步电子渠道的关键原因,个人信息、财务信息因为网络交易而发生外泄并带来一系列困扰和损失的案例屡见不鲜;第五,对顾客而言,电子渠道需要对通信设备、网络、数字银行等新技术产品有较好的认识和使用能力,这也无疑抬高了使用门槛,限制了一些需求;第六,一些服务不适合电子渠道。

(二)服务渠道的国际化发展

1. 推动渠道国际化发展的因素

服务渠道的发展具有国际化趋势,随着各国经济的相互渗透,世界经济一体化的趋势越来越明确,同时各种世界经济组织也保护贸易的平等和自由,如东南亚国家联盟(ASEAN)、亚太经济合作组织(APEC)、世界贸易组织(WTO)等。银行、酒店、美容、学校等以独资、连锁等方式进行出口是市场也是渠道的一种拓展,到海外度假,享受星巴克、花旗银行、麦当劳的服务,去韩国医疗美容都是服务渠道拓展的成果。

(1)需求驱动分析。信息的无界及文化的相互渗透,让多国消费者的服务需求有相近性。另外,越来越多的消费者希望在世界各地得到相同品牌的服务,全球化供应链体系的构建和渠道网络使上述需求得以实现。全球化的趋势不仅体现在 B2C 上,也体现在 B2B 的交易中,需求在全球的一致性趋势促进了生产和服务的标准化,而标准化本身更推动了全球化服务的进一步发展,如标准化酒店服务、教育及金融服务、航空服务等。

(2)竞争驱动分析。资源的全球化配置、贸易的自由化趋势都使竞争在世界范围内展开,来自不同国家竞争者的出现,以及竞争者的跨国战略都是竞争驱动的关键因素。在很多服务行业中,竞争的驱动作用都很大。企业为了维持自身的竞争地位,需要寻找新的异国市场进入,也可能为了生存而被迫进入他国市场。

(3)成本驱动分析。规模经济和经验曲线等因素可能会使企业进入国际市场以获得规模优势,而且一些国家方便的物流运输和相关方面较低的成本支出可以使资源得到有效利用。远程通信成本的降低以及服务绩效的提高,对企业进入国际市场大有帮助。

(4)政府驱动。政府政策能鼓励或抑制全球整合战略的发展,良好的商业政策、相容的技术标准和统一的营销规则都能很好地促进国际化趋势,如欧洲经济共同联合体的成立统一了欧洲市场,刺激很多服务行业开拓整个欧洲市场。此外,世界贸易组织也正在关注服务的国际化分销,它推动各国政府为服务业的跨国经营创造良好的政策环境。企业突破地域进行全国性运作,在全国范围进行连锁经营的市场、成本、技术、竞争等方面也是企业进行国际化经营的先进经验。

2. 影响渠道国际化的因素

(1)国际化趋势会受服务类型的影响。有的服务需要与消费者直接接触才能进行,对于这样的服务,供应商可以采用出口服务的方式,如以连锁方式跨国的酒店、教育、餐厅等;也可以将外国消费者吸引到服务供应地,如拉斯维加斯的赌场、中国的万里长城。有的服务需要与服务的“物”直接接触,如运输、维修等,对于这些跨国服务需要提供与产品出口相对应的服务机构,像物流等服务就需要开辟相应的线路和提供特定的运营。对于信息类服务,一般不需要与消费者直接接触,相应的供应成本也比较低,可以通过网络传递信息并完成支付。

(2)各国的差异对服务传递国际化的影响。有多种原因会对服务在全球市场的传递产生影响,地理区域、经济、文化、法律等都是影响服务传递的重要因素。经济发展状况是影响服务需求的重要因素,在欧洲及美国、日本等市场经济体制完善的地区和国家,服务业占比很高,美国服务业的产值在 GDP 中的比重高达 75%左右,消费者对服务的需求也非常成熟,进驻这样的国家,服务的供应及渠道选择会不同于经济欠发达的国家,应建立完备的营销服务计划,满足当地消费者的需要。不同的地域环境对服务的需求也大不相同,地理跨度和基础资源的差异都要求服务企业有不同的策略选择,一些发达国家在通信、交通等基础设施方面就远远好于欠发达国家和地区,应综合考虑相关因素进行营销设计。各国的法律体系差异很大,如我国的法律系统就比较复杂，由于国家地域广大，存在四级法律——宪法以及全国人民代表大会、国务院和地方政府的法律。宪法和全国人民代表大会制定的法律是全国通用的。但作为宪法补充的地方法律和地方法规却不同。除了要遵守宪法和全国人民代表大会制定的法律外，在全国范围内运营的服务企业还必须考虑不同省份或地方的不同法律规定。

(三)大数据时代下的全渠道营销

大数据时代下科技日新月异，企业采集数据的成本逐年下降，规模庞大的数据存储及处理的相关技术也进一步提升。由此催生的全渠道营销体系，使企业渠道战略全面与电商和移动互联网融合，运用互联网思维和技术开展渠道拓展，使分销效率更高，同时让企业得以充分利用线上消费者相关的各项数据。通过对顾客的相关数据分析，企业可以精准定位，并借助大量有效的数据支撑，满足消费者的需求，提供更优质的服务，进一步提升自身的收益与市场竞争力。

当前互联网＋时代渠道特征为线上与线下融合，同时与场景紧密融合，加强与社交融合(社交电商、社群)。例如近年来出现的O2O、新零售，其中无论是线上下单线下配货，还是线下下单线上配货，本质都是为了打造使消费者体验更佳的交易闭环，而移动互联网及各种二维码、定位等相关技术，都为这种线上线下交易系统的紧密融合创造了条件。

大数据时代背景下，还催生了一批新兴渠道模式。下面简要介绍其中的三种：

1. 微商渠道

微商渠道，其实是利用代理、圈子、消费者进行产品宣传，使品牌快速火爆。这是一种微商在自我包装、展示后，让潜在消费者关注卖方并逐渐喜欢推广的过程。微商要做大，需要借助代理商、微商大团队来进行快速的起量。这里所说的新兴渠道化的微商代理不仅是找人卖货，本质上，微商是通过代理商的“自身资源”、“社群关系”和“自己就是消费者”的三位一体方式，实现产品的分销和销售；另外，通过精准的圈子的扩散和炒作，让品牌迅速在社群里火爆，吸引大批消费者。

2. 微博推广渠道

微博推广也是吸引消费者的主要渠道之一。前期可以以微博热搜为主，通过热搜话题提高微博的阅读量，经常发布一些时下热点段子，积累一定粉丝量，从而发掘潜在消费者。再辅以微信二维码为主流视觉导向，同时开启短线互动活动，利用赠送产品的契机吸粉，通过微博大号的带动，能进而为企业带来一大波线上受众。

3. 直播分销渠道

“网红主播”这股热潮已经持续了很久。因直播存在直观、趣味与互动的社交特性，能让营销形式更具多元化，其所延伸出来的商业价值也逐渐受到品牌和营销平台的重视。如今层出不穷的短视频及直播平台如快手、抖音、斗鱼、虎牙等，更是为这种新兴分销渠道提供了极大的技术支持。直播分销主要有以下三种形式：品牌＋直播＋明星；品牌＋发布会＋直播；品牌＋直播＋深互动。总体而言，这种渠道形式能比较有效地快速实现对目标定位人群的吸引和挖掘。

【实例7－4】

9月27日，为期三天的阿里云栖大会落下帷幕，一共有来自109个国家和地区的近11万人亲临现场，还有超过1 200万人在线观看大会直播。

云栖大会主论坛能够容纳的人数十分有限，很多嘉宾包括媒体都是在分会场、媒体间或者分布在现场的大屏幕观看直播，但阿里云栖大会不只是覆盖现场观众就够了，阿里希望让全世界关注科技、关注云栖的人都能流畅地观看大会直播，这需要专业的大会直播服务商，负责大会直播的观众征集、预约提醒、采集摄录、内容转码、内容传输、内容转存、内容回放等工作。

一般的企业直播公司很难满足云栖大会的需求。2010年成立的中国企业直播先行者微吼在2015年就与阿里云展开合作，2017年和2018年连续成为云栖大会官方唯一指定企业直播合作平台，在愉快合作的基础上，阿里今年选择继续跟老伙伴合作。

——资料来源：罗超．这家公司保障千万人观看阿里云栖大会，堪称B端创业标杆．新浪网，2019—09—29. 有删改.

二、微观服务渠道的创新

微观角度主要指服务方式或门类的创新。比如租赁服务、特许经营、综合服务、准零售化以及新式代理，都是近年迅速发展并普及的创新渠道。

（一）租赁服务

许多个人和公司都已经而且正在从产品的拥有者转向产品的租赁者或租用者。很多销售产品的公司增加了租赁和租用业务。个人消费品市场有房屋、家具、服装、电器、汽车等租赁，在租赁服务中，出租者可以获得以下利益：扣除费用后的所得可能高于出售后的利益；可以使出租者打开市场，否则可能会因产品的价格过高而无法进入市场；可以协助开发和分销新产品，并由此引发各种补充性服务。

租用者获得的好处是：通过租用，减少了资金占用，增大了现金流或使资金更好地配置；租用者可租用最新设计的产品，以免长期留有该物品带来价值折损；对季节性使用的产品，租用比购买更经济；在多数租赁协议下，服务上的问题，包括修理、维护等都由产品所有者完成；降低了产品选用错误的风险。

（二）特许经营

特许经营的概念等如上文所述。特许经营的利益体现如下：

特许人可获得的利益是：体系的扩展可在某种程度上摆脱资金和人力资源的限制；由于独立经营对加盟者具有激励作用，能更好地完成服务的供应；统一的战略和管理，可使服务及品牌标准化，利于扩大影响、提升实力。

受许人获得的利益体现在：有经营自己事业的机会，而且其经营是一种已经证实的产品和服务的供应；有培训及促销等辅助支持并获得持续的推动；有统一的战略和思路，避免了独自行动的风险。

（三）综合服务

目前有些大型服务业公司，通过垂直和水平的服务渠道系统，控制了整体的服务组合，并完全提供给消费者，如旅行社的多种服务、大的建筑开发商进行商业及物业的服务等。

【实例7—5】

2017年12月12日，根据中国物流与采购联合会《物流企业综合评估复核工作实施办法》的规定，对相关5A级综合服务物流企业，进行了新一轮的综合实力评估，远成集团有限公司5A级“综合服务型物流企业”复核指标达到相关评定要求。

近三十年来，远成集团不断发展进步、升级转型，也是中国首批5A级“综合服务型物流企业”，致力于打造中国卓越的现代综合物流服务品牌。现已形成多层次、广覆盖、独具特色的综合物流体系，旗下拥有五大业务板块：远成物流、远成快运、远成供应链、远成物流城、远成冷链。

公司一直秉承“以心传递 畅达天下”的物流星级服务理念，2016～2020 年总体战略目标为：整合协同、创新发展，立足综合物流，创新供应链管理，构建千亿级综合服务平台。

——资料来源：佚名．“5A 级综合服务型物流企业”复核评估完结，远成集团蝉联此项殊荣．搜狐网，2017—12—13. 有删改.

（四）准零售化

服务业也需要“零售”，特别是中国近年服务业经济发展的一大特色就是“准零售”的崛起，这些零售门店销售服务而不是产品，如美发店、包工或承揽业、旅行社、银行、房地产代理、建筑公司、职业介绍所、驾驶培训班、娱乐中心、饭店、旅馆、邮政及通信的客服等。

（五）新式代理

近年来，服务企业在开发渠道时不仅与传统中间商合作，还进行了跨行业的营销渠道合作，这种合作使全然不同的行业内的各服务组织互为中间渠道，从而开辟出全新的服务营销渠道。如酒店与邻近商厦签订联合促销协议，在酒店用餐住宿可获购物优惠，在商厦购物满额可享受酒店内住宿用餐折扣，这实质上就是一项跨行业的渠道合作协议。

【实例 7—6】

酒店＋交通开拓差旅市场

东呈日前发布“呈旅计划”，与海航旗下旅游服务平台嗨途科技、航班管家旗下伙力专车、广州地铁羊城通达成战略合作，旨在整合优势资源，共同为企业客户提供高性价比的机票、酒店以及地面交通服务，打造一站式企业差旅服务产品。

东呈国际集团执行总裁兼中端酒店事业群总裁阮清苗表示，2017 年下半年，东呈成立了大客户服务部，为“呈旅计划”奠定了基础。事实上，嗨途科技与东呈就是基于双方互为大客户的基础上建立了此合作。近期，东呈会 App 和海航 HiApp 将同步上线“机＋酒”预订入口，为加入“呈旅计划”的企业客户提供便捷的预订渠道。据悉，东呈和海航未来还将尝试会员互通。

——资料来源：佚名．与 OTA 角力，酒店与航空公司联手抢占差旅市场[N]. 南方日报，2018—08—23. 有删改.

第三节　服务位置的选择

位置是企业做出的关于它在什么地方经营和员工处于何处的决策。有关服务所在位置的选择是服务传递系统中一个极为重要的方面，必须进行多角度考虑，而不仅仅是地理位置的确定。诸如银行、会计师事务所、美容院、电影院等服务都面临位置的选择与决策，此点与销售实体产品的企业没什么不同。

一、服务地点选择需考虑的问题

对服务来说，位置的重要性取决于服务提供者与顾客之间相互作用的类型和程度。一般情况下，服务提供者与顾客之间具有三种相互作用方式：顾客来找服务提供者；服务提供者来找顾客；服务提供者与顾客在随手可及的范围内交易。作用方式不同，服务位置的重要程度也不相同。当顾客不得不来找服务提供者时，服务的位置就变得特别重要。如餐馆位置的重要性不言而喻，选择适宜的地点成为一个关键的问题。当服务提供者来找顾客时，服务所在地为顾客所在地，服务公司的位置就变得不那么重要了。服务提供者与顾客在随手可及的范围内交易时，位置是最无关紧要的。在这种情况下，服务组织装备了有效的邮递和电子通信设备，而并不关心服务供应者的实际位置。在上述的服务关系中，顾客亲自来到服务场所参与服务的实现占比最大。

【实例 7—7】

喜茶的网点定位布局

在资本的助力下，喜茶开启了从广东向上海、北京等一线城市扩张的路径。喜茶上海来福士广场店的火爆一度逼得商场动用保安维持秩序。原价 20～30 元一杯的茶饮，被黄牛和代购炒到七八十元，依然有人买单。从网点定位来看，喜茶在广州、深圳、上海、佛山、东莞、中山等地区有分店 63 家，到 2018 年 3 月，喜茶已经布局了国内中部发达地区二三线城市，成都、重庆等也已在筹备。

从网点布局来看，喜茶在上海、杭州、北京、苏州、南京、深圳等以上几座城市至少开设了 2 家以上门店，其中在上海，短短一年时间就开出了 8 家门店。这些地区人口密集、经济发展程度高，居民消费水平较高。其中深圳是全国最大的移民城市，聚集了大量白领阶层，生活节奏快、接受新事物的能力高，是奶茶品牌的重点战略定位区域。

——资料来源：佚名．2018 年喜茶发展方向 店面会开到哪些地区．新浪网，2018—03—13. 有删改.

服务业位置的重要性依据服务业类型而各有不同，但有几个问题是共同的，即服务提供者在进行位置决策时必须思考如下问题：

(1)顾客的需求是什么？如果服务不在便利的位置提供，是否会导致服务采购或利用的延迟？不良的位置是否会造成顾客自己动手或选择替代品甚或选择竞争者的服务？可及性与便利性是选择该服务的关键性因素吗？

(2)该服务业的灵活性有多大？它是基于技术还是人员？这些因素如何影响所在位置？

(3)企业(如保健等公共服务)有选取便利位置的义务吗？

(4)有什么新的制度、程序、过程和技术可用来克服过去位置决策所造成的不足？

(5)补充性服务对所在位置决策的影响有多大？顾客是在寻找服务体系还是服务群落？机构的位置是否影响服务企业选择位置的决策？

由于许多服务企业已认识到位置的重要性，因此，目前在服务营运上更注重系统化方法的运用。服务营销人员全面系统地考虑这些问题将有助于做出正确的位置决策。需要提及的是，在进行服务位置的决策时，除考虑顾客的便利和偏好外，还要分析地点成本、生产原料和劳动力的获得等重要因素。如与竞争者所提供服务无显著区别，又属于经常性购买的服务产品(如零售银行和快餐店)的地点设置应该离消费者的居住地或工作地较近。

尽管消费的便利性是很重要的，但一些服务运作方面的要求制约性很强，还必须考虑这些约束因素。例如，高尔夫球场不能建在喧嚣的闹市区域，而飞机场也需要远离住宅、办公地，设置都偏离市区，这是因为噪声和环境的限制，减少这种不便性的办法就是把飞机场建设和高速公路的建设相连接。企业对规模经济的追求也限制了服务地点的选择。大医院均在同一服务点提供多种不同的医疗服务，这主要是由于医疗服务需要大量设备导致的。需要复杂和长期治疗的病人必须去医院治疗，而不是在家里治疗，当拥有这些设备和技术的医院、医生和护士有限时更是如此。专业医生经常把他们的诊室开设在离综合医院较近的地方也是便利的需要，因为当他们需要使用一些专业设备给病人做检查时，可到综合医院进行，这样能节约更多时间。

二、服务地点的确定

服务位置中主要以顾客到企业所在的服务场所为主，代表了服务企业选址的主体内容，比如移动通信门市部的确定、零售超市的选址、报刊亭地点的选择等，该地址的选择是服务能否成功的关键。

（一）服务位置选择的基本原则

服务位置即为服务地点，服务地点是服务企业提供服务产品和顾客进行服务体验的地点，企业选择服务地点的基本原则有：

（1）商业活动频度高的地区。闹市区的服务机构设置较多，也是该区域成为闹市的原因所在。现在的美容院、电影院、餐饮等都设置在商业繁华区域和地段，在该区域消费者可以集中完成多种需要，节约时间和精力。

（2）人口密度大的地区。居民集中、人口密度高的地区是理想的服务位置，人口越多，潜在顾客越多，需求量越大，从而保证销售额不会大起大落，保证服务的稳定供应和经营。

（3）客流量大的地区。客流量大，购买的可能性就大，选择客流量大的区域有利于提高销售额。

（4）交通便利的地区。方便停车、离地铁车站近的地方都是服务企业选址的极佳地点。

（5）接近集客地。集客地是指能够使顾客集聚的场所。车站、码头、住宅社区、学校、医院、体育场等都是汇集顾客的场所，在此开设饭店、旅游产品销售点、网吧、旅馆可以保证较稳定的客源。

（6）同类集聚地。并非所有的服务都需要同类的集聚，但是一些服务如酒店、饭店、服饰店、美发店需要同类共同散发的人气来吸引消费者的注意。

（二）服务地点的确定

服务地点的确定一般经三个层次的分析：一是进行宏观的地区分析，确定将进入的地区；二是中观分析，确定服务区域或地段；三是微观的具体位置分析，确定服务的具体位置。

1. 地区分析

地区分析是选择位置的第一步，是指服务地点在一个较大地理范围内所处的位置，这里的“地区”也是一个相对的概念，可以是一个国家、一个省或是一个城市，所选择的地区必须有较充足的购买需求和购买力，在进入前需要进行一定的调研和分析，才能保证后续工作无忧。进行地区分析时需要考虑下列因素：

（1）需求预测。首先要搜集该地区的人口、收入、经济的增长状况，以了解该地区整体需求，特别是了解消费者对所提供服务的认知，以及现实或潜在顾客的真实需求。

（2）宏观因素分析。要了解该地区的法律法规、文化兼容性、政府对该类服务的扶持情况及相关政策。

2. 区域分析

这是指服务企业在地区分析之后在中等范围内的区域分析。如果地区是某个城市，可以将区域理解为某一城市内所处的街区，是中心商业区还是副中心商业区，是城南还是城北，是城市区域划分的 A 区还是 B 区等。要对区域的规模、环境和特点进行研究，考虑顾客位置与所在区域的关系，不仅要进行定性分析，还要进行技术性分析。

3. 具体位置分析

这是在服务区域确定之后对服务地点的具体位置的分析，因为在一个区域内服务地点可以有多种选择，要选择最佳位置，即在哪个街区的第几号，需要对可供选择的具体地点进行详细分析。在进行具体位置分析时要考虑这样几个方面的问题：交通条件；竞争者位置；地形特点及位置布局；城市发展规划；效益分析。

三、服务地点的创新

（一）迷你小商店

一些覆盖范围很广的服务在每个服务网点的建设规模都很小，比如快客饮品，从其他商家那里购买空间作为附加的销售场所；再如银行的ATM机不仅所用面积有限，可以放置在商店、医院、大学、飞机场或者办公楼的角落里，还通过自动化取胜，利用一个很小的自助机器就可以提供很多种银行服务。信息系统也使得缩小店面降低成本成为可能，佐丹奴为了充分利用商店空间和降低租金，不设库存，每个分店都与中心分销网络相连，当存货减少时，分店会提醒总部去补充存货。

（二）位置的多重目的设计

现代建筑的设计通常有多重目的，比如靠近消费者居住和工作的地方，不仅提供办公或生活空间，同时还设有银行、小型超市、理发店、酒吧、美容院甚至健身俱乐部。一些公司为了方便工作繁忙的父母，甚至提供小孩的全日托服务。在运输线路甚至公交车、火车和飞机航线的起点及终点站设立小旅馆、钟点休息室、网吧、包裹寄存、书店、名品零售点等服务。加油站的分布以方便顾客一站式购买包括燃料、汽车用品、食品和家庭用品在内的多种产品。高速公路旁供卡车停放的停车场设有自助洗衣店、洗手间、自动取款机、传真机、旅馆等，还提供多种汽车维修和卡车维修服务。总之，提供综合的满足消费者一站式需求的场所及建筑设计越来越流行了。

（三）门到门服务

现在中国的消费者能够享受到很多上门服务，如快递、餐饮外卖、药店送药、美容及理疗、家庭医生、家庭健身教练、电器维修、家庭教师、远程搬家等。门到门服务的增加一方面来自供应商服务的策略或是竞争环境下的必要选择，另一方面是消费者足不出户的需求的增加且愿意支付上门服务的额外负担。

（四）电子渠道

电子渠道既是宏观服务渠道发展的一种趋势，其本身的发展也进行着各种创新。移动商务就是电子渠道发展中的新模式，随着掌上电脑、智能手机等新技术产品的使用及成熟，电子渠道将不断出现新的供需交互模式。

本章小结

本章研究渠道的分类、渠道的创新及渠道中位置确定的策略。

服务分销渠道是指服务产品从服务提供者移向消费者所涉及的一系列服务企业和中间商。由于服务的特殊性，服务销售通常是服务提供者与顾客直接接触，因而服务分销以直销最普遍。虽然直接渠道是服务的主体渠道，但当服务供应商不能或不需要直接接触时，就有了中间商的介入，凡有中间商介入的渠道都是间接渠道，中间商有代理、代销、经纪、批发商、零售商几种形式。

在探索供应商如何高质量地传递服务的方式时，给出了特许经营这种独特形式。该模式从制度上保证了供应商提供的服务能够标准有效地传递给消费者，特许经营中必然包含两方——特许人和受许人。特许人是指在特许经营活动中将自己所拥有的商标、商号、产品、专利和专有技术、经营模式及其他营业标志授予受许人使用的组织或个人。受许人是被授予使用上述知识产权或经营模式的一方。

本节从宏观和微观两个角度研究服务渠道的拓展和创新问题。从宏观来看，电子渠道、渠道的国际化发展以及大数据时代下的全渠道营销是宏观服务渠道发展的趋势，也是企业竞争发展中的一种创新体现。从微观来看，便利顾客获得需要的满足是渠道变化的出发点。比如租赁服务、综合服务、特许经营、准零售化以及新式代理都是近年迅速发展并普及的创新渠道。

复习思考题

1. 你是如何理解特许经营在服务分销中的价值的？
2. 从宏观角度谈谈服务渠道的发展。
3. 如何认识电子渠道的发展？

案例讨论题

电商购物节打响，传统零售店能扛得住吗？

备受瞩目的"双十一"购物狂欢节即将引爆，终端零售店该咋办？是撑拼血本拼刺刀还是作壁上观呢？应对是必要的，也是无奈的，应该想个长远的办法才对。

一、零售店学会借力为上策

未来零售模式要么智能化，5G时代变化更快，跟不上时代就要被淘汰，必须触电上线借力互联网，单纯依靠项目做体验服务，也会受到诸多局限。终端零售可以分身上线，可以到淘宝触电，起到推广和链接功能，零售老板需要掌握抖商带货，必须学习上线直播带货，才可以享受后电商时代发展红利。

直播带货快速销售产品，成为直播带货高手，成为社区直播带货红人，发展成为社区社群网红。零售终店需要掌握，超级网红需要付出高昂的代价，非零售老板可以做到。在经济时代，直播带货势在必行，网红是发展大趋势，"双十一"购物节马上开始，零售店无论如何都无法比拼，终端与线上拼价格永远都是输家，与线上保持同步方为上策。

二、不拼价格走差异化思路

所有的消费者尤其年轻群体，关注"双十一"在蠢蠢欲动，消费关注及消费指数在线上，消费的行动购买力也在线上，零售店是固定场所，服务的人群有限，而线上面对的全国和全世界的人群，怎么办都拼不过，只有改变。零售店不与线上拼价格，可以拼体验、拼服务，提高服务水平，强化体验推广，服务高端优质消费人群，保住自己的份额与地位，要获得新的发展，必须与互联网保持同步，才能借到客源和力量。

三、学习抖音快手新零售模式

当前有些品牌在搞直播卖货，这是新零售店模式，但是仅仅示范直播模式，却无法教授零售店如何吸引粉丝，如何自己成为直播带货高手，仅仅示范直播带货是不够的，必须手把手交给零售店直播带货。

行业在学习新零售，代理商在学习新零售，很多个人也在学习新零售，作为零售的主角必须学会新零售模式，只要是有别于传统的售卖方式，只要是对于零售店生意有好处，只要可以落实执行，零售店应该借鉴新思路、接触新模式，践行新方式、新方法，通过互联网工具进行创新，赋予零售店新的生命力。

四、用传统之长克电商之短

零售店无法移动掌握直播带货，就让零售动起来，慢慢锻炼提升水平，逐渐熟练直播带货，再学习吸引粉丝方法，逐步提升成为社区网红主播，让生意借助直播，借助互联网持续发展，直播带货让销售更有趣、让生意更精彩。

5G时代就是智能互联网时代，当前做直播需要固定的场地，因为受到流量控制，没有流量就不能做直播，5G时代可以随时随地做直播，不再受到场地的限制，走到哪里就直播到哪里，未来直播方式对于零售店威胁更大，不改变是绝对不行的。

零售店利用长处来克线上的短处，线上不能做的零售店多做，线上做不到的零售店要重视，相互差异化，掌握直播与线上保持同步，深度体验升级服务，强化情感交流，升级换代满足顾客对品质的要求，零售店的生意自然会好很多。

五、项目吸引客源服务留住顾客

新零售思维是以顾客为中心，顾客在哪服务就到哪里，直播带货就是主动寻找顾客的新方式，顾客在家里可以看你促销产品，不必跑到店铺来就可以完成交易，这就是创新思维和创新模式。以消费需求为中心，人货场品类，名品专区，进口品专区，体验及服务专区，依然发挥一定的作用，决定性作用的是上线，吸引粉丝通过直播带货，通过粉丝消费成就店铺的可持续发展。

零售店最需要解决的是，新力量"90后"和"00后"顾客群体，这些群体生活在线上，如果零售店缺乏网红品牌、网红产品、网红推广手段，缺乏网红体系，"90后"和"00后"顾客就难以回归零售终端，即使回到店铺，不能满足消费需求也留不住她们。

六、转变销售模式借力线上

5年前零售店注重品牌高端大气上档次，名品作为店铺的镇店之宝，当直播带货模式火爆之后，被"90后"和"00后"群体彻底颠覆，她们消费个性化商品，新潮的好玩好用的网红产品，所谓的品牌在她们面前变得苍白无力。整个行业被"90后"和"00后"改变了，改变了品牌格局，改变了消费模式，让国际大牌都琢磨不透，广告品牌不再引领消费潮流，网红品牌大行其道，网红时代就是互联网社区时代，互联网把大家聚到一起。

非是顾客不进店，零售店没有吸引"90后"和"00后"的法宝，是零售店需要解决的问题，网红时代，网红品牌，网红产品，网红推广，零售店不引进网红品牌，怎么能够吸引年轻人来呢？

七、5G时代必须链接互联网

当前有极少部分店铺老板在做直播卖货，销售业绩非常火爆，每天的营业额达几万甚至十几万，做直播一个人或者有配合两个人就足够，新零售模式零售店必须参与，智能互联网时代零售店可不能缺席。

关注行业发展方向，关注新销售方式，太多太多的零售店老板需要从头开始学习。再谈深度体验服务已经落伍，零售店不再是销售产品的地方，而是提供一种生活方式的场所，让顾客享受服务、享受美、享受生活，让零售店成为顾客生活中的重要组成部分，否则顾客流失了再拉回来就难了。

八、社群聚客话题营销

通过微信社群，抖音传播和快手传播，短视频时代，必须通过短视频做销售，如果不用就是落伍，把卖商品观念转变为做价值，把做促销转变诚做服务，销售产品为中心，转变为以社群活动为理念，从售卖赚钱转变成为消费者真诚服务。

——资料来源：孙授诚．电商购物节打响，传统零售店能扛得住吗？．中国营销传播网，2019－10－22．有删改．

共同探讨：

1. 在新时代背景下，传统零售店如何进行渠道变革？
2. 新式线上营销渠道是否适用于所有顾客？最吸引哪些顾客？

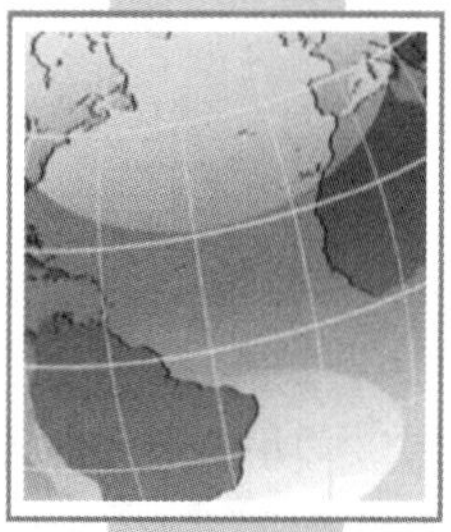

第八章 服务促销策略

学习目标

了解服务促销类型。

掌握服务广告的原则和决策要点。

掌握服务人员推销的原则。

理解口碑在服务推广中的作用。

正确制定企业的促销组合决策。

案例导入

各路金融机构血拼“双十一”消费金融场景

“双十一”本是电商平台打造起来的狂欢盛宴,但近年来,越来越多的传统银行、消费金融公司也不甘寂寞纷纷入局。北京商报记者注意到,目前不少银行信用卡中心针对“双十一”已经开启了促销活动。从活动方式来看,费率优惠、积分兑换是银行惯用的揽客方式,11 月 1 日～11 月 30 日,中国银行信用卡推出 0 费率优惠分期购车服务;民生银行信用卡持卡人在 11 月 1 日～11 月 30 日连续 3 天任意消费且累计消费达 3 888 元就可以抢 58 元还款金;更有银行信用卡会根据持卡人活动期间的消费排名给出奖品,交易排名 1～3 名将获得华为 Mate 30 Pro 的奖品。

北京商报在京东金融 App 看到,除了对部分信用良好的用户借款利率进行下调外,金条还推出了限时抢 5 天、7 天免息券的活动,可免息的借款金额分为 500 元、2 000 元和 4 000 元几个档次;另外,金条还有每天抽奖获得利息折扣券的活动,折扣在五折到九折不等。

在“花呗”界面,蚂蚁金服也推出了临时提额的活动。花呗额度原本只有 2.1 万元的吴方(化名)最近在支付宝花呗页面参加活动获得了 11 000 元的天猫“双十一”助力额度(仅限淘宝、天猫、飞猪使用),另有 5 000 元的临时额度将在 11 月 10 日 23:30 开始生效。相当于临时额度提升 50%以上。

“双十一”已经成为各路机构争夺的战场,但在流量红利见顶的宏观条件下,用户增长能否持续、用户成本能否有效控制也会是各家机构持续面临的问题。苏筱芮分析认为,从目前趋势来看,各类场景玩家已经基本放弃了“广撒网”的营销策略,逐步往精耕细作方向转型,比如为有效新户提供奖励,或者对消费金额、消费笔数等达标的、具有一定黏性的用户给予奖励。在如今同业竞争加剧的情况下,消费金融公司在找准定位、获取场景的同时,也应针对性地把握用户需求形成差异化服务,推出具有核心竞争力的产品,从而增强用户黏性,将流量转化为真正的用户。

——资料来源:北京商报网,2019－11－07.

思考:

1. 各路金融机构在“双十一”都采取了怎样的促销方式?
2. 新形势下的促销方式需要做出哪些改变?

第一节　服务促销目标

一、服务促销的含义

服务促销是服务企业将产品或服务向目标顾客进行宣传、报道和说服，以引起他们的注意和兴趣，激起他们的购买欲，从而促使其购买的行为。

服务促销的本质是一种带有刺激的沟通活动。沟通在营销中发挥三种基本功能：告知、劝说和提醒。“告知”是让潜在顾客不仅要知道企业某项服务的存在，还要知道获取服务的地点、时间等。“劝说”是列举一名顾客应该购买和使用某项特定的服务，而非使用此类型的服务或购买竞争者的品牌。“提醒”是让顾客按企业（提醒人）的意愿购买某项特定服务。

服务促销是一个综合行为，它由多种促销手段整合在一起形成共同的合力。促销组合包括以下几种因素（见图 8—1）：

（1）广告——以付款的方式进行创意、服务的非人员展示和促销活动。

（2）销售促进——各种鼓励购买服务产品的短期刺激。

（3）公关宣传——设计各种计划以促进或保护公司形象或它的个别产品。

（4）人员推销——与一个或多个潜在顾客面对面接触以介绍、回答问题和取得订单。

（5）直复营销——使用邮寄、电话、电子信箱和其他非人员接触工具进行沟通，或征求特定顾客和潜在顾客的回复。

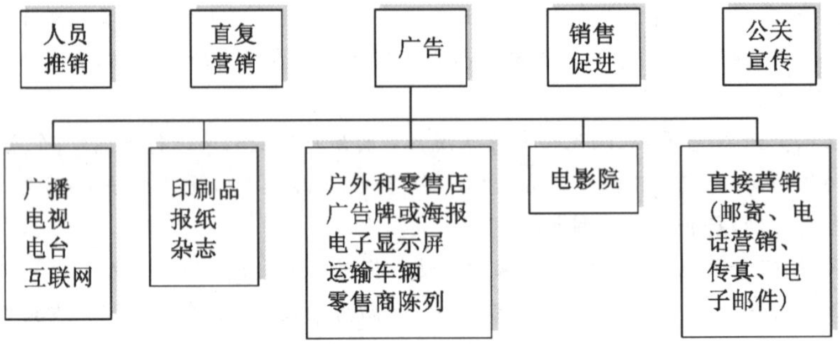

图 8—1　服务促销因素

二、服务促销的目标

服务营销的促销目标与产品营销大致相同，其主要的促销目标是：

（1）建立对该服务产品及服务公司的认知和兴趣。

（2）使服务内容和服务公司本身与竞争者产生差异。

（3）沟通并描述所提供服务的种种利益。

（4）建立并维持服务公司的整体形象和信誉。

（5）说服顾客购买或使用该项服务。

对促销目标的具体描述，详见表 8—1。

表 8－1 服务促销的目标

1. 顾客目标 (1)增进对新服务和现有服务的认识 (2)鼓励试用服务 (3)鼓励非用户 ——参与服务展示 ——试用现有服务 (4)说服现有顾客 ——继续购买服务而不终止使用或转向竞争者 ——提高顾客购买服务的频率 (5)改变顾客需求服务时间 (6)沟通服务的区别利益 (7)加强服务广告的效果，吸引受众注意 (8)获得关于服务如何、何时及在何处被购买和使用的市场信息 (9)鼓励顾客改变与服务递送系统的互动方式
2. 中间商目标 (1)说服中间商递送新服务 (2)说服中间商努力销售更多服务 (3)防止中间商在销售场所与顾客谈判价格
3. 竞争目标 对一个或多个竞争者发起短期攻势或进行防御

总之，任何促销努力的目的都在于通过传达、说服和提醒等方法，促进服务产品的销售。显然，这些一般性目标会根据每一种服务业及服务产品的性质而有所不同。

【实例 8－1】

促销的本质从用户视角来说是满足顾客需求，以商家视角来说是实现销售额增长，促销目标要有数量指标，三个指标是流量、转化率、回头率。

促销实质又是实现转化率的一个办法，特别是在决定顾客临门一脚时作用相当大。营销专家科特勒曾说过“没有降低 2 分钱抵消不了的品牌忠诚”，可见打折促销的影响很大，是决定顾客临门一脚的重要门槛。

——资料来源：中国营销传播网，2018－09－25. 有删改.

三、服务促销与产品促销的差异

(一)服务本身特征造成的差异

服务的若干特征具有不同的营销含义，所以从顾客的观点来看，消费者对产品营销和服务营销两种营销的反应有着很大的差异。

1. 消费者态度

消费者态度是影响购买决策的关键。服务业的非实体性是营销中一项最重要的因素，消费者在购买时往往是凭着对服务与服务表现者或出售者的主观印象，而这种对主观印象的依赖性，在购买实体性产品时则没有这么重要。对于服务销售者和服务业，有两方面与制造业不同：

(1)服务产品被视为比实体性产品更为个人化。

(2)消费者往往对于服务的购买较少满意。

2. 采购的需要和动机

在采购的需要和动机上，服务业与制造业大致相同。不论是通过购买实体性产品还是非实体性产品，同类型的需要都可以获得满足。不过，有一种需求，对产品或服务都是很重要的，那就是“个人关注的欲求”。凡能满足这种“个人关注的欲求”的服务销售者，必能使其服务产品与竞争者之间产生差异。

3. 购买过程

在购买过程中，制造业和服务业的差异较为显著。有些服务的采购被视为有较大的风险，部分原因是买主不易评估服务的质量和价值。另外，消费者也往往受到其他人，如对采购和使用有经验的邻人或朋友的影响。而这种在购买决策过程中易受他人影响的现象，对于服务营销而言有比较大的意义，尤其是在服务的供应者与顾客之间，有必要发展形成一种专业关系，以及在促销努力方面建立一种“口传沟通”方式。这两项做法，势必可以促使各种服务促销努力更有效率。

对于组织顾客来说，在其资本设备采购过程和服务采购过程之间，存在着显著的不同。一项调查研究发现，组织对服务的采购通常与下列事项有关：涉及的组织层级较资本设备采购过程少；涉及的同一层级的部门数也较资本设备采购为少；涉及的组织人数也较少和涉及的意见沟通比资本设备采购多。

这些调查的结果显示：组织在服务采购上受到各种社会性影响力，在正式的和非正式的两方面都不太大。换句话说，对于服务采购而言，在广泛的社会关联上，影响一家公司的可能性不如资本设备采购那么复杂。不过，从另一方面看，较少的多样化程度可能会大大减少影响采购的选择机会。

研究证实，在采购实务上，非实体性是主要的影响要素，而且由于一项服务的非实体性质，卖方的声誉就变成投标清单的重要考虑因素。另外，在某些情况下，潜在卖主必须以商谈方式解释和回答采购的问题。

(二)促销组合运用方式的差异

无论是产品促销还是服务促销，使用的促销工具都是广告、人员推销、销售促进和公关宣传，但在实际运用中，不同促销工具的重要性有所不同，如图 8—2 所示。

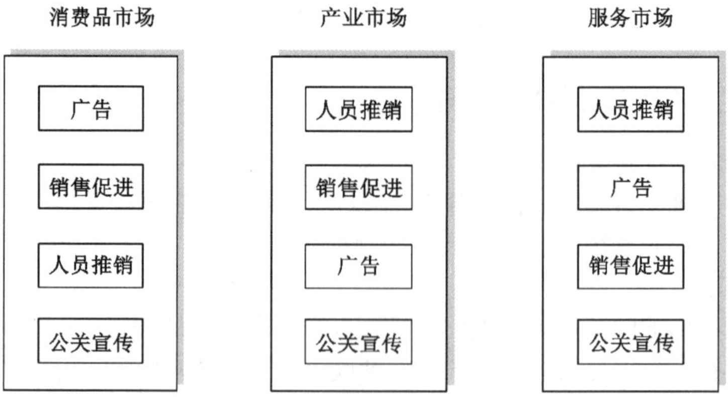

图 8—2 促销工具在不同市场中的地位

产品促销包括消费品促销和工业品促销。促销工具的有效性因消费品市场和工业品市场的差异有所不同。对于消费品而言，企业一般将大量促销资金用于广告，随之是销售促进、人员推销和公关宣传。由于消费品目标市场太分散，所以经营消费品的企业主要强调非人员销售，而广告的特性（有效培养消费者意识，大量提供企业产品信息）则决定了它在消费品促销中的重要作用。人员推销则是工业品促销的主要方式，工业品市场的特性（消费者地域的高度集中与大的单次购买量）就决定了它的重要性。特别是当工业品价格昂贵、商品有一定的风险或针对少数大客户时，人员推销尤为重要。销售促进和公关宣传在这两个市场具有同等重要的地位。

服务业由于更多强调互动性，销售人员与顾客接触频繁，面对的服务情况也很复杂。而服务越是复杂，就越需要提供准确的信息，回答顾客的各种问题，讨论其他可行方案，因此对大多数服务行业而言，人员推销的作用最为重要。人员推销是刺激服务购买的最佳工具，随着服务的个性化发展，这种趋势还在不断增强。当然，广告仍然是服务业重要的促销工具，它对吸引顾客注意力和刺激购买兴趣的作用不容忽视。在服务市场，销售促进和公关宣传起着次要的促销作用。

第二节　服务促销工具

一个服务组织的促销措施，通常是通过广告、人员推销、销售促进、口碑传播和公共关系这些工具之一或这些工具的组合实现的。服务组织应根据其促销目标选择促销工具或其组合，因为每一种促销工具都有或多或少的可取之处。因此，营销人员应该针对不同促销工具的优势和特点进行有效的促销。

一、服务广告

（一）广告的特性

广告一方面能建立一个服务产品的长期形象，另一方面促进快速销售。广告可以有效地将服务产品信息传达给分散在某一区域的购买者。不同的广告媒体所需要的广告预算不同。由于广告具有多种形式和用途，要对它进行概括是极为困难的。但是，基本上可以概括出广告的下列性质：

（1）普及性：广告允许销售者多次重复这一信息，也允许购买者接受和比较各种竞争者的信息。

（2）夸张的表现力：广告可以通过巧妙地应用印刷艺术、声音和颜色，提供将一个企业及其产品戏剧化展示的机会。

（3）非人格化：受众不会感到有义务去注意广告或对广告做出反应。广告对受众只进行独白而不是对话。

（二）广告活动的基本原则

无论是有形产品还是无形的服务，广告活动都应遵循下列基本原则：

1. 明确的广告目标

广告目标是指企业广告活动所要达到的目的。确定广告目标是广告计划中至关重要的起步性环节，是为整个广告活动定性的一个环节。

广告目标大致可以分为以下三类：

(1)介绍性广告,即企业通过广告活动向目标沟通对象介绍种种信息。诸如告诉目标市场将有一种新产品上市行销,介绍某种产品的新用途或新用法,通知社会公众某种产品将要变价,介绍各种可得到的劳务,纠正假象,说明产品如何使用,减少消费者的顾虑,建立企业信誉等。以向目标沟通对象提供信息为目标的广告,称作介绍性广告。这种广告有助于提高企业和服务产品的知名度。

(2)诱导性广告,即企业通过广告活动建立本企业的品牌偏好,改变顾客对本企业产品的态度,鼓励顾客放弃竞争者品牌转而购买本企业品牌,劝说顾客接受推销访问,诱导顾客立即购买。以上述这种劝说、诱导、说服为目标的广告,称作诱导性(或说服性)广告。这种广告的目的在于建立选择性需求,使目标沟通对象从需要竞争对手的品牌转向需要本企业的品牌。近几年来,在西方国家,有些诱导性广告或竞争性广告发展为比较广告,即广告主在广告中拿自己的品牌与若干其他品牌相比较,以己之长攻人之短,以宣传自己品牌的优越性。诱导性广告有助于提高顾客信任度。

(3)提醒性广告,即企业通过广告活动提醒消费者在不远的将来(或近期内)将用得着某服务产品(如春运前提醒人们不久将需要运输服务),并提醒他们可到何处购买该产品。以提醒、提示为目标的广告,称作提醒性广告。这种广告的目的在于使消费者在某种产品生命周期的成熟阶段仍能想起这种产品。例如,可口可乐公司在淡季耗费巨资在杂志上做彩色广告,其目的就是要提醒广大消费者,使他们时时刻刻不要忘记可口可乐。还有一种与此有关联的广告形式称作加强性广告,其目的在于使现有用户确信他们所做出的选择是正确的。例如,中国移动通信公司常常用广告描述其顾客对于他们已购买的服务如"神州行"很满意,以加强其购买选择。提醒性广告有助于建立顾客忠诚度。

2. 准确的广告定位

广告定位是指广告主通过广告活动,使企业或品牌在消费者心目中确定位置的一种方法。广告定位回答的是"说什么"的问题。准确的广告定位是说服消费者的关键。一件消费者需要的商品能否真正引起其购买行为的出现,首先就要看广告定位是否准确,广告"说什么"是否能为消费者提供购买借口或制造购买理由——为了实用或者欣赏或者标榜自己。广告定位依附于品牌定位,广告的诉求点应是服务产品的相对优势,并应与顾客购买的服务产品着眼点相吻合。

3. 恰当的广告表现

广告表现回答的是"如何说"的问题。常见的广告表现手法有以下几种:

(1)写实,就是直接叙述和说明广告的内容,如说明产品的功能、出售地点和价格等。可以用文字叙述,也可以用照片、实物展示,还可以用图表说明。这是最朴素、最真实,也是运用最多的一种表现手法。

(2)对比,就是通过比较,更好地显示广告产品的优点,可以有内容的比较、画面的比较,也可以有自家新老产品的比较或与竞争对手产品的比较。

(3)科学证据,就是利用权威组织报告和证据展示产品优点和建立顾客信任。

4. 适宜的广告媒体

广告媒体主要有印刷、电子、户外、网络媒体等主要方式,它们又有各种具体形式并各具特点,如表 8—2 所示。

表 8—2　　　　主要媒体的类型和特点

媒体类型	优点	缺点
电视	生动、覆盖面广、播放时间弹性强	展示时间短、成本高
广播	覆盖面广、成本低	听众注意力低
报纸	灵活、及时、针对性强、来源可靠	保存性差、传递率低
杂志	针对性强、可重复展示	不灵活、等待时间长
户外媒体(广告牌、电子显示屏、运输车辆)	灵活、可重复展示、比较便宜	广告信息简单
直接(邮寄、电话、电子邮件)	目标市场选择性强、个性化	每一笔合同相对成本高、垃圾邮件多,很难引起注意

5. 合宜的广告时机

广告发布要善于利用和把握各种时机。依据广告推出时间相对于产品进入市场的时间,广告发布时机一般有三种策略:

(1)提前推出策略,即广告早于产品进入市场,目的是制造声势,先声夺人。此策略是在产品上市前先调动起购买者的情绪,待产品入市后,就可以形成销售高潮。此策略运用比较广泛,但更多适用于全新产品、换代产品以及各种季节性、节令性产品等。

【实例 8—2】

在不断洗牌的中国酒业市场却能够占据一席之地并不断地被更多人所熟知的江小白,从成立到现今也不过六年。

每一个优秀的品牌,都能准确定位目标受众,但因为特征单一,在与同类品牌的竞争中,受外界因素影响比较大,一旦找到互补性的品牌,就能从多个方面对目标受众进行诠释。这对于品牌来说,是非常重要的战略思维。

江小白的受众定位一直紧扣年轻人。凭借着微博营销、走心文案、自由混饮、同城约酒等新颖玩法,江小白迅速在年轻人心目中打响了知名度,成为酒业一颗耀眼的明星!

“最想说的话在眼里,在草稿箱里,在梦里和酒里。”

“下个路口我们再聚首/我们在青春的酒里阅读自己的故事/故事的主角是曾经青春的我们。”

从其广告跨界合作对象周黑鸭、街舞、新说唱等就可以看出来,江小白紧跟年轻潮流。而且跨界区域不受任何限制,在营销思维上实现了从产品中心向用户中心的转移,真正确保了以用户为中心的营销理念。

——资料来源:易播网.江小白广告文案分析,2018—08—09.有删改.

(2)即时推出策略,即广告与产品同时推向市场。这种策略主要是用于商业企业的通知性广告,即告知购买者已经到货,唤起他们实施购买。

(3)延时推出策略,即广告晚于产品进入市场。这种策略主要用于那些上市没有把握的新产品,产品先行上市试销,看情况后再做广告。还有一种延时策略是先做少量广告,然后大规模地进行广告宣传。

6. 符合《广告法》

即广告不得违反《广告法》禁用条款。如禁止使用国家级、最高级、最佳等用语;禁止使用国旗、国徽和国歌；不得贬低其他生产经营者的商品或服务；不得损害未成年人、妇女和残疾人的身心健康。

（三）服务广告的一般性技巧

由于服务业所具有的特征，即生产和消费的无形性、多样性和不可分离性等，使得企业不能提前显示其所提供的服务，顾客在购买前无法预览服务，购买服务时面临种种困难，并承担较大风险。因此，服务广告必须有自己独特的广告技巧。

1. 使用叙述性语言示范服务经历

广告用语要避免夸大其词，造成服务提供与外部沟通之间的差距。使用叙述性语言示范服务经历，可确保实事求是，不让顾客产生过度期望而企业又无力兑现承诺。

2. 提供生动的信息

有生动的信息佐证，顾客可以对企业提供的服务有感性的认识，从而在一定程度上消除对服务的认知风险。

3. 使用交互形象

服务机构将自己的标识或象征与企业活动进行有效整合。如上海太平洋口腔医院在设计"店牌"的视觉形象时，根据医院"安全、温馨、理性、现代"的服务理念，色彩采用漂亮而柔和的淡红、淡绿和淡黄色，标识造型采用挺拔、简括、稳重而具有现代流行风格的直线、锯齿线，吉祥物采用美丽而又能入药治病的百合花。

4. 突出服务员工，利用"名人效应"

由于市场上存在"名人出名品"的认知心理效应，企业可以利用所谓的"名人效应"进行广告促销，建立服务品牌。如北京市公交总公司以劳动模范李素丽名字命名的"李素丽热线"，电影院首映式邀请名导演、名演员参加，电视台邀请知名人士做电视节目的主持人或嘉宾主持人等，就是以"名人效应"扩大自己的市场影响。

5. 突出服务顾客

突出服务顾客不能仅停留在口号上，而是要强调服务利益。强调利益才符合营销观念，也与满足顾客需要有关。服务广告所强调的利益必须与顾客寻求的利益一致，因此，广告中所使用的利益诉求，必须建立在充分了解顾客需要的基础上，才能确保广告的最大影响效果。

6. 关注有形物

为弥补服务无形性的不足，服务广告应尽可能关注有形物，从而增强促销努力的效果。服务企业在做广告时，可展示其服务环境，或将服务文档化，即展示其企业资质、通过质量认证等情况，还可利用服务机构的行业排名等数据和事实使服务可视化。

二、服务人员推销

（一）服务人员推销的特性

服务人员推销在顾客购买过程的最后阶段，特别是在建立购买者的偏好、信任和行动时，是最有效的工具。服务人员推销有三个明显的特性：

（1）面对面接触。服务人员推销是在两个人或更多的人之间，在一种直接的和相互影响的关系中进行的。每一方都能在咫尺之间观察对方的反应。

（2）人际关系培养。服务人员推销允许建立各种关系，从注重实际的销售关系直到深厚的个人友谊。

（3）反应。服务人员推销会使购买者在听了销售谈话后感到有某种义务继续听完谈话并做出反应。

(二)服务人员推销的指导原则

服务营销中,人的接触的重要性和人的影响力已被普遍认同。因此,人员销售与人的接触已成为服务业营销中最被重视的因素。据调查,服务采购所获得的满足,往往低于对产品采购的满足,此外,购买某些服务往往有较大的风险性。因此,服务业比制造业更应采取一些降低风险的策略。在服务营销的背景下,人员销售有着许多指导原则,主要是:

1. 发展与顾客的个人关系

服务机构员工与顾客之间良好的个人接触,可以使双方相互满足。服务机构以广告方式表达对个人利益的重视,必须靠市场上真实的个人化关心协助实现,要注意下列问题:

(1)实现的费用很高。

(2)雇用员工增多,增加了服务表现不稳定的风险。

(3)引发公司组织管理上的问题。若要提供高水平的个人化服务,则服务公司必须有对应的组织和资源才行,如支持设施,对顾客所需的服务水准有充分详细的了解。

(4)个人化关注通常必须付出标准化的代价,这就意味着服务机构在改进生产力方面可能遇到阻碍和问题。

2. 采取专业化导向

多数服务交易中,顾客总是相信卖主有提供预期服务结果的能力,其过程若能以专业方法来处理则更有效。销售服务即表示卖方对于其服务工作能完全胜任(如对该服务的知识很充分)。他们在顾客眼中的行为举止必须是一个地道的专家。因此,服务提供者的外表、动作、举止行为和态度都必须符合顾客心目中一名专业人员应有的标准。

3. 利用间接销售

有三种间接销售形式可以采用:

(1)推广和销售有关产品和服务,并协助顾客更有效率地利用各项现有服务,以创造引申需求。例如,航空公司可以销售"假日旅游服务",旅馆业销售"当地名胜游览",电力公司销售"家电产品"以提高用电量。将相关的服务业和其他服务或产品相互联系起来,可以给保险、银行和旅游等服务业提供更多的销售机会。

(2)利用公证人、见证人与意见领袖,以影响顾客的选择过程。在许多服务业中,顾客必须仰赖他人给予协助和建议(如保险代理业、旅行社、投资顾问、管理顾问咨询、观光导游业)。因此,服务业的销售者应该多利用这类有关的参考群体、舆论意见主导者与其他有影响力的人,以增进间接销售。

(3)自我推销。这种方式在某些专业服务领域使用得相当普遍,包括较为非正式的展露方式,例如对公众演讲、参与社区事务、加入专业组织会员以及参加各种会议讨论和课程等。

4. 建立并维持有利的形象

有效的营销依赖于良好形象的创造与维持。营销活动(如广告、公共关系)所试图达到的是发展出一种希望被人看得到的个人或公司的形象,且要与顾客心目中所具有的形象一致。现有顾客和潜在顾客对某个公司及其员工的印象,在很大程度上影响着他们的最终购买决策。

形象建立和形象维持在服务营销上是一个重要因素。因为,服务的高度非实体性意味着服务的名声和主观印象是营销所依赖的重点。其次,非营销者影响力来源(如口碑传播)在服务业营销上也不能忽略。其他使用者或非使用者对于服务推销和形象形成都有一定的贡献和影响。因此,人员销售对服务业公司的整体形象有很大影响。顾客往往从公司推销员的素质判断这个服务业公司的优劣。推销人员的礼仪、效率、关心度和销售技巧，都会影响或提高既有的公司形象，而形象建立的其他方式，还有广告和公关，也都同样具有推波助澜的作用。

5. 销售多种服务而不是单项服务

在推销核心服务时，服务公司可从围绕着核心服务的一系列辅助性服务中获得利益。同时，这也使顾客采购时较为简易、便利并省去许多麻烦。假期承包旅游服务就是一个明显的例子，即一系列的服务可以从顾客的立场出发，合并成为只需要一次购买的服务。事实上，目前保险公司、航空公司、银行和零售业公司都已经扩充了其所提供的服务项目范围（如财务处理），所有这些补充性服务都具有强化核心服务（如旅行、风险分散、信用）购买驱动力的作用。

6. 使采购简单化

顾客对服务产品的概念可能不易了解，其原因可能是顾客不经常购买（如房子），也可能是因为顾客利用服务是在某种重大情感压力之下（如使用殡仪馆服务时）。在这类情形下，专业服务销售人员应使顾客的采购简易化，也就是说，以专业方式照顾并做好一切，并告诉顾客服务进行的过程即可，以尽量减少对顾客提出各种要求。

（三）服务人员推销的模式

关于服务业的人员推销，人们提出了一个包括六项指导原则的模式，这个模式原是从具有代表性的产品和服务厂商调查而发现推销产品和服务有所不同的实证资料中总结出来的。该模式的六项指导原则如下：

1. 积累服务采购机会

积累服务采购机会包括：

（1）投入，即寻求卖主的需要和期望及获取有关评价标准的知识。

（2）过程，如利用专业技术人员、将业务代表视为服务的化身、妥善管理卖主/买主和卖主/生产者互动的各种印象和诱使顾客积极参与等。

（3）产出，特别是愉快的、满意的服务采购经验，且使其长期化。

2. 便利质量评估

便利质量评估包括建立合理的预期表现水平和利用既有预期水平作为购买后判断质量的基础。

3. 将服务实体化

教导买主应该寻求什么服务、教导买主如何评价和比较不同的服务产品及教导买主发掘服务的独特性。

【实例 8—3】

顾客对常规促销麻木了怎么办？能不能不这么简单粗暴？促销能不能也让人觉得好玩、有趣？

点了一份鱼，可以和服务员玩石头剪刀布的游戏，赢一次打一折，玩了 10 次，赢了 7 次，打了三折。大家都很开心，通过游戏赢得了三折。其实只是一条鱼打折，又不是全餐打折。可是大家觉得又好玩又开心，还等着下次再能大战一场呢。

如果和语义效应综合运用，那么效果会更好。

顾客吃完饭结账，消费 200 元。服务员推荐说“这顿饭你有机会可以免费，我们今天有个充值免单活动。您只要充值 800 元，这顿饭就可以免单，很划算呢”。全额免单？这是莫大的优惠啊！你想不到这是打折，但其本质，就是买 800 元，便宜 200 元，打了七五折。

——资料来源：中国营销传播网．花式打折，让促销更有趣，2018—09—25. 有删改.

4. 强调企业形象

强调企业形象包括评估顾客对该基本服务、该企业以及该业务代表的认知水平以及传播该服务产品、该企业以及该业务代表的相关形象属性。

5. 利用企业外的参考群体

激励满意的顾客加入参与传播过程(如口传广告),发展并管理有利的公共关系。

6. 了解所有对外接触员工的重要性

让所有员工感知其在顾客满足过程中的直接角色,了解在服务设计过程中顾客参与的必要性,并通过提出问题、展示范例等方式,形成各种顾客所需的服务产品规范。

三、公共关系

(一)公共关系的基本特征

公共关系是企业及其成员为了塑造企业的形象,获得内外公众的信任和支持,通过传播、沟通手段,与其相关公众建立和维持的相互关系。公共关系的基本特征如下:

1. 以信誉、形象为目标

信誉是公众对一个组织机构的总认识和总评价。信誉至上的思想是现代企业的灵魂。企业形象包括产品形象、员工形象、环境形象、公共关系形象等。

2. 以诚实、互惠为原则

诚实是公共关系活动的信条,企业向外界传递的信息必须真实、客观;另外,企业与公众联系的过程实际上是双方谋求需要满足的过程,一个企业在实现其自身利益的同时,必须让公众得益。

3. 以双向传播为手段

一个企业要在公众中树立良好的形象,一方面,要及时、全面地了解、搜集信息,为改善组织的决策和行动提供依据;另一方面,还要迅速、有效地把组织各方面的信息传播给相关公众,以争取公众的理解和支持。

4. 以长远为方针

组织要与众多的公众建立良好的关系,必须经过长期有计划的、有目的的、持续不断的努力,即开展公关工作不是权宜之计,而是长期的战略性任务。

(二)公共关系的工具

1. 宣传报道

宣传报道是介绍新服务的工具,它通过发表免费新闻消息或肯定的评价帮助广告商解释新颖之处。宣传报道的信息要想被新闻单位所采用,就必须实事求是、真实可靠,而且应包含媒体和受众都会感兴趣的内容。

2. 事件赞助

企业也可通过赞助足够有新闻价值的事件或社区服务实现新闻价值。同时,这些事件也有助于提高品牌的知名度。

3. 公益赞助

企业通过为社会公益事件提供赞助,将自己定位为富有爱心和社会责任感的企业,势必会受到人们广泛的关注并赢得他们的好感,从而提高品牌美誉度。例如:支付宝在杭州发布“十年支持”计划,即未来10年拿出10亿元支持中国女足发展。中国女足吴海燕、李影、王霜、古雅沙、韩鹏和彭诗梦等多名主力球员出席发布会。蚂蚁金服董事长兼 CEO 井贤栋在发布会上宣布，以支付宝公益基金会为主，马云公益基金会、蔡崇信公益基金会参与的女足扶持项目金额达到 10 亿元。未来十年，基金会每年拿出 1 亿元与中国足协合作，共同推动中国女足发展的创新与变革。

4. 互联网传播

国际互联网是新出现的一种公共关系工具。事实证明，企业在国际互联网站进行的新闻发布有助于新闻界、现有及潜在顾客、行业分析家、股东及其他人了解企业相关信息。同时，网站也是新服务构思和改进的公开论坛，可获得访问者的各种信息反馈。

(三)服务公关的重点决策

公关工作的三个重点决策是：

(1)建立各种目标。

(2)选择公关的信息与工具。

(3)评估效果。

这三个重点决策对所有的服务业公司都是必要的。许多服务业都很重视公关工作，尤其对于营销预算较少的小型服务公司。公关的功能在于它是获得展露机会而花费较少的方法，而且公关更是建立市场知名度和偏好的有力工具。

四、销售促进

销售促进也称营业推广，是指企业在特定的目标市场中，在短期内采用强烈的刺激销售措施，刺激需求和鼓励消费者购买产品或服务的活动。

有些服务营销学者对销售促进不太重视，他们认为：销售促进在传统观念中的样品、展示、购买点陈列都受到严格限制，同时，销售促进通常都不被视为一种重要的工具。然而，在过去 10～15 年间，许多服务市场的销售促进活动都在不断增加。但从整体而言，销售促进在营销上仍有进一步详加考察的必要。

英国一位销售促进评论家在一个特别重视服务业报道的刊物上写道："我们不能认为……销售促进是制造业的特权。那些服务产品的从业者与制造业一样，必须面对同样的困境……同样的营销上的问题，而服务业方面某些特殊的因素，往往使它们的问题变得更复杂，虽说有时候也因而较为严重。"其中，所指的特殊因素包括：

其一，由服务业特征造成的问题。例如，服务产品不能储存，因此，在销售促进措施的使用上，必须要有所顾忌，如使用高峰折扣定价技巧，平衡服务产品的需求数量。

其二，某些服务业者本身专有的特殊问题。例如，某些销售促进手段的使用可能涉及道德的限制，或者某一专业团体会认为某些方式太过躁进。因此，在实务上，销售促进的进行往往经过"伪装"或在另外的名义下进行。

(一)销售促进的目标

销售促进是以服务产品之外的某些特殊吸引力来吸引顾客的。销售促进的目标是由基本的市场营销沟通目标推衍出来的，而后者又是由产品的更基本的市场营销目标推衍出来的。从这个角度讲，销售促进的特定目标将依目标市场的不同而有所差异。就个人购买者而言，目标是通过出售额外的供给容量、变更购买时间来吸引和奖励常客和忠实顾客；促进对产品的试用，提高市场份额，挫败竞争对手的促销或先于竞争者促销。就分销网络(销售点)而言，目标是确保经销商的支持和推荐，获得宣传册展示空间并维持适当库存，维持进行产品推销的主动性，提高经销商对产品的了解。就销售队伍而言，目标是通过奖励提高销售量，改进分销网点对产品的展示，在主要的公司客户中实现销售“激增”的目标，奖励特殊的努力。

（二）服务销售促进的工具

1. 免费试用

顾客购买服务时往往感受到较大的风险，这在一定程度上抑制了顾客对新服务的关注。采用免费试用的方法可以降低顾客购买服务的风险，加快新服务的市场推广。如有线电视公司在规定的时间内对所有用户免费开放收费频道，希望他们了解和喜爱其中的一些节目，并愿意为此付出订购费。移动通信公司向所有用户提供一个月的手机炒股免费试用，以鼓励顾客试用它的移动网络服务。

2. 价格/数量促销

在一个有限的时段内，当顾客购买超过一定量的服务时给予价格上的优惠。这种策略有助于服务企业迅速建立顾客基础，同时可以提高预付的现金流入。如航空公司对订购双程机票的客户给予价格折扣，美容院低价向顾客提供服务年卡，两者都是采用了价格/数量促销。

3. 赠送优惠券

它通常有三种形式：直接降价、与最初购买者同来的一个或多个顾客可享受折扣或费用减免、在基本服务的基础上提供免费或有价格折扣的延伸服务（如洗车时免费打蜡）。优惠券往往被印刷在报纸、杂志上，或通过直邮方式发送，也可以在服务场所或其周围发放。如麦当劳、肯德基每个季度都会发放种类多样的优惠券，人们现在还可以方便地从网上下载这些优惠券。

4. 礼品赠送

它用来增加服务企业的有形要素，并显示企业独特形象。如移动通信顾客预存一定数额的话费，就能够获得各种各样的礼品，预存越多，所能获得的礼品就越好。又如当顾客长期使用某家银行信用卡进行消费时，银行就会根据其消费积分提供不同种类的奖品以资鼓励。这种促销方式在服务行业中被广泛应用。

5. 有奖销售

它可以被用来有效地增强顾客对服务经历的参与度和兴奋感，从而增加顾客对服务的使用。如餐馆开展与重大体育赛事相联系的类似抽签中奖的促销活动，鼓励顾客来此就餐。

【实例 8—4】

北京苏宁“双十一”返场大促

为了回馈消费者长久以来的支持，11 月 22 日至 11 月 24 日，北京苏宁启动“双十一”返场大促活动。活动期间，北京苏宁联合百大家电品牌打响品牌 PK 战，针对彩电、空调、冰洗、厨卫、数码 3C 等品类大力展开价格攻势，以优品低价的方式将“双十一”力度持续发酵。

活动整合玩法多，除了各大品牌之间的价格战让消费者轻松享受价格优惠外，北京苏宁还推出额外优惠政策，以下列举其中几种：

手段 1：预存定金 10 倍抵，最高可抵 500 元。主要目标是让消费者不再“错过”，用 10 倍的高额回报吸引眼球，刺激消费者快速果断地下订单。实际上相当于降价 450 元。

手段 2：满减优惠。在家电方面，消费者购买大家电及生活电器可以参与“满 1 000 惠 200”。实际上相当于打八折，但是相比于直接打折可能影响消费者对产品感知价值的下降，通过满减可以让消费者感到自己得了实惠，“占了便宜”。

手段 3：换新双倍补。以旧换新全套家电购买最高补贴 2 800 元，刺激本来没有急切购买欲望的消费者，例如当前家电凑合用的消费者，产生以旧换新的购买欲望，增加了消费频次。

手段 4:抽奖免单。活动期间到店购物即可参与抽奖,最高免单 4 999 元。让消费者有侥幸的心态,以无损失搏得大收益。通过抽奖,给消费者意外之得,也吸引下次再来,说不定能搏个免单呢。实质上,中奖概率很低,但对没中大奖的消费者,分发面值较小的现金券,作为安慰。让消费者有所得,又有了下次来消费的理由。

手段 5:VIP 返利。苏宁 SUPER VIP 享 2%购物返利。笔者认为苏宁可以把 2%的返利替换为最高返利金额数值。例如对于原价 5 000 元的大型家电,2%的返利,消费者会计算仍然要付出 4 900 元,但换一种语义效应会更好,改为苏宁 SUPER VIP 更享立减 100 元的优惠,让消费者感受到"占了便宜"。

手段 6:售后服务"一条龙"。中央空调、新风认筹安装费全免,提供"极速到家"服务,同时关注用户身边空调故障、家电清洗、家政保洁、寄件取件等痛点,通过苏宁易购、苏宁小店 App 即可就近预约苏宁生活帮服务。让用户省时、省力、省心。减少消费者购买的后顾之忧。

——资料来源:家电消费网,2019—11—22. 有删改.

五、口碑传播

口碑是一个企业的信用、可信度、可依赖性、经营方法和服务等方面的信息,可以由一位顾客传达给其他人。有研究表明,口头传播式的个人推荐是最重要的服务信息源之一。对服务业而言,口碑传播可能比其他沟通方式有更重要的影响。

(一)口碑传播对促销的影响

口碑传播对促销影响巨大,如果在口碑信息与促销信息之间存在矛盾,那么这两种信息交织在一起同时向顾客造成一种沟通效应时,广告及其他促销就会失去影响或者只有一点微小的影响。积极的口碑,减少了利用广告和推销进行营销沟通的庞大预算的需求。积极的口碑有利于得到大部分所需的新业务。阿里巴巴在创业初期,是以免费服务进行跑马圈地,因为免费而吸引用户,用户尝到甜头之后自发地进行口碑传播,又带来大量用户,海量的交易信息造就了阿里巴巴收费的理由,因为不使用收费产品,买家和卖家的信息就可能被淹没在信息海洋中,所以这种"先给鱼吃饵,再把鱼钓上来"的策略使阿里巴巴获得了巨大的利润。

(二)口碑传播的蝴蝶效应

口碑传播的蝴蝶效应是指口碑传播的乘数效应,这种效应在不同行业和不同情况之间差别很大。一般来说,消极效应通过口碑而放大的速度要远远大于积极效应通过口碑而放大的速度。乘数值一般在 3~30 之间。也就是说,当一位顾客有不好的服务经历时,他不仅会停止购买,而且还会告诉周围的 3~30 个人,使得他们也取消购买打算。相反,顾客通常也会把一些好的服务经历告诉他人,但人数会有所减少。

一份权威机构对北京、上海、广州、成都、武汉、南京、西安、沈阳、郑州和大连 10 个城市的 4 851 位 18~60 岁的普通居民进行的有关新产品口头传播的专项调查结果显示,39.5%的受访者经常会和别人交流关于购买及使用商品的经验,仅次于交流社会热点问题(50.7%)、子女教育问题(44.5%)以及生活小常识(41.1%)的人群比例。进一步分析数据还会发现:经常交流"购买及使用商品的经验"的消费者不仅会相互"介绍购物场所"(48.7%)、"介绍购买和选择商品的经验"(37.6%)、"推荐品牌"(37.4%)、"交流价格信息"(34.8%)、"推荐打折促销活动"(37.8%)、"介绍新产品性能"(29.6%)、"推荐具体的产品"(18%),也会传播"产品使用中失败的经验或不好的感受"(25.7%)。由此可见,口碑营销对企业或品牌的发展有很大的促进作用,值得每一位营销人员去深挖其中的奥秘。

网络时代，口碑传播已经不再是传统的口口相传了，基于网络的信息自由流动正在深刻地影响整个社会的方方面面，口碑传播借用网络的力量以光速、海量、无边界地存在。相对于传统的口碑传播，当前基于 Web2.0 网络时代的口碑传播更加复杂化，新闻、博客、BBS、各种网络社群都已经形成了网络口碑传播的重要渠道，如何使这些渠道“为我所用”加强企业品牌正面营销值得每个企业重视。

(三)开发口碑传播渠道建立业务

专业的服务营销人员应该经常鼓励他们的顾客把服务介绍给周围的其他人。

在开发口碑传播渠道时尤其要注意“意见领袖”的作用。“意见领袖”是指活跃在人际传播网络中，经常为他人提供信息、观点或建议并对他人施加个人影响的人物。意见领袖不仅仅是一种消费力量，而作为一种非正式的交流方式，意见领袖还对消费者的购买决策具有决定性的影响。

某些产品在正式推出之前的“口碑试用”不可忽视。比如，Faceu 在进行产品分析的时候，发现用户群是女性居多，以“90 后”和“00 后”为主，这一类用户的特点是：跟随流行，喜欢娱乐。所以 Faceu 在年初进行初期推广的时候，就考虑首先从明星 KOL 开始着手，又考虑到相机类的用户主要是女性居多，男性艺人在初期带事件可能要比女性好，所以就找一些男性明星进行投放。最终 Faceu 团队首选的是当下最红的《太子妃升职记》，太子妃带红了一批艺人，话题又稳居话题榜榜首，所以选择了其中的主演之一于朦胧。最终，通过 4 天的推送，＃全民吐彩虹＃的话题达到 8 000 万的阅读，相关的明星＋网红＋营销号的阅读也达到了 5 000 万次，微博相关的互动分享每天有万余次，整个热度基本维持，让 Faceu 最终登上了苹果免费榜的首位。① 通过小范围试用可以实现几个方面的好处：首先，收集用户的反馈，特别是一些“意见领袖”的意见，在可能的条件下对存在的真实问题进行弥补；其次，主动影响、引导和适当利用“意见领袖”的意见，形成“对我有利”的形势；最后，针对“意见领袖”的意见反馈，制定后续营销策略，对可能存在的口碑传播进行预期，并提出相应对策。

常见的传播渠道有产品发布会、媒体试用活动、专业测评等，同时企业应在媒体传播、广告宣传上加强良好用户体验的宣传，主动引导口碑传播。

第三节　服务促销组合

一、服务促销组合的含义

服务促销组合又称营销传播组合，是企业在指定时期内运用广告、人员推销、公众宣传、营业推广等基本促销方式混合运用，激励和诱导目标市场消费者购买行为的策略。促销组合体现了整合营销传播观念，即组织或其产品追求一种专一的市场定位理念，它依赖于计划、协调和整合组织的所有沟通工作来实现，其核心就是把各个促销组合要素组合成一个声音。也就是说，不论信息来自广告、现场推销人员、宣传报道还是报纸上的优惠券，顾客收到的信息都应该是一样的。

从顾客的角度看，企业的信息沟通工作已经是综合的了。对顾客来说，媒体广告、销售促进、公关宣传、人员推销都是“广告”。营销人员从管理角度出发才将这些沟通要素进行分解。

① 资料来源：注意力经济时代，如何利用 KOL 进行推广，2019－09－26.

遗憾的是，很多营销人员在策划服务促销时忽略了这一点，以致在使用各个营销传播工具时，促销努力不协调。其中最常见、最典型的不协调出现在人员推销和其他组合要素之间。企业应树立整合营销传播观念，为其各自业务建立统一的形象，持续统一地追求服务的清晰定位，做好与顾客的沟通。

二、影响服务促销组合的因素

尽管企业的促销手段很多，但企业并不是可以随心所欲地选择促销工具。一般来说，服务机构选择促销工具或制定促销组合，应综合考虑以下因素：

(一)市场特点

目标市场的特点是影响促销组合的因素之一。一般来说，目标市场范围大或者市场分散，适宜做广告；反之，应实行人员推销。如果目标市场的收入水平高，可多运用广告和公共关系；反之，应多使用人员推销和销售促进。

(二)购买者准备阶段

促销工具在不同的购买阶段有着不同的成本效益。图 8－3 所示为三种促销工具的相对成本效益。广告和公关宣传，在创立知名度阶段起着十分重要的作用。顾客的理解力主要是受广告和人员推销的影响。顾客的信任度大多受人员推销的影响。销售成交主要是受到人员推销和销售促进的影响。产品的重新订购也大多受人员推销和销售促进的影响，并且在某种程度上广告的提醒也起了一定的作用。

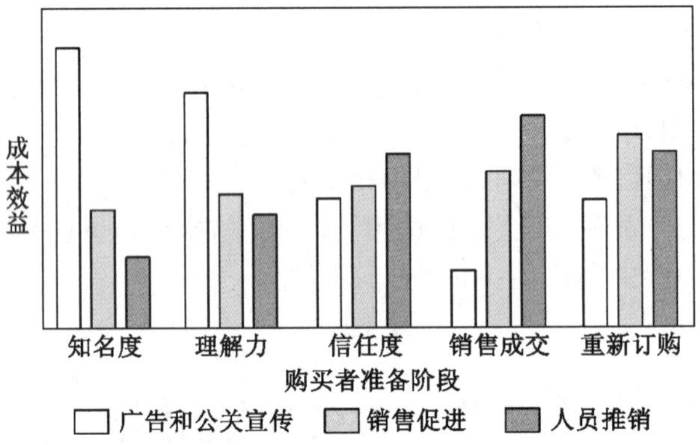

图 8—3　各种促销工具在不同的购买者准备阶段的成本效益

(三)促销预算

促销预算的多少直接制约着促销手段的取舍和组合。一般来说，企业资金充裕，就可以使用广告；如果企业财力薄弱、资金不足，就应以人员推销为主，集中力量争取中间商，辅之以必要的广告。

(四)促销目标

促销目标不同，促销组合就应有所差异。如果企业的促销目标是迅速增加销售量，扩大市场份额，应更多地使用广告和销售促进；如果企业的目标是树立企业形象，以长期占领市场，则应重点使用公共关系手段。

总之，任何管理方式的运用都是有条件的，促销也不例外，企业必须根据自己的需要，选择适当的促销组合，并与其他营销策略结合，以达到事半功倍的效果。

本章小结

服务促销是指服务机构借助各种促销手段向公众传递服务活动的具体信息，起到告知、劝说和提醒的功能，以促使顾客理解、接受本企业的服务。

服务促销可以采用多种方式，由此形成服务促销组合。服务促销组合包括服务广告、服务人员推销、服务销售促进和服务公关宣传等。口碑传播是服务企业应当重视的一种信息源，企业应当加强口碑传播渠道的开发。

不同的服务促销组合形成不同的促销策略，企业在设计促销组合时应综合考虑市场特点、购买者准备阶段、促销预算和促销目标等要素。

复习思考题

1. 请结合某一行业或企业举例说明其服务促销目标。
2. 请列举服务销售促进的几种方法。
3. 企业在制定服务促销组合策略时，应考虑哪些因素？

案例讨论题

亚马逊的六大促销活动

随着电子商务的发展，购物的方式更加便捷，人们从线下实体店购物（线下完成资金流和商品流）转向电话购物（线上购物，线下完成资金货物流），再到线上购物（线上资金流、商品流、物流），再到跨境电商发展无国界购物，不少商家看到商机，纷纷转型跨境电商亚马逊平台开店。为了加大平台的流量和商品成交单量，跟随市场的规律，平台确定了集中打折促销的时间，推出了各种促销活动。商家也几乎全部在积极参与，会在活动开展前半年甚至更久，就在为活动做策划做准备，储备足够的货物，寻找优质的货源，这样做不仅是为了加大店铺的流量和产品成交量，同时也为店铺做了推广，可以开发更多潜在用户，用户的数量就会慢慢形成一个增长的趋势。

亚马逊主要的促销活动有 PRIME DAY、LD&BD、TD、黑色星期五、网络星期一和返校季。进入促销管理页面，又会有多种设置，包括社交媒体促销码、免运费、购买折扣、买一赠一和亚马逊抽奖等。

PRIME DAY 的意思是亚马逊会员日，是为了庆祝亚马逊成立几周年而推出的全球购活动，各个站点的促销时间不同，不过共同点都是折扣最大。

LD 的意思是，具有时效性的秒杀活动，每年的大促日，都非常火爆，参与度极高。BD 也是一种秒杀活动，LD 与 BD 有区别，LD 商品的展示时间一般为 4～6 个小时，而 BD 秒杀时间为 14 天。

TD 是亚马逊做的今日活动，为不定时的打折促销。

黑色星期五，简称黑五，是每年 11 月后的最后一个星期四，也就是感恩节的第二天，折扣大，影响力也很大。黑色星期五促销活动的条件众多。价格折扣：过去 30 天内最低价的 20%。评价：产品评价不低于 3 星。产品：必须是新品，变体产品的子产品都要参加秒杀。促销时长：4 小时。

网络星期一，是每年感恩节后的第一个星期一，网络星期一的折扣与黑色星期五差不多，影响力也很大。

返校季，时间是美国的 6 月 27 日，亚马逊平台专门针对不同的年龄段学生推出特定的商店，多销售一些教育工作者需要的课堂学习必需品，由于销售的目标客户群明确，所以促销活动的影响力在短期时间段内是十分大的。

促销的设置可以提高关联流量的形成，虽然亚马逊站内非常在意关联流量和流量闭环的打造，但对于大部分单一的卖家来说，努力把一款产品卖成爆款，系统也会自然将你的产品和更多的其他同类产品关联起来，借助于别人的产品为自己引流，这才是更值得抓住的关联流量。

——资料来源：搜狐财经，2019—07—17. 有删改.

共同探讨：

1. 亚马逊在促销活动时采用了哪些促销手段？
2. 你认为亚马逊的店家应该如何留下促销流量？

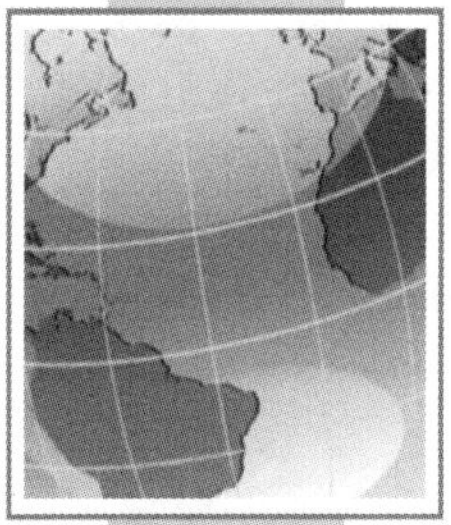

第九章
服务人员和内部营销

学习目标

了解服务人员、顾客及其对企业的作用。

了解服务人员的内部管理和服务沟通。

掌握内部营销的含义和内容。

熟悉内部营销的策略。

案例导入

大多数公司只注重外部营销，追求品牌忠诚度和顾客满意的价值，而忽视了内部员工满意的一面。酒店行业人员流失过高一直是各大品牌中存在的严重问题，但美豪酒店集团却是例外。据了解，美豪酒店集团始终保持年人员流失率2.9%的超低指数，这也成为美豪保持高速增长并以“亲情化服务体验”火速跃升中端酒店行业第一阵营的重要原因。

目前在美豪全国多地门店已经出现一房难求的火热局面。从OTA网站满分好评推荐，到实际探访的温暖感受，美豪人充沛的热情和认真细致的态度最让人打动，而这完全得益于美豪酒店集团在团队建设和人文关怀上的不遗余力的投入。

一、美豪酒店(西安行政中心店)——“忙碌”后的欣喜和满足

最近一段时间，在美豪酒店(西安行政中心店)工作的小张格外繁忙，但是却一天比一天开心，因为他们的员工宿舍很快就要改建完成了。因为宿舍没有电梯，采购的架子床、床板、物品柜全部由门店管理人员带领全体员工搬至宿舍，其中过程比较艰辛，但大家依然兴致满满。

墙面重新粉刷、卫生间重新改造……一个月的时间宿舍改建完毕，小张说，作为老员工，让她感觉最好的就是每天回到宿舍心情格外惬意，现在宿舍里有了空调、淋浴、暖气、洗衣机、冰箱、饮水机、WIFI等设施，满足日常所需，宿舍整体环境得到很大改善，这里就是她们舒适温馨的家，非常感谢公司和董事长对员工的关怀。

二、美豪广州三家门店联动——旅行在外的感动与收获

7月刚刚结束的美豪广州区域三店团建活动，让每一个美豪员工都全身心得到放松。在涌涌波涛的海面，他们对着阳光开怀大笑；在绵软的沙滩上，一起拍照，一起散步，让他们知道生活中不只有匆忙。

作为刚到美豪仅有3个月的新员工小邵来说，亲切如同家一般的氛围，是在过往职业生涯中从没有过的经历。在工作中他们互相帮助，在生活上他们互相鼓励，尤其是在这次团建活动中，作为新人的他完全融入了这个大集体中。看着每个人洋溢在脸上的笑容，工作的压力也被全然释放。

三、连接一切美好的“三个5”

为了充分激励团队，保证每一位美豪员工能够在良好的环境中工作生活，美豪酒店集团在全国门店统一实施了“三个5工程”。

据了解，美豪酒店集团将给予全国各门店15万元员工福利津贴，其中包括5万元食宿提升津贴、5万元学习考察津贴和5万元团队建设津贴。

感恩员工、爱护员工，美豪酒店集团对于每一位员工的关注与关怀，是“三个5工程”得以实施的底层基础，也正是在这一份信念的驱动下，每一位美豪员工的工作、生活实现了全面提高。

以创造"满意＋惊喜"超值服务体验的美豪酒店集团，这一次再次用实际行动，感动着每一位美豪人。

增强员工满意度、提升员工幸福感，是当代企业发展的重要议题，已成为中端酒店行业主导者的美豪酒店集团，正在用另一种方式诠释民族酒店品牌的大爱！

——资料来源：于新陆．美豪酒店集团"三个5工程"．凤凰网，2018—10—14．有删改．

思考：

1. 美豪酒店给予员工福利与关怀的意义何在？
2. 美豪酒店的案例对服务业有何启示？

第一节　服务人员与顾客

一、服务人员和顾客

（一）服务人员

服务活动依靠服务人员与顾客的交往活动来实现，服务人员对服务行业至关重要。像医疗、航空、教育、商品零售等服务行业，员工因素显得尤其重要。由于服务的无形性特征，顾客往往将服务人员等同于服务本身。如人们对银行服务质量的判断，很大程度上从银行工作人员着眼，如果他们服装整洁、态度亲切、语言和蔼、业务熟练，人们就会对这家银行有个良好的初步印象，对其产品的服务质量也能建立起基本的信任。因此，对服务企业来说，高素质的员工参与是提供服务必不可少的条件；同时，员工的服务态度和服务技能也是决定顾客对服务满意与否的一个关键因素。

在服务业中，不同的人员直接参与营销活动的程度或直接接触顾客的程度有所不同。服务企业的员工可以分为两类：一类是必须与顾客直接接触的员工；另一类是无须与顾客直接接触的员工。那些与顾客发生直接接触的员工，对顾客的服务感知影响最大。在顾客看来，他们实际上就代表着服务。如银行的柜员、飞机上的空姐、酒店的服务生、教师、护士以及其他前台员工，都被顾客视为服务。当然，服务表现的好坏同样依赖那些幕后的员工，如果他们工作出错，比如机场的行李处理人员搞错了行李、餐厅的厨师做错了饭菜，这不仅会引起他们的前台同事的焦虑，也会破坏顾客的服务体验。

（二）顾客

顾客是对服务企业的营销活动产生影响的另一个重要因素。如果顾客对企业提供的服务感到满意，不仅会引发其后续的购买行为，还会产生对企业有利的口碑效应，会对其他的顾客谈到此服务公司，从而对潜在顾客产生积极影响。而这一切最终都会给企业带来持久和丰厚的利润。

（三）服务的技术性质量和功能性质量

顾客所接受的服务包括两个要素：技术性质量和功能性质量。技术性质量是指顾客在与服务企业之间交易后所得到的实质内容，如大饭店的房间、餐厅的一顿餐饮、搬家公司的搬运服务等。技术性质量可以通过客观方式加以评估，并成为顾客对某项服务评价的重要依据。功能性质量是指服务的技术性要素是如何移交的。服务的功能性要素有两项最重要的构成，即过程和服务体系中的人。功能性质量虽然不易于进行客观评估，但也是顾客对服务评价的重点。功能性质量主要包括的要素有：员工的态度、员工的行为、员工间的关系、与顾客有接触的其他顾客及其行为、服务人员的外观、服务对于顾客的可及性等。

二、服务人员和顾客对服务企业的作用

服务人员和顾客对服务企业的作用，可以通过服务利润链来理解，如图 9—1 所示。

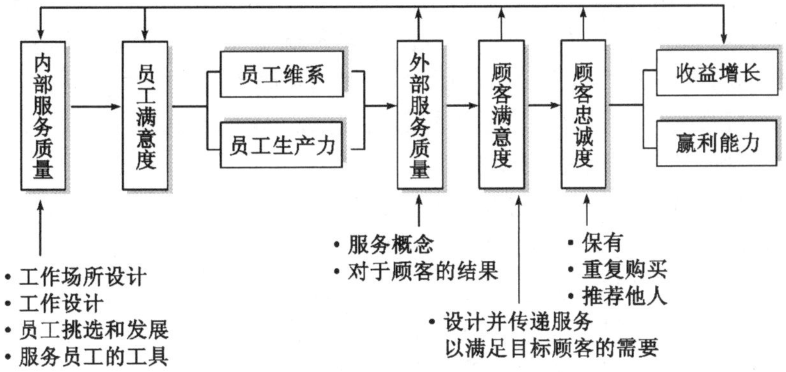

资料来源：克里斯托弗·H.洛夫洛克．服务营销(第三版)[M]．陆雄文，庄莉主译．北京：中国人民大学出版社，2001.

图 9—1　服务利润链

由图 9—1 可知，企业的利润及其增长主要由顾客的忠诚来激发和推动；顾客的忠诚是顾客满意的直接结果；顾客满意与否在很大程度上受到提供给顾客的服务质量和价值的影响；高质量的服务是由满意、忠诚和富有活力的员工所创造的；而员工的满意度则又来源于一个能使员工对顾客进行有效服务的高质量的服务支持系统和相应的政策。

服务利润链的起端说明：内部服务质量是基础，内部服务质量可以通过评价员工满意度而感觉出来，即通过员工评价对自己的工作、同事和公司的感觉而得出，其中最主要的是来自员工对自己工作的评价。而员工对企业内其他人的看法和企业内部人员互相服务的方式也对内部服务质量产生影响。这说明企业内部人力资源的管理影响着员工的满意度，从而最终引致企业外部服务价值的实现。

服务利润链的终端说明：忠诚顾客在一个服务企业的销售和利润增长中的作用举足轻重，因为他不仅会拒绝竞争者而来购买本企业的产品，还会义务向别人宣传。有些企业调查结果显示，最忠诚的顾客不仅创造了企业的全部利润，而且还弥补了忠诚度较差的顾客给企业带来的损失。可见，服务企业制胜的关键在于充分培育员工和努力服务顾客。

第二节　服务人员的要求与管理

一、服务人员的要求

(一)基本要求

服务人员特别是一线和前台的服务人员是直接接触顾客的人员，服务是通过他们提供给顾客的，而顾客也正是通过他们参与服务和对服务施加影响的，一线人员是整个服务营销的人格化，具体表现在：

一线人员就是服务本身。许多服务主要就是直接向顾客提供人员，如家政服务所、律师事

务所、学校、医院、演出单位、足球俱乐部等。这些服务商的服务实绩很大程度上取决于服务人员。即使不直接提供服务人员，人员因素也是主要的，如银行的自动取款机要保持正常的服务，必须有人加以维护。如果维护人员出了问题，自动取款机的正常服务就难以保证。

一线人员是服务商的化身。制造业公司的化身是它们的实物产品。服务商提供的主要是服务，是无形产品，因此很难作为自己的化身。在顾客眼里，服务人员就是服务商的化身，服务人员代表着服务商，服务人员的行为、素质和形象代表着服务商的行为、素质和形象。因此，一线人员的一言一行都会影响到整个服务商的形象，客观上具有整体意义，尽管许多一线人员主观上并不愿意让自己的言行代表整体。

一线人员是服务营销人员。服务生产与交易的不可分性要求一线人员必须兼任营销。即使服务业有营销人员与服务人员的分工，也不能改变服务人员必须兼任营销的要求。如航空公司有机票销售人员与机组人员（服务人员）的分工，但乘客买到机票不等于与航空公司之间交易的结束，尚未结束的交易（或营销）任务还需机组人员继续执行和完成。只有当乘客下了飞机和离开机场时，航空公司与乘客的交易（或营销）才算结束。可见，航空服务营销人员不仅包括机票销售人员，更重要的也包括机组（服务）人员。

一线人员直接影响服务质量。服务质量的可靠性、反应性、保证性、关怀性和有形性维度都直接与一线人员的质量有关。为了更好地发挥一线人员在服务营销中的作用，必须做到以下几点：

（1）要求一线人员保持身心状态的稳定性，加强对人员的监督、控制，以减少服务偏差及增强服务质量的稳定性和可靠性。

（2）要求一线人员具备灵活应对的能力，以增强服务质量的反应性。

（3）要求一线人员提高服务技能、服务知识水平、服务专业化水平和服务文化素养，以及诚信度，以增强服务质量的保证性。

（4）要求一线人员热情和富有同情心，关心和倾听顾客，以增强服务质量的关怀性。

（5）要求一线服务人员注意仪表、穿着、打扮、表情、姿势、动作和语言等视觉和听觉形象，以增强服务质量的有形性。

（二）服务角色化

服务角色化，是指服务商让一线人员在服务过程即与顾客的交际中忘我地进入角色，将服务过程变成演剧过程，将服务中的互动关系变成角色关系，也可称为角色营销。所谓进入角色，是指：（1）一线人员的仪表、语言和行为举止都达到服务商所设计的角色规范的要求；（2）一线人员必须达到忘我的境界，即在服务中排除自我干扰，严格按照角色规范要求自己；（3）一线人员要引导顾客也进入角色，明确顾客在服务过程或服务关系中的角色定位。

服务角色化的关键是处理角色与自我之间的矛盾。在服务中要求一线服务人员的角色代表公司为顾客服务，但他们潜意识的角色又代表自我与顾客交际。这种现象也称扮演双重角色，即公司角色与自我角色，这双重角色之间是有心理冲突的。

例如，某一线人员自我对某顾客的印象很差，这种从自我角度出发的评价就可能影响他（她）对该顾客服务的质量。如果该一线人员能够“忘我”，即不顾或抑制自我对该顾客的看法，而完全站在公司角色的角度来看待顾客，那么，就可能不影响对该顾客服务的质量。

服务人员的双重角色引起的矛盾是普遍存在的，因为绝大多数服务人员在经受严格的训练以前都很难放弃“自己本人”那个角色，很难完全“忘我”，很难完全进入服务商给他们设计的角色。服务人员的自我角色经常干扰服务商要求的角色，这是影响服务标准执行的一个因素。

服务商解决一线人员双重角色冲突的办法，主要是通过严格的训练增强服务人员的心理素质，善于“忘我”，善于进入角色，变双重角色为一重角色——公司角色。一个人“忘我”和进入角色的能力，也就是表演能力和演戏能力。一个演员在排戏和演戏时可以完全不在乎“挨打挨骂”，因为已经进入角色，已经忘我。他(或她)感到挨打挨骂的人不是他(或她)本人，而是戏中的角色，这种打骂对他(或她)本人的人格没有丝毫损失。这个原理可以用到服务营销中来。一线人员在服务中应当学会演戏或表演，应当努力忘我和进入公司角色，这正是许多优秀服务人员的共同特点。

二、服务人员的内部管理

对于服务企业来说，顾客关系反映了员工关系，即组织(尤其是管理者)如何对待员工，员工就将怎样去对待顾客。有研究指出：如果管理人员帮助员工解决问题，员工也就会为顾客解决问题。管理人员、顾客和员工之间的信息传递如表9—1所示。

表9—1　　信息传递表

管理人员──→员工	员工──→顾客
(1)关心员工遇到的问题并帮助解决 (2)使员工了解组织内部发生的事情 (3)树立组织的整体观念，增强员工的责任感 (4)尊重员工 (5)适当下放权力并支持员工的决定	(1)乐于帮助顾客的服务态度 (2)由于熟悉业务，能够为顾客提供服务 (3)热爱本职工作并有能力为顾客服务 (4)把顾客作为具体的个人对待 (5)努力使顾客相信企业所做的承诺能够实现

许多研究表明，如果管理人员与员工之间没有良好的关系，员工与顾客之间的关系几乎不可能保持融洽。如果组织内部的行为规范和价值观与员工们在同顾客交往中的外部行为规范和价值观不一致，往往会导致服务质量降低，并对员工激励和顾客满意度产生负面影响。

(一)关心员工遇到的问题并帮助解决

管理人员应关心员工遇到的问题，既包括公事也包括私事。不要使员工时时感觉到与管理人员之间的距离，要使他们有畅所欲言的环境。管理人员在与下属交往时应尽量避免显示自己的权威性，同时可采取一些效果明显的措施：

(1)定期举行基层员工会议，可使高层管理人员从这些普通员工中得到建议。

(2)企业为员工提供一些福利性的帮助，例如，通过赞助援助员工计划、日间看护中心、为员工做信用担保等方式以表示对员工需求的关心。

(3)企业制订一些支持员工的计划，包括提供服务、职位阶梯和分享企业利润等。

(二)让员工了解组织内部发生的事情

如果每个员工都了解组织内部发生的事情，会使企业在对顾客的服务过程中得到好处。通用电气公司的做法是定期把所有员工召集在一起，然后分成许多小组来讨论公司事务。这种做法能使员工对企业的事务有更多的参与，员工需要了解的企业事务主要有以下几个方面：

(1)关于销售、利润、新产品、服务和竞争的综合情况。

(2)其他部门的活动。

(3)关于企业在实现目标上的最新发展及完成目标的情况。

(三)树立组织的整体观念，增强员工的责任感

在新员工加入时就开始培养员工的责任感，让新员工在一开始就学会对顾客和对其他员

工负责。要使这项工作持续进行，还需关注顾客对负责任的员工的反馈信息，经常回顾工作中员工表现出责任感的行为，对那些很好地为顾客服务的员工进行当众表扬。

(四)尊重员工

当员工感觉不到被上司或同事尊重时，他在对顾客提供服务的过程中往往会显得急躁。管理人员在与员工的交往中应注意自己的言行，处处体现出对员工的尊重。例如：

(1)及时表扬出色完成任务的员工。

(2)记住下属的名字。

(3)尽量避免当众指责员工。

(4)为员工提供清洁、适用的设备。

(5)注意礼貌用语。

(6)认真倾听并尽力去理解员工的看法。

(五)适当下放权力并支持员工的决定

管理人员对员工给予充分的支持会令员工做得更好，下放一部分权力会使员工更加主动、积极地为顾客提供服务。具体可做好以下工作：

(1)为员工提供配备的人员、资源及相关知识等。

(2)采取合理的加薪计划。

(3)为下属所犯错误承担相应的责任。

(4)把注意力集中在解决问题上，而不是一味地责备。

当然，支持员工是在一定的范围内，比如说在为下属所犯的错误承担相应领导责任的同时，也应对下属员工进行一定的惩罚。

三、服务沟通

(一)沟通在服务营销中的意义

营销即沟通，服务沟通在服务营销中具有重要的意义和作用。

1. 宣传服务内容

当消费者面对一个新的、复杂的甚至专业性很强的服务项目时，他将很难理解服务是什么、能满足什么需要、服务质量如何、服务能带来什么好处。于是，他们很难像乘车、购物、干洗衣服那样草率地决策购买，此时消费沟通将回答这些问题。可见，服务沟通对于消除服务陌生感、推动服务购买的支持作用是决定性的。

2. 说服服务尝试

在购买不可感知的服务时，简单的服务内容介绍是无法消除感受风险的。保险公司低于预期的补偿、旅游计划中未兑现的行程，这些经历将强化顾客对新服务的防范意识。因此，沟通不仅要提供信息，还要提供保证，而保证最有效的方式便是让顾客亲身尝试。所以接受一次局部体检，比如说让顾客体验一次健身运动，就是说服顾客进行周期性全身体检和购买季度健身卡的最好沟通方式。

3. 展示服务差别

“在比较中实现鉴别”的消费心理会驱使消费者希望能了解企业与其竞争对手的服务有何差别，甚至同一企业此次提供的服务与以往有何差别。服务沟通的一大任务就是展示本企业的服务优势和服务改进，这是帮助顾客“鉴别”、敦促其尽快做出消费决策的有效手段。

4. 纠正错误感受

顾客经常会出现感受的服务缺陷超过实际的不足这样的错觉，有时甚至会因为误会而恶化对服务的印象。通过解释，纠正感受上的误差，并表达企业努力改进服务的决心，会深刻地留给顾客真诚的服务形象。

5. 创造顾客忠诚

服务感受风险的存在使顾客每一次消费选择都小心谨慎。但是一旦跨越了这道障碍，对风险的回避便转化为对品牌的坚定。此时定期地进行顾客沟通，消除顾客刚刚萌芽的对服务的不满，品牌忠诚将在顾客心中植根。

6. 明确服务定位

服务应该被企业预选的目标顾客以一定的形象而接受。这个形象是战略性的，是与对手差别定位的。在顾客中明确服务形象，要依靠广泛的服务沟通，让顾客在沟通中自己体会，达成共识，而不是立一块大招牌：我的形象是××。

7. 强化顾客记忆

如果说沟通的第一层目的在于让顾客了解有一种服务可供使用，它有一定的特点，能带来一些好处；沟通的第二层目的在于向顾客保证他们的选择是正确的，能从服务中获得最大的满足；那么沟通的第三层目的就在于不断强化顾客在服务中获得满意的感受。如果顾客相信自己实践过的服务具有比较优势，那么他对服务的忠诚会远远超过对实物产品品牌的忠诚。

(二)开发有效沟通

心理学家认为，沟通主要经过了几个步骤(见图 9—2)。发送者和接收者是沟通中的主要参与者，对于企业营销而言，是指企业及其目标受众。信息是指双方希望沟通的内容。沟通中的主要职能通过编码、解码和反馈实现。需要注意的是，在发送信息的过程中可能会受到干扰而使信息不能准确传播。

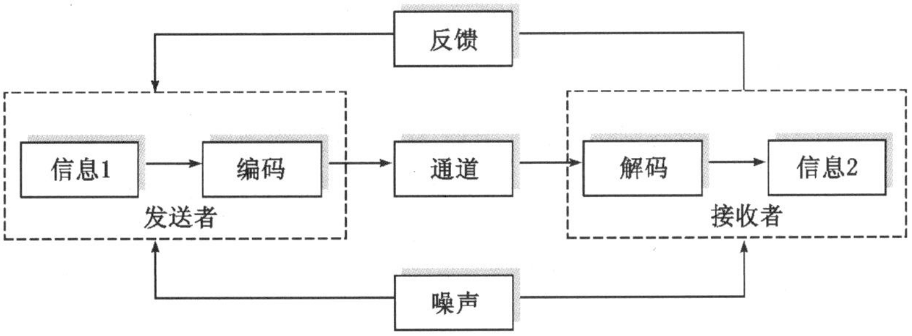

资料来源：吕书梅. 管理沟通技能[M]. 大连：东北财经大学出版社，2008.

图 9—2　沟通模型

沟通模型强调了有效沟通的关键要素，对服务营销人员开发设计有效沟通策略具有重要的指导意义。从该模型可以看出，沟通策略的开发可以通过 5 个步骤来完成：识别目标受众、确定沟通目标、设计沟通信息、选择沟通渠道、评估沟通效果。

1. 识别目标受众

要想开发有效的沟通策略，服务营销人员首先需要知道他们主要沟通的对象是谁。这个对象可以是他们的主要顾客群或者潜在目标顾客群。目标受众的情况和购买行为决定了沟通者的沟通策略：表达什么，如何表达，何时表达，通过什么表达以及由谁表达等。

2. 确定沟通目标

一旦确定了哪些人群是主要的沟通对象，营销人员紧接着要确定沟通的目标，即为什么沟通，希望达成什么样的效果。服务营销人员的最终目的是把服务销售出去，发展潜在顾客，并让现有顾客成为其忠诚顾客。这就必须首先让顾客知道服务的存在，了解服务，最终能购买、信赖并喜爱这些服务。这是一个长期的过程，而营销人员需要明确目标受众对于服务的态度，然后确定还需要对现有的目标和措施进行哪些改进。

3. 设计沟通信息

设计有吸引力的沟通信息是沟通成功的保障。为了使沟通获得预期的效果，营销人员需要解决三个问题：说什么、怎么说、谁来说。

4. 选择沟通渠道

沟通包括人员沟通渠道和非人员沟通渠道，其中又包含多个子渠道。在服务营销过程中，更多的是通过人员沟通渠道来实现的。人员沟通渠道包括两个或更多的人相互之间直接进行信息传播。他们可能是面对面，或者通过电话、电子邮件等形式进行沟通。在不少情况下，人们希望有人向他们推荐或者介绍服务内容。尤其是对那些价格昂贵、有一定风险或购买不频繁的服务或产品而言，人员沟通起了很大的影响作用。

5. 评估沟通效果

发出信息后，沟通人员必须评价沟通效果，即看一看信息对目标市场的影响，包括目标顾客是否记住了信息，记住了多少，其浏览信息的频率，其对信息的评价如何，以及对企业的看法是否因为沟通而有所改变等。沟通人员也要去评价这些信息所引致的市场行为，如有多少人购买服务、多少人提出服务咨询或者浏览服务和企业信息等。

第三节　内部营销

一、营销“铁三角”

服务企业要提供优质的服务，涉及服务企业的管理层、服务实际提供者、顾客三个层面，他们之间构成了一个三角形。这个三角形表明了共同开发、促进和提供服务三个相互关联的组合。服务的关键参与者如图 9—3 所示。

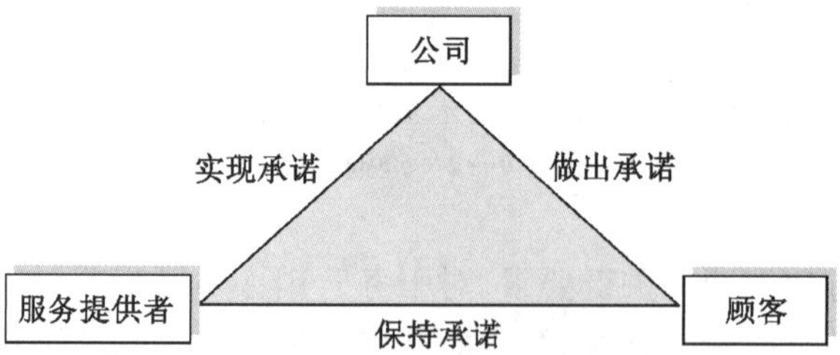

图 9—3　服务营销“铁三角”

三角形的三个顶点分别是服务的三个参与者，三个顶点的任意两点之间，有三种类型的营销，它们是使服务成功而必须进行的活动：外部营销、内部营销和互动式营销。所有这些活动都涉及做出并保持对顾客的承诺，外部营销做出承诺、内部营销实现承诺、互动式营销保持承诺。对于服务来说，这三类营销活动都是建立和维持与顾客关系所需的基本活动。

(一)外部营销(公司—顾客):做出承诺

服务企业通过市场调查,了解顾客的需求、期望以及提供方式,要向顾客做出承诺。做出承诺的方式很多,可以通过传统的营销方式如广告、促销、价格等传递信息,也可以通过服务营销所特有的服务人员、服务设施、服务过程本身来传递信息。服务企业应根据自身的条件、基础及同行业标准向顾客提供服务保证。为了使企业的服务更加贴近顾客,服务企业可以通过与顾客进行双向交流,了解顾客期望,使服务承诺更加可行。

(二)互动式营销(服务提供者—顾客):保持承诺

服务企业做出的承诺必须在实际服务中得以实现。由于服务生产与消费同时进行,服务一线的员工直接向顾客提供或销售服务,在服务过程中的表现及与顾客的互动情况都是对企业服务质量的检验。

(三)内部营销(公司—服务提供者):实现承诺

营销的第三种形式——内部营销发生于实现承诺的过程中。为了使服务提供者和服务系统按照做出的承诺提供服务,他们必须具备提供服务的技艺、能力、工具和动力。这些基本的营销活动被称为内部营销。一个企业做出承诺是容易的,但要实现所做出的承诺,就必须对服务提供者进行挑选、培训,提供相应的服务设施,建立内部管理制度,建立管理标准,加强奖惩,这样才能把服务承诺保持下去。

对于服务来讲,这三项营销活动都是服务营销成功的关键。在服务营销三角形中缺少任何一边,整个营销活动都不能获得有效的支撑。

【实例 9—1】

酒店业的内部营销

在巴厘岛凯悦酒店,“关怀”在酒店所开展的一切活动中居于中心地位。向酒店员工展示关怀和向入住酒店的客人表示关怀一样重要。与凯悦的信念“关爱每一个人,让他们尽善尽美显真我”相一致,巴厘岛凯悦酒店建立了一个“庇护所”,我们的员工可以在这个“庇护所”中休息一下,开展社交活动和恢复活力。酒店员工餐厅 D'apur Jukung 被精心设计,就像客人用餐的餐厅那样炫酷和令人感觉舒适,这个餐厅拥有自己的餐厅经理,以及高品质餐具、陶瓷器和玻璃器具。

D'apur Jukung 使用了许多再生材料。马加莉与当地木工公司 Good Guys 合作,将再生木材用于天花板装修和多功能堆放架。巴厘岛凯悦酒店的公关经理布兰—巴拉塔(Bulan Bharata)说:“将再生材料和新材料结合到一起,让 D'apur Jukung 能够以独一无二的全新视角来展现食堂风貌。”布兰补充说:“我们想要让 D'apur Jukung 成为一个恢复活力和同事间人际联系的地方,因此我们创造了一个休息区,在这个休息区中,我们的员工可以打乒乓球,在懒人沙发上休息放松,或者荡秋千。”

——资料来源:佚名. 巴厘岛凯悦酒店:员工就餐地点和客人用餐的餐厅同样重要. 美通社,2018—10—18. 有删改.

二、内部营销的含义和内容

(一)内部营销的含义及其作用

1. 内部营销的含义

菲利普·科特勒曾指出:“内部营销是指成功地雇佣、训练和尽可能激励员工很好地为顾客服务的工作。”也就是说，向内部人员提供良好的服务和加强与内部人员的互动关系，以便一致对外地开展外部的服务营销。这里所说的对员工的雇佣、训练和激励，包括的内容为服务人员的训练、服务人员的处置权、服务人员的义务和职责、服务人员的激励、服务人员的仪表、服务人员的交际能力、服务人员的服务态度等；内部营销过程实际上也就是对服务营销组合中各人员要素的管理过程。

内部营销包括两个要点：一是服务企业的员工是内部顾客，企业的部门是内部供应商。当他们在内部得到最好服务和向外部提供最好服务时，企业的运作可以达到最优；二是所有员工一致认同企业的任务、战略和目标，并在对顾客的服务中成为企业的忠实代理人。

内部营销是服务营销中一个备受关注的问题。内部营销包含了企业内部的许多营销活动，它是一项管理战略，核心是发展员工的顾客意识，在把产品和服务通过营销活动推向外部市场之前，先对内部员工进行营销。任何一家企业事先都应该意识到，企业中存在着一个内部员工市场。内部营销作为一种管理过程，能以两种方式将企业的各种功能结合起来：首先，内部营销能保证公司所有级别的员工理解并体验公司的业务及各种活动；其次，它能保证所有员工准备并得到足够的激励以服务导向的方式进行工作。内部营销强调的是公司在成功达到与外部市场有关的目标之前，必须有效地进行组织与其员工之间的内部交换过程。

内部营销的最终目标是鼓励高效的市场营销行为，建立起营销组织，其成员能够而且愿意为企业创造“真正的顾客”。内部营销的最终策略是把员工培养成“真正的顾客”。

【实例 9－2】

将员工当作顾客来对待

如果员工感到他们有价值、他们的需求被人重视，他们会更愿意留在组织中。星巴克非常注重培养员工的认同感和成就感。2017 年 6 月毕业季的到来，星巴克中国又有新动作，看上去无关经营——在公司的倡议下，许多门店都为即将毕业的兼职大学生举行了专属的“毕业仪式”，成都的 Alam 是其中一位，这个刚刚从大学毕业的姑娘，与伙伴围坐在一起，手握咖啡，笑得很甜。星巴克为 95 后伙伴举行的“毕业仪式”，用咖啡干杯。

她从一个懵懂的大学生，初入星巴克任兼职，两年后，22 岁的她已成为一家星巴克门店的值班主管。兼职做到门店管理者的岗位，对很多零售业态的雇主来说，几乎是不会去想的事情，而类似的伙伴在星巴克却很常见。曾听有人给餐饮店支招，大意是说，善于运用兼职员工，能让门店在高峰期不至于排班上手忙脚乱，并且节省更多的人力成本。仅仅从雇主本位思考，兼职基本等同于临时的帮工。

而星巴克却在把等号画到了另一端——全职员工。据了解，星巴克所有空缺职位优先对内部员工开放。而且兼职员工与全职员工在招聘、培训、考核、薪酬等各个环节的待遇和标准都是一样的，甚至包括共享咖啡豆股票的收益，只是工作时间上的要求略有不同。每一位伙伴都能感受到十足的认同感。

信任感则来自一种品牌力的彰显。一个势能强的品牌往往会在大众心里留下靠谱的认知从而降低选择成本。这一点，星巴克已经在漫长的市场深耕中先声夺人。而新一代的年轻人要求得更多，他们不只希望有竞争力的薪酬，对于雇佣体验，他们甚至有一套全新的标准。工作环境与氛围对不对胃口；是否要处理纷繁的人际关系；原本的爱好将被发挥还是压抑；有需求的时候企业能不能听到自己的声音；或者也可以很简单，在这里工作听起来酷不酷。

——资料来源：佚名．餐饮行业招工难？看看星巴克是怎么招人的吧．搜狐网，2019－02－04．有删改．

2. 内部营销的作用

内部营销观念建立在“员工就是顾客”、“如果你不直接为顾客服务，那么，你最好为那些直接给顾客提供服务的员工提供优质服务”的思想上，这一观念的确立有助于把管理者的注意力转向员工，强调员工在推行关系营销战略中的关键性作用。服务企业开展内部营销的作用主要表现在以下几个方面：

(1)服务大多带有经验性质和情感成分，故能否有效地处理好与顾客的互动关系，使顾客有一种独特的、与众不同的感觉，这是服务行业能否在激烈的市场竞争中获胜的关键所在。因此，服务企业应主动致力于内部营销工作，促使全体员工树立积极进取的服务态度，使企业凝聚合力，形成竞争优势。

(2)企业中直接为顾客提供服务的员工，在客户眼中其实就是服务产品的一部分，他们身兼服务表现和服务销售的双重任务。企业服务形象的建立不再简单取决于传统的传播媒介，企业与客户、客户与客户之间的相互关系在很大程度上影响着企业形象的建立和维系，只有通过客户与企业积极“互动”以及客户之间通过经验分享而将其形象广为散播，才能创造和维持企业的整体形象。

(3)客户信息的收集是企业产品创新和获取竞争优势的前提。一线员工与客户日常的密切接触使他们成为企业获取客户信息的关键来源；同时，一线员工通过清晰、具体地传达新服务产品的种种利益，可以将新产品涉及的“心理不适”减至最低限度，而这种“心理不适”正是许多企业创新产品市场导入失败的原因。服务企业重视一线员工，可适当降低服务产品营销上的风险。

(二)内部营销的内容

内部营销是一种管理策略，它的核心是如何培养具有顾客意识的员工。产品、服务以及特定的对外营销行动在推向市场之前，必须先在员工中间开展营销。每个企业都拥有一个由员工构成的内部市场，也就是说，通过满足内部顾客的需求，才能提高其满足外部顾客需求的能力。内部营销的内容包括以下几个方面：

1. 人才招聘

服务机构内部营销的起点是人员招聘。招聘工作做得好，找来的人员素质就比较高，这就为服务机构建立人才优势、降低培训成本、提高服务质量创造了条件。因此，聘用优秀的人来实施服务是服务营销的关键。然而，许多服务企业的管理者却没有认识到这一点，在新员工招聘过程中，许多企业主管不亲自参与，而是把招聘的任务完全交给人力资源部门来完成。

招聘服务人员应注重人员的服务兴趣和服务能力。招聘的服务人员是对服务职业有兴趣的人。其中，一类是天生喜欢服务职业的人。一些喜欢社交、富有同情心、助人为乐和人缘关系较好的人，往往是对这类服务职业有内在兴趣的人。这类人选择服务职业的一个动因就是通过服务获得社交的满足和愉悦。但是，这类人可能相对较少。大多数可能属于另一类，即对服务职业不一定有内在兴趣，但能扮演服务角色的人，也就是能通过角色扮演同样表现出对服务有“浓厚兴趣”的人。这后一类人也是合适的人选。

人员的服务能力包括技能、知识、专业化水平和体质等。如服务营销普遍需要服务人员具有良好的体质。服务人员本身就是服务质量的一种有形提示。如果服务人员缺乏良好的体质，就可能影响自身在服务过程中的形象，由此影响顾客的印象。例如，体质较差的服务人员在比较繁忙的服务过程中容易表现出疲倦和对顾客不耐烦的情绪，而顾客对这样的服务人员自然不会满意。

因此，服务企业在选择一线服务人员时，不能像招聘其他普通员工那样只注重经验和技能，而更应该考察其态度、资质和个性等能为服务人员带来成功的因素。不能只是依靠个人简历来选择人才，即便是通过面试也未必能达到目的，因此需要更科学的方法，辅之以计算机化问卷测试或心理测试进行人员选择。

【实例 9—3】

好未来一直是 K12 领域大家争相学习的标杆，也是教育培训行业最具互联网基因的公司，从 2003 年创立至今，它标准化的运营模式、管理模式、教学模式也成为很多机构的学习模板。

高质量的师资水平源自严格的教师选拔，想成为好未来的老师必须经过笔试、面试、复试、培训四大环节，各个环节层层把关。可以说每一位老师都经过精挑细选，最终录取率低于 5%。以严格的考核标准来选择最好的老师，保证教师队伍的质量与水平。老师们不仅会全面地了解学而思，增加企业认同感，更会进一步了解“老师”这个职业，从内心树立作为一名老师的责任感与使命感。

——资料来源：穆满起．好未来是如何选拔、培训老师的．新浪微博，2019—07—01．有删改．

服务企业招聘服务人员的方法很多，如在报纸上刊登分类广告、举办人才交流会或对在校大学生进行学习赞助，通过各种奖励办法发现和招聘高素质员工。

【实例 9—4】

麦当劳不用所谓天才，因为天才是留不住的。麦当劳请的是最适合的人才，是愿意努力工作的人，脚踏实地从头做起才是在这一行业中成功的必要条件。在麦当劳餐厅，女服务员的长相也大都是普通的，还可以看到既有年轻人也有年纪大的人。麦当劳不讲求员工是否长得漂亮，只在乎她工作负责、待人热情，让顾客有宾至如归的感觉。

——资料来源：胡凤姣．麦当劳的人力资源管理．百度文库，2020—01—13．有删改．

2. 人员发展

服务机构应当为服务人员提供良好的发展环境，主要包括员工培训、充分授权、团队协作等。

(1)员工培训。员工招聘只提供了员工成为合格人才的前提条件，而要获得真正合格的人才，企业还必须进行培训。

培训对象，既包括新员工，也包括老员工；既包括前台人员，也包括后台人员和支持性服务人员及管理人员。服务培训是全员培训，这是由服务质量的整体配合性决定的。

培训的任务主要就是围绕服务兴趣和服务能力，通过培训增强服务人员对于服务的内在兴趣及扮演服务角色的兴趣和能力。通过培训增强服务人员的服务技能、服务知识，提高他们的专业化水平。培训包括以下三种类型：

第一种类型是服务导向价值观培训。如果高层、中层、前台和后台员工都能建立服务导向的思维和行为，他们就会清楚服务企业是如何运行、如何发展顾客关系的，以及他们在全面经营和顾客关系中的作用，了解个人应该做些什么，而且，他们会迫切需要增加这些方面的知识。

第二种类型是态度培训。即对员工树立顾客意识和服务观念的态度和动机进行培训。如果企业总是以官僚主义的方法经营，则很难使员工的思维转变到正确的方向上来。

第三种类型是知识导向培训。即对员工间的沟通、销售和服务技能的培训。知识导向的培训和正直态度的培训是相互关联的。一个人的知识越丰富，他对特殊现象就越容易产生积极的态度,没有知识也就没有态度的转变。

【实例 9—5】

海底捞员工培训

入职欢迎原则上是要求所有员工全部到齐,表示对新员工到来的欢迎,目的是让新员工感受到这里的热情,尽可能减少到一个陌生地方的那种生疏感。

首先,由新员工自我介绍,“名字”被记住,是新员工快速融入团队的第一步。为了加强老员工对新员工名字的记忆,在新员工自我介绍后,店长一般要抽问几个人,看看是否记住了新员工的名字。只要有一个人回答不出来,就需要再次重复告诉大家新员工的名字,直到确保每个老员工都能记住新员工的名字,呼吁所有老员工关心新员工。

其次,是店内各部门负责人给新员工做自我介绍,内容包括自己叫什么名字,在店内负责哪方面的工作,店内遇到哪些问题时可以直接来找我。然后对新员工的加入表达出足够的热情和欢迎态度,让新员工在随后的工作中,能在遇到问题时,知道是谁在负责。

再次,是为新员工安排一个老员工当师傅,在餐厅里,师徒之间的“传帮带”作用是最高效的方式。因此海底捞在新员工入职时,会给每个新员工委派一个老员工当师傅,后续日常工作中的很多细节,都由这个师傅来手把手地教他/她去做,包括新员工日常的生活,都需要师傅来操心和关心。

“师徒制”是海底捞员工里面非常盛行的制度,而且是公司有意如此,希望店内的员工之间,除了普通的同事关系之外,能多一层情感的纽带,而在所有情感里面,师傅关系不仅名副其实,而且也更长久。因为就算是有些员工离开了,他还是会记得自己曾经有过这样一个师傅,因此,海底捞很重视这个板块,会在委派师傅时,举办一些简单的拜师仪式,通过仪式感来增强师徒之间的情感纽带。

在沟通方式上,有三个选择:其一是店长口头讲解,需要耗费店长的大量精力,如果经常有新员工加入的话,店长会重复这个工作很多遍,因此列为最末尾的选择。其二是采用视频教材,让员工通过视频来了解工作岗位的要求和职责,并通过看别人怎么做来达到学习和基础培训的目的,这算是第二个选择,海底捞把店内涉及的所有环节,全都排成了非常详细的视频教学材料,供员工学习。其三是用图文并茂的问卷文档,将要告诉员工的问题,设计到QA文档,以一问一答的方式,让员工在回答问题时,不仅更容易记住问题,更主要的是可以更准确地记住答案。比如平铺直叙地说豪虾传创建于2009年,和问豪虾传创建于哪一年,然后给个2009年的答案,让员工记住2009年的概率,后者远远高于前者。

总结起来,新员工的入职培训,需要店长做到“三个一”落实:给新员工安排一个师傅;做一次深入的沟通,给员工设立一个目标,让员工带着任务和目标去工作,可以更快地适应店内工作环境,当然,在开始目标一定要简单和容易被执行,比如让员工一天去记住五个老员工的名字,或者花三天记住所有老员工的名字等。

——资料来源:佚名.看看海底捞是如何培训员工的.创业家,2019—01—28.有删改.

(2)充分授权。服务机构向一线人员授权,也是一条内部营销策略。当管理者想留住合格人才时,他们应该有授权的意识。这里的授权即分权——给予员工对顾客需求做出反应的权力。联邦快递公司就是这样一个组织,它因拥有乐观、精神饱满和积极主动的员工而著称。它在这方面的成功,通常是因为它的员工有责任也有权力对顾客需求予以满足。

授权能使一线员工更好地对顾客需求和期望做出反应,能使员工对顾客提供个性化的服务。授权给服务企业带来的好处有：

第一，使员工在服务提供过程中更快速地对顾客需求做出及时反应。因为，被授权的员工在帮助顾客时不需要过多的请示。基于对顾客需求的识别，员工可迅速采取行动，为顾客提供最好的服务。

第二，使员工在服务补救过程中更迅速地对不满意顾客做出反应。错误一旦发生，被授权的员工能迅速地采取补救措施。企业想要缓解因服务失败而引发的顾客焦虑与愤怒，快速地对不满意顾客做出反应特别有效，而不是令顾客去长时间地等待问题的圆满解决。

第三，员工会更热情友善地对待顾客。满意且拥有权力的员工，会更多地表现出对顾客的关心。进一步来说，因为员工心情很好，所以他们对顾客的态度也会有所改善。被授权的员工能独立解决那些很可怕但又无法回避的问题。顾客不再被看成令员工讨厌但又必须忍受的人，而是受欢迎的客人。

第四，产生好的口碑效应。通过授权给员工而赢得的出色服务，也能提高顾客对企业的忠诚度，并有可能借顾客之口来宣传企业。一个顾客如果从被授权的员工那得到出色的服务，他常会与他人分享其经历，甚至可能成为联系企业与其他顾客的纽带。

服务机构向一线人员授权的同时，要注意提高一线人员用权的勇气和能力。有的一线人员缺乏用权勇气，怕承担处理事务的风险。服务机构应鼓励一线人员大胆使用处置权。有的一线人员缺乏用权即自主决策能力，服务机构应通过培训来增强此能力。

(3)团队协作。服务工作忙闲不均，繁忙起来服务人员身心疲惫，空闲时间又让人百无聊赖，这种状况常使人厌烦，从而导致员工士气低落。如银行在某些时间里异常繁忙，员工无论是心理上还是身体上都会感觉十分疲惫。于是他们就会变得越来越不关心顾客，缺乏工作热情。这会在很大程度上降低顾客的满意度。

维持服务人员服务动力的一个有效手段就是加强团队协作，通过员工之间的协作，彼此可获得更多的支持，可以鼓舞士气。通过彼此协作，可以增加人员之间相互学习、相互带动的机会，从而有利于增强员工的服务兴趣和服务能力。

3. 绩效评估和奖励

如果对员工的工作没有绩效评估和奖励制度，企业内部营销的目标就很难实现。然而，对员工实施有效奖励的关键是要有一个高效的绩效评估系统，通过它来识别谁值得奖励、什么地方值得奖励。一个高效的绩效评估系统对公司的形象和策略有很大帮助。这个系统必须有透明度、时间性并保证公平。复杂的评估系统不能吸引员工的注意力，如果评估反馈频率太低就不能提供有规律的激励，恰恰这又是教育员工并不断提高服务质量所需要的。

有效的奖励系统应遵循以下原则：

(1)把奖励与公司的形象和策略联系在一起。

(2)要对称职性支出(做了某一工作的补偿)和奖励性支出(对突出工作行为的补偿)加以区别。

(3)运用多种方法奖励杰出的工作行为，包括物质奖励、非物质奖励、评选优秀等，也可用股票激励，使其成为公司的所有者。

(4)企业要发展持久的奖励系统，通过持续的奖励来维系员工。

(5)尽量给每位员工得到奖励的机会。避免只奖励某些职位上的员工，而不奖励其他职位上的员工。所有员工都为顾客提供了某种类型的服务，他们的行动都能被评估，他们需要得到承认的机会。

(6)集体奖励。企业也要有集体奖励,通过集体奖励,加强团队协作精神。

【实例 9—6】

西贝莜面村能从单纯的西北民间菜到如今中国餐饮的龙头企业,这与其优秀的管理机制是分不开的。

西贝副总裁李展春曾表示,真正为西贝快速开店战略保驾护航的,是包括精益运营体系、供应链整合体系、门店创新和开发体系、食品安全系统、人力资源系统在内的一系列的系统化运营建设。供应链整合体系保证了食材的新鲜和及时,类似鲜桥餐饮供应链 O2O 系统,员工线上下单,及时补货,既提高了效率又降低了人工成本和损耗,是对于食材的一大保障。

在人才体系这一块为了激励门店员工,西贝莜面村独创了一套“创业分部+赛场制”的机制,也就是西贝式“合伙人计划”。

创业分部大多数餐饮企业把地域作为依据,将部门划分为西南区、华北区等经营单位。但是西贝不一样,西贝下属的十三个创业分部,是以每个分部的总经理为核心创建的,甚至分部的名称也以他们的名字命名。

西贝的每一个创业团队都是西贝的合伙人,拥有分红权。它打破了传统企业按照地域划分的方法,在同一区域甚至可以有两个创业分部同时开展业务。

与此同时,为了鼓励内部竞争,西贝总部会对创业分部每年发放“经营牌照”,通过利润、顾客评价等指标的考核进行“全国大排名”。西贝总部会收回那些排名靠后团队的经营牌照,以重新发放给新成立的创业分部,以此来把控门店扩张的速度和品质。这也就是西贝内部的“赛场制”。通过西贝一年的实践,这种“创业分部+赛场制”的西贝式“合伙人计划”曾经创下西贝中某个创业团队从亏损 986 万元到异地再创业盈利 1 000 万元的传奇故事。

——资料来源:Lilo. 西贝赛场制:内部 15 创业分部,最牛的年营业额 10 亿+. 搜狐网,2018—10—08. 有删改.

4. 留住人才

服务机构留住优秀服务人才,也是内部营销重要的内容。由于服务业的人员流动比较频繁,而优秀服务人才的流失可能会给服务机构带来较大的甚至是致命的损失。因此,留住优秀的服务人才对一个服务企业来说具有重要的战略意义。

(1)加强服务理念的灌输。服务机构加强对人才进行服务理念的灌输,有利于服务人才将自己的理想和事业与服务机构的理想和事业统一起来,达到个人与机构之间的志同道合,这样是有利于留住人才的。

(2)制定相应的人才政策。服务机构制定人才政策也是留住优秀人才的一个途径。人才政策可以包括对特殊服务岗位的特殊待遇、提供培训和进修的机会、满足人员的个性化要求、增加服务人员的独立处置权、提供某些集体福利等。这些物质和精神的激励是有利于留住人才的。

(3)重奖优秀人才。服务机构对优秀的服务人才或服务业绩予以重奖,可以在服务人才中起到示范和激励作用,增加他们留在本机构的兴趣和动力。对优秀人才的重奖,包括物质和精神两个方面。

三、内部营销的策略

内部营销不失为服务企业在竞争中取胜的一大法宝。内部营销管理源于市场、融于企业,具有灵活性、主动性和能以较低成本实现有效管理的优点。那么，如何才能有效开展企业内部营销呢？

(一)在企业内部营造一种内部营销的良好氛围

内部营销要求每一位管理者和员工都必须树立服务内部顾客的意识。首先，管理人员应当成为理解和实施内部营销的倡导者和推动者，在企业内部营造一种尊重人、信任人、关心人、理解人的良好氛围，把员工的发展作为企业经营管理的重要目标；其次，借助内部营销手段向员工推销服务理念与正确的价值观，使"顾客至上"观念深入员工的心中，从而使每个员工更好地履行自己的职责；最后，各级管理人员应身体力行，给员工做出示范，为其正确理解和实施内部营销做出表率。通过建立客观、简单、恰当和适时的评估标准，经常衡量员工的工作业绩和贡献大小，让员工在评估和奖励中知道什么是对的、应该发扬的，使每个员工都树立起集体主义观念和团队精神，努力做到"如果你不直接为顾客服务，那么，你最好为那些直接为顾客提供服务的人提供优质服务"。

(二)对员工的分析、培训和教育

企业员工既是内部营销的参与者，又是内部营销的对象。正如对消费者的分析是营销的基础一样，对员工的分析也是实施内部营销的基础，并将影响内部营销的效果。对员工的分析可以包括：员工的需求、感知、认知、行为特点及环境对其行为的影响。对员工的培训主要有三个方面的目标和任务：第一，使每个员工对企业的服务战略及本人在其中的位置和作用有一个深入和全面的认识；第二，树立和增强员工的顾客意识和服务的自觉性；第三，提高员工沟通、销售和服务的技巧。因此，在制订培训方案时，应把知识与技能和理念与态度紧密结合在一起，使两者相互促进、相辅相成，不可有所偏废。

对员工的培训要有针对性，对不同的服务人员在深度、广度和侧重点上要有所区别。特别应重视对直接接触顾客的服务人员的培训，因为他们不仅直接接触顾客，而且直接参与服务营销活动，企业的形象和服务质量主要通过他们体现出来。在对一线人员进行培训时，既要让他们充分理解和领会企业服务营销的总体目标，增强他们服务顾客的责任感，还要注意培养他们同顾客打交道、与顾客建立良好关系方面的高层次技能。对一些具有特殊职能的员工，则需要根据他们所从事的工作性质增加一些专门训练，帮助他们掌握工作所必需的特殊的沟通和服务技能。

(三)加强对员工的激励与认同

实行内部营销要求根据科学的激励理论，针对员工的不同特点，充分考虑员工的需求层次进行激励。在各种激励方式中，物质激励是最基本的激励。企业应根据实际情况，努力提高员工的工资福利待遇，并可根据员工成绩给予不同程度的物质奖励。同时，可适当采取多种形式的非物质奖励，如充分尊重员工的服务性劳动，经常在各种场合强调员工为企业所做的贡献，努力为员工提供合适的工作岗位及良好的工作环境和发展机遇。

目前大部分企业对一线员工的激励力度和激励办法都有待提高和改进。一般企业中与顾客联系紧密的岗位大多是级别和待遇最低的岗位，如营业员、维修员等，而恰恰是这些人员对贯彻企业的服务战略、展示企业形象、与顾客建立长期良好关系具有重大影响。这些人员如果不能得到有效激励，他们对顾客的态度就有可能变得消极，并且会下意识地将这种态度传递给顾客，对企业的形象和营销绩效造成很大的损害。另一方面，在这些岗位上表现出色的员工，又往往会晋升到很少需要与顾客接触的岗位，这就使得这些关键的岗位上缺乏优秀的人才。因此，要探索进一步加大对这些人员的激励力度，改善对他们的激励方式，原则是要让员工意识到服务的重要性,意识到为顾客提供优质服务能够得到相应的回报。

激励和约束是同一事物的两个方面,如果缺乏约束,激励就无法达到激励目的。因此,在激励的同时还应对员工的服务行为进行必要的监督。监督和检查应尽可能取得员工的理解和支持,应有利于提高员工的士气,而不可挫伤他们的积极性。

(四)加强信息交流与沟通

信息交流是内部营销成功的关键。要采取各种方式把新的战略、规范、经营思想、经营方法和价值观念等信息传达给员工,使他们理解并融入自己的行动。而内部市场中的供应者与顾客之间也必须建立有效的双向沟通系统,使组织中的每个部门、员工都了解他们的服务期望达到的水平。

首先,管理人员、服务人员及各部门员工,可以通过正式或非正式的互动式信息沟通和信息反馈,理解和接受企业的使命、战略、战术,以及产品、服务和营销活动。这样,企业的服务理念和战略思想才能成为员工的自觉行为。其次,服务质量不仅仅取决于一线服务人员的服务态度、技能和水平,而且还取决于一线服务人员与内部其他各部门人员相互的理解、合作与协调。因为所有员工都参与了为顾客服务的过程,很多员工虽然不与顾客直接接触,但他们的工作表现也会间接地影响到顾客所获得的服务,一线员工为顾客服务的能力在很大程度上依赖于其他员工的服务意识。

提供高质量的服务不是一线服务人员或其他某个部门人员所能单独完成的,它是各部门人员相互作用、共同努力的结果。而沟通则有助于实现内部人员之间、部门之间的相互理解、合作与支持。如商店的服务,首先定位于目标顾客,在陈列商品、接待顾客等方面,都尽量去满足目标顾客的需要。其次是注重内部各环节之间的服务,比如,仓库与卖场之间的连接服务,管理层为营业一线的管理服务,开展职工培训服务等,最终都体现为营业一线对顾客的各种现场服务。总之,从购物环境到卫生条件,从员工着装到降低营业成本,方方面面无一不包含为顾客服务的内涵。服务企业内部沟通可采取恰当形式如召开员工会议、加强与员工的个别交谈、领导深入服务第一线,通过体验服务、情境体验、重视员工出版物、出版内部小册子等方式获得信息。

本章小结

服务企业必须处理好服务人员与顾客之间的关系,这两者对服务企业的经营绩效至关重要。服务利润链充分说明了他们的重要性。

一线人员是整个服务营销的人格化:一线人员就是服务本身;一线人员是服务商的化身;一线人员是服务营销人员。因此,一线人员的质量与服务质量的可靠性、反应性、保证性、关怀性和有形性维度都直接相关。同时要求服务人员角色化。

内部营销是服务营销中一个备受关注的问题。它是一项管理战略,核心是发展员工的顾客意识,在把产品和服务通过营销活动推向外部市场之前,先对内部员工进行营销。主要内容包括:人员招聘、人员发展、绩效评估和奖励、留住人才等方面。

复习思考题

1. 加强对服务人员的内部管理的意义体现在哪些方面?

2. 谈谈如何开展有效的服务沟通。

3. 内部营销的内容有哪些？实施过程中应注意哪些问题？

案例讨论题

百胜员工关怀计划

2018 年 3 月 27 日，百胜（中国）在上海旗忠网球中心举办公司年度盛典“餐厅经理年会”，并于会上隆重宣布一项惠及员工全家的重磅福利新政：“餐厅经理全家福健康关怀计划”。

根据新政，自今年 7 月 1 日起，凡在百胜中国餐厅经理岗位工作满两年的餐厅经理（RGM）都能加入“餐厅经理全家福健康关怀计划”——该计划由公司全资提供，首批预计将惠及的餐厅经理达到 5 500 人，受益的父母、配偶和子女总人数预计将达到 1.7 万，这也是百胜中国继去年向餐厅经理授予 YUMC 限制性股票后的又一有力举措。

在百胜中国，RGM NO. 1——“餐厅经理第一”一直是公司企业文化核心和拓业法则，这也是百胜中国激活人才潜力、领先行业的最重要秘诀之一。作为百胜中国员工大家庭一年中最重要的盛宴，2018 年百胜中国餐厅经理年会备受瞩目，近 8 000 名餐厅经理齐聚一堂，以一场精彩隆重的荣誉盛典，展示百胜中国珍视人才、重在培养的独到理念。

在这场盛会上，百胜中国首席执行官屈翠容（Joey Wat）女士向来自全国各地的餐厅经理正式宣布了这项面向餐厅经理及其家人的新福利计划，Joey 高兴地表示：“员工是百胜中国发展壮大的根基，公司的成功离不开每一位员工，而餐厅经理又是百胜最重要的管理岗位，我们一直在听取他们的心声，让他们能没有后顾之忧地为员工和顾客服务，保持高昂的士气，与公司共创共赢。‘餐厅经理全家福关怀计划’是根据餐厅经理的反馈制定的，能够覆盖到他们最亲最爱的家人，这也是公司承担社会责任的一种体现。”

长期以来，百胜中国非常注重关爱员工和他们的家人。“餐厅经理全家福健康关怀计划”推出前公司已为餐厅经理及其子女提供了补充商业综合保险。该计划的推出是对家人商业综合保险的进一步补充，将在原基础上增加子女意外险、配偶意外险和父母重大疾病险的保障福利。该计划特别为餐厅经理的父母定制了重疾就医绿色通道，包含预约挂号、住院协调、紧急救援、陪同就医和送药服务等内容。

为了覆盖更多受益人群，百胜中国特向保险公司提出定制化要求，将父母的保障年龄从 65 周岁延长至 75 周岁，子女的受保年龄从 16 周岁延长至 22 周岁。

“此次推出‘餐厅经理全家福健康关怀计划’，旨在为餐厅经理提供切实所需的帮助。在百胜中国，90%左右的 RGM 为 80 后和 90 后，大多为独生子女，他们都是家庭的支柱，是公司的支柱，也是社会的中流砥柱。作为关爱员工的企业，百胜中国愿与餐厅经理一起担负家庭的责任。”百胜中国首席人力资源官袁耀宗（Aiken Yuen）表示。

一、“三年计划”凸显百胜中国“RGM NO. 1”的企业文化

百胜中国为餐厅经理提供完善的培训和发展计划，并提供具有竞争力的全面薪酬制度，激励每位员工和公司共同创造业绩、共同分享成功、共同实现成长。

包括最新的“餐厅经理全家福健康关怀计划”在内，百胜中国为餐厅经理提供了完整的关爱“三年计划”，涉及公司股票、健康关怀和住房补助三个方面。

2017 年 2 月 28 日，百胜中国上市成功后做的第一件大事，就是启动“餐厅经理第一”股权激励计划——向餐厅经理岗位工作满一年且绩效达标的餐厅经理发放价值 2 000 美元的 YUMC 限制性股票，成为公司的股东。

在岗位工作满两年可享受新推出的“餐厅经理全家福健康关怀计划”，为家人的健康保驾护航。而餐厅经理岗位工作满三年则享受“补充购房福利计划”，包括免息贷款和房息补贴，以此帮助他们在工作地购买住房和改善居住条件。

百胜中国通过“三年计划”为餐厅经理减轻生活上的后顾之忧，激励他们成为餐厅真正的主人。这一系列举动都确立了“餐厅经理是百胜中国最重要的管理者”的理念，也是 RGM NO. 1 企业文化核心的体现。

二、“最佳雇主”助力员工快速成长

百胜中国每一位餐厅经理都经历了公司多年内部培育体系的锤炼，沿着公司提供的清晰发展路径，从“储备经理—副经理—资深副经理—餐厅经理”的路径，最快 2～3 年成长为可以带领百人团队、管理千万营业额的餐厅经理。

成为餐厅经理，是职业道路的一个新起点，随后将有机会晋升为“区经理－区域经理－市场总经理”等更高级别的管理职位。晋升机会公平公正，只要努力，就能得到更多的认可和机会。

除了清晰的职业发展路径、全面的员工关爱保障体系外，百胜中国还是一家拥有人文情怀的公司。旗下餐厅持续举办各色活动，或致敬传统，或玩转高科技，或品味时尚，在服务消费者的同时，也让工作充满趣味和正能量。例如，今年春节期间，对接央视财经频道“厉害了我的国 · 改革开放 40 年”系列活动，百胜中国联手腾讯合力推出“幸福照相馆之我的全家福”H5 活动，同期旗下肯德基餐厅推出“国宝耀中华”活动，这些活动不仅延展了餐厅的内涵，也增长了员工的自豪感。

百胜中国作为屡次荣膺“最佳雇主”的企业，每年都能吸引近万名年轻人主动加入，作为一家全球知名的餐饮企业，能三十年如一日赢得年轻人的青睐，与其 RGM NO. 1 的企业文化、独特的人才培养理念、以人为本、关爱员工和承担社会责任的价值观密不可分。2018 年百胜中国春季社再招万人。

——资料来源：佚名．关爱员工全家人健康 百胜中国重磅推出“餐厅经理全家福健康关怀计划”．搜狐网，2018－03－27.

共同探讨：

1. 结合案例分析百胜如何进行内部营销。
2. 百胜的内部营销带来的启示和思考。

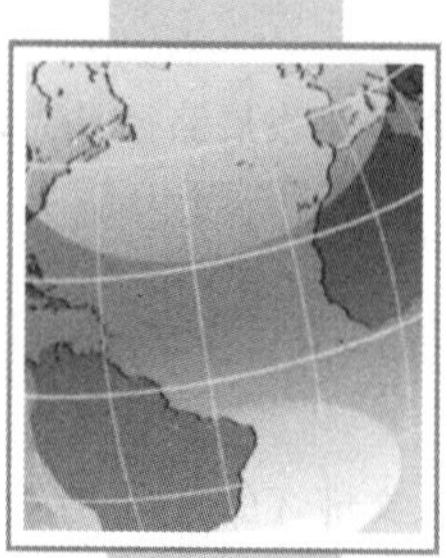

第十章 服务过程策略

学习目标

了解服务过程的概念和组成。

掌握服务过程中服务人员与客户的互动性。

掌握服务流程设计的原理与方法。

案例导入

安定医院优化就诊流程，新版导诊单一张纸全搞定！

2019年3月21日，北京安定医院全新上线“门诊检查导诊单”，一张纸上可涵盖门诊所需的绝大多数检查，并进行了检查地点、要求、结果等详细的指引，可谓一单在手，门诊检查全都有。经过一个月的运行，门诊检查导诊单已“完美”融入医院日常的诊疗工作中，在北京安定医院，患者手握数张检查单的“时代”彻底终结了。

经过医生诊断，23岁的患者王雪(化名)需要做8项检查，和以往手里拿着一大摞单子不同，出诊室时，她手中只有一张导诊单。从检验的多个项目、样本采集要求、取结果的时间，到各种注意事项、检验流程、挂号方式，都在一张小纸片上呈现，这在过去是无法想象的。

过去门诊患者手里常常握着7～10张检查申请单，每项检查对应一张检查申请单。诊室的打印机以每分钟最多打印18张纸的频率滋滋作响，根据医生的指令，打印出数张检查申请单。这些检查单，最终会被检查科室收回留底。患者做了一圈检查下来，不仅容易丢失单据，而且对所做检查项目云里雾里，说不出个所以然来。现如今，随着检查导诊单的“问世”，这些问题都迎刃而解。

门诊绝大多数的检查项目，通过医院信息化进程的推进，都可以开在一张小小的导诊单上，上面不仅有检查项目，还包括检查地点、要求、结果等检查相关的所有问题，针对将要做的检查，患者一目了然。

而且，这张导诊单，检查科室不予回收，留在患者手中，方便患者了解查询。一旦患者回家后导诊单丢失，还可以通过在检查科室刷就诊卡(京医通卡或是社保卡)得知自己的检查项目，而不必像过去那样，必须通过重新挂号调取个人信息，才能知道自己的检查项目有哪些。

门诊检查导诊单的实施使用，是今年北京安定医院门诊部22项经济管控方案的其中一项，是节省开支、优化门诊流程的重要举措。此举一方面改善服务质量，方便患者就诊，另一方面开源节流，节约医院成本。

以纸张为例，据统计，门诊导诊单初运行的这一个月，纸张节约了1/4，以此类推，医院在墨盒、打印机等耗材的消耗上，也有相应的减少。

除了这些看得见的有形成本，还包括前文提到的减少患者滞留时间、提高接诊效率、改善就诊秩序等无形成本。

医院的检验窗口就像一个问询处，窗口工作人员不仅要给患者采血，打印检验报告单，还要面对众多患者的反复问询，工作压力非常大，极易发生错误，影响工作质量，也容易引发医患矛盾。现在多项检查项目开在一张导诊单上，检查的注意事项、报告打印时间地点写得清清楚楚，减少了患者滞留，对改善就诊秩序、提高就诊体验、提升患者满意度大有裨益，是一举多得的便民措施。这些都是医院良性运转、为病人提供更好服务的基础。

检查导诊单的应用，是门诊一直以来追求优质服务的“成果”，接下来，安定医院门诊还将在医生处方等方面进行技术“革新”，为患者提供更加方便、快捷、优质的服务。

——资料来源：宋子茭．告别一摞检查单！安定医院优化就诊流程，新版导诊单一张纸全搞定．腾讯网，2019—04—30．有删改．

思考：服务过程优化对安定医院有哪些意义？

第一节 服务过程及其互动性

服务的特点是其动态性，而这种动态性在过程中创造出了服务的价值。服务过程是指一个企业将其服务产品交付给客户使用，这一使用过程中安排的时间、活动、程序、工作流程。这一阶段是企业服务人员和客户直接打交道的阶段，也是前期服务产品设计真正发挥效用的阶段，客户在服务过程中不仅使用产品，更能体会服务水平，形成对企业的整体印象，因此这对企业的服务营销非常关键。企业的服务和服务传递体系共同发挥着作用，这一阶段的成功与否决定着客户未来的选择及对品牌的信赖。因此，对服务过程的研究可以找出容易发生问题的关键环节，检查过程中的每一个细节是否令消费者满意。

例如，在去某饭店就餐的服务全过程中，我们可以发现第一次接触发生在饭店大门外的停车场，第二次接触发生在饭店大堂中迎宾小姐引路时，第三次接触发生在餐桌上开始点菜时，第四次接触发生在享受美食的全过程中，第五次接触发生在付账的时候，第六次是在出门时的欢送，第七次是发生在乘车离开时。这还包括后台的记账、烹饪、事先的采购等，所以一次完整的服务过程包含前后台的服务，是一个前后衔接的完整流程。

一、服务过程的重要性

服务过程是服务营销的重要环节，直接带给企业经济效益，其重要性表现在：

（一）从最终客户视角观察

客户是服务的最终使用者，服务产品的好坏、服务水平的高低由他们决定。正是由于服务生产和消费的合二为一，客户直接参与服务的全过程，与服务人员直接接触，他们拥有最直观的感受。某些企业自认为合理高效的程序，从客户视角观察却是低效而不合逻辑的，如许多手续的办理，通常是跑这个部门盖章、到那个部门去签字，客户来回奔波耽误时间精力，而办事人员却非常空闲，所以客户提出了能不能集中办理，从而诞生了“一站式”的服务模式，极大地提高了效率。

在服务过程中接受客户意见，大力提高自动化水平，使客户少费力，减少人为的影响，如代扣水电费等，提高了客户的满意度。在某些自助式服务中，服务过程可由顾客自己动手来完成，让客户发挥其协作能力，同时节约企业人手，增强服务的娱乐性，达到双赢的目的。

【实例 10—1】

为进一步优化营商环境、推进金融服务创新、提升金融信贷服务可获得性和便捷性、切实提升金融信贷服务水平，邮储银行聊城市分行不断优化信贷服务模式、创新信贷产品。2018年邮储银行聊城市分行推出“小微易贷”线上贷款产品，是持续推进银税互动合作、实现纳税信用评价结果的增值运用方面的有效成果，极大地提高了小微企业贷款办理效率，提高了小微企业融资的可获得性。

东阿县某电气设备有限公司是一家经营电力电气设备加工、安装、销售以及电力工程施工的企业，是东阿县域内唯一一家资质齐全的电力工程施工企业。该企业因日常经营中需垫资购进电缆、电力器材等相关原材料而产生流动资金缺口，于2018年8月17日向邮储银行聊城市分行申请流动资金贷款。邮储银行聊城市分行根据企业经营特点，结合企业资金需求量，向企业推荐了小微易贷业务。在企业申请当日即为企业安装爱税宝软件提取企业开票数据，8月18日为该企业成功预测算额度34万元，并于当日完成线下调查、授权等工作。8月20日完成企业网银签约、线下签约后，企业通过企业网银自主申请贷款34万元，并成功放款。该笔贷款从企业申请到实现放款成功仅用了3个工作日，极大地缩短了贷款审批时间，且该笔贷款无须企业提供烦琐的申请资料，真正实现了从贷款申请、贷款审批、放款等环节的全线上操作，获得了企业主的称赞，为企业提供了更加便利、快捷的融资途径。

截至2018年12月末，邮储银行聊城市分行已为15户客户办理小微易贷业务，贷款结余1 300余万元。小微易贷产品的推出，扩大了邮储银行聊城市分行信贷服务主体，提升了信贷服务供给质量，为邮储银行聊城市分行在进一步优化信贷服务模式、增强信贷服务实体经济能力方面提供了宝贵的经验。

——资料来源：佚名．邮储银行聊城市分行优化服务模式、创新业务产品，切实为小微企业提供优质服务．齐鲁网，2019—01—15．有删改．

（二）凸显有形表达

服务是发自内心的关怀、是周到的准备，它难以被严格定义，只能通过具体的事物去感受。服务流程仅仅通过口头表达会产生歧义，不能充分描述复杂的服务系统，易忽略客户最关心的细节，在企业内部相互协调以及服务人员和客户沟通过程中也易产生问题，因此有必要利用科学的流程设计和管理使这种无形服务变成有形的表达。

二、服务过程要素

服务过程是事先规划、人员协调、资源投入与控制、将产品传递给客户的全过程，其中发生了成本，产生了效益，得到了系统的产出。服务过程包括如下要素：

（一）流程规划

流程规划是对服务行为的规范化和统一化，使服务水平、数量和质量以及所实现的功能能够达到市场的要求，使顾客能够满意。

（二）设备布局

对服务过程中所使用的所有设备的摆放、材料的准备、客户所处的地理位置、器具的维修保养等进行布局，这样在进入正式的服务时，对客户的服务会非常便利，器具的递送都很方便。

（三）时间安排

从筹备服务开始到服务结束为止进行详细的时间规划，保证服务能在规定的时间内完成，使效率达到最高、资源使用频率达到最高。在餐饮服务中，正式营业前多长时间准备材料、多长时间准备餐具、每个菜品多长时间送达、营业时间结束后多长时间洗刷餐具以备下次使用，都是事先计划的产物。

（四）作业计划

对服务过程中每项服务设计其规格和必须达到的要求，使其标准化，在以后的服务中都应达到这一水平，这样才能使服务符合客户要求，保证质量，保持稳定成本。

（五）库存控制

服务产品虽然以服务为主导，但离不开实物发挥作用。市场需求瞬息万变，可能在短时间内产生大量需求,也可能在长时间内某种物品的需求量较低,这就要求安排好合理的库存水平和及时的快递服务。在产生大量需求的时候,能够迅速补充库存;在需求不旺时降低库存,减少资金的占用,提高资金的使用效率。

(六)作业控制

在具体服务过程中,客户要求多变,不一定能按事先的安排去做,计划会被临时打乱,这时,更强调对作业的控制,掌握信息流的变动情况与各项作业之间的衔接,在规定的时间检查预先制定的作业是否到位,出现问题及时协调解决,防患于未然。

(七)质量检测

对重点部门和重点环节的质量进行抽查,对服务质量及时检测,以确保服务达到预期的效果。

(八)预测

在服务工作中进行长时间的积累之后,对未来可能发生的变化、客户的偏好转移、替代商品的出现等做出预测,以改进当前的服务质量。

以上要素是任何企业在提供服务过程中所必须解决的问题,这些要素之间又都存在着千丝万缕的联系,因此必须事先做好统筹规划,服务过程中又要及时跟踪,以保证服务的顺利进行。

三、服务过程系统分类

服务企业在进行实际的流程设计之前,应当首先了解自身的服务过程属于哪一类、具备何种特点。因为服务类型的差异与客户群的不同,服务过程之间也存在巨大差异。在充分认知自身所处的档次和水平上,才能设计出科学合理的服务流程。

(一)服务过程分类

1. 依据服务流程差异程度、服务流动作用客体、客户参与服务程度进行分类

(1)按服务流程差异程度分类。某些服务流程是统一和规范的,不允许有丝毫的改动,其流程差异度极小,我们称之为标准服务,如银行的储蓄业务服务、房地产开发商的购房合同签订等。这些业务基本按照步骤重复进行,因此可以采用标准化的业务流程,特别是可通过现代计算机技术的通信设备,采用自动化技术,降低人力成本的消耗,加快业务处理的速度。而某些服务需要考察客户的偏好,没有固定的业务流程可走,需要加强同客户的沟通和交流,帮助其做出决策,如组装电脑中零件的搭配、餐厅中客户的点菜服务等,需要有高度的灵活性和识别能力,需要一定的业务技巧,能够察言观色,才能令客户满意。同时,在这类服务过程中,一线服务人员对客户有极大的影响作用,应提前做好培训和授权。

【实例 10-2】

途虎养车推行专业化服务流程

从最初联手国内众多品牌推行专业正品服务,到如今升级途虎工场店服务品质,由途虎养车发起的专业化服务流程标准已然到了收获期,那么,如今各地相关活动究竟怎样了呢?这种专业化的服务流程对于整个行业的发展究竟会产生怎样的影响呢?

在一家途虎养车工场店,我们发现这里的施工无论是产品的核对还是卫生检查,都是严格按照服务流程标准,无论是细微的小事情还是比较宏观的服务内容,都处处表现出品牌的规范性,而广大用户则从中得到了最好的体验。

"无论是产品的更换还是维修,这里的工作人员表现得都很正规。"据一位用户介绍,在途虎养车进行车辆养护很放心。而事实上,正是这种信任感,也让如今的途虎养车工场店发展迅速,截至目前,全国各地的标准

店已超万家。那么,这种专业化的服务流程的实行,对于我国汽车后市场的发展究竟能带来哪些积极的意义呢?

“途虎养车的这些举措将会进一步规范整个行业,让我国汽车后市场的发展朝着正规、专业化方向发展。”据相关人士介绍,尤其在推行工场店标准化服务上,这种喜人变化是很有意义的。

对于各界的盛赞,途虎养车也表达了自己的态度,据来自途虎养车的一位负责人的介绍说,推行专业化的服务流程的最终目的,就是希望能以更规范的管理为广大用户提供更好的服务。

由此不难看出,途虎养车之所以能在很短时间内成为国内汽车养护品牌的翘楚,凭借的正是全方位的服务优势,而这种规范的行业行为也在加速汽车后市场的正规化进程上有着显而易见的作用。

——资料来源:佚名.重磅消息!途虎养车推行专业化服务流程获新突破.中国新闻网,2019-12-04.有删改.

(2)按服务流动作用客体分类。在服务过程中,服务会有具体的作用客体,这个客体不一定是人本身,更多的是人的附属品。因此,可以将作用客体分为实物、经济利益、人和信息,进而依据客体的不同来划分服务过程。

作用于实物的服务过程,如行李的托运、酒店的衣服干洗服务等;作用于人的经济利益的服务过程,如银行的储户账户、第三方托管业务等;作用于人本身的服务过程,如医疗卫生服务、旅游服务、教育服务等,可以使人消除疲劳、提高工作效率;作用于信息的服务过程,如档案托管机构、私人信息的保存服务等。

(3)按客户参与服务程度分类。客户参与服务流程的程度可以分为三类:直接参与、间接参与、无参与。

在餐饮服务过程中,客户直接参与到菜品的选择中,在与服务人员的交流中了解每道菜的特点,从中做出决定。这就要求企业能够充分考虑餐厅地理位置选择、服务人员的配备、工作任务的安排、需求的快速处理,从而在与客户面对面的交流中掌握先机,提供优质服务。

需要注意的是,以上三种分类方法并不是完全独立的,而是相互交叉的。现实中,某一服务过程可能同时具备其中的几种。

2. 根据服务的复杂程度和标准化程度进行分类

按服务的复杂程度和标准化程度可将服务过程分为四类:

(1)复杂程度高、标准化程度高。该类服务结构化程度高,处理流程复杂,但是可以通过标准化手段将其分为精确的步骤进行。服务人员需经专门培训,客户对于具体流程参与程度不高,如提供教育服务、航空飞行服务、观赏类服务等。

(2)复杂程度高、标准化程度低。此类服务结构复杂,处理问题时需细致耐心,同时在服务过程中始终与客户在交流,根据实际情况的变化灵活采用服务措施,而不能千篇一律地使用相同的手段对待,因此其标准化程度低,不可能采取统一模式。在对服务人员培训专业技能的同时,还要培训其同客户的沟通能力。例如:在提供医疗服务的时候,根据病人的生理特征安排不同的医疗服务措施;在汽车维修服务中,根据车辆的具体问题安排不同的维修服务。

(3)复杂程度低、标准化程度低。该类服务是经常性的服务,可以通过工作进行经验积累,但需根据客户要求或实际情况来定制服务,因此标准化程度低。服务人员需经培训,培训要求不高,但需与客户保持持续的沟通。例如:理发店的美容美发服务,需考虑客户的时尚要求与发型的基本情况来具体定制;饭店的餐饮服务和出租车服务也属于此种类别。

(4)复杂程度低、标准化程度高。该类服务应该说是最简单的服务,正因为简单,所以可以高度标准化,合理安排任何一个流程和环节,明确分配每个员工的工作任务。从服务过程角度考察,虽然单个人的服务难度不大,但由于是为群体服务,因此如何在短时间内满足大量客户的需求是该类服务所要解决的问题，做好各类服务人员的协调工作、各个流程之间的衔接，提供快捷高效的服务。例如：快餐服务，各种原料可事先配好，服务的关键就在于时间短，客户不愿意等待；零售业服务中，客户不愿意长时间排队付款。

（二）服务作业分类

服务作业是指在服务过程中利用科学的方法，将企业的某部分资源与相应的服务人员相结合，经过合并、重组等方式，转化为满足客户某种需求的服务产品的过程。服务过程是由多个相互独立又有内在顺序的作业所组成的。许多大型服务企业，如高档商务酒店、银行、保险公司、休闲娱乐中心都已高度重视作业系统的规划，合理安排作业任务，以期能提高服务水平。服务作业可以有以下几种分类方式：

1. 依据服务作业的过程形态进行分类

（1）线性作业。线性作业是指各项作业按照某一顺序进行，通过流水线的作业最终产生服务。线性作业产生于工厂的装配车间，在装配线上安装好每个零件后就可以得到成品。在西餐厅中，当客户点好餐后，服务员便一道道上菜，客户在整个过程中只需感受服务即可。线性作业需约束每个作业的完成时间，从而使客户体会到紧凑的服务，这是高度例行化和标准化的服务作业，满足大量持续性的需求。

（2）订单作业。订单作业是将整个服务过程分为独立性较强的作业，客户可以自由组合或在服务人员的指导下装配作业，最终达成客户较为满意的作业组合，因此该服务作业具有高度的灵活性和扩展性，可以满足客户的个性化需求。戴尔电脑虽然是品牌电脑，但是也推出了符合个性需求的个人组装服务，对于各种电脑配件，如 CPU、主板、硬盘、显卡、声卡等可以根据客户要求来选择性能指标和品牌，最后组装成整体后快递给客户。这种服务弹性很大，要求服务人员的专业知识比较高，要充分估计组装时间，安排好库存商品，满足客户要求。

（3）离散作业。离散作业是指各种作业相互独立、间隔时间较长、需求不稳定的服务作业。如网上提供的创意服务或设计服务，没有持续大量的需求。

2. 按与客户接触程度进行分类

在服务递送体系中，服务作业与客户接触程度的高低直接影响相应管理和决策。

（1）接触程度高的服务作业。客户成为服务过程的一部分，可能会干扰正常的服务作业，客户需求的变动会使服务人员难以适应，而服务人员的态度和素质在很大程度上会影响客户的消费心理与感受。服务流程各阶段时间不易精确控制，因此不适合采用自动化技术来提高效率。

（2）接触程度低的服务作业。可不受客户干扰全心工作，因此可利用自动化手段来提高效率，对时间和过程进行精确控制。

四、服务过程的互动性

一般在服务企业中，客户会高度参与服务递送体系，客户的各种要求会影响服务人员的表现力和工作效率，同时服务人员的行为方式也会影响客户对服务企业的整体印象，双方在频繁的互动中相互了解，共同创造价值。因此，在进行服务流程设计时必须考虑这种互动性，考虑每位客户可能的动机和反应。企业在提供服务时不能被动地接受客户的调整，而应该主动预测客户的行为，调整客户情绪，或将客户行为与服务流程暂时剥离。

服务过程的互动性不仅体现在服务人员之间，还体现在服务人员与服务系统之间。这就需要考察服务人员的授权问题。给予服务人员高度的灵活性，便宜行事，则其规范性就难以控制和把握；而利用标准来约束服务人员的行为，会影响他们工作的积极性和成就感，失去努力工作的动机，影响其工作能力的发挥，特别是遇到突发情况，服务人员难以独立做出决策，失去处理问题的最佳时机，最终影响服务质量。

(一)客户参与的影响

1. 影响决策结果

虽然客户不会参与与服务相关的全过程，但是客户对最终产品的不满意会影响到企业利润，因此在某些服务环节上，客户是在无形参与。在选址的时候，要充分考虑客户的方便性，地点是否易记、是否容易找到，尽力拉近同客户的距离。像麦当劳这样的快餐店一般都选取人流量大的四岔路口的街角处，门一推即可进入，而不是隐蔽在商场中某个深处。在设备布局上，要考虑为客户节省体力和精力，像大型商场都会配备传送带式电梯、准备购物车和购物篮，商品的摆放以最常用的物品在最易拿到的位置，餐厅的卫生间和服务台都不会相隔太远。在服务产品设计上，尽量美观大方以吸引客户，餐厅除了在菜单中有图片显示，有的还用实物菜肴进行展示以达到更好的效果。在作业时间安排上，尽量缩短时间，为客户提供快捷服务。

2. 影响工作效率

客户在与服务人员的密切接触中会提出各种各样的需求，这些需求不尽是合理的，因此在满足客户需求的过程中，可能会打乱原有的工作部署，进而影响到工作效率，特别在向某些态度不好的客户提供服务时，往往需要更多的服务人员为其解决问题。另外，在与客户交流的过程中，客户为了弄清楚客观事实，会与服务人员反复交涉，服务人员必须耐心解释，会占用相当大的服务资源，但也会给客户留下好的印象。

3. 服务倾向主观

客户在享受服务过程中，往往是带着主观情绪来做出决策的，服务产品的质量是影响其决策的一个重要因素，但不是决定性因素。服务人员的态度、专业技能、服务技巧、沟通能力在很大程度上将影响到客户的消费心理，客户在感觉自己所享受到的服务数量比其他客户少时，这种比较的心理会促使他感觉不满，还有当感觉没受到重视及某些要求不能立即满足时，客户会感觉服务质量很差。因此，企业一方面要保证服务产品质量，另一方面要照顾好客户的情绪，使其在宽松的环境中享受服务。

(二)降低客户主观影响

如果服务过程中有良好的互动性，则会提高客户的满意度，带来更好的效果，但如果这种互动性耗费时间，带来工作效率的降低，则有必要去主动降低客户的影响。

1. 利用自动化降低接触程度

服务企业的人力资源有限，不会无限扩展，如果与客户的接触程度越高，则占用人力资源的情况也就越严重，特别是一些常规服务，对于服务人员技术难度不大，但是客户需求大，会占用大量的服务时间。当有大量持续性的需求来临时，客户需求必然无法满足。因此，通过自动化技术，减少与客户的接触密度，腾出时间来提供更多类型的服务。例如，银行对常见的存取款操作使用了 ATM 机，大型零售企业采用 POS 机刷卡消费，移动通信公司开通了网上营业厅以供在线缴费。

2. 利用标准化降低需求多样性

客户提出的需求太多，则会影响到准备时间与记录时间，让客户自己搭配产品非常耗时，而且效果也不一定很好。将服务产品经过仔细分析与考察，企业主动提供给客户配置好的产品，节约了客户的考虑时间，同时也节约了服务人员的等待时间，提高了工作效率。例如，银行提供了打好包的理财产品，分种类与系列推出。

3. 利用作业分离缩短服务时间

将某些与客户联系不紧密的服务作业与客户彻底分离，减少客户的关注度。例如，餐厅在客户到来之前，准备好原材料、常见菜肴、餐具，客户离开之后，清洁桌面、打扫餐厅，这样与客户彻底脱离关系，可以高效率完成工作。

（三）服务体系内的矛盾冲突

服务体系内的互动更多体现在相互的矛盾冲突上，服务企业中的服务过程管理涉及营销、人事、作业和功能实现，这些内容之间都是相互交叉重叠的，各自目标不同易引发矛盾。

1. 营销定位不同

作业中的服务人员主要想给每一位客户提供优质高效的服务，而营销主管则考虑到总体客户需求量。

2. 成本和收益约束

作业人员主要考虑降低成本、提高效率，营销主管主要考虑所带来的收益率。

3. 时间与新服务冲突

作业人员希望保持稳定的服务，而营销主管则希望不断加入新服务内容，而时间毕竟有限。

4. 采取措施减少冲突

采取轮换工作制度，采取任务编组，制定程序手册，并加入激励措施。

第二节 服务流程设计

一个广受好评的服务递送系统应该将服务作业、设备布局、隐性服务有机结合起来，从而满足客户感知各个方面的需求，这就是服务流程设计。

一、服务流程设计的优点

（一）显示服务系统的全景

在该服务系统中包含哪些作业以及各个作业之间的关系如何，可通过服务流程设计全部显示出来。

（二）追踪信息流动

在各个具体环节中需要上一阶段提供什么样的成果、传递什么信息，通过服务流程设计，可提前做好安排。

（三）及早发现缺陷

服务过程中肯定会存在大量的缺陷以及某些“瓶颈”，限制了服务水平，还有各个作业能提供的最大服务数量，都可以在设计中及时发现。

（四）了解客户行为

提前预测客户会有哪些行为、会参与到哪些服务流程中，据此可以提前做好准备，免得到时被动应付。

【实例 10－3】

针对部分游客反馈现有安检方式存在效率低、程序多、不友好等问题，12 月 2 日，上海迪士尼乐园的两个安检通道开始测试使用 X 光机辅助人工服务的方式进行游客入园前的安检。

记者在乐园注意到，安检通道中新增了两个配有X光机以及新的指示牌的特殊安检通道，指引游客进行操作：

取出包括电子产品在内的所有随身物品和包放置于不同置物栏内。然后游客通过金属探测门。同时指示牌提醒游客："在安全检查过程中，如安检人员有要求，请游客自行打开包袋将可疑物品取出供安检人员检查。游客安全是我们工作的重心，感谢您的配合和理解。"尽管还处于第一天的测试阶段，两个安检通道的游客在迪士尼安保人员的指引下已经能够有序、顺利地进行物品和个人安检，对于新的高科技安检方式也表示了欢迎和认可。

记者就此向上海迪士尼度假区进行核实，度假区发言人表示，上海迪士尼乐园目前正在进行使用X光机并辅以人工服务进行安检流程的测试。测试的主要内容包括X光机的技术稳定性、效率以及游客反馈。测试过程中将不断进行设备调试，为未来设置更多的X光机支持安检做好准备。而新增更多X光机进行安检的具体时间，还并未确定。

据悉，今年9月，有游客对于上海迪士尼乐园的安检方式提出众多意见。随后乐园表示，会在遵守相关法律法规和所有游客及其随身行李必须进行安全检查的前提下，尽可能降低安全检查对游客体验的影响。自9月起乐园开始实行更友好、人性化的安检流程和服务，游客在安检时可以自己打开包袋，如安检人员有要求，游客可自行将可疑物品取出，并在完成检查后放回。未来乐园还将采用如X光机在内的安检设备，辅助人工服务等手段进一步优化安检流程。

——资料来源：李妍，黄嘉玲．上海迪士尼乐园开始测试使用X光机，进一步优化安检流程．新京报网，2019—12—02．有删改.

二、服务流程设计的问题

在正式进入设计阶段之前，我们可以思考几个关键性的问题：

(1)服务过程中应该有哪些关键作业？

(2)这些关键作业之间是否有重叠和抵触部分？能否采取相应措施解决？

(3)每一个环节中提供的服务量是多少？能否应付高峰期的客户需求量？

(4)客户适合参与到服务流程中吗？何时退出服务流程？

(5)有哪些可以降低客户接触程度的服务环节？

(6)能否采用自动化和标准化技术提高服务效率？

(7)有哪些环节可以剥离出来，不受客户影响？

三、服务流程设计的图形设计法

可以采用流程图的形式表述服务环节的产生和传递的全过程，图形设计法是一种较好表达服务流程设计思想的工具，为企业管理层所使用。

(一)蓝图法

20世纪80年代开始有学者研究服务流程设计的一般方法，其中较为著名的是蓝图法。蓝图法解决了传统方法中服务无法经由严格测试和精细设计所带来的问题，强调了客户与服务中的互动特征，使得服务流程的设计不同于工业领域内的建筑或商品的设计。

在服务蓝图中，描述了每一服务环节以及各服务环节的相互关系，其细致程度符合客户的目的和要求，并且指出服务环节中每一个步骤可能会引发矛盾纠纷的情况、会引起失误的错误步骤，因而可以提前做出预防。

制作服务蓝图是一个复杂的过程，管理者首先要明确哪些是核心竞争力的服务、哪些是附属的服务；其次观察企业的每一个特定客户在服务过程中与服务人员发生的所有互动；最后把所有的互动步骤都排列起来，像生产流水线那样排列紧凑，搞清楚各环节前后关系，分析每一个环节中客户真正需要的是什么、什么行为会导致失败。

因此，服务蓝图详细描述服务过程，是能够向客户、服务人员、管理者清晰表达无形服务的有力工具。具体来说，蓝图由服务流程、作业步骤、客户等待区、潜在失误区、关键作业环节这些可见要素所组成，区分前后台，较好地表现了服务全程。

1. 主要元素

服务蓝图主要由四部分元素和三条分界线构成(见图 10－1)。

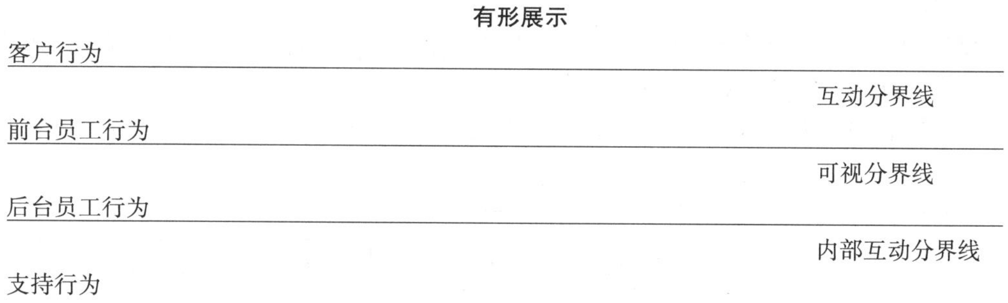

图 10－1　服务蓝图框架

(1)客户行为。客户行为包括在整个服务过程中各种可能的行动、步骤、可供的选择、与服务人员的互动。例如，在餐饮服务中，客户寻找座位、点菜、与服务人员交流、品菜、付账、索要发票、离开。

(2)前台员工行为。客户所能看见的和接触到的服务人员行为是前台服务人员行为，如指引座位、递送菜单、上菜、帮助付账、欢送等。

(3)后台员工行为。客户看不到的服务人员行为是后台服务人员行为，他们支持着前台服务人员工作，如配料、炒菜、计算价格等。

(4)支持行为。支持行为包括系统内部服务以及安全保障等行为，如企业所使用的办公自动化系统、业务规范系统、资料管理系统等。四部分行为区域被三条分界线隔开。

(5)互动分界线。表示客户与企业服务之间的互动，线上为客户，线下为企业服务，说明客户与企业服务间发生了明显接触。

(6)可视分界线。将客户能看到的服务和不能看到的服务行为分隔开来，线上为能看到的服务行为，线下为看不到的服务行为。同时，它也是前台服务人员和后台服务人员行为的分隔线，清楚地表达了客户能看到多少服务。

(7)内部互动分界线。将服务人员和支持他们的员工及服务分隔开来，线上为内部服务人员，线下为支持行为，表明了服务系统内部的接触。

服务蓝图的最上方将每一个接触点的有形展示陈列出来，如银行的业务办理是以取号后坐下等喊号的方式进行，以缓解客户的等待情绪。整个服务蓝图以客户为导向，将客户作为服务流程的一部分，纵向为服务结构，横向为服务流程，表达清晰有力。

2. 流程符号

为使阅读图像的管理者或管理人员能够看懂服务流程，增加流程图中关于服务细节的信息表达，可以使用不同的符号即不同形状的图框来清晰表达不同的行为和步骤，具体使用到的图框符号及其含义如下：

(1)矩形框：服务流程中的一个步骤，在矩形框中注明关于步骤的简要描述。

(2)菱形框：又称为选择框，表示流程走向了一个分支点或决策单元，框中注明所遇到的问题，对问题的不同回答决定了流程走向不同的方向。

(3)圆角矩形框：通常作为服务流程的开始或结束，在框中注明开始或者结束。

(4)流程线：用箭头表示，表明服务流程的走向。

(5)文件框：表示产生了服务流程有关的书面报告信息，应在文件框内注明文件的标题或描述，如合同报告、对账单等。

(6)圆柱体：表示与过程有关的资料和报告信息将会储存在这里，以备今后查阅。符号内需注明资料的标题或描述。

(7)圆形框：表示服务流程的循环，在该圆形框内需注明字母或数字。连续流程图的连接符号内使用相同字母或数字，表明服务流程如何衔接。

我们以饭店服务为例，来看看服务蓝图及流程符号(见图 10—2)。

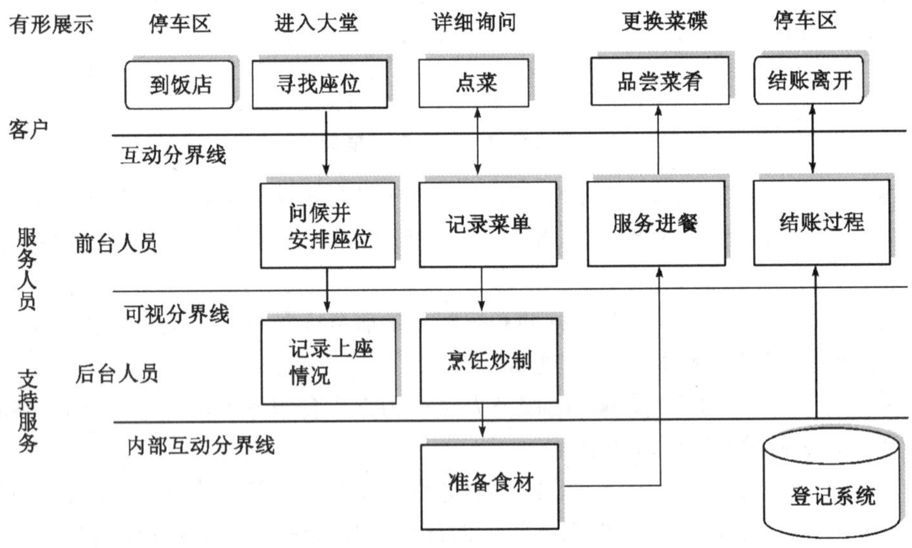

图 10—2 简单饭店服务蓝图

3. 设计步骤

(1)明确服务过程。首先设计者要去了解蓝图所服务的对象流程的过程，先从概念上了解这个服务的简单过程，再在这个基础上描述局部的详细过程，弄清楚审批流程及相应权责、数据资料传送流程，还有手续的流程等。

(2)分析客户需求。市场中的客户由于背景不同、受教育水平不同，因而他们的需求也不同，应该利用差异化策略为每一类客户定制符合他们要求的流程图。

(3)描述服务流程。强调从客户角度去描述服务流程，这样才能在图中最准确地反映出客户的需求。这个客户是个相对的概念，对于前台员工，消费者是客户；对于后台员工，前台是客户；对于支持服务，后台员工是客户。要对客户在整个过程中任何一个环节和细节仔细观察和描述，反映出流程的全貌。

(4)描述前后台服务人员行为。在蓝图中加上互动线和可视线，然后从客户和服务人员的视角区分前台服务和后台服务。如果某些服务需要结合技术和人力，也要作为可视内容添加。

(5)连接支持功能。在图中添加内部互动线，先连接外部客户与服务人员之间的连接线，再仔细区分服务人员与内部支持各功能之间的关系，再加上连接线。

(6)加上有形展示。在蓝图上方添加客户所能看到的东西的说明，标明客户的每一个步骤。

(二)服务图法

与蓝图法不同，服务图法主要从客户视角来展现企业服务流程与活动，使得各种服务组合能够达到客户想要的目的，同时利于观察服务流程的分解与整合，使得服务过程能达到预期目标。

服务图本身的概念简单清晰，但可以根据实际情况变得简单或者复杂，对于某位到饭店订餐的客户，我们可以这样描绘流程：首先将饭店提供的服务分为客户可以看见的和看不见的服务，对于看见的服务按照时间来分，有进入饭店大堂的接待，提供餐饮菜单，确认菜品、时间、人数，登记信息；而看不见的服务有核对客户曾经的就餐信息、讨论优惠政策、通知材料准备。通常会在图中加上一条可视线来进行区分。在可视的服务流程中，客户参与程度高，因此对于未来的服务决策，双方都要承担相应责任。

设计服务图的最后一个步骤是识别可能引起失败的环节，这些环节通常是：

(1)在服务开始时是否正确引导了客户预期，是否错误地提高了他的预期？

(2)对需要客户确定的服务流程，是否对其解释清楚，是否产生歧义？

(3)是否过于强调服务人员对客户环节的理解，有无倾听客户意见？

(4)服务过程中有无重复环节和无意义环节？服务流程中有无脱节的情况发生？

因此，在对客户的服务流程设计时要尽量避免发生此类情况，在约定服务时间时，要清楚告知客户如果单方违约造成的后果，并且用文字形式写明，以免产生纠纷；在客户出示打折卡或贵宾卡时，要快速调阅客户资料，以便提供周到细致的服务；在客户提出疑问时，对其进行详细说明。

以上是简单的服务流程图设计，如果是复杂的服务流程图设计，则要考虑每一个作业的标准与规范、所耗费时间、占用的人力资源等。

四、服务流程设计的客户合作法

图形设计法基本是设计者的工作，由他观察和调研后来进行描绘。而现实中我们知道，企业所提供的服务要具有生产和消费合一的特性，在某些场合下，客户不愿意作为被动的接受者，他希望成为主动的参与者去付出精力和体力，这样才更能体会消费的乐趣。针对这一情形，适时推出合作式的新型服务方式，将极大地节约成本，以个性化的服务来吸引消费者。例如，提供自己研磨咖啡的休闲吧、自助服务餐厅等。因此，在一些企业的服务过程中，可以将与客户的合作和互动作为一部分流程加入。

(一)客户合作法的优点

企业在采纳客户合作设计时，应事先考虑到提供的服务要具有一定的吸引力，能够吸引客户参与其中；这种服务不是严格的标准化流程，不会占用太多时间和费用，不强调技术上的难度，易学易会，使客户愿意承担这一部分工作；照顾到客户的个人喜好，满足其需要成就感的心理，从而扩大了企业的服务资源，带来了以下好处：

1. 提高服务效率

将某些服务交由客户去完成，大大解放了服务人员的生产力，加快了服务进程，节省了服务人员在单个客户上花费的时间,提高了设备和人员的利用效率。服务人员可以服务更多的客户,总服务时间不变,因此无形中相对降低了成本。客户对设备的使用也可以及时发现问题和反馈,通过改进可以提高服务性能。

2. 满足个性化需求

客户不喜欢千篇一律的服务,需要彰显其个性特色,通过合作,客户可以高效表达个体需求,不仅感觉自己受到尊重,同时通过自身努力完成工作会带来成就感,从而形成对服务过程的良好印象。

3. 调解需求矛盾

服务企业经常面临的问题是平时人手过剩,在服务高峰期人手又不够,而服务能力是无法事先储存在高峰期拿出来使用的,因此考虑在高峰期让客户参与服务过程,能大大缩短服务时间,减少排队等候造成的不良影响,缓解需求矛盾。

(二)客户合作法的设计原则

1. 设计服务过程的柔性

对现有的服务流程进行改造,为客户留出足够大的私人空间,放弃某些服务流程的规范化和标准化,使其可以任意修改和搭配,尽量发挥客户的主观能动性。同时对不适合的设备进行升级或改进,改变其服务界面,使其更加友好,利于操作,提供给客户较多的工作技能和知识,必要时进行辅助,帮助客户快速掌握技巧,避免因客户参与造成效率的丧失。

2. 分析客户的需求

着重分析客户的偏好和心理特点,在哪些方面需要自己动手,其兴趣点在什么地方。对整个过程进行分析,观察哪些流程适合客户参与、与他们的兴趣点是否匹配,预测客户在服务过程中的所有行为。

3. 设置监控点

对于客户的合作和参与,并非是完全放手,而是在服务人员的监督之下进行,因此要对服务人员充分地赋予权限,在服务流程设计中安排好监控,适时地评价服务质量和客户感受,以提高服务水平。

(三)客户合作法的潜在问题

1. 服务人员的任务

客户合作法中,服务人员的服务内容虽有所减少,却承担了吸引、介绍、鼓励客户参与服务的任务,服务人员需了解客户的特点和喜好,与客户高度接触,帮助客户去参与服务。因此,需增强服务人员的服务意识,提高其技术水平,重视其地位与作用。

2. 辅助客户学习

客户的兴趣点在于其在服务过程中所获得的成就感,但一开始客户对服务流程是陌生的,客户不知道如何在服务流程中发挥自身作用。因此,一个优秀的服务体系在设计时要考虑为客户的学习创造良好氛围和环境,设计一些激励措施鼓励其进行尝试。

3. 管理难度加大

虽然单个服务人员的服务内容有所减少,但是由于加大了客户的活动内容,因而总体上加大了服务过程的管理难度,因此有必要规范客户行为,加大监控力度,实时追踪,及时调整。

五、服务流程设计的生产线法

一些大型企业所提供的服务过程可以分解为操作简单的单个服务,如快餐业对某个食品的加工过程可以在加入固定体积原料的基础上加热固定时间，制定严格的规范做成标准化的食品；商务酒店推出的电子房卡、标准客房、呼叫服务；银行推出的标准化业务处理流程等。这样使得差异性小的客户服务能够短时间、大规模地推向市场，从而快速解决客户需求，获得高额的回报。服务性行业可以借鉴生产线的设计思想来安排服务流程。

(一)生产线法设计原则

1. 系统化原则

对个体化、不确定性高的客户需求进行分析，找出其中的共同点，以系统化的眼光设计服务过程，关注服务阶段的组织和协调，进行详细的规划，对于原料供应、设备布局、产品加工、服务递送都要站在全局角度考虑，对客户进行接待时询问哪些问题，从这些回答中形成注意事项，进而改进产品加工的方式，这些都是环环相扣的。在这种精确管理之下，才能保证系统高效运转，提高设备的使用效率。

2. 标准化原则

对服务流程中每一项服务制定严格的标准，如食品的加热不得超过多长时间，从顾客点菜到上菜不得等待多长时间，每个菜品的分量多少，原材料如何搭配，都不得随意进行，要严格依照规范，这样才能减少人为差错，提供高效严谨的服务。

3. 充分利用现代化技术

一是充分利用现代化管理技术和管理思想，如精确规划和控制、全面管理质量、提供标准化流程和操作规范，这些先进的管理意识能防患于未然，及早发现错误，提高管理水平。

二是广泛使用高技术含量的硬件设备，如自动售货机、电子计算机、网上银行、自动售票系统，这些高技术含量的设备能替代人工劳动，提高服务效率。

(二)生产线法的优点

1. 扩大服务规模

传统的服务在应对客户的过程中浪费了大量人力、物力资源，无法适应大规模的客户需求，利用生产线法做成统一的标准产品，降低了每个产品的成本，实现了规模效益，从而能向大量客户提供成品服务。

2. 提高服务效率

利用大量技术设备减少人力劳动，为客户使用提供了方便，同时缩短了每位客户的服务时间，服务流程的规范化减少了发生矛盾的可能性，使得服务人员能够集中精力解决重要环节的问题，提供更人性化的服务，从而提高服务效率。

3. 改善管理和服务水平

以前的管理过多地陷入服务细节，不能照顾到全部，通过生产线法用标准化手段组织服务流程后，就可以大大降低管理的难度，只要查看每一步骤的完成情况就可以进行实时控制；客户所得到的服务在时间和接触途径上都得到改善，实际也是降低了客户为获得服务所花费的成本，鼓励他们更多地获取服务。

【实例 10－4】

今年来，工商银行萍乡分行大力优化柜面业务流程，着力提升运行质量与效率，较好地完成了各项工作目标。

本着“查防结合、预防为主”的目的，该行分别实施了“运行基本制度大检查、现金实物安全大检查、内部账户风险环节大检查”等专项检查工作。深入开展单位结算账户治理工作，有效将“责任有落实、整改有方案、工作有记录”、“治理要与营销相结合、睡眠唤醒要与价值挖掘相结合、整改纠错要与日常维护相结合”的总体要求贯穿到全过程，着力提高业务运行效率。

全力做好了“取消企业银行账户许可工作”实施工作。取消许可后，开户时间得到了大幅压缩，有力促进拓户率快速提升。

同时，该行按照中国人民银行的要求，牵头芦溪、上栗支行做好了代理支库TCBS系统推广上线相关工作，相关工作经验在全省得到推广。全力做好玉湖支行主机数据拆分工作，保障了网点结构优化顺利实施。改革服务流程，继续超规范有效的方式发展，多组合服务率达到95%，全省应用效果排名第二。

——资料来源：姚永恒．工商银行萍乡分行优化柜面业务流程 提升运行质量．大江网，2019－11－26.有删改.

（三）生产线法的缺点

生产线法在实际使用过程中还存在诸多问题：一是电子设备的使用问题，一方面学习使用现代产品需要花费时间和成本，另一方面存在可靠性和安全性的问题，一旦发生故障会带来难以预料的损失；二是客户的个性化需求与标准化流程之间的矛盾，要想挽留客户则必须提供更多的个性化服务，而提供更多的个性化服务则增加了服务流程规范化的难度，因此有必要在其中采取折中的方案。

本章小结

服务过程是指一个企业将其服务产品交付给客户使用，这一使用过程中安排的时间、活动、程序、工作流程。这一阶段是企业服务人员和客户直接打交道的阶段，也是前期服务产品设计真正发挥效用的阶段，客户在服务过程中不仅使用产品，更能体会服务水平，形成对企业的整体印象，因此这对企业的服务营销非常关键。

服务作业，是指在服务过程中利用科学的方法，将企业的某部分资源与相应的服务人员相结合，经过合并、重组等方式，转化为满足客户某种需求的服务产品的过程。服务过程是由多个相互独立又有内在顺序的作业组成的。客户的各种要求会影响服务人员的表现力和工作效率，同时服务人员的行为方式也会影响客户对服务企业的整体印象，双方在频繁的互动中相互了解，共同创造价值，因此在进行服务流程设计时必须考虑这种互动性，考虑每位客户可能的动机和反应。

服务流程设计是将服务作业、设备布局、隐性服务有机结合起来，从而满足客户感知各个方面的需求。服务流程设计方法有图形设计法、客户合作法、生产线法。

复习思考题

1. 客户的参与会给服务过程的互动带来哪些影响？
2. 简要描述流程设计蓝图法的设计步骤。

案例讨论题

餐厅服务具体流程

一、迎客带位具体流程

引领客人时要做到:两到一声,微笑到、敬语到,有迎声。

1. 客人走来距 3m 左右时,向客人问好:“中午(晚上)好”。

2. 引领客人时,手势为右手手指自然并拢,手掌向上,掌心与地面是 45 度角,小臂伸直,以肘关节为轴向斜上方伸出,指向目标,同时眼睛看向目标,语言为:“里面请”。

二、拉椅让座具体流程

1. 客人要入座时,马上上前,为客人拉椅让座,拉椅时,身体前倾,两手把住椅背 1/2 处,并轻轻抬起,脚后移,动作要轻,声音不能过大,拉开的距离为椅面前沿与桌边相距 40cm(特殊情况除外),然后右手打手势,请客人入座。向前送椅时,只要客人能感觉到椅子的位置即可,动作要轻、稳、准。并讲:“××,您请”或“××,我给您准备一个(靠垫),这样坐着会舒服点”。拉椅时,切忌动作过猛、过快、声音过大。

2. 对于特殊的客人,如 5 岁以下儿童、1 岁以上婴儿、孕妇、老人、残疾人及身高或体重等特殊的客人,为其提供特殊服务,如高低椅子、靠垫、宝宝椅等。

3. 对于有休息室或沙发的房间在宴席开始前提醒客人先在此稍作休息,讲:“××,您先在沙发上休息会,是否需要我帮您将电视打开看一下?”

三、接挂衣帽具体流程

1. 见客人有脱衣举动时,及时上前提供服务,操作时站在客人身后(男士两脚分开与肩同宽;女士脚呈“丁”字形),自然站立,左手中指和食指勾住衣领,右手随客人习惯来帮助客人宽衣,并提醒客人是否需要取拿物品(如手机等),禁止触碰到客人皮肤。

2. 客人的衣服按次序整齐摆放,对于客人衣服不平整或有袖子外翻的进行整理。有客人同时递上领带或围巾时,要求:统一放在一起,以免混乱(不可以为异性客人平掸衣物)。

3. 接挂衣帽后按要求放置,分清主要宾客的衣物。直线衣架或衣橱挂衣的顺序为面向衣架的右手边为主宾、主人,按顺时针往下推,衣架挂衣服时,要求:必须记住衣服是哪位客人的。

4. 客人衣物直接挂放于椅子后背时,用防护套(椅子套或口布)进行防护。

5. 客人有穿衣举动,马上从衣柜(衣架)中取出客人的衣物,准确地递给客人。

6. 客人有穿衣的意图时,及时准确取拿客人的衣服,在客人身后站立,两手抓衣领,肩处敞开,根据客人习惯为其穿衣,最后衣服穿好,两手捏肩部一拉即可。

四、征询茶水具体流程

1. 站在主、副主人右侧,征询客人是否需要准备茶水。语言:“××,请问今天给您准备点什么茶水?我们这里有……(中、低、高的顺序介绍)”。当客人犹豫不定时,可以主动向客人介绍各种茶的特点或建议客人喝点什么茶。

2. 如客人不点茶水,可征询为其准备一杯白开水或免费茶。

3. 客人确定所点茶水后,将客人点的茶水记录在酒水单上,注明茶水品种、数量,并到吧台领取。

五、斟倒茶水具体流程

1. 茶水泡制完毕后斟倒茶水。其中,乌龙茶、黑茶、红茶等必须进行洗茶。洗茶前,最好用沸水将茶壶烫一下,这样茶水会更有香味。放入茶叶,待茶叶泡开后,将第一遍茶水倒掉,再次冲水后,即可斟倒。

2. 左手托托盘,右手提茶壶的把柄,把茶壶平移到茶杯上方,距离杯口约 1～2cm 处。腕部用力,斟倒七分满,原路返回,依次进行。倒第一杯茶时要报茶名,倒茶时低于客人肩部。语言:“××,这是××茶,您请”或“××,请用茶”。

3. 每壶茶最多倒 6 杯,即须及时充水,避免倒茶中途充水。

4. 每壶茶水冲泡在 4 次以上的，征询客人后换壶新茶。

——资料来源：佚名．员工服务流程．搜狐网，2019－05－29. 有删改.

共同探讨：

1. 请用蓝图法画出与该案例对应的服务流程图。
2. 你对于案例中的服务流程有哪些建议？

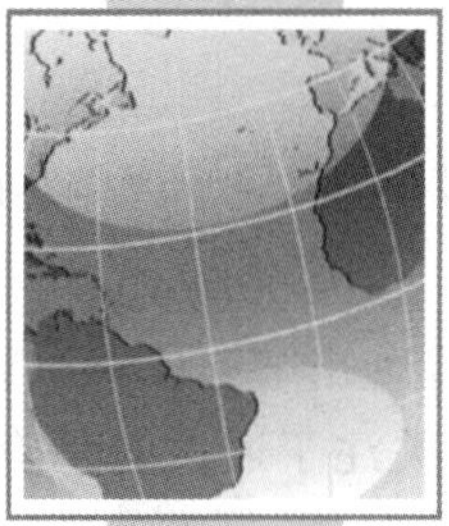

第十一章 有形展示

学习目标

了解有形展示的概念和作用。

了解有形展示的两种重要分类。

掌握有形展示的管理方法及指导原则。

掌握服务环境的设计方法、设计原则及设计重点。

案例导入

上海外滩华尔道夫酒店

上海外滩华尔道夫酒店是一座拥有传奇色彩、恒久建筑与深厚历史的奢华酒店。它结合了上海外滩闻名遐迩的历史与文化及二十一世纪的繁华。在两幢综合建筑里，设置了260间奢华配置的客房和套房，环境现代时尚的餐厅和酒吧，可俯瞰上海城市美景、璀璨闪耀的宴会厅，精致奢华的水疗中心，设施完备的健身房，无线网络服务等，各功能设置精致巧妙，构成一幅美丽的图画，展示出只属于上海外滩华尔道夫酒店的宏伟和精致。

上海外滩华尔道夫酒店自2013年起连续6年荣获TripAdvisor全球旅行者之选，在2019年获得KOL公信力金榜城市经典酒店、2018福布斯旅游指南五星酒店、2018福布斯旅游指南五星水疗、2018《漫旅》中国百佳酒店，并于2018年获得携程TOP全球酒店精选榜六钻酒店称号。

酒店内部拥有全长超过33米吧台的廊吧位于华尔道夫会所大堂楼层，再现20世纪20年代经典格调与上海总会—英国绅士俱乐部的传奇色彩。

廊吧供应各式酒类及生蚝品席。酒类包括经过威士忌桶陈酿超过8周的Negroni(尼格罗尼)、Manhattan(曼哈顿)等经典鸡尾酒。基酒经过调酒师精心调配、混合后放在威士忌桶内陈酿超过8周，再以索莱拉陈酿系统使酒品呈现丰富的层次。每周二至周六晚上21:45至凌晨00:30，将为现场宾客带来现场爵士乐演奏，呈现原汁原味的经典美式爵士乐。

——资料来源：上海外滩华尔道夫酒店官网，http://www.waldorfastoriashanghai.com，2019－12.

思考：

1. 上海外滩华尔道夫酒店的特色之处是什么？
2. 上海外滩华尔道夫酒店这种装修特色是为什么？

第一节 有形展示的作用

服务是一种无形产品，具有“不可感知性”，即顾客在购买前无法感知服务及服务质量，只能抽象地理解。因此，如何使这种无形产品尽可能地实体化，能让顾客感知并形成初步印象，就成为营销人员面临的主要问题。

服务营销商通过提供有形的线索，如服务设备、员工、信息资料、价目表等，增加顾客对服务的认识，以此对服务产品进行预测，并在消费中及消费后对服务进行评价。

总之，了解服务有形展示的类型和作用，明确设计原则与步骤，加强有形展示的管理，对创造良好服务环境、树立企业形象、提高业绩等都有积极的作用。

一、有形展示的概念

所谓有形展示，是指在服务市场营销管理的范畴内，一切可传达服务特色及优点的有形组成部分，是企业中与提供服务有关的实体设施、人员及沟通工具等的展现。

在产品营销中，企业通过创造抽象联系推广自己的产品，如可口可乐表现出“信任”和“青春”，而七喜给人的感觉则是“明快”与“活泼”。在服务产品的营销中，则更关注于通过各种有形线索来强调和区分事实。比如，当顾客选择饭店时，饭店的名称、建筑物的外观、周围的环境等将在他心里形成初步印象；若这印象符合他的喜好，他会走进去，而这时饭店的内部装潢、环境的整洁程度、服务人员的礼仪形象等，将直接影响他的选择。

【实例 11－1】

2018 年，全新建成的北京欢乐谷四期·甜品王国于 4 月 29 日惊艳面世，10 亿巨资匠心打造、改建 10 万平方米地带，全面升级改造原“蚂蚁王国”主题区，量身定制布局全新一代“小太阳”家庭，铸造一个温馨甜蜜的亲子趣游空间，在快节奏、高压力的现代生活中，开启主题乐园欢乐 4.0 沉浸娱乐新时代。

甜品王国区域将引进知名国产原创动漫 IP“饼干警长”，鲜明的卡通形象搭配绚丽的甜品元素，完美还原动漫世界里的经典场景与故事情节，将整个区域缔造成一个全新又充满童趣的“饼干警长”主题区，为小朋友及其他游客营造出一个独一无二的探索和幻想情景。华北最大的水上飞机“飞跃牛奶河”开启孩子们的奇幻之旅；全家人都可以乘坐的家庭过山车让一家老小都能玩；华北地区最浪漫的姜饼双层旋转木马让家庭与闺蜜气氛更加融洽，小朋友们玩得更尽性！

——资料来源：北京欢乐谷布局几代人．消费日报网，http://travel.qianlong.com/2018/0410/2510821.shtml，2018－04－10. 有删改.

因此，合理运用服务过程中的各种有形要素，有助于企业提高产品推销的有效性。但要注意，有形展示是一把“双刃剑”：若善于管理和利用，则有助于顾客感知服务特性，创造更多利益，塑造良好的企业及服务形象，支持相关营销策略的实施；反之，若管理和利用不善，则可能误导消费者，影响顾客对产品的期望和判断，破坏企业形象。

二、有形展示的作用

有形展示是服务市场营销组合策略的七大要素之一，它是使服务实体化的一种手段，在整个服务过程中占据了重要的地位。有形展示不仅能促进或阻碍产品使用、信息传播，更重要的是，它直接影响到顾客对服务质量的期望和判断。有形展示的作用及其与市场营销策略的关系如图 11－1 所示。

（一）通过感官刺激，让顾客感受到服务给自己带来的利益

在产品营销中，产品的包装、外观等能否满足顾客的审美标准，将直接影响到顾客的购买行为。同样，在服务产品营销中，顾客也希望能获得感官上的认同。服务展示给整个市场营销过程带来“乐趣”，各种新颖性、娱乐性元素可以有效改善顾客的厌倦情绪。

为增加顾客对服务产品的感知，服务也要“包装”。外形是“包装”的最外层，也是最基本的

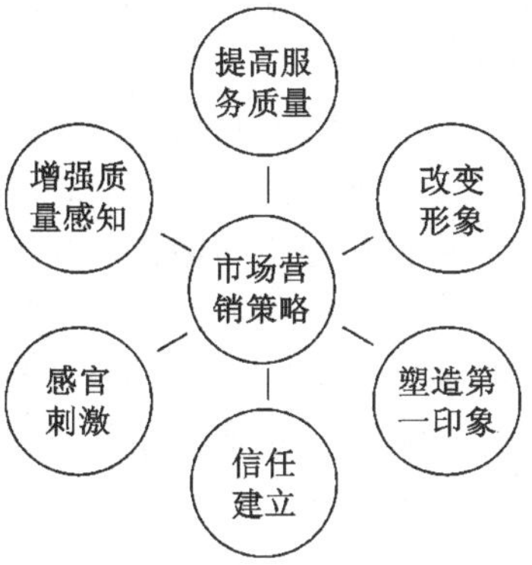

图 11—1　服务展示的作用与市场营销策略间的关系

线索。但"内层包装"更为重要，所谓"内层包装"，即服务环境、服务态度等。当"内层包装"与"外层包装"所传递的信息一致时，不仅可以提高营销效果，还能提高消费者的满意度；但是，当两者传递的信息不一致时，会让人对初始信息产生怀疑。

（二）引导顾客对服务产品产生合理的预期，使消费者产生信任感

只有当服务带来的利益符合顾客预期时，才会使顾客满意。但对于"无形的"服务，顾客很难在购买前对服务做出正确评价和判断，所以他们的预期和判断常常会偏离实际。而运用有形展示，可以让消费者事先掌握服务的功能与特征，做出合理的预期，从而避免由于期望过高而难以满足所造成的负面影响。

同时，使消费者全面掌握企业的服务状况，赢得消费者的信任，并促使其最终做出购买决定。例如，现在很多餐馆都实行"半开放式"厨房，顾客可透过玻璃看到厨师的整个烹调过程及刷碗、清洁、配菜等各种工作情况，增加对餐馆的信任感。

（三）影响顾客对服务产品初步印象的形成

有形展示是服务内涵的表现形式，是顾客初始印象的形成基础，其成功与否将直接影响顾客对企业的"第一印象"。有形展示对老主顾或经验丰富的顾客影响较小，它主要作用于新顾客或缺乏经验的顾客，他们根据各种有形展示对企业产生初步印象，并以此作为评价企业服务产品的标准。例如，顾客会根据旅游公司前期的文字及图片介绍，选择参加"豪华旅行团"，但是在旅行过程中，若车辆不够舒适、酒店不够等级、就餐不够丰盛，那么旅客马上就会产生"上当受骗"的感觉，情绪低落，感到对企业很失望；反之，若车辆整洁舒适、导游服务周到，那么顾客在整个过程中都会心情愉快，对公司满意度就高。

（四）增强顾客对服务产品质量的感知

服务质量是由多种因素共同决定的。"可感知"是顾客对服务产品评价的重要指标之一，而有形展示是其中重要的组成部分。有形展示就像服务产品的"包装"，包装的水平将影响顾客对服务"质量"的感知。

细节往往是决定成功与否的关键，如服务设施设备、服务人员的仪态仪表等，在传递企业的服务态度、能力的同时，还表现了对顾客的关心。因此，加强对服务工作和有形展示的管理、平衡目标市场的需要与整体营销策略的要求，不仅能为消费者创造良好的消费环境，还能增强顾客对服务质量的感知。

（五）塑造和改变企业市场形象

有形展示是塑造企业市场形象的重要工具，直接影响消费者的选择。由于服务的"无形性”，单纯依靠文字宣传是不够的，企业需要通过各种有形展示，生动地向顾客宣传自己的形象。例如，不同的银行有不同的风格：农业银行以绿色为主题、交通银行以蓝色为标志等，消费者可以根据不同的外观设计清楚地分辨不同的银行。

此外，有形展示还有助于改变服务企业的形象。这种改变是彻底的、完全的，打破现有的观念，更具挑战性。例如，成立之初，中国银行就希望建立一种稳重、安全、高效的形象，但口号的宣传效果差强人意。顾客走进银行时，灰暗的制服、紊乱的电脑操作系统、单一的服务内容等，使顾客感觉实际情况与宣传内容不一致，企业形象大打折扣，顾客甚至对银行的能力、信用产生了怀疑。然而现在，中国银行对这些影响企业形象的有形展示进行了大量的投资，如明亮整洁的环境、通畅有序的服务系统、全面的服务内容等，使顾客对中国银行的形象大大改观。

【实例 11—2】

新加坡航空公司为塑造本组织的形象，实行了完善服务的一系列措施，靠着令人惊艳的新头等舱客房和业界首屈一指的餐饮与酒类供应，多年来在世界航空公司排名中名列前茅。其突出特色在于抓住每一个细小环节来赢得顾客的信任：

一、订票时可得座位号，登机时对乘客以姓相称

公司将订坐某次班机的全体乘客姓名按舱位平面图排列交给当班乘务员，要求每个乘务员事先记住自己所负责的那一舱位所有乘客的姓名，乘客上机时只需将座位号贴在登机卡上，乘务员在机舱门口引导乘客对号入座，并在舱位图上作记号。乘客就座完毕后，乘务员就能按照记忆，对每一位乘客直接以姓相称呼，使乘客在感到宾至如归的同时又略感意外的和谐与舒适。这样周到的服务，是世界上任何其他航空公司都不曾做到的。

二、照顺乘客休息用餐，将饭店服务方式搬进机舱

班机起飞不久，乘务员就给每位乘客送一双尼龙软鞋套和遮光眼镜，供乘客休息时用。还送来一份印刷精美的菜单，上面以英、法、德三种文字印有全程每餐饭的菜名，并附有飞行各段所需的时间。开饭时，先给乘客小桌上铺桌布，再送上主菜托盘，主菜用完后，乘务员前来把托盘中的主菜取走，空出位置再送甜食或水果，这样就等于把饭店的服务方式搬进了空间狭小的机舱，而不是一股脑儿地把所有的吃食都端到小桌上。

通过服务人员的优质服务，塑造了新加坡航空公司值得信赖的企业形象。

——资料来源：百度百科，https://baike.so.com/doc/5391282—5628001.html，2018—10—08. 有删改.

（六）提高服务人员的服务质量

在交互式服务中，服务产品是由服务人员实现的，从内部营销的角度来说，服务人员同样是企业的顾客，是企业不可忽视的一部分。由于服务具有“无形性”，所以服务人员也很难把握产品的特征和效用。如果服务人员不能完全了解服务产品，也没有统一的标准，那么服务的质量就难以保证。因此，有形展示不仅能向消费者展现产品的特点和功效，同时也能培训服务人员，使其能够更好地掌握服务的知识和标准，指导、纠正其行为，保证服务产品的质量。

第二节　有形展示的类型

不同类型的有形展示对顾客心理及其判断服务产品质量的过程，有着不同程度的影响。对有形展示可以从不同角度进行分类。

一、根据有形展示能否被顾客拥有分类

根据有形展示能否被顾客拥有，可以将其分为边缘展示和核心展示两类。

(一)边缘展示

边缘展示是指顾客在购买过程中能够实际拥有的展示。通常这类展示是从顾客的实际需求出发，用实物表现出来的，一般来说没有什么价值。例如电影票、各种门票等，只是顾客接受服务的一种凭证；再如宾馆的主要服务内容就是住宿，而房间里的笔、纸、旅游地图、服务指南等都是边缘展示，它们是企业核心服务强有力的支撑。

(二)核心展示

核心展示是指在购买和享用服务的过程中不能为顾客所拥有但却对顾客的购买决定起重要作用的展示。核心展示比边缘展示要重要得多，它将直接影响人们的购买决策，通常只有当这些核心展示符合顾客需求时，顾客才会做出购买决定。例如，餐厅的级别是 A 级还是 B 级、银行是国有银行还是地方银行、出租车的牌子是夏利还是捷达等，这些都是顾客在做出最终购买决策之前首先要考虑的核心展示。

除边缘展示与核心展示之外，其他一些服务形象要素(如服务人员)也会影响顾客对服务的评价和最终的选择。顾客在购买或接受服务之前，都将通过各种实际线索或表现来评价服务产品的优劣，并形成相应的预期。

二、根据有形展示的构成要素分类

根据有形展示的构成要素，可以将其分为物质环境、信息沟通和价格水平三类，如图 11－2 所示。

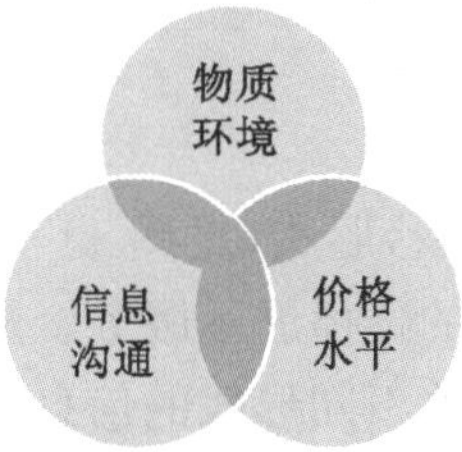

图 11－2 有形展示的构成要素

(一)物质环境

物质环境主要包括三大类型：环境因素、设计因素、社会因素。

1. 环境因素

环境因素是指消费者可能不会立即意识到的一些周围因素，是构成服务产品内涵的必要组成部分。例如温度、通风、气味、声音、整洁等因素。

这些因素的存在不会引起顾客额外的注意，但是一旦失去这些因素或者这些因素不能很好地满足顾客的需要，就会削减顾客对服务的信任，甚至放弃接受服务。通常情况下，顾客认为服务场所的背景环境的完美是理所当然的，所以不易引起人们的重视。但是一旦背景环境的各种因素出现问题，就会产生负面影响，顾客会感到很不舒服，从而远离企业或拒绝接受服务。例如，在餐厅就餐时，周围的噪音、整洁程度等就是非常重要的环境因素。人们喜欢在整

洁、幽静的环境中就餐，而过分吵闹的环境只会缩短人们停留的时间。而当人们在超市购物时，欢快的背景音乐、促销人员的叫卖声等都会引起消费者的关注，激发购物欲望；但是如果此时超市冷冷清清、安安静静，那么顾客购物的欲望也就会大大减少。

2. 设计因素

设计因素是指刺激消费者视觉的环境因素。

这类要素被用于改善服务产品的包装——既引人注意又突出产品功能，以建立有形的、符合顾客审美观的产品形象。比如，服务场所的设计和布局、企业的标识设计等。由于这类设计因素对顾客的刺激是主动的，所以更容易引起注意，对消费者感觉的影响也更加明显。设计因素有助于培养顾客的积极感觉，鼓励其进行尝试或购买，设计精美的服务环境更能促进消费者购买，所以设计因素具有较强的竞争潜力。

设计因素又可分为艺术设计因素和功能设计因素。艺术设计因素又可称为美学因素，主要包括建筑物的样式、风格、色调、装饰材料、内部格局等；功能设计因素包括内外部的陈设、舒适程度等。设计因素包括应用于外向服务和内向服务的两部分设备。

3. 社会因素

社会因素是指服务环境中一切参与及影响服务产品生产的人，既包括顾客，也包括服务人员以及其他在服务场所出现的各类人士，他们的言行举止都可能影响顾客对服务质量的预期和判断。

服务人员是服务管理的重要环节，在消费者眼中，服务人员与服务是一体的，是企业形象的代表。与有形产品的展示不同，服务展示在很大程度上取决于提供服务的人，所以对服务人员的"包装"是十分重要的。例如，若餐厅的服务员懒懒散散、衣着不整，消费者就会怀疑餐厅的服务质量、食品安全等，很可能放弃选择该餐厅；但是若服务人员服饰整洁、精神饱满、周到热情，那么消费者就会对餐厅形成很好的印象，即便是在接受服务的过程中出现一点小偏差，也会得到消费者的谅解。

(二)信息沟通

信息沟通是另一种服务的有形展示形式(见图 11—3)，这些沟通信息来自企业本身以及其他引人注意的地方，通过多种媒体的传播展示服务。从正面评论到大规模的广告宣传，从顾客的口碑传播到公司的商标，所有这些不同形式的信息沟通都传送了有关服务的线索，在使服务信息更加有形的同时，强化企业的市场营销战略。

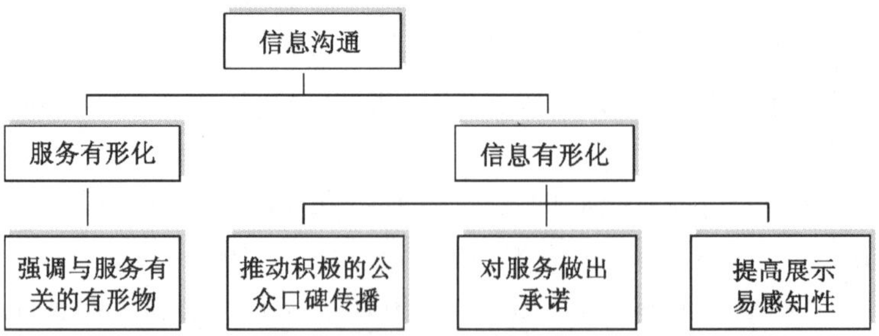

图 11—3 信息沟通与服务展示

1. 服务有形化

在与消费者的信息交流过程中，通过不断强调与服务相联系的有形物，可以使服务由抽象逐步向“真实”转变。这些有形物成了服务的载体，是企业进行信息沟通的重要工具。

例如，中国国内出现了一家很具特色的连锁快捷酒店——“桔子酒店”。整个酒店以“桔子”为核心，不论是外墙还是房间，全部以桔色为主色调；同时，酒店中始终飘散着桔子的香气，活泼可爱的桔子人形象随处可见；在大堂的前台和房间的桌子上都有桔子糖供客人随意享用，尤其是到了桔子丰收的时候，酒店还会为顾客提供免费的新鲜桔子。酒店通过这一系列的有形展示，让顾客更容易、更充分地认识服务的特色，把握服务内涵，进而建立顾客忠诚。

2. 信息有形化

信息有形化的最显著形式是“口碑传播”。对于初次尝试服务的顾客，由于对服务人员不够熟悉或不满意而频繁变更选择，再或是由于服务的功效在短时间内不易显现，顾客会依照其他人的“口碑”评价作为选择的依据。例如，人们在选择保健医生、律师或辅导教师时，都会很乐意听取别人的建议。

另外，广告也是信息有形化的一种常见表现形式。广告中通过各种易被感知的展示，使广告语更加形象化、具体化。我们以联邦快递的一则广告为例："联邦快递”是覆盖全球的速递公司，拥有先进的物流设备和系统，“及时、准确、高效”是其一贯的服务宗旨。为了让消费者能够更加深刻地理解“联邦快递，使命必达”的广告宣传，公司设计了一个极富创意的广告。广告中，两位联邦快递的工作人员身穿礼服正要去教堂举行婚礼，但是就在他们各自去往教堂的路上还在工作，新娘将国内即时快递及时送到，新郎也将国际快递交到顾客手上，工作完成后他们一起准时到达教堂，完成了自己的婚礼。整个广告不超过 30 秒，但是却将联邦快递“及时、高效、认真负责”的特点展露无遗，如此形象的诠释能够更好地赢得顾客的信任。

【实例 11－3】

京东物流集团用广告视频的方式，传达企业追求和企业价值观。视频中身着“京东红”的快递员奔赴在城市、乡村的街道，活跃在京东的巨大仓库中，无人机飞过戈壁沙漠，越过江湖河水。传达京东物流使命必达的决心和承诺。透露世界的每一个角落、每一处山庄，都有京东物流的身影。用兄弟、同事的情谊来表达京东物流的温暖和信誉。传达“物物运输”背后的心灵沟通，提升企业价值和形象。

——资料来源：优酷，https://v.youku.com/v_show/id_XMzcyNjAxMTY0NA%3D%3D.html?refer=seo_operation.liuxiao.liux_00003308_3000_YvmIba_19042900，2018－04.

(三)价格水平

与营销组合中其他因素相比，价格是唯一能够产生收入的因素。因此，定价策略就成为企业管理人员最为关注的问题之一。在服务行业中，定价既能产生正面效应，也会带来不利的影响。由于服务是无形的，顾客只能通过一些可见的线索来评价、判断企业的服务产品，并依此做出购买决策，而价格就是服务水平和质量的可见性展示。价格向消费者传达了有关产品质量和服务质量的信息，它可以影响顾客对服务或产品质量的期望，增强或降低顾客对产品或服务质量的信任感。

1. 价格过低

若价格定得过低，就会在不经意间贬低了服务的价值，对消费者产生误导。消费者会对企业产生怀疑，怀疑服务人员的技术水平、工作能力、服务质量等，大大降低对企业的信任。

在市场营销过程中，经常会有一些质量声誉有问题的公司希望通过降价来弥补这一缺陷，但往往适得其反。这是为什么呢？“价值”是顾客付出的相对应的利益，而“价格”只是“价值”

的一部分。例如，去一家价格很便宜的零售店买东西，若店内商品摆设、布局毫无规律，那么顾客就需要更多的时间来寻找自己需要的东西，这其中的时间价值就是顾客额外付出的部分。

2. 价格过高

若价格定得过高，同样会对消费者产生误导。顾客可能会怀疑企业高估了服务的价值、不关心顾客，甚至认为企业有意“宰客”。

价格与物质环境、信息沟通一样，将有关服务信息的有形线索传递给顾客。这是一把“双刃剑”，如果运用得当，不仅能使服务更加“饱满”，还能表现出与“价值”的正确关系；但是如果运用不当，则会使服务显得“空洞”，消费者也会认为企业对自己漠不关心。因此，制定正确的价格是营销人员的重要任务之一，在保证获得稳定收益的同时，将信息及时、准确地送达消费者，建立良好的企业形象。

三、根据有形展示的性质分类

根据有形展示的性质，可以将其分为与服务工作有关、与服务人员有关两类。

（一）与服务工作有关的有形展示

有些有形展示与服务过程有关。任何服务都是通过某些有形物品的运用而实现的，在服务过程中使用的工具或设备，都会或多或少地影响消费者对服务质量的感知。例如，软件公司展示软件时用的计算机、运输公司的送货车、餐饮公司用的各种器具等。

另一些有形展示与服务的结果有关。企业将以往的工作成果或样品展示给顾客，以展示自己的服务质量和专业技术。例如，广告公司以往的广告设计作品、装修公司带顾客参观样板房或以前装修过的房子等。

（二）与服务人员有关的有形展示

服务人员是服务实现的基础，是企业服务最重要的组成部分。服务人员的任务是尽可能地满足顾客的需要和愿望，为顾客提供高质量的服务。他们的一举一动、一言一行都在无形间影响着企业的服务质量。不仅如此，与服务人员有关的各种有形展示还会直接影响顾客对企业服务质量的感知与评价。

1. 服务人员的外貌

在与陌生人接触的时候，外貌是人们最基本、最直接的评价因素，服务人员的外貌会对顾客的感知产生很大的影响。例如，儿童医院的护士要显得和蔼可亲、乐观开朗，而社区的保安则要显得忠厚老实、勇敢健壮。

2. 服务人员的服装

服务人员的着装是否合体、是否整洁等，会对服务人员的工作产生影响，从而影响顾客的信任感。例如，餐厅服务人员的着装要干净、整齐，如果是邋遢、沾满油污，就会大大降低顾客对餐厅的信任，会怀疑食品的安全、服务的质量等。

3. 服务人员使用的销售资料

服务人员在销售或提供服务时，或多或少会向顾客提供一些小宣传册、广告单或一些影音资料等，通过这些辅助工具向客户说明服务项目和范围，以便日后消费者与企业保持联系。赠送精美的资料或礼品，会使消费者产生好感，增强对企业的信任感。

【实例 11－4】

商城宾馆是由浙江中国小商品城集团股份有限公司投资兴建的四星级酒店，拥有宽敞舒适、典雅宜人的各类江景房 266 间（套），为宾客提供最大程度的便利。完善的设施条件，丰富的餐饮特点，为举办各种大型商务会议和宴会提供了最佳选择。

商城宾馆秉承着“商城宾馆 温馨似家”的企业文化和理念，为了带给客户更高质量的服务体验。宾馆的承诺内容包括：

(1)我们努力记住每一位客人的姓氏与喜好，并投其所好；

(2)我们对所有的应知应会了如指掌并时刻关注酒店最新的促销信息；

(3)我们在岗时，一定严格遵守酒店仪容仪表仪态的要求与电话礼仪，因为它们就是服务；

(4)我们满足每一位客人的需求，预计并超越他们的期望；

(5)我们努力为客人提供创造惊喜甚至感动的服务；

(6)我们圆满解决每一位客人的意见与投诉，学会在错误中成长，不让同样的投诉发生第二次；

(7)我们用心地对待每一位客人，努力使他们成为我们的忠诚顾客；

(8)我们努力做最好的自己，做最好的酒店。

——资料来源：新时代的服务意识：提升酒店员工职业素养. 搜狐网，http://www.sohu.com/a/232951867_166693，2018－05－25. 有删改.

四、根据有形展示向顾客显示的频率进行分类

(一)初次接触

当顾客初次与企业接触时，他们对企业的服务并不了解，那么购买前的有形展示会成为他们对企业及其服务形成“第一印象”的主要根据，顾客会以此来推测服务质量，对最终的购买决策有着很大的影响。

(二)频繁接触

当顾客与企业经常接触时，他们对企业的服务十分了解，随着知识经验的增加，他们对有形展示的依赖越来越小，因此，对购买决策的影响也就不太明显了。

五、根据有形展示对服务质量的影响进行分类

(一)有形展示可证明服务质量

这通常是企业服务成果的展示，通过对顾客视觉上的刺激来展示自己的服务质量。例如，婚庆公司的婚礼录像、广告公司的杂志广告、装修公司的样板房等。

(二)有形展示只能向顾客表明服务质量

这通常是企业在提供服务过程中使用的工具或设备，它们虽然不能证明服务质量的好坏，但是却为顾客提供了推测的依据。

(三)有形展示可象征服务质量

这通常是企业的标识或广告中的宣传画等，通过象征的手法引起顾客的联想，得到心理上的认同。例如，保险公司在广告中用一把伞象征对顾客的保护，内部装修公司会用绿色的树来象征自己环保的特点等。

第三节　有形展示的管理

一、根据服务产品的特点进行管理

市场营销活动的成功，主要依赖于管理以及那些与无形服务相关的有形因素。营销人员

通过对有形展示的管理，将正确的信息、线索等传递给目标顾客和社会公众，帮助顾客更好地理解其购买对象和购买目的。由于服务产品的特点，顾客必须根据各种有形线索，如服务环境、信息传播、价格等推断服务的质量价值和特点，从而作出最终的购买决策。

有形展示在服务营销活动中的地位是不容忽视的，企业通过充分、合理地利用组成服务的各种有形元素强调服务特色，使无形产品有形化、具体化，让顾客能够在尝试和购买前正确地判断和预测服务的特征及其可能带来的利益。

由此可见，企业通过加强对有形展示活动的管理，借助各种有形元素提高服务质量，既能树立良好、独特的形象，还能确保市场营销目标的圆满实现。

由于服务产品具有不可感知的特点，有形展示成了服务企业的最佳选择。所谓的"不可感知性"有双重含义：一是指服务产品看不见、摸不着；二是指服务产品没有统一的划分标准，难以从心理上进行把握。

(一)服务的有形化

所谓"服务的有形化"，就是使服务的内涵尽可能地附着在某些实物上，如银行信用卡。信用卡本身的价值很小，但它却代表了银行为顾客提供的各种服务，如存款、取款、贷款、转账结算等，并且随着银行体系的发展完善，信用卡还能进行跨国支付，实现真正的"一卡走天下"。

(二)使服务在心理上较容易被把握

如何才能使服务更易于被顾客把握？有两个原则需要遵循：

1. 将服务与易于被顾客接受的有形物体相联系

有形展示是服务产品的外在表现形式，它能将产品的内涵表现出来，所以理解有形展示是顾客把握服务的前提。以下几点问题必须注意：

(1)有形物体的选择，必须以顾客为中心。该物体一定是顾客认为很重要的，并且在此服务中所寻求的一部分。如果有形物体的选择脱离了顾客的需要，是顾客不重视的，那么顾客可能会产生误解，认为自己被忽视，很可能会产生适得其反的效果。

(2)必须做到"名副其实"。企业必须要保证所使用的有形实物中所暗示的承诺，在服务中被使用时兑现，即各种产品的质量必须与承诺中所载明的名实相符。

2. 企业的重点应放在发展和维护企业与顾客间的关系上

企业使用有形展示的最终目的，是建立企业与顾客之间长久、稳定、融洽的关系。服务具有"无形性"的特点，同时它没有统一的量化标准。顾客在购买中寻找的是能够被认同的"服务人员"而非服务本身，如广告代理公司的客户经理、保险公司的保险代理人、品牌服装店的导购人员等。这些人员提供的产品差异性很小，例如同一品牌的各家专卖店内，产品款式和价格都是一样的，影响消费者决定在哪家购买的主要因素就是导购人员的表现。

服务提供者处于企业服务的第一线，直接与顾客打交道，其衣着打扮、言谈举止等，每一个细小的环节都会影响顾客对服务质量的认识和评价。例如，发廊中理发师的水平都是相近的，由于风格的不同是很难评价其优劣的，但是在一次经历中，理发师与顾客之间愉快的交谈或者一个新颖的、令人满意的新发型，都会使顾客感到愉快，对理发师、对发廊留下很好的印象，那么在该发廊理发就成了顾客的首选。由此可见，服务人员与顾客之间的关系将直接决定顾客与整个企业关系的融洽程度，所以必须引起足够的重视。

除此之外，还有其他一些有形展示也有助于发展企业与顾客的关系。比如，企业向顾客派发与客户有关的、具有纪念意义的礼物等。

二、有形展示管理的指导原则

下面将介绍一些指导原则，以利于企业制定有效的有形展示策略。

(一)树立正确观念

企业必须认识到有形展示的重要性，它将直接影响顾客对服务质量的感知和评价，但这只是开始，光有认识是不够的，企业必须将有形展示策略与企业的整体营销计划、企业的总体目标紧密联系起来，因为有形展示是企业实现目标的有效手段。一旦它脱离了组织的目标，就必须将其抛弃，不然不仅会造成不必要的浪费，甚至会带来负面的影响。因此，策略的制定者在制定有形展示策略之前，必须要明确企业的目标、市场定位和企业未来的发展计划，然后才能决定采用何种有形展示来提供支持。

(二)绘制服务蓝图

在明确了企业目标和所提供的服务之后，企业需要组织一个专门的团队来绘制服务蓝图。所谓服务蓝图，是指详细描绘服务系统的图片或地图。它通过对整个服务过程进行客观的描述，使之“无形化有形”，并着重说明关键服务环节的特点。由此，使经理、员工和顾客明确服务的内容，以及各自在服务过程中所扮演的角色。它主要包括四个部分，即顾客行为、前台员工行为、后台员工行为和支持过程。

服务蓝图是描绘服务展示的一个有效方法。从图上，管理者能够及时、全面地了解服务传递过程中所涉及的行为、过程的复杂性以及员工、顾客等各成员之间的相互作用，并从中获取展示的机会和展示应用的方法。

(三)明确服务场景的作用

有形展示离不开服务环境，接下来企业要将目光聚焦于服务环境的设计。企业要根据员工与顾客的参与程度、服务的内容、对环境的要求等因素，将自己定位于适当的服务场景之中，并以此来决定所需的投入。例如，医院属于复杂性的交互式服务类型，由患者和医护人员共同参与，因此要顾及双方的感受，所以医院服务场景的设计和管理，既要让患者感到舒适和满意，同时还要保证医护人员的工作效率。

但是，对于有些企业来说，服务场景在整个服务的实施过程中不起作用，如保险业、快递，还有目前非常流行的网购等。此时，企业界定清楚服务场景的作用，有助于企业在制定有形展示策略时明确取舍，既突出重点，又避免了不必要的浪费。

(四)充分利用有形展示的机会

当企业充分了解服务场景的作用和当前的有形展示的形式之后，企业就需要随着内外部环境的不断变化对有形展示的机会进行确认，即是否充分利用了所有进行有形展示的机会。通过这种方式，能够促使企业完善服务的展示活动，加强与顾客的沟通，不仅使顾客明确自己的付出，更重要的是明确自己所获得的利益。

对有形展示的机会进行评估将决定有形展示的形式和内容，使其符合企业的定位策略。如果企业的某种展示不能增强企业的形象和目标，甚至与企业的初衷相悖，那么企业就要将其撤换掉。例如，一家商场的外观设计、内部布局、人员培训和主营对象都是以奢侈品和时尚品为主，那么商场中如果出现“超低价”、“清场甩卖”等低价标志，就与商场的定位格格不入。这样，按照商场的总战略，企业要么对价格进行调整，要么对服务场景进行重新设计。除此之外，现行的有形展示是否符合目标市场的需要和选择也是评估的标准之一。

（五）前后台协调合作

在有形展示过程中，服务场景包含前台和后台两部分，这是管理人员必须重视和协调的内容。所谓前台，就是在服务过程中顾客可以看见的部分，如顾客在购物时看见的商品、柜台、销售人员等，在餐厅就餐时看见的餐具、餐厅摆设、品尝的饭菜、服务人员等。前台的设施和工作人员的行为会极大地影响顾客对服务的评价，因此，企业要对前台进行适当的选择和有效的控制，同时，对于那些难以改变的或对企业形象产生影响的因素，应从前台向后台转移。所谓后台，是指在服务过程中处于顾客视线之外的部分，其支持前台的工作，与前台相隔离。后台中通常包括最重要的设备、最重要的员工以及为顾客提供服务时的诸多必要活动。但是，由于后台不易控制，如凌乱的厨房、杂乱的仓库等，所以为了不影响企业在消费者心目中的形象，后台与前台会相隔一定的空间距离。

但是，如果企业能够将后台管理得与前台一样出色，那么将部分后台的工作移至前台，将产生意想不到的效果。例如，现在很多蛋糕房都设有"开放式"的制作间，顾客不仅能够通过玻璃看见蛋糕师精湛的技艺，同时还可以看到蛋糕制作的全过程。这样的服务方式，一方面增加了服务的透明度，另一方面也降低了顾客对费用的感知风险，赢得了顾客的信任。当然，以上做法的前提是企业必须能够很好地控制后台的所有活动，使之与前台工作保持一致。

（六）局部试验

企业在重新定位或进入新的细分市场时，盲目地对服务设施进行创新或改造，是很不明智的选择。举一个例子，很多酒店曾经花费巨资在商务标准间里安装打印机、复印机和传真机，结果却不尽如人意。通过调查发现，商务旅行者真正需要的是宽大的办公桌和装有语音信箱的电话。由此可见，所谓的设施试验管理，就是要求管理者在全力推行新的服务设施之前，应先进行市场调研，在有限的范围内进行试验，同时不能忽视顾客和员工的看法，从而判断这种改变的可行性。

如果企业有好几处结构相似的服务设施，它可以选择其中的一处进行试验，然后将试验结果与其他几处相比较。如果成功了，就可以进行大面积的推广；即便是失败了，也能将损失降到最低。但如果企业只有一处服务设施，那么其任何改变都将直接影响企业的存亡，试验的风险很大。然而此时，企业可以通过与其他多家企业联合的方式进行试验，由多家企业共同分担风险，也能得到想要的试验结果。

总的来说，企业在进行变革前，对服务设施予以局部试验是获得成功和降低风险的关键。同时，还需指出的是，当企业的某个服务环节从前台移到后台或由后台移至前台时，企业也应将设施试验管理的方法运用于其中，尽可能把风险降到最低。

（七）建立网络交互平台

随着科技的发展，互联网已经走进了人们的生活，成为当代人工作、生活、购物、交友等的重要工具。拒绝或远离网络，会使企业丧失市场竞争的优势。目前，网络是企业与顾客进行交流最重要的平台之一，是双方沟通的有效手段。网络的出现，打破了时间与空间的限制，使顾客在选择、购买等环节行动自如。

网站设施同样有前台与后台之分，对于所有的后台要素，如计算机程序编码、服务器等，应与前台保持一定的空间距离，避开顾客的视线，不阻碍顾客的服务体验。而前台则应美观、新颖，能够引起人们的兴趣，同时还要便于使用，能够使顾客获得有关产品和企业的充分信息。对于一些顾客了解程度较浅的新产品，企业可以利用互联网上各种图形界面和多媒体平台，全方位地展示产品或服务的外观、性能、品质，加深消费者对产品或服务的认识。另外，网站也应设置足够的链接，一方面可以随时收集顾客对产品或服务的意见；另一方面可以保证顾客随时变更区域，行动自如，始终保持舒心愉悦的感受。

（八）适时更新

对服务展示进行更新管理常常基于两个原因：第一，服务的场景或设施已经不能满足当前顾客的需要；第二，设施的损坏、残缺影响了顾客对服务的评价。例如，随着时间的推移，社会、经济、文化等外部环境都会发生变化，尤其是对于一些时尚性的场所，如酒吧、舞厅、时尚服装店等，将产生很大的影响。再如，服务设施会随着时间的推移受到不同程度的损害。即使社会、文化等外界因素没有变化，反复地使用、岁月的腐蚀等都会对有形展示造成损害，如破旧的沙发座椅、破损的餐具等，都会影响消费者对服务质量的评价。

（九）多部门合作

有形展示的最终决定权，并不是掌握在企业的某一个部门手中，而是由多个部门负责各自的领域，相互协调合作、共同决定的。例如，广告和定价决定由营销部门做出，服务场景的设计决定由设备管理部门做出，有关人员调配的决定由人力资源部门做出。显而易见，这样的交叉管理会对企业统一形象的建立产生很大的影响。此时，服务蓝图就发挥了作用，它是公司内部沟通的重要工具。借助它，企业可以很快识别出不一致的地方，并迅速加以纠正。

另外，企业还可以设立专门的机构来负责有形展示的所有工作，由各有关的职能部门派出代表组成。该机构负责总策略的制定、协调、实施、控制等工作，成为有形展示工作的核心。

第四节　有形展示的设计

服务环境的设计是有形展示策略的重点，它会在顾客接触服务之前对顾客产生影响。所谓服务环境，是指企业向顾客提供服务的场所，它既包括影响服务过程的各种设施，同时也包括诸多无形要素。因此，服务环境的设计，关系着各个局部或整体所表达的整体印象。

一、服务环境的作用

（一）包装作用

服务具有“无形性”的特征，因此，服务环境和有形展示就是服务的“包装”，将无形化有形，通过外在形象向消费者传递服务的“内涵”。包装可以树立产品形象，刺激消费者视觉和情感上的反应。服务环境是企业或服务产品的外在形象，对形成顾客的“第一印象”和建立用户的期望有重要的意义，它是无形服务的有形表现，尤其是对那些新企业或新产品。有形环境如服务设备或服务人员等，为服务企业提供了传递想象、信息延伸的机会。

虽然服务包装的作用十分重要，但大多数服务企业并没有对此给予足够的关注和资源投入。而少数明智的企业却凭借服务包装获得了成功，如星巴克、联邦快递等，它们都投入了大量的时间和金钱来将其服务环境与品牌联系起来，在刺激顾客视觉的同时，通过服务包装传达出准确的品牌定位。例如，联邦快递在经过缜密的思考后，对有形产品的形象进行了精心的设计：投递箱、服务中心、邮递员携带的邮包等。首先，联邦快递对顾客和员工进行了细致的市场调查；其次，在部分区域进行决策前的试验，以测定设计效果；最后，将设计结果进行推广。一致的外观增加了顾客对服务统一性、安全性的感受，同时，强化了品牌在顾客心中的地位。

（二）辅助作用

服务环境是为顾客提供帮助的辅助物。环境设计具有两重性，既能促进也能阻碍服务场景中活动的进行，影响顾客和员工目标的实现。设计良好的功能设施，可以增加顾客接受服务过程中的愉快感受，同时也能调动员工提供服务的积极性。与此相反，不合理的设计，会使顾客和员工双方都感到失望。

例如，旅客乘坐飞机时，若机场没有指示牌、通风不好、没有等候休息的区域，那么他会感到很不满意，也会对即将接受的服务产生怀疑，同时工作人员的工作积极性也会受到影响。但如果旅客发现机场的设施齐全、服务周到，那么他会感到满意。再如飞机上的座椅，很多航空公司不遗余力地对座椅进行改进，使之能更好地满足顾客休息、娱乐、睡眠的需要，以此作为竞争的有力手段。

(三)交际作用

服务环境，是员工与顾客交流的良好平台，它可以实现各种重要信息的传递。例如，员工可以通过配备的办公设备明白自己在公司的地位；顾客可以通过接待自己的服务人员的着装、接待室的环境等明白自己受重视的程度。

服务环境及设施的设计还能够让顾客了解自己和员工的职责。顾客能够以此为依据对将要发生的服务进行预测，同时，还能明确服务企业鼓励怎样的行为等。例如，星巴克建立的休闲、放松的环境，加强了顾客之间、顾客与员工之间沟通的有效性；星巴克为了满足顾客对隐私的需求，提供了隔间；此外，还有舒适的沙发、优雅的音乐、朴素的装饰等，营造了良好的交际环境，增加了顾客停留的时间。

(四)区别作用

服务环境与有形设施的设计可将企业与其他竞争对手区分开来，并且可以明确表示其服务所指向的细分市场。企业可以通过有形环境的变化来开发新市场，或对原有市场进行重塑。例如，商场内的装潢、出售的商品、宣传标语及背景音乐等，都能表明其期望的细分市场。

在同一个服务企业中，不同区域之间的有形环境设计也是存在差异的。例如，一家大饭店可提供几种不同档次的宴会，其中的差异通过不同的设计，如菜品、装饰、空间大小等来体现。价格随着有形环境的变化而发生改变，通常有形设施提供的空间越大，价位也就越高，例如，飞机上头等舱的座位空间大、宽敞舒适，所以价格也就最高；电影院里包间座位的价格就比普通座位要高。由此可见，顾客可以通过支付不同的价格享受完全不同的服务。

二、服务环境设计的重点

通常我们所说的“服务环境”是指各种有形环境和设备，它们在很大程度上影响着消费者的反应，因此，成功的服务环境设计从一开始就需要关注以下几点：

(一)顾客逗留的时间

顾客在服务环境中的逗留时间长短对服务设施的设计有着很重要的影响。逗留时间越短，那么服务环境中的一些不利的环境因素，如通风不畅、墙壁有污渍、灯管接触不良等，越容易被忽视；反之，逗留时间越长，顾客对周围的环境越在意。例如，奇怪的气味、玻璃不洁净、餐具有破损等都会让顾客感到厌恶，影响企业及其服务的形象。同时，顾客与服务设施接触的可能性随着时间的增长而增大，因此，企业不仅要为顾客提供优质的服务，注意信息的反馈，还要重视细节的管理。

(二)员工逗留的时间

员工是服务的重要构成，其在服务环境中的逗留时间也会对服务效果产生重要影响。逗留的时间越长，环境对员工的情绪、工作积极性、工作能力等影响越大。因此，企业对服务环境的设计，如灯光的明暗、音乐的节奏、装饰的风格等，都应考虑到员工的感受。例如，很多西餐厅通过烛光营造昏暗的环境增加浪漫的气氛，但是长时间处于昏暗的环境中会使员工产生压抑、不适的感觉，同时由于光线不足，点燃的蜡烛不仅增加了工作的难度，也增加了工作的危险性。

要想培养员工的"主人翁"精神，首先要让员工有"主人"的感觉。因此，对于提供交互式服务的企业来说，在设计服务环境时，要顾及顾客与员工的感受，并从中寻求平衡。

（三）服务环境个性化

任何服务的提供都是从顾客的共性出发的，但顾客间的个体差异也是不能忽视的。因此，企业所提供的服务不可能去满足所有顾客的需要，而应对服务进行市场定位，瞄准细分市场发起进攻。同样的道理，服务环境也不可能使所有顾客满意，它在满足某一类顾客需求的同时，也有可能正在赶走另一种类型的顾客。例如，公司白领在选择餐厅用午餐时，由于时间的限制，快捷、方便的餐厅是他们最佳的选择，而那些格调高雅、菜品精细的餐厅此时对他们毫无吸引力。

企业通过对服务环境的设计，专门吸引某一类型的顾客，突出服务环境的个性化。例如，近些年来，主题餐厅发展很快，特点也更加突出，如电影餐厅吸引的都是电影爱好者，足球餐厅吸引的都是热情的球迷，交友餐厅成为单身男女的聚集地等。虽然同是餐厅，提供的餐饮服务差别也并不大，但是，它们各自营造的不同主题的服务环境却能给顾客留下深刻的印象。

【实例 11－5】

海底捞智慧餐厅入口的右手边就是海底捞声称的全球顶配版等位区，就像剧院造型，屏幕的位置就是 13m×3m 的矩形投影屏，可以展示 3D 动画等各式影片。扫码屏幕二维码即可进入游戏，目前支持同店 PK，以后将做到同城甚至全国、全球 PK。和等位区相对的，就是智能菜品库。透过玻璃橱窗看过去，科技感十足的机械臂特别吸睛，这也是智慧餐厅的必看景点。全程 0～4℃全封闭式太空舱，机械臂自动完成菜品入库、上菜，彻底实现"无人化"。360°全屋环绕式立体投影，5 块超大穹顶屏幕，6 大场景主题（星空、桃园、仙境、雪山、油画、治愈系）为顾客呈上一场视觉、味觉、嗅觉、听觉的全感式火锅盛宴。

——资料来源：海底捞智慧餐厅首度曝光．RFID 世界网，http://news.rfidworld.com.cn/2018_10/0dbfabdd965c19b1.html，2018－10－25. 有删改.

（四）服务设施的水准

服务人员通过各种设施、设备向顾客提供服务，因此，企业服务设施的水准将直接影响员工的服务效率。服务企业的选址、布局以及设备的先进程度，都会对服务的提供产生影响。若其中任何一个环节出现问题，都会妨碍员工任务的完成；相反，若企业注意细节、管理有序，则会促进员工顺利完成任务。

服务设施的水平，不仅会对员工产生影响，对顾客也是如此，它会影响顾客对服务质量的认知。服务是无形的，而服务设施是有形的，顾客会根据对有形物的评价而对无形物进行推测。服务设施是顾客在不同服务企业间进行评价的标准，也是选择的主要依据。例如，华星国际影城拥有国内最大 IMAX 屏幕，许多观影者不惜花费较高的价格特地到此来看电影。由此可见，服务设施的水准对顾客的购买行为有很大的影响。

（五）方向指引性

另外，企业也可以通过服务环境的设计来达到教育、引导顾客的目的。企业通过开放式的服务环境，让顾客在经过服务系统时能观察并学习服务过程。

三、服务环境的设计创新

（一）基于竞争群落的服务环境设计

消费者在购买前都要“货比三家”，因此，通常都会选择卖家较为集中的地方，先比较后决定。企业为了迎合消费者的这种购物心理，要在竞争者集中的地方设点定位。有些人认为激烈的竞争会影响企业的利润，但竞争者越多，客流量越大，会给企业带来规模效益。

（二）基于饱和营销服务环境的设计

很多服务企业，尤其是各式连锁店，会在人流和交通密集的地区集中店铺。例如，王府井步行街上的麦当劳店至少有 4 家，虽然有人担心过度集中会降低各分店的销售额，但实践证明，各店铺的总收益将大大超过每家分店的边际损失。同时，大量的店铺可以起到很好的宣传作用，吸引顾客，大大削减了广告开支。

（三）基于营销中介服务环境的设计

服务的生产和消费是不可分割的，服务不可储存。因此，服务展示受到地理区域限制。企业通常采用对营销中介的服务环境进行设计来打破这种限制，扩展服务的销售渠道。特许经营是企业常用的方式，例如麦当劳、肯德基、7-Eleven 便利店等，不论店铺分布在哪，它都以同样的装饰风格、同样的经营方式面对消费者，传递统一的有关企业及服务的信息。然而，这样的做法是有风险的，虽不能“一荣俱荣”，但很可能“一损俱损”。此外，银行在这方面做得也很突出：银行以各种零售商作为中介，通过网络联结，用信用卡进行付账、结算等业务，不受时间或空间的限制。

（四）基于通信服务环境的设计

通信技术的出现，打破了买卖双方“面对面”交易的局面。如网购，买方可以直接将款项打入卖方的账号，既避免了现金交易的不便，也减少了买卖双方、银行等相关方面的工作。

互联网的发展使电子商务的地位日渐提高，不仅方便了顾客随时随地购买，同时也改变了营销、销售人员的工作方式，使他们不必再奔波各地联系客户，只要借助网络，在任何地方——办公室、家、咖啡店等，都能完成工作。网络的存在使远程服务成为可能，只有充分运用网络、不断为顾客和员工提供便利的企业，才能在网络时代中立于不败之地。

四、影响服务形象形成的关键因素

服务企业的形象塑造受诸多因素的影响。营销组合中的各种构成要素，如价格、服务产品、促销、广告宣传和公关活动等，既能影响顾客和服务人员的感受，同时也是构成服务的实物要素。能够影响服务环境形成的关键性因素主要有两点：

（一）实物属性

建筑物是服务公司最外层的“包装”，它的设计风格、建造情况等，将影响消费者对企业形成积极或消极的“第一印象”。表 11－1 列举了若干重要的影响因素，其中任何一项的缺失或失误，都会对其他属性的表现产生连带的影响；反之，若这些因素运用、配合得当，则对服务企业形象的创造与支持有很大帮助。

表 11－1　　影响服务企业形象的重要属性

外部	· 建筑物的实际规模大小 · 建筑物的风格及门面设计 · 外部照明、灯光效果、文字标识 · 所使用的建筑材料 · 运输车辆、停车场及周边绿化
内部	· 各种设施、设备或商品的陈列布局 · 装修风格及色彩搭配 · 使用的各种设施、装备及办公用品等 · 灯光照明、各种指示标记 · 通风情况、气温、气味等

外在的有形表现会影响企业所提供服务的形象。例如，企业建筑物的规模、风格设计、使用的材料、地理位置，再具体的如停车场的设置、橱窗门面设计、招牌标识等也很重要。顾客会以外在形象物为依据产生联想，形成可靠或松懈、保守或时尚等印象。

内在的有形表现，如设计、布局、设施设备等，也会影响服务产品的形象。服务业公司内部布局、商品陈设、基本的办公设备、照明与色调的配合、使用材料与空气的流通、标记、图片和照片等，再详细些，还包括办公用品、宣传册、展柜或货架等，所有这些因素结合起来就会在顾客心中创造出企业的“形象”。

将会产生影响的因素一一列出来并非难事，但是要将它们结合到一起并相互配合、相互协调，却并非易事，这要求企业的管理者具有一定的技术性和创造性。有形展示可以塑造组织的独特“个性”，而“个性”在日益激烈的市场竞争和趋同化的服务产品市场中是一个关键特色。

【实例 11－6】

东交民巷作为北京城最长的一条胡同，是这座古城不可缺失的部分。它西起天安门广场东路，东至崇文门内大街，旧时是南粮北运的咽喉要地，也曾是“五朝六部”所在地；东交民巷因很多坐落在这里的古老而又独具异国特色的建筑而闻名。

首都宾馆就坐落在这条著名的街巷之中，首都宾馆三十年来一直致力于为宾客打造优雅的旅居环境以及与东交民巷相匹配的文化内涵。将古典元素融入肌理，为宾客展现出传统文化的时空画卷，使宾馆更具博物馆式的独特魅力；无论是外围与古老街巷遥相呼应的青砖仿古墙，还是宾馆庭院内的亭台长廊以及相得益彰的流动水系，抑或是店内随处可见的壁画木雕与仿古配饰，皆饱含着历史感，处处彰显低调的奢华。漫步于这条名巷，宾客无不醉心于古都北京的风貌，这里现代都市的律动与古典韵味相互交织又完美契合，处处焕发出流光溢彩，正静候着宾客前来，一起穿越名巷百年时空，感受“首都”岁月痕迹。

——资料来源：首都宾馆官网，http://www.capitalhotel.com.cn，2019－11. 有删改.

(二)气氛

气氛是企业形象的重要构成之一，是指一种用来影响买主行为的有意的空间设计。现在，气氛的概念随着行业的发展而有所改变，其影响对象不仅是顾客，还包括员工以及所涉及的其他相关人员。

“工作条件”会影响员工对顾客的态度。以零售店为例，每家店的布局、陈设等都会有所不同，或局促，或宽敞；每家店都有自己的“感觉”，或朴实，或时尚，或动，或静。每家商店都有自己的独特气氛，既迎合目标市场，同时还能激发顾客的购买行为。

"气氛"在不同服务行业中都扮演了至关重要的角色。例如：零售商店独特、鲜明的风格吸引顾客的目光；广告公司的"气氛"设计是其"创意"的最基本体现；银行、律师事务所和医院等，对气氛的重视程度不同，给顾客的感觉也是有天壤之别的。

1. 视觉

视觉因素会对顾客的观感产生重要的影响，顾客通常会对自己"看到的"深信不疑，这既影响到服务企业形象的建立，同时还影响到产品的销售。企业通常采用"视觉商品化"来解决这一问题。照明、陈设布局、颜色甚至员工的仪容仪表等，都是"视觉商品化"的一部分。总之，视觉呈现是顾客惠顾服务产品的一个重要原因。

2. 气味

气味对形象的影响随处可见，如花店以阵阵的花香吸引客人、香水店用各式的香水味推销产品，气味成了塑造形象的重要工具。不同的气味还能塑造不同的形象：餐厅中食物的香味使人轻松而愉快；办公室内皮沙发、皮椅等皮件的气味，体现严肃、豪华的感觉。

3. 声音

声音充斥着我们的生活，不论何时何地，声音对人们的生活、工作、行为等都会产生或多或少的影响。声音是气氛营造的背景。在电影、电视、广告等影视作品中，有时无需语言，光靠声音就能营造出或喜悦、或忧伤、或欢快的气氛。

当然，不同声音会有不同作用，不同的时间和地点应选择不同的声音。流行时尚的服装店以"爵士"或"摇滚"塑造年轻活力的氛围；机场或医院播放婉转悠扬的旋律，以缓解人们焦虑的情绪。另外，声音的高低、快慢都会影响人们的行为。如零售店中，播放缓慢的音乐，人们停留的时间会增长，购买的可能性增大；相反，快节奏的音乐会加快人们的购买行为，增加顾客的流动性。总之，要以实际情况为依据，适时适地地选择背景音乐。

4. 触觉

人们常常很依赖触觉带来的感受：厚重的地毯，给予人安静；明亮的壁纸，给予人欢快；木制的咖啡桌，给予人优雅；冰冷的大理石地砖，给予人紧张。触觉带来不同的感受、营造不同的气氛，最重要的是它会影响消费者的购买行为。超市的出现取代了传统商店，人们从"看得见"到"摸得着"，由此带来的自由、真实，激发了顾客购物的欲望。

五、如何创造理想的服务环境

理想服务环境的设计是一个非常复杂的过程，既需要大量时间和金钱的支持，同时还会受到诸多不可控因素的干扰。首先，人们还不能完全掌握，如空间、设施、色彩等环境因素及其所产生的影响，以及地毯、窗帘、灯光、温度等具体因素间的联系。这些问题主要取决于各人的主观理解，因此没有一个统一的正确答案。此外，人们的爱好和需求存在个体差异，对同一环境条件的认识和反应各不相同。因此，要想设计出的服务环境满足所有人的需要是不现实的。尽管如此，服务企业深入了解顾客的需求还是很有必要的。企业根据目标顾客的实际需求进行有针对性的设计，可以得到较好的结果。虽然个体间存在差异，但也存在一定的共性，如相同的年龄阶段、相同的社会阶层、相同的宗教信仰等。企业根据消费者的"共性"来设计服务环境，必将赢得更多的顾客。

以餐厅为例，其环境设计应注意以下几个重要方面：

(一)位置选择合理

所谓“位置合理”,并不是说餐厅一定要设置在客流量较大、较繁华、交通便利的地方,而是说餐厅的位置要接近目标顾客,只有这样才能吸引更多的客人。首先要确定目标顾客,然后选择适当的地段,最后根据该区域内顾客的消费需求和购买行为特点有计划地进行产品或服务的推广。

(二)环境卫生状况令人满意

环境卫生是顾客评价餐厅优劣的最基本标准,内外部环境的卫生状况都会影响顾客的选择。从外部看,要求餐厅招牌及宣传广告文字清晰、店面整体外观整洁、周围的绿化要修剪整齐;从内部看,要求桌椅、餐厅的陈设、厨房以及洗手间等整齐清洁。前台工作中的任何细节都不能忽视,一点点疏漏都会使顾客对餐厅的印象大打折扣。

(三)餐厅的气氛

餐厅的气氛是影响餐厅服务质量的重要因素,是整间餐厅的核心,无论外部还是内部,都要围绕这种气氛进行设计与装饰,不仅突出餐厅的宗旨,还要锁住老顾客、开发新顾客。影响餐厅气氛的因素有很多,例如餐厅内外部的设计与装饰、各种设施设备的布局、灯光照明、背景音乐等。

通过上面的介绍,我们了解了环境设计的重要性。环境设计是可供利用的、配合全套营销组合的有形展示策略,虽然重要,但并非唯一。

很多企业由于受到资金规模的限制,将对有形展示的投资视为“奢侈”。事实上,有形展示除了包括环境建设、气氛营造、内外部设计之外,社交因素也是其重要的构成部分。社交因素,是指服务员工的仪容仪表、行为举止、工作态度及处理顾客要求的反应等,对企业的服务质量及营销的效果都有重要的影响。

此外,社交因素直接影响顾客对服务质量的评估。顾客根据对社交因素的观察,可以直接判断工作人员的工作态度、工作能力、可信赖程度等。

本章小结

有形展示是构成服务市场营销组合策略的主要因素之一。服务因具有“无形性”的特点,而不能像有形商品一样进行自我展示。服务的生产和消费是同时进行的,是在实际操作过程中展现的,因此,顾客只能根据服务设施或设备、服务员工言谈举止、其他顾客的口碑评价、服务产品价格水平等一系列的有形线索,在购买或接受服务前做出抉择。服务有形展示对企业营销活动的成败起着至关重要的作用。

对有形展示可以从不同角度进行分类,其中最主要的有两种:一是根据有形展示能否被顾客拥有,可分为边缘展示和核心展示;二是根据有形展示的构成要素进行划分,主要有物质环境、信息沟通和价格三种类型。此外还有几种分类的方法:根据有形展示的性质,可分为与服务人员有关和与服务人员无关两类;根据有形展示向顾客显示的频率,可分为初次接触和频繁接触;根据有形展示对服务质量的影响进行分类;等等。由于分类的角度、标准不同,因此关注的重点也不同。

服务是无形的,但服务环境是顾客可以切实感知的,因此,服务环境的设计是有形展示策略的重点,对市场营销活动意义重大。明确服务环境的作用,才能引起企业的重视;了解了服务环境的设计重点,才能迎合顾客的需要;分析了市场动态,才能不断创新、与时俱进。

复习思考题

1. 在对有形展示进行管理时，应注意哪些方面？
2. 你认为企业应如何创造理想的服务环境？
3. 谈一谈你对有形展示在企业营销中重要性的理解。

案例讨论题

上海威斯汀大饭店的服务

上海威斯汀大饭店是中国最负盛名的饭店之一，无论是璀璨的金光之顶、典雅的建筑风格，还是无与伦比的服务，都使其成为上海最具地标性的酒店。

上海威斯汀大饭店位于这座繁华城市的中心区域。各种热门餐厅、购物中心和旅游景点遍布酒店周围，如外滩、豫园、南京路步行街、上海博物馆等。从上海虹桥国际机场到酒店约 30 分钟车程，上海浦东国际机场到酒店大约 60 分钟车程。

坐拥两幢精雕细琢的塔楼——皇冠楼和行政楼，上海威斯汀大饭店矗立于上海最美的外滩之滨，拥有 570 间装潢奢华的客房和套间。每间客房配有威斯汀独有的“天梦之床”(Heavenly Bed)，高速无线上网，以及配有超大浴缸和独立的“热带雨林”淋浴的宽大浴室。除此以外，威斯汀同时还配有三间专为残疾人士提供的客房和两间专为热爱健身人士设计的独特客房。

上海威斯汀大饭店配备了五个餐饮场所，囊括了世界各地的饕餮美食。包括有中式菜肴的水晶苑餐厅，呈现最原汁原味意大利餐的帕戈意大利餐厅，享有“沪上最佳海鲜自助美誉”的舞台餐厅，提供一系列精选甜品、三明治和进口食品的思悦兹饼屋，以及可让您品尝全球美酒的丽心吧，更有 24 小时全天候客房用餐服务。餐厅不定期推出时令菜系，让旅客在旅行中不错过美食季节。

酒店共拥有总面积达 1 650 平方米的 15 间会议活动场所，是举办各类会议和特殊活动的理想之地。分设于二楼和三楼的所有活动场所均可通过酒店的玻璃楼梯、手扶电梯和升降电梯轻松抵达。全酒店范围内均覆盖了无线高速上网接入。无论是举办大型会议还是宴会，甚至婚宴，经验丰富的专业会议服务团队将针对顾客的需求度身定制，以确保每一个细节均可达到顾客的特定要求并超越顾客期望。威斯汀大饭店还可为多种活动提供出众的宴会外烩服务，即使在酒店以外的任何场地，都能让酒店的专业宴会和厨师团体为顾客服务。

威斯汀健身馆(WestinWORKOUT® Gym)宽敞明亮，全新的健身设施让顾客在出差和旅游期间，仍然可以坚持运动健身。如果顾客忘记带上您的运动装备，威斯汀和 New Balance 合作的“Gear Lending”项目更可让顾客轻松出行，只需拨打酒店的快捷服务中心，支付象征性的 5 美元费用(约合人民币 30 元)，酒店即会将新百伦运动装备递送到顾客的客房。

酒店除了为顾客提供包括体能、调节和伸展在内的多种健身选择外，顾客还可前往配有按摩池的 20 米室内温水泳池放松身心、沐浴温暖阳光，也可在广受好评的上海悦榕庄水疗中心享受豪华护理。

商务中心位于酒店二楼，可提供全方位的服务和完善的设施，以满足顾客所有的商务需求。酒店每周七天为顾客提供高效的个性化服务，如快递服务、翻译服务等。除此以外，威斯汀行政酒廊为顾客提供一个舒适轻松的无烟环境，顾客可以享用茶点饮料，欣赏城市天际轮廓线，亦有私人工作区域及宽带上网服务，是商务洽谈或休闲小憩的理想场所。

——资料来源：上海威斯汀大饭店官网，http://www.westins-sh.com，2019－12. 有删改.

共同探讨：

1. 威斯汀大饭店运用了哪些有形展示？其作用是什么？
2. 试说明有形展示对企业生存和发展有什么意义。
3. 试根据威斯汀大饭店的有形展示，介绍有形展示设计的基本原则。

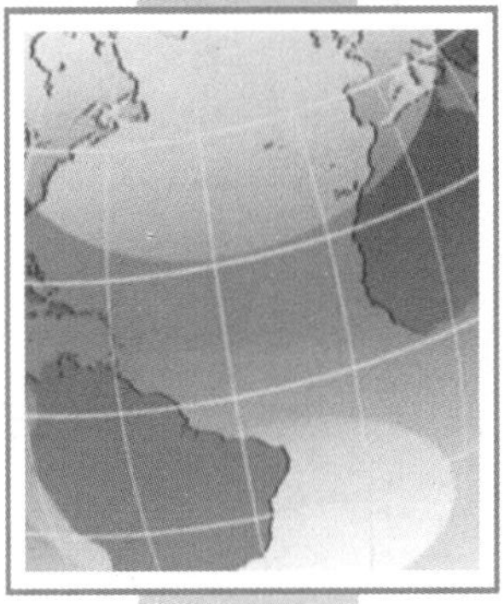

第四篇　服务营销控制

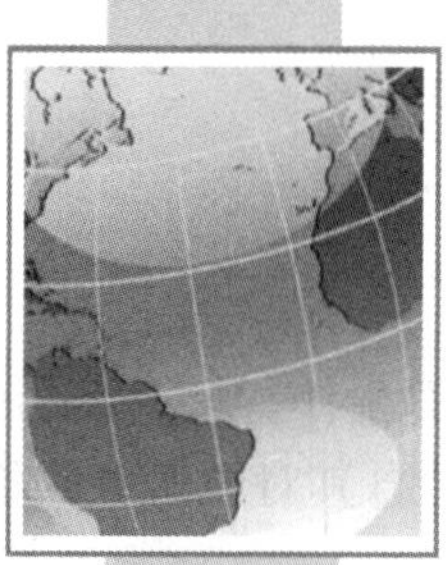

第十二章 顾客满意管理

学习目标

掌握顾客满意和顾客忠诚的含义。
理解顾客服务期望与顾客服务感知。
了解服务质量与服务感知的关系。
掌握顾客满意管理系统的基本构成。

案例导入

游客"30天无理由退货"值得推广

据报道，近日位于昆明长水国际机场的云南省游客退货中心(昆明机场)现场服务点正式启用。游客在云南省范围内有固定经营场所且证照齐全的社会商品零售企业(店)所购买的旅游商品，只要符合条件，购买之日起30天内均可提出退货申请。无理由退货制度相当于为消费者营造了一个"消费冷静期"，可以在一定期限内对消费行为作出更为理性的判断和调整，从而保护自身权益、避免损失。云南省游客退货中心承诺游客可30天无理由退货，一方面体现了监管部门保护消费者利益的决心，另一方面也考验和约束了经营者诚实守信。

长期以来，产品出现质量问题，在"三包"期间，消费者才可以提出退货或保修，经营者只要按照这一规定执行，就是合法经营。而无理由退货，就是要求商家主动降低退货标准，在利益并不受损的条件下，把方便让给消费者。比如说，游客购买的当地特产包装没有损坏，且在距保质期结束还有一定时间内、不涉及卫生安全等问题，就理应接受消费者退货。而商家执行无理由退货，体现出商家以人为本，这实际上也是一种经营手法，用诚信经营的商业理念吸引顾客。

事实上，市场竞争的根本特征就是争夺顾客，市场竞争的实际形态就是顾客满意。在市场经济发展相对成熟的发达国家，"顾客满意度"是企业认识自身、社会评价企业的常用客观标准。因此，"无理由退货"无疑能有效提高"顾客满意度"。进一步看，"无理由退货"不仅是实体店竞争力的表现，而且能促使商家专注产品开发、增强产品质量、提升售后服务。就此而言，云南省游客退货中心承诺游客可30天无理由退货值得推广。相信只要经营者从维护用户利益角度出发，建立完善的服务机制，取得消费者的信赖，提升顾客满意度，就会吸引更多的游客，赢得更大的市场份额。

——资料来源：程春荣．游客"30天无理由退货"值得推广[N]．中国旅游报，2019－11－27．有删改．

思考：

1．2019年云南省游客退货中心正式启用的意义何在？
2．云南省游客退货中心案例对企业提高顾客满意度有何启示？

对于企业经营而言，首先必须明确顾客的期望是什么。一切工作的展开，都应以此为前提。没有哪一家公司能够"独占"顾客——顾客喜欢什么、不喜欢什么，并不是某一方能说了算的。顾客的偏好不仅受到你的影响，也在同等程度上受到你的竞争对手的影响。而且，除了直接的竞争对手之外，你还有更多的事情要去操心，企业应该最大限度地提高顾客满意度。

第一节　顾客满意

一、顾客满意的概念

(一)顾客价值

要理解顾客满意的含义，必须先说明顾客价值的概念。顾客是市场的主体，是对商品评价、判断以及接受与否和市场营销成败的关键。顾客是否接受某一服务，源自其对该服务的价值判断，即便成交后还要通过使用、维护等方面进行价值的再确认。

1. 顾客价值

顾客价值可理解为顾客对某产品或服务的所有价值的累积，或者说是该产品或服务带给消费者的所有利益。顾客面对众多的服务产品、众多的品牌、众多的供应商，他们要去判断和选择他们认为具有最高价值的那些产品。他们利用一定的搜寻成本，根据自己的经验、企业的承诺等信息形成一种价值期望，并做出行动反应。然后，他们会了解产品是否符合他们的期望价值，这将影响他们的满意度和再购买的可能性。顾客将从那些他们认为提供最高顾客让渡价值的供应商处购买产品或服务。

2. 让渡价值

顾客价值是顾客从某一特定产品或服务中获得的一系列利益，顾客成本是其在评估、获得和使用该项产品或服务时引起的预计费用，顾客让渡价值是整体顾客价值与整体顾客成本之间的差额部分，如图 12－1 所示。

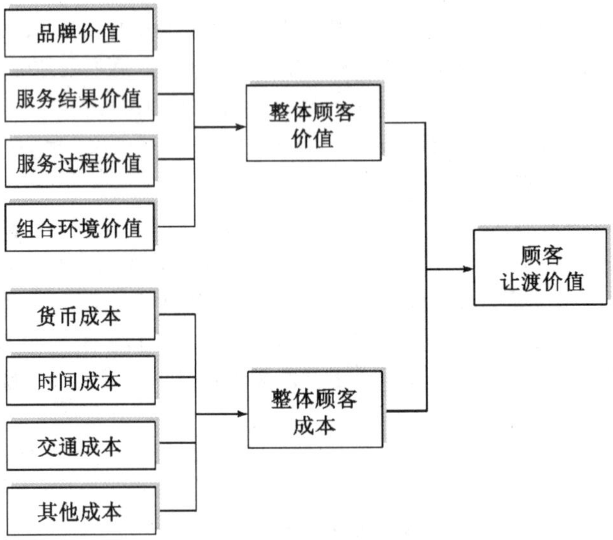

图 12—1　顾客服务让渡价值

由于顾客购买决策的各种限制，让渡价值最大化的含义就在于企业必须在顾客价值与顾客成本之间估算并考虑与竞争者的差别，以明确自身的供应应当定位在何处。企业应该在努力增加整体顾客价值的同时，减少顾客成本。

(二)顾客满意的定义

菲利普·科特勒认为,顾客满意是一种感觉状态,它源于对某一产品或服务的感知效果与人们的期望进行比较后,所形成的愉悦或失望的感觉状态。

因此,满意水平是实际绩效与期望差异的函数。某一服务完成,顾客应经历三种满意状态中的一种:如果绩效不及期望,顾客会不满意;如果绩效与期望相称,顾客会处于满意状态(或没有不满);如果绩效超过期望,顾客会十分满意、高兴或喜悦。

为了更好地理解顾客满意,列示以下几种定义:

(1)顾客满意是指顾客对其明示的、通常隐含的或必须履行的需求或期望已被满足的程度的感受。满意度是顾客满足情况的反馈。它是对产品或者服务性能以及产品或者服务本身的评价;给出了(或者正在给出)一个与消费的满足感有关的快乐水平,包括低于或者超过满足感的水平,是一种心理体验。

(2)企业要努力实现顾客满意,但不能停留在顾客满意的水平上,要继续改进,将顾客满意的目标提高到顾客忠诚。“顾客忠诚”是指顾客在满意的基础上,将某品牌或企业作为长期购买对象的行为,是顾客意识与行为的结合,“顾客满意”一般是一次性的。

(3)心理学认为,顾客满意是指基于期望、知觉行为,以及不一致(期望与知觉行为的背离程度)的购买后和消费后的评价,是伴随愉快与不愉快的充足反应。

(4)顾客满意是指某种产品或服务达到或超越顾客预期的能力。顾客满意是与价值的概念紧密联系在一起的顾客价值,是顾客对所获得的利益与为获得这些利益付出的东西之间的比率的看法。

正如上述定义中所提及的,从企业角度看,顾客服务的目标并不仅仅止于使顾客满意,美国维持化学品公司总裁威廉姆·泰勒认为:“我们的兴趣不仅仅在于让顾客获得满意感,我们要挖掘那些被顾客认为能增进我们之间关系的有价值的东西。”现实中,一个满意的顾客,当出现更好的产品供应时,也会更换供应商。在一项消费者商品调查中,44%宣称满意的消费者经常变换品牌,而那些十分满意的顾客却很少去更换供应商。研究显示,获得高度满意激励的消费者往往会进行重复购买,事实说明高度的满意和喜悦能培养一种对品牌情感上的吸引力,而不仅仅是一种理性偏好,这将建立起高度的顾客忠诚,顾客忠诚将在本章的后面部分阐述。

【实例 12—1】

客户满意度是衡量客户服务质量的一个关键指标。要提高客户满意度,基层营销服务人员在服务零售客户的过程中就要有一种与问题“对着干”的心态和思想。只有解决了零售客户的实际问题,零售客户才会满意,我们的服务质量才会不断提升。

与问题“对着干”,需要树立主动服务意识。服务有主动服务和被动服务之分,又有服务不足和服务过剩之分。因此,营销人员在服务零售客户的过程中要树立主动服务意识,重点结合自己岗位和服务内容,认真梳理服务过程中可能出现的问题,提前设立好应对方案,这样在服务过程中才能够做到有的放矢。

与问题“对着干”,需要建立问题清单。每个营销人员每天在服务过程中都会面对不同性格、不同年龄、不同文化水平的零售客户,他们所需求的着眼点不同也会导致他们所提出的问题不同。因此,营销人员要结合零售客户的需求点建立问题清单和应对措施,做到一户一策、一人一策,让问题及时消除在萌芽状态,更好地为客户服务。

与问题“对着干”,需要做到快速反应。营销人员每天面对的问题都具有随机性和不确定性。因此,在服务零售客户的过程中一方面要做到快速反应,对简单的问题做到及时解决,不能及时解决的也要在最短的时间内给予回复；另一方面对客户反映的问题要做到有问必答，绝对不能对客户提出的问题置若罔闻，只有这样才能更好地提升零售客户的满意度。

——资料来源：周振罗．客户服务就要与问题“对着干”．东方烟草网，2018—07—05．有删改．

二、影响顾客满意的因素

（一）影响因素的层次分析

并非企业做得好，顾客就会满意，必须对影响顾客满意的因素作层次上的梳理，以便对顾客的需求有更深刻的理解。影响顾客满意的因素有三个层面：

1．必须具备的因素

这指的是顾客期望存在的并认为理所当然的那些特性。例如，顾客购买的桶装水，肯定希望水是纯净的、水桶是整洁的、水送到家门口等。由于这些都是顾客预期它应该有的，因此当没有时，顾客就会特别注意它，就会感到恼火和不满。而即使这些特性都满足了，甚至很好，顾客也不会很满意。

2．越多越好的因素

顾客对于这种因素有一个较大的感觉范围。如果顾客的感知没有预期的好，就会感到失望；如果达到了合理的状态，顾客也不会有什么感觉；但如果做得超好，顾客会增加满意度。比如你在淘宝上订货，快递一般 3 天到货，但你订货的第二天就到货了，你就会非常开心和满意；若 3 天左右到货，觉得基本正常可接受；但如果超过 5 天才收到货，那一定令人不满。

3．期望之外的因素

这指的是顾客未曾期望，以致会感到喜出望外的那些特性。因为是期待之外，所以缺少了不会引起任何消极影响，但如果具备，就会产生积极效果，提高顾客满意度。例如，到餐厅就餐赠送一道特色菜品、买飞机票赠接送机服务等，都会使消费者获得意外的惊喜，并增加顾客满意甚至忠诚度。

（二）影响顾客满意的构成因素

客户满意的影响因素很多，总体来说，主要包括服务质量、产品质量、产品价格以及条件因素和个人因素。而其中服务质量是由交互过程质量、服务环境质量和服务结果质量决定的。而基本的服务质量又可以由服务的有形性、响应度、可靠性、专业性和移情性等几个方面构成。

三、服务的顾客化

要真正使顾客满意，必须做到服务的顾客化。市场营销的核心是以顾客的需要为中心，这种营销理念必须贯彻到企业经营的所有环节及所有的员工之中。企业要真正实现“顾客化”所要求的工作目标，远不止在职工和顾客接触的过程中提供良好的信息以及对顾客富有责任感，吸引新顾客，它还要求企业全体人员必须投入顾客导向的实践中去，要齐心协力为顾客满意而努力。同时，要有相应的组织体系和制度政策，保证企业“顾客化”的全面实施。

【实例 12—2】

作为烟草行业最重要的战略资源，卷烟零售客户是创造价值、撑起发展的战略性支点。实现较高的卷烟零售客户满意度，不仅是以客户为中心的现代市场营销理念的本质要求，也是行业提升客户服务能力和水平、切实维护广大卷烟零售客户利益的重要体现，关乎行业发展的基础和未来。国家烟草专卖局历来高度重视零售客户的满意度，从 2010 年开始，连续八年委托国家统计局在全国范围内开展零售客户满意度调查。据今年公布的全国卷烟零售客户满意度调查结果，2018 年，零售客户总体满意度为 87.30 分，比上年提高 1.16 分，连续八年实现上升。简单的数字蕴含着深意。数字背后有亮点。零售客户满意度的进一步提高，是行业经营指导思想不断深化、经营和服务方式持续改善的结果，反映出零售客户对行业的信任度、依存度、满意度不断提升，认同感、归属感、价值感愈加增强。数字背后也有隐忧。虽然零售客户总体满意度连续上升，但货源问题一直是不能回避的“短板”。横向来看，去年的调查结果中，“卷烟供应”满意度得分虽然同比实现提高，但依然是零售客户意见最集中的方面。纵向分析，通过对比几年来的数据可以看出，在零售客户满意度的三项关键指标中，“卷烟供应”的满意度始终处于末位，影响了整体满意度提升的步伐。因此，在“客户服务”、“市场管理”得分较高、差异较小的情况下，改善卷烟供应无疑是提高零售客户满意度的关键点和着力点。

面对广大零售客户对货源供应的更多期待，烟草企业需要认真贯彻落实国家局总体部署，从市场真实需求出发，运用更多的服务智慧，着力改善卷烟供应，推出解决痛点问题的有效措施，快速准确响应零售客户需求，切实解决供求矛盾。坚持市场导向，合理组织货源。要进一步加强市场研究和需求预测，跟踪市场动态，及时了解掌握各价位卷烟的销量、社会库存、零售价格和营销动态，准确了解客户货源诉求，把握零售市场需求。要以满足市场真实需求作为出发点，突出增强市场观念，努力克服非市场因素，积极适应市场变化，切实增加适销货源的有效供应，满足各消费层级的实际需求。坚持公平公开，科学投放货源。要科学制定客户分档和货源投放规则，特别是紧俏烟和新品投放规则，做到所有货源投放有规则可依、按规则办事。要树立各价位卷烟协调发展的“一盘棋”思想，不断优化投放策略，既充分发挥好高价位卷烟对品牌发展的引领带动作用，又切实保障好农村市场和低收入群体低价位卷烟供应。要提高投放精准性、科学性，努力保持均衡销售，做到销售节奏与消费节奏基本合拍。坚持适度引导，努力调优状态。要坚定不移遵循“十六字方针”，把价格作为市场状态的晴雨表，精准实施区域调控、价类调控、品规调控，努力将订单满足率、货源订足率等指标保持在合理区间，保持良好市场状态。要着力提升客户赢利水平，把卷烟赢利水平作为评价客户服务质量的核心指标，坚决消除供非所求、偏离市场真实需求的不合理进度安排，同时深挖卷烟消费的新市场、新热点，及时引进市场前景看好、消费者满意的新品规格。

客户满意是卷烟营销工作的终极目标之一。坚持问题导向，聚焦影响客户满意度的症结，持续优化营销服务，深化卷烟营销市场化取向改革，加快向现代流通企业转型升级，我们就一定能将零售客户的一个个痛点，转化为企业发展的增长点和零售客户的满意点。

——资料来源：张磊．解决客户需求痛点　着力改善卷烟供应．东方烟草网，2019—10—26. 有删改.

顾客化的体现之一就是要不断追踪和了解顾客的期望，并通过自身的营销努力使服务达到甚至是超过顾客的预期，实现顾客满意。企业不能因为自己企业顾客中有 80%表示他们对产品满意而感到高兴，还应该看到领先的竞争者的顾客满意程度达到了 90%，而且对手的目标是实现 95%的满意程度。

提倡顾客价值最大化，不是企业唯一的目标。企业要顾及自身利益及相关合作机构、股东等利益相关者，同时还要兼顾社会整体利益。企业必须遵循的原则是在总资金一定的限度内，企业在保证其他利益相关者至少能接受的满意程度下，尽力提供让顾客满意的服务。

第二节　顾客服务期望

在上节中提到了顾客期望，在购买服务时，消费者都会对服务及服务过程有所期许，比如听音乐会，希望演唱者卖力表现、演出服装设计独特、演出主办单位管理有序、希望物有所值等，顾客的期望是评估服务绩效的标准和参考点。当顾客评估服务质量时，会把他们对服务绩效的感知与这些参考点相比较，所以有关顾客期望的详细知识对于服务营销人员而言非常重要。在传递高质量服务的过程中，了解顾客的期望是第一步，也是非常关键的一步。

我们经常会遇到这样的情况，对于同样的服务，有的顾客感到很满意，而有的顾客则觉得服务差强人意，为什么对同样的服务会有不同评价？问题的答案就在于顾客期望的不同。服务企业要想获得良好的业绩，就必须去认识、了解和管理顾客期望。可以说，顾客期望管理是对顾客需求满足的更高层次的企业营销活动，有效的顾客期望管理并非被动地接受顾客要求，而是积极而能动地满足顾客期望。本节首先了解服务期望的内涵和分类，其次分析影响消费者服务期望的因素，最后介绍如何管理顾客服务期望。

一、顾客期望的含义

（一）顾客期望的概念

所谓顾客期望，是指顾客在接受服务之前对于服务的一种预期，这种预期不仅包括对结果（企业提供什么样的服务）的预期，还包括对服务过程（企业如何提供服务）的预期。一般来说，顾客期望是一种“满意期望”。

顾客的期望是顾客需要的形式之一。顾客在评价服务水平时，会对预期的服务与他们感受到的服务水平进行比较。因此，顾客期望是服务传递的目标，也是顾客对服务绩效感知的标准和参考因素。这些参考点来自顾客以往的消费经历、他人介绍或企业宣传，而且顾客的服务期望参考点并不稳定，他们可能会经常改变其期望水平。

顾客期望具有双重作用。一方面，它是吸引顾客的动力，正是因为有期望，顾客才会选择购买服务以满足自己的期望；另一方面，顾客期望的存在又给企业绩效建立了一个最低标准，如果企业达不到这个标准，顾客就会不满意，甚至会选择其他的服务供应商。企业往往通过广告宣传、促销或其他沟通方式，自觉或不自觉地在服务质量、价格、时间和地点等方面对顾客做出诱人的承诺，使顾客对企业的绩效形成一定的期望，以此达到吸引顾客的目的。但企业却常常忽视顾客期望的另一面，即企业在建立顾客期望的同时也就意味着给自己的绩效设立了最低标准。如果企业使顾客的期望变得很高，而自己却无法满足，肯定会令顾客失望；而形成的顾客期望如果太低，则又显得没有吸引力。因此，顾客期望管理的主要目的就是在两者之间寻求一个平衡：使企业建立的顾客期望既对顾客有充分的吸引力，又保证企业目标能够实现，从而满足企业的长期利益。

【实例 12－3】

文明规范服务是银行员工最基本的职业要求，是打造银行优质品牌、提高银行核心竞争力的关键。近年来，民生银行武汉分行以客户满意为目标，牢固树立优质服务理念，不断提高全员服务能力，创新服务手段，提升服务品质，全力打造一流优质服务网点，使客户满意度和社会认可度不断提升。

民生银行始终将服务作为维护银行声誉的神圣职责，重视客户的反馈意见，在工作中努力改进，让客户满意最大化。一是指定投诉处理部门，明确投诉处理流程和处理时限，并在营业网点和门户网站等醒目位置公布各类有效投诉电话，确保投诉渠道的畅通。二是加大95568转办各类投诉处理满意率的监测力度，定期通报相关监测情况，提高投诉办结率和满意率。三是加强投诉监管。密切跟踪重大、频发投诉的处理情况，采取现场走访、调查、约见谈话、出具风险提示等方式，加大对各网点投诉处理的监管力度和频度。四是开展典型案例分析点评。要求各网点定期梳理和分析本机构投诉，编制投诉处理分析案例点评，帮助支行提高发现问题、解决问题的能力。同时，通过处理客户投诉发现总分行在业务流程的瑕疵，及时要求分行相关部门整改或者向总行提交完善业务流程与建议。

——资料来源：民生银行武汉分行提升客户满意度．财经快讯，2018—10—18．有删改．

（二）顾客期望的分类

根据PZB（Parasuraman、Zeithaml、Berry三位学者）的研究，顾客对服务的期望，按期望的水平高低，可分为理想服务、合格服务和容忍服务。其中，理想服务的期望水平较高，合格服务的期望水平比较低，而容忍服务的期望值介于二者之间，如图12—2所示。

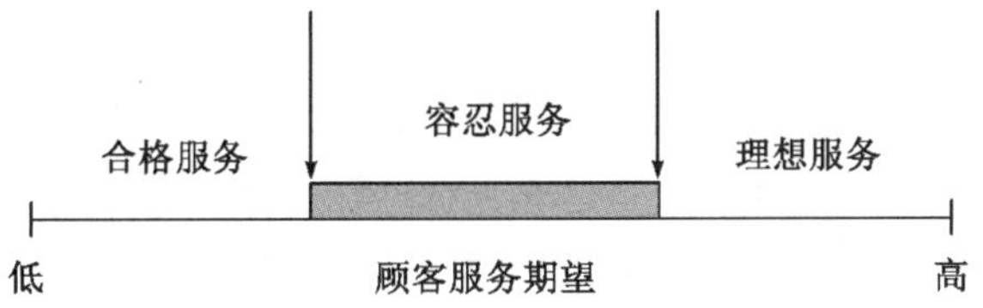

图12—2　顾客服务期望水平

1．理想服务

理想服务（Desired Service），是指顾客心目中向往和渴望追求的较高水平的服务。例如，入住酒店希望有接机服务、有舒适得像家一样的客房、美味的餐饮和其他娱乐设施，这些附加条件体现了顾客理想的酒店服务需要。上好的酒店会对这些附加条件表示强烈的关注和兴趣，并予以满足。服务营销者可以通过观察和交谈，了解顾客心目中理想的服务水平。理想服务有时在顾客心里是潜在的、模糊的，顾客尚不能明确地表达。这时，服务营销者应学会猜测和判断，并主动予以启发和满足，这样做往往会收到很好的服务效果。

2．合格服务

合格服务（Adequate Service），是指顾客能接受但要求一般甚至较低的服务。例如，在美国，麦当劳顾客的投诉远远少于一些星级饭店，其原因在于顾客对星级饭店的期望比较高，是"理想服务"，因此实现的难度相对大一些；而对麦当劳这样大众化的快餐店的期望不高，是"合格服务"，因此实现的难度相对小一些。

顾客心目中合格的服务可被视为期望服务的最低要求。这种主观要求的界限是模糊的，因此合格的服务实际上有一个波动区间，可称为服务的合格区间。如果顾客感受到的服务水平落在合格区间，顾客会因服务水平较低而感到不满意，不过还能勉强容忍和接受。如果感受到的服务水平落在合格区间的下方，那么顾客会感到难以容忍，不能接受该低水平的服务。强烈的不满足感导致顾客日后不再购买此服务机构的服务。

3．容忍服务

在理想服务与合格服务之间的部分，被称为容忍服务，在该区间范围内的服务期望有一定的范围，是在顾客最低和最高期望区间内的任何程度服务，都被认为是容忍服务，该区域被称为“容忍域”。当顾客感受到的服务水平在该容忍服务区间，顾客会感到这是达到了一定质量的、正常的服务水平。但在区域范围以外，该项服务就会以积极或消极的方式引起顾客的注意。

对顾客服务期望进行分类可从不同的角度出发，顾客对服务的期望既包括有形的内容，如价格、环境服务结果的质量，也包括无形的内容，如品牌、态度、服务过程的沟通等。同时，企业还要了解衡量顾客期望的标准和影响顾客期望的因素。由于顾客期望的内容是动态的以及顾客之间的相互影响，所以有时顾客期望具有一定的普遍性，但在其他一些情况下，顾客的期望则有可能是依个体不同而独一无二的。因此，对顾客服务期望的概念的认识不应是僵化的。

二、影响顾客期望的因素

(一)承诺

企业对顾客的承诺可能是为了应付竞争者，也可能是为了吸引顾客而主动采取的营销措施。消费者认为企业必须达到承诺的标准，但有时过多承诺会使企业难以达到，甚至会因此引起顾客的不满而遭投诉，使企业处境被动。

(二)服务体验

当顾客亲身体验过企业所提供的服务，对企业有了充分的了解之后，可以形成对该企业较为稳定的好与差的判断，当再购买该企业服务时，就会把提供同样水平的服务当成必需。顾客也可能会用同行业或其他企业的服务标准对服务进行比较，形成预期，比如旅行有了“如家”居住的经验，认为所有同价位的快捷连锁酒店都应有相近的服务，在进入一家新的连锁酒店时，就有了服务期望。如果没有体验过该企业的服务，也可能通过各种信息形成先见期望。

研究表明：顾客对上次服务的满意程度，也会对顾客期望产生重要影响。如果服务体验令人满意，顾客期望就会在未来保持较高水平。然而，如果服务体验令人不满，那么顾客的服务期望就会降低，也可能会选择别的服务供应商并且传递对企业不利的口碑。

【实例 12—4】

5G 时代加速到来，移动用网下的新场景也在被逐步构建和强化。一方面人们对多设备协同办公的需求日益强烈，另一方面背靠移动网络的新兴产业也应运而生，手机开始嵌入生活的方方面面，成为连接多设备交互的重要工具。

华为为了更好地服务用户群体，进行了一系列的技术革新和产品革新。5G 随行 WiFi 系列可将 5G 信号通过 Type-C 和 Wi-Fi 两种方式传递给接入的终端设备，可同时支持 16 台设备，实现 4G 手机、平板电脑、笔记本电脑等未升级 5G 的终端共享 5G 速度，满足多设备高效协同办公的新场景需求。其稳定性能更佳，不像传统 Wi-Fi 存在热点发热高、耗电快、网速慢等问题，同步支持国内三大运营商 5G/4G 全网通，不管身处哪里都有网络。

为了确保长时间提供高速网络服务，华为 5G 随行 WiFi Pro 配备了 8 000mAh 大容量电池，在 5G 网络环境下能连续使用 10 小时，配合 40W 超级快充，仅用 2.3 小时即可蓄满电量。它还能化身临时充电宝，支持 22.5W 有线输出和 15W 反向无线充电，在外出途中为手机、耳机等更多设备应急充电。

此外，华为 5G 随行 WiFi 系列针对移动用网下的典型人群做了专属软件优化。比如专业直播用户可实现 4K 60fps 的高清直播，其搭载的多路上行聚合技术还能实现 2～3 台设备的网速叠加，创造更好的直播网络环境；手游玩家能优先转发游戏数据包，从而降低手游延迟、卡顿，享受不同于 4G 的流畅体验；旅游达人可利用其支持全球 150 多个国家的 5G/4G 频段便利，使用资费更低的当地流量卡。另外，华为5G随行WiFi Pro版本还针对商务人群，设置了AI高铁模式，一旦遇到信号不稳定的情况可提前切换信号更好的基站，实现设备平均速度提升20％，掉线率降低30％，延迟、卡顿率降低30％。

——资料来源：华为5G随行WiFi系列打破用户体验5G高门槛．和讯科技，2019－12－24．有删改．

（三）口碑

消费者获取服务的信息一般通过两种渠道：一种是通过广告、公关等企业直接提供的信息，另一种则来源于间接渠道即其他人的口碑传播。顾客本人在经过某项服务消费之后，如果觉得满意，就有可能向亲朋好友或同事“诉说”；如果觉得不满，则会在更大的范围和更多的情况下“发泄”不快。事实上口碑传播的力量是非常大的，与广告等传播形式相比，人们更相信自己亲朋好友的实际经历，许多顾客就是根据这些“诉说”而在脑海里形成或高或低的期望值的。积极的口碑产生积极的期望，消极的口碑产生消极的期望。积极的口碑会对企业的形象产生正面影响，消极的口碑则会对企业形象产生不利影响。

（四）替代品的出现

替代品意味着顾客在市场上有更多的选择机会。当没有替代品可供选择时，顾客对服务的容忍度较高，顾客期望也很低；而出现替代品就会增加服务期望，并以此作为选择的依据。以前中国电信业缺乏竞争，电话费贵，初装费都要几千元，顾客也无奈地接受了。现在由于电信业竞争多了，顾客对电信的服务期望就会提高。

（五）个人因素

顾客期望除受上述因素影响之外还与消费者个人因素有关，一个经常消费的顾客要比一个很少消费的顾客更成熟并有更实际的期望，懂得维护自身的合理利益和权利；一个受过良好教育并到过很多地方的消费者能很快接受一些“差异”服务，并对实际消费过程有理性预期；在节俭环境下成长的消费者，更追求服务期望的经济性，希望获得最大经济效益。

三、顾客期望管理

（一）进行顾客期望管理的意义

共同参观一个新品展览会，有人认为很好，有人认为布置没新意、场地安排不合理、产品不够丰富，对于同样的服务却有不同的评价，原因在于顾客期望的不同。企业要想获得良好的业绩，就必须去认识、研究和管理顾客期望。研究顾客期望是顾客需求研究的重要方面，是赢得顾客、获取竞争优势的市场营销活动。

有效的顾客期望管理具有重要的意义，这主要体现在以下几个方面：

1．顾客期望管理可以有效提升顾客满意水平

顾客满意是顾客对自己要求已被满足程度的感受，“自己要求”即指顾客期望，顾客期望是顾客满意产生的心理基础，顾客满意与否取决于实际体验与期望的比较。企业只有了解和清楚顾客期望，才能有的放矢，通过服务的设计和实施来达成顾客的满意；否则，就会收到更多的抱怨和不满。

2．顾客期望管理有助于提升企业形象

顾客对服务的期望来自企业的承诺、来自竞争者同类服务的提供水平、来自亲朋好友的口碑传播，上述因素的影响会对消费者产生累积的效应，形成一个趋于平均的基本预期，所以服务供应商至少要达到这种中间状态才会过关，而对于希望追求卓越的更多企业，必须修炼内功，积极提升企业实力和企业形象，以谋求顾客更高的满意度。

3. 顾客期望管理有助于顾客关系的维系和提高

企业对顾客期望信息的获得的一个重要途径，就是直接顾客关系的建立，通过信息系统的建立以及与消费者的良好沟通来获得准确信息，并综合顾客所能获得的信息来了解顾客期望。通过信息互通等互动过程，保持和发展顾客关系。

4. 顾客期望管理会提升企业的赢利能力

顾客期望管理增加了对需求的认知，会有更好和更准确的服务提供，会受到消费者的认可和接受，扩大影响，吸引更多的消费者；提高顾客的满意度也会增加顾客忠诚，带来更多的持续购买，从而增强企业的赢利能力。

(二)顾客服务期望管理的策略

1. 清楚自己的目标顾客

不同细分市场的顾客对产品或服务期望不尽相同。因此，企业对顾客要区别对待，不要把太多精力及人力投到一些对自己根本没有利润的顾客身上。强调顾客对企业贡献的“帕累托”原理曾指出：企业 80%的利润来自 20%的顾客。因此，企业要想有效了解和管理顾客期望，就必须首先“定义你的顾客”，使顾客期望管理更具针对性。

2. 了解目标顾客的合理期望

很多期望是企业无法控制的。因此，企业要利用各种渠道尽量了解顾客的合理期望，并予以满足。通过顾客在服务过程中的反应、客户回访、市场调查、顾客对竞争企业服务的态度和表现来了解并收集相关信息，分析顾客的服务期望，应用在服务的设计及执行过程中，以满足顾客的期望。

3. 善于处理不合理的顾客期望

并非顾客所有的服务期望都是合理的，也并非顾客所有的期望都要无条件满足。遇到不合理的顾客期望，企业要用心处理，给出消费者可接受的答案。比如，有的家电产品由于价格折扣的让利，已经规定不送货上门了，但顾客还要求送货，就要向顾客讲清原因，告知折扣本身远高于交通费用，并主动帮助联系送货的车辆等，诚恳的态度和行为一定会得到顾客的理解，并获得认可。

有时对顾客过高的预期还要进行适当的控制，这样企业营销活动的余地就会大一些，可以更容易地使顾客的感知达到或超过顾客期望。降低顾客期望值可以从影响顾客期望的可控制因素着手，适当降低公开和暗示的承诺。比如，在奥运会上乒乓球比赛获得亚军国人就会不满，而一些弱势项目能进前八名我们就非常高兴。造成这种情况的原因很简单，前者由于承诺和以往的经验致使期望值高，而后者的宣传使人们的期望值降得很低。

顾客对服务会有很多不同的期望，这些期望都是他想得到的，但是其中有的非常看重，有的次之，有的可有可无。比如选择住宅，楼盘所在地点、价格、周边的机构设施、小区设计都是消费者决策的影响因素，不同消费者的预期和价值判断不同。企业要认识到不同的消费者会有不同的期望，同一消费者的各期望因素存在程度上的差异，企业必须清楚这些差异，应帮助顾客分析究竟，提供能满足顾客最重要的期望的方案或强调你能满足的东西，这对顾客应该是非常重要的。

4. 创造能够兑现的顾客期望

企业的承诺给顾客的期望过低，难以吸引足够的购买者；企业的承诺给顾客的期望过高，则顾客难以满意。企业必须在这两者之间寻求一个平衡点，既吸引顾客又让他们满意。一方面，可以通过营销沟通提升或创造顾客的期望，使他们产生购买欲望；另一方面，企业一定要保证能够兑现自己的承诺，既不夸海口也不要隐瞒有关信息。许多企业错误地将顾客的期望值创造得过高。它们的失误之处在于提供的只不过是中等水平的产品或服务。不能兑现的承诺也许能招来顾客，但决不会使顾客满意。不管是明示的承诺或是暗示的承诺，企业都是可以控制的，对之进行管理是管理期望的直接可靠的方法。

5. 超越顾客期望

企业仅仅满足顾客期望是不够的，必须超越顾客期望才能保留顾客。只有做到"承诺好的，提供更妙的"，才能使顾客欣喜、兴奋、惊喜。前文已讲过不应过高地提高顾客期望，那么，使顾客惊喜而又避免这种期望升级的一个办法是将不寻常的服务定位于特别服务而非标准服务。另外，任何企业的服务都不能保证百分百完美。当第一次服务出现失误的时候，一流服务的重现显得十分重要。服务补救是一个超出顾客期望的绝好机会，也能为企业提供重新获得顾客信任的机会。

第三节　顾客服务感知

顾客感知是在顾客期望基础上形成的对服务的认知，本节从概念入手对顾客感知进行分析，进而引出服务质量的相关内容。

一、顾客感知

(一)顾客感知的概念

顾客对服务的感知是指他们对服务的感觉、认知和评价。顾客感知是一种态度，也是一种顾客心理。在服务质量管理过程中，了解顾客对服务的感知是至关重要的，这是因为顾客对服务质量的判断、对服务的满意度源自顾客对服务的感知。顾客的这些感知不是预先设定的，不同于"服务是什么或服务应该是什么"的客观标准，它们是建立在顾客的服务感受基础上的。

(二)顾客感知的内容

顾客对服务的感知，包括服务质量、顾客满意度和服务价值三个互相联系的内容，也是服务业竞争的焦点所在。这三者相互之间的联系是：服务质量影响顾客对服务价值的感知，而服务价值和服务质量则会共同影响顾客满意度。

1. 顾客对服务质量的感知

真正提出顾客感知服务质量并对其内涵进行科学界定的学者当属格罗鲁斯教授。1982 年，格罗鲁斯第一次提出了顾客感知服务质量概念。顾客感知服务质量被定义为顾客对服务期望(Expectation)与实际服务绩效(Perceived Performance)之间的比较。实际服务绩效大于服务期望，则顾客感知服务质量是良好的，反之则反是。同时，他还界定了顾客感知服务质量的基本构成要素，即顾客感知服务质量由技术质量(Technical Quality，即服务的结果)和功能质量(Functional Quality，即服务过程质量)构成，也因此将服务质量与有形产品的质量从本质上区别开来。

顾客对服务质量的评价包括对多个要素的感知，格罗鲁斯教授在总结归纳的基础上，得出了良好感知服务质量的七项标准：

(1)职业作风与技能。消费者认为服务提供者、员工、运营系统和有形要素应当具有以专业方式来解决他们问题的知识和技能。

(2)态度与行为。企业员工，特别是一线员工，应当关注消费者，并且积极主动地解决服务过程中所面临的问题。

(3)易获得性与灵活性。服务的地点、时间、员工和运营系统应当根据消费者的要求灵活地加以设计,灵活为消费者提供服务,这样消费者可以很容易地接受企业的服务,如果消费者有要求,也可以根据消费者的要求灵活地对服务做出调整。

(4)可靠性与信任性。如果服务提供者及其员工能够遵守承诺全心全意地为顾客服务,那么,消费者就会对企业产生信任感,认为企业是非常可靠的。

(5)服务补救能力。如果出现消费者意料之外的事情或服务失误,企业应当立即主动地采取措施控制局面,并找到新的、顾客可以接受的解决方案。

(6)服务环境组合。服务的有形环境和其他环境应当对服务过程起到有力的支持作用。

(7)声誉与信用。企业应该有能力让消费者对其有信任感,服务应当是"物有所值"的,消费者可以与企业一起分享良好的服务绩效和价值。

在帕拉休拉曼、泽丝曼尔和贝利的研究中,对服务质量感知的标准中还提到了移情性,移情性是指企业给予顾客关心和个性化的服务,俗称"人情味"。移情性的本质是通过个性化的或者定制化的服务使每个用户感到自己是唯一且特殊的。该感知标准在一些行业越来越被企业和消费者重视。

2. 顾客对服务价值的感知

在有关营销原理的课程中,我们将顾客让渡价值定义为顾客总价值与顾客总成本之间的差值。因此,许多企业都试图增加服务的价值或降低服务成本,以此来增加顾客服务让渡价值。此处的服务价值即指让渡价值。顾客对服务价值的感知体现在多个方面,包括价格方面的物超所值、地点提供的便利、信息的快速反馈、品牌的卓越、服务的专业化等,此种情况下消费者对服务价值的感知就会很高。

3. 顾客满意的感知

顾客满意是一种心理活动,是顾客的需求被满足后的一种感觉。本章开篇已作了含义说明,顾客满意是顾客的一种感知比较,当实际感知高于预期时,顾客会非常满意;当感知与预期相当时,顾客会满意;当感知不抵预期时,顾客会不满。

(三)顾客感知的层次划分

对顾客感知进一步分析发现,顾客感知有层次上的差异,即:(1)对单个服务接触点的感知。如偶然到某个理发店剪发后,对该店环境、技术水平和服务态度等方面的认知。(2)对多次服务经历的感知。比如,可能因居住和办公的需要多次到某银行的营业部办理业务,对其形成比较全面的认识。(3)对单个服务提供商的感知。如作为中国移动公司的客户,要经常与该公司打交道,常年接受服务后形成的对该公司的认知。(4)对某一服务行业的感知。如对中国物流业、航空业、家电业等总体的认识。可见,感知的层次是由低到高、由具体到抽象的。不同层次的顾客服务感知之间是相互渗透和互为影响的,或许我们有这样的经历:一两次乘坐某航空公司航班,因为服务态度不好、晚点,可能就会形成对该公司服务低劣的认识,以致以后很少再乘坐该公司的航班。同样形成了对某企业的总体感知,也会影响对其他部分"同样"的认知。

当然,也存在如下情形:顾客对某一服务行业缺乏好感,并不妨碍他们对其中个别服务提供商可能具有好感;相应地,社会评价高的名牌服务提供商,也会因为工作失误而造成顾客对某些门店或个别服务岗位的不良印象。此时,不同层次的服务感知之间的联系不是正相关的。

二、服务质量

（一）服务质量的含义

服务质量应该是被消费者感知的，也是一种消费者评价，这种评价是从顾客而非企业本身展开的。服务质量是指服务能够满足规定和潜在需求的特征和特性的总和，是指服务工作能够满足被服务者需求的程度，是企业为使目标顾客满意而提供的最低服务水平，也是企业保持这一预定服务水平的连贯性程度。消费者对服务质量的评价不仅要考虑服务的结果，而且要涉及服务的过程。

服务质量应被消费者所识别，消费者认可才是质量。服务提供者需要认识到顾客对服务质量的感知是多方面的，而不仅仅是衡量产品质量常使用的某些技术指标。例如，即使餐馆能提供高质量的食物，顾客可能由于服务人员对他们不够重视而产生对总体服务质量不好的印象和感知。企业对服务质量的理解必须与顾客的理解相吻合，否则，在制订质量改进计划时，就会出现错误的判断和行为。

（二）服务质量的构成

与有形产品不同，服务是一系列的过程。在这些过程中，生产与消费同步进行，而且消费者直接参与到服务的生产过程中去，因此服务质量不是企业生产或自己界定的质量，而是消费者的感知质量，是消费者的主观质量。因此，有的学者认为，消费者感知的服务质量包括三个方面：技术或结果质量、功能或过程质量、服务环境组合质量。

1. 技术或结果质量

这是指服务过程的产出和结果，即消费者在服务中所得到的实质内容。如航空公司提供到目的地的飞行，餐厅能提供满足温饱的服务。技术质量主要包含服务供应的硬件要素，可以通过比较直观的方式加以评估，消费者也容易感知，从而成为消费者评价服务好坏的重要依据。

2. 功能或过程质量

服务的特点决定了消费者会特别关心服务结果是怎么传递给自己的，这对消费者感知服务质量的形成起着更为重要的影响作用，这就是服务质量的另外一个方面——服务的功能或过程质量，即服务的生产过程。如两个小时的餐厅就餐都接受了哪些服务，从就座到点餐用餐再到结账的过程，服务人员的态度、熟练程度、光顾度、沟通方式等软件要素。与技术质量不同，功能质量一般是不能用客观标准来衡量的，消费者通常会采用主观的方式来感知功能质量。

3. 服务环境组合质量

有的学者认为，应当将服务接触所发生的有形环境纳入服务质量要素中，即增加“在哪里接受服务”这一要素。例如，星级酒店的装修和陈设肯定会对服务感知质量产生影响。比特纳(Bitner)将这个因素称为服务环境组合质量。

服务质量的技术质量、功能质量、环境组合质量表明的是“接受什么服务”（What）、“如何接受服务”（How）、“在哪里接受服务”（Where）这样三个问题。由于消费者参与服务的生产，在绝大多数情况下，他们可以清晰地看到服务企业及其所有的生产流程，形成自我认知的“企业形象”，因此企业形象对于绝大多数服务企业来说就至关重要。消费者感知的企业形象直接影响服务质量的感知。

(三)顾客感知服务质量的理解

顾客对服务质量的评价过程实际上就是将其在接受服务过程中的实际感觉(自我认知的企业形象)与他接受服务之前的心理预期进行比较的结果:如果实际感受满足了顾客期望,那么顾客感知质量就是上乘的;如果顾客期望未能实现,即使实际质量以客观的标准衡量是不错的,顾客感知质量仍然是不好的,因为,"质量是由顾客来评价的"。图 12－3 揭示了顾客感知服务质量的模型。

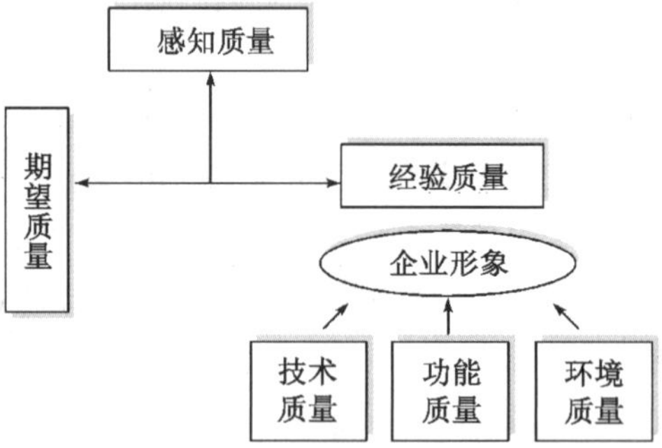

图 12－3 顾客感知服务质量模型

第四节 顾客满意管理系统

一、顾客满意与顾客忠诚

(一)顾客忠诚

1. 顾客忠诚的定义

理查德·奥利弗对顾客忠诚的定义是:"顾客忠诚是不受能引致转换行为的外部环境变化和营销活动影响的,在未来持续购买所偏爱的产品或服务的内在倾向和义务。"

奥利弗根据忠诚度将顾客忠诚分为四个阶段:第一阶段的忠诚是一种感知,顾客通过品牌特征信息感知到自己对它的偏好。第二阶段是情感忠诚,消费者在对产品的使用过程中不断获得满意,从而形成对这一品牌的喜爱。这种喜爱不会轻易受竞争者对该品牌负面评论的影响。第三阶段是意向忠诚,在这一阶段,消费者有再次购买同一品牌产品的意愿。这将引致第四阶段,即行动的忠诚,在此阶段,消费者将不断展现重复购买行为。

2. 顾客忠诚对企业的意义

(1)顾客忠诚使企业获得更高的长期赢利能力。顾客忠诚有利于企业巩固现有市场,高顾客忠诚的企业对竞争对手来说意味着较高的进入壁垒,因为要吸引忠诚于自己对手的顾客必须投入大量的资金,这种努力通常还要经历一个延续阶段,这往往会使竞争对手望而却步,从而有效地保护了现有市场。顾客忠诚有利于降低营销成本,对待忠诚顾客,无须投入巨大的初始成本,又可节约沟通成本,同时忠诚顾客的口碑效应带来高效的、低成本的营销效果。

(2)顾客忠诚使企业在竞争中得到更好的保护。顾客忠诚的重要原因是消费者获得了更多的附加价值,所以不会轻易转移到竞争对手那里,这也保护了竞争中的企业。

(二)顾客满意与顾客忠诚的关系

尽管顾客满意与顾客忠诚之间的关系很复杂,但多数研究认为顾客满意与顾客忠诚之间具有非线性正相关关系，顾客满意是顾客忠诚的基础。科特勒指出："维系顾客的关键是顾客满意，一个高度满意的顾客会忠诚于公司更久。"顾客满意是感知与期望的比较，当顾客感知远高于顾客期望时，也就是顾客高度满意和愉悦时，通常会获得顾客的忠诚，获得和维护顾客忠诚是企业的核心工作。专业研究显示，"公司只会流失1%～2%高度满意的顾客"。

二、顾客满意管理系统

企业进行顾客满意管理，构建满意管理系统，进行顾客关系管理，目的是实现顾客满意下的顾客忠诚，使企业能在激烈的市场竞争环境下保持或扩大自身的利益，立于不败之地。

(一)确立目标顾客

建立客户关系要从识别和确定目标顾客开始。并不是所有的顾客都与企业的能力、传递技术以及战略导向相匹配。将公司能力和优势与顾客需求相匹配而确定目标顾客的结果就是，企业所提供的服务在目标顾客的眼里是出色的，顾客认为该企业提供的服务性价比很高。正如赖克霍德所说："其结果应该是双赢，企业通过使顾客满意而获得利润，而不是通过让顾客损失金钱而获得利润。"

1. 发现顾客价值上的差异

成功意味着了解谁是你的顾客，谁是你的可盈利顾客，你的顾客可能分很多种：(1)大客户而且是给你带来很大利益的；(2)大客户但不是带来主要利益的；(3)中等规模的客户，但给你带来主要的利益；(4)小客户，单位利益虽然不小，但受规模的限制不算你的可盈利客户。分析的目的是企业要对可盈利客户"另眼相待"，建立长期关系，获得持久的利益。很多企业开始评估顾客对企业的价值，希望与那些能够给企业带来利润的顾客进行更广泛的联系，一旦确定了可盈利顾客，企业可以通过建立特殊需求关系赢得他们对公司的忠诚。

2. 选择恰当的顾客组合

要根据企业的资源来选择恰当的顾客组合，以满足消费者的需要和给企业带来更大利益为衡量标准，正如戴维·梅斯特强调的那样，市场营销是为了获得更好的业务，而不仅仅是更多的业务。如投资一样，从短期看，一些类型的顾客可能比另外一些更具有盈利性，但是另外一些对公司长期发展又更有价值；一些顾客的消费模式可能是固定的，但是有些可能是周期性的。企业要以稳定和发展、以降低市场和政策等方面的风险来作为选择顾客组合的依据。

(二)建立交互关系

现阶段企业主要通过以下几种营销努力来实现顾客关系的建立。

1. 交易营销

顾名思义，交易营销即指发生交易时企业通过各种努力来影响顾客消费的行为。交易营销主要发生在"一次"交易过程中，传统的观点认为，发生一次的交易行为，企业没有必要做更多的付出，因为交易后双方关系已经终止。而现在的企业却从"第一次"交易开始，与消费者亲密接触，建立信息沟通关系，并进行后续的营销努力。

2. 数据库营销

数据库营销是指企业运用当今计算机和通信技术的巨大潜力，以个性化、持续性、低成本的方式，通过数据库技术、EDM套件等工具，收集各种顾客资料，并作为保持现有顾客资源、与顾客沟通的重要手段。数据库营销具有分析客户特征和购买习惯的能力，可以用来创建各种目录及客户档案库。数据库营销在企业营销战略中的基本作用表现在下列方面：

(1)更加充分地了解顾客的需要。

(2)为顾客提供更好的服务。顾客数据库中的资料是个性化营销和顾客关系管理的重要基础。

(3)对顾客的价值进行评估。通过区分高价值顾客和一般顾客,对各类顾客采取相应的营销策略。

(4)了解顾客的价值。利用数据库的资料,可以计算顾客生命周期的价值,以及顾客的价值周期。

(5)分析顾客需求行为。根据顾客的历史资料,不仅可以预测需求趋势,还可以评估需求倾向的改变。

(6)市场调查和预测。数据库为市场调查提供了丰富的资料,根据顾客的资料可以分析潜在的目标市场。

3. 互动营销

互动营销是通过一种更为紧密的顾客—供应商关系,即通过双方互动来实现彼此受益的营销方式。互动营销主要是指人员间双向沟通形式,该方式通过社会过程和人员间的互动带来了更多的附加价值,增进彼此的信任。如社区类的中小型服务机构,或需要近距离服务的项目都可通过此方式来达到和实现这种互动。现在一些大企业也特别看重这种互动式营销,投入一定资源(包括时间)将它应用在重要客户和企业与企业的关系建立上。

4. 关系营销

所谓关系营销,是把营销活动看成是一个企业与消费者、供应商、分销商、竞争者、政府机构及其他公众发生互动作用的过程,其核心是建立和发展与这些公众的良好关系。关系营销是巴巴拉·本德·杰克逊于1985年提出的。关系营销的本质特征可以概括为以下几个方面:

(1)双向沟通。在关系营销中,沟通应该是双向而非单向的。只有广泛的信息交流和信息共享,才可能使企业赢得各个利益相关者的支持与合作。

(2)合作。一般而言,关系有两种基本状态,即对立和合作。只有通过合作才能实现协同,因此合作是“双赢”的基础。

(3)双赢。即关系营销旨在通过合作增加关系各方的利益,而不是通过损害其中一方或多方的利益来增加其他各方的利益。

(4)亲密。关系能否得到稳定和发展,情感因素也起着重要作用。因此,关系营销不只是要实现物质利益的互惠,还必须让参与各方能从关系中获得情感的需求满足。

(5)控制。关系营销要求建立专门的部门,用以跟踪顾客、分销商、供应商及营销系统中其他参与者的态度,由此了解关系的动态变化,及时采取措施消除关系中的不稳定因素和不利于关系各方利益共同增长的因素。

上述几种营销是对“与消费者建立良好的关系是企业发展的必要条件”的认识的具体体现,目的都是建立长期、双赢的顾客关系,实现双方的价值满足。

(三)顾客忠诚的实现

1. 套牢你的顾客

(1)深化关系。使顾客与公司捆绑在一起,增大转换壁垒,如在同一家银行拥有储蓄账户、信用卡、银行保管箱、汽车贷款、抵押等,客户和银行的这种关系就是比较深厚的,以至于转换银行基本不可能发生,除非顾客对这家银行极其不满意。

(2)奖励捆绑。通过经济和非经济的奖励,使消费者感到自己获得了额外的利益和价值,并愿意继续接受该供应商的服务。经济性的奖励包括商品折扣、馈赠礼品、积分折现等;非经济性的奖励是向顾客提供其他的附加利益，比如移动和联通都为VIP客户提供飞机、火车等旅行中舒适的等候休息室，并有直通站台的绿色通道服务。

(3)定制化捆绑。当服务提供商为忠诚顾客成功提供定制化服务时，这种捆绑就形成了。一对一营销是一种特殊形式的定制化，每个个体都被当作一个细分市场。例如，许多高级连锁酒店通过它们的忠诚计划数据库来捕捉顾客的喜好，因此一旦顾客下榻酒店，就会发现酒店已经充分了解自己的需求，从放置在冰箱中的喜爱的饮料和小食品到他们喜欢的枕头以及早晨想要阅读的报纸。当一个顾客开始熟悉这些特殊服务时，他将很难去适应另一家不能提供定制化服务的供应商。

(4)拓展服务范围。该方式常在企业对企业服务的模式中出现，其目的是在供应商与顾客之间通过建立结构关系来促进忠诚，如除了提供基本服务外，还帮助消费者解决资金、设备的困难，还能共享一些自己的资源等。该方式如今也出现在企业对消费者的服务模式中，例如，一些汽车租赁公司为旅游者提供包旅游的景点、线路，也提供包括车型、保险等方面的免费咨询服务，这样就简化了搜寻成本，给旅行带来便利。当顾客所要做的事情，一些公司都能代为处理，并将其与自己的企业整合在一起时，在顾客与企业之间的结构捆绑就形成了，而且竞争很难破坏这种关系。

2. 减少顾客流失

苏珊·基威尼(Susan Keaveney)对多个服务行业进行了大范围的调研，研究顾客转换供应商的原因。结果显示：44%的被调查者认为是核心服务失败；34%是因为对服务不满；30%是因为欺骗或不公平的价格；21%认为是时间、地理位置或延时带来的不方便；17%认为是服务失败给他们造成的不良后果。许多被调查者认为转换供应商的决定源于相关事件的发生，例如服务失败以及随后的不满意的服务补救。

(1)强化服务质量的传递。质量是顾客定义和评判的，对质量的抱怨是顾客流失的重要原因，企业要在确定顾客期望和顾客满意度方面加大投入，建立正确的服务质量标准；要保证服务传递模式的顺畅及质量，保证系统的合理建立和实施。

(2)公平透明的价格。透明、公平、稳定的价格是顾客交易的基础，购买者具有经济人的特征，价格合理才能产生对服务企业的信赖。

(3)抱怨处理和服务补救。面对失败的服务，顾客期望得到公平充分的补偿。调查显示，当顾客感到不公时，他们的反应通常是直接的、情绪化的甚至是持久的。企业对顾客抱怨要有相应的制度保证，要有专门的机构和人员直接处理，深刻理解顾客抱怨处理失误给企业带来的危害。企业要明确补救程序及相应措施，要关注补救中的互动过程，也要把握好补救和处理的结果。

【实例12—5】

雅高宣布对旗下客户忠诚计划进行颠覆性的转变，将其打造成全方位整合礼赏、服务和体验的全球平台，通过集团的整个生态系统，为宾客日常的工作、生活或娱乐增添价值。这一新的生活方式忠诚计划将以前所未有的方式，通过“ALL of Accor”这一平台认可、了解、珍视并与宾客沟通；这一项目将为宾客带来30多个独具特色并具有标志性的酒店品牌，以及无与伦比的酒吧、餐厅、夜生活娱乐以及“千金难求”的特别体验；这一新的生活方式忠诚计划将有一个新的App和网站，会员可以通过指尖就可以访问雅高世界。这一新的生活方式忠诚计划对宾客的承诺主要体现在四大战略方向：

(1)引入新的premium等级以奖励最忠诚的会员。

(2)根据"赋予生活更丰盛的款待"的战略提供更多礼遇。

(3)获取连通全球的体验。通过行业内最广泛的品牌组合赚取并使用积分;新的数字App为工作、生活和娱乐方面增添价值。

(4)合作伙伴及会员体验。

会员体验远远不止酒店入住,合作伙伴体现在ALL(Accor Live Limitless)项目会员的日常生活、出差旅行以及各个方面。经过广泛的研究,我们的忠诚会员对其他三大主要方面也充满热情,即娱乐、美食和厨艺以及体育。雅高宣布三项合作,回应上述三大需求:

雅高将与AEG的合作关系扩展到AccorHotels Arena以外,在拉丁美洲、亚洲以及欧洲为忠诚会员在优质场所提供超过6万张活动门票以及私人包厢的入场券。AEG是全球领先的体育和现场娱乐公司,每年为1亿多名客人奉上创新的活动,为运动员、团队、艺术家和粉丝带来激动人心的体验。

集团与IMG签署全新合作,将为最忠诚的会员提供顶级厨师课程以及烹饪体验。随着未来三年这一合作关系在更多新城市的深入和拓展,从2020年开始,我们的会员将可以享受伦敦、巴黎、圣保罗、香港以及多伦多的美食节日(Taste Festivals)和活动。IMG是全球范围内的活动运营公司,在30多个城市进行体育、节庆、媒体、时尚尤其是沉浸式美食烹饪等体验活动。

雅高与Paris Saint-Germain足球俱乐部宣布签署全球范围内多年的合作伙伴协议。从2019/2020赛季开始,雅高新的生活方式忠诚计划将成为该俱乐部的首席合作伙伴和官方球衣赞助商。这将是全球发展最快的足球俱乐部和全球酒店行业的领导者的联袂合作。

为了反映集团发展的宏大目标,成为宾客日常生活中的一部分,同时体现集团旗下品牌的优质特性,雅高推出全新企业标识,其中包括新的企业商标。雅高和ALL(Accor Live Limitless)这两个独特的品牌,将利用同一个标志性的字母"A",一方面是集团卓越的标志,另一方面A融合了大雁(bernache)这一雅高有着历史意义的集团徽标,这些宏伟的计划意在提升雅高品牌在全球的知名度,同时强化集团分销网络的效率,并为我们的宾客提供行业内充满魅力并独特的忠诚计划。

——资料来源:雅高推出全新生活方式忠诚计划．搜狐网,2019—02—01．有删改.

(四)构建客户关系管理(CRM)系统

客户关系管理的核心思想是:客户是企业的一项重要资产,客户关怀是CRM的中心,其目的是与所选客户建立长期有效的业务关系,在与客户的每一个"接触点"上都更加接近客户、了解客户,最大限度地增加利润和利润占有率。客户关系管理需要企业应用现代信息技术,提供软硬件系统集成的管理方法和应用解决方案。

CRM系统促使企业更好地理解、细分顾客群,更好地进行目标促销和交叉销售,还可以通过"流失警戒系统"来判断一个顾客是否处于流失的危险之中。采用顾客关系管理系统以后,通常会给企业带来以下利益:

(1)获得顾客的成本更低,有效地降低了市场营销的成本。

(2)不必获得过多的顾客就能够保持稳定的业务增长。

(3)减少了销售成本,统计表明,从一个新顾客手中获得利润的成本比从一个老顾客手中获取同样利润的成本要高出5倍。

(4)更高的顾客创利能力,能够从老顾客手中获取更多的购买权限。更多的后续销售,更多是来自于满意的顾客推荐。

(5)通过让客户更方便、对客户更亲切、立即响应、个人化获得顾客满意和忠诚。

(6)有效评估顾客创利能力,根据“二八”规则,企业有80%的利润来自20%的顾客,顾客关系管理将帮助企业分析哪些顾客是最有价值的顾客,与顾客建立终生联系。

本章小结

本章主要研究顾客满意和顾客忠诚的实现与构建。围绕顾客满意介绍了顾客服务期望、顾客服务感知、服务质量及顾客忠诚等重要概念,目的是构建顾客满意体系,实现顾客忠诚。

顾客服务期望是指顾客对服务的一种期许,这种预期不仅包括对结果的预期,还包括对服务过程的预期。一般来说,顾客期望是一种“满意期望”。该期望是顾客对服务绩效感知的标准和参考因素。

顾客忠诚对企业的意义在于能使企业获得更高的长期赢利能力,可使企业在竞争中得到更好的保护。为此我们构建获得顾客满意和忠诚的管理体系,该体系是这样的系统:确立目标顾客;与目标顾客建立交互关系;通过捆绑顾客、减少顾客流失等手段来实现或增加顾客的满意度;建立基于现代信息技术的客户关系管理系统。

复习思考题

1. 企业为什么要对顾客进行分类?
2. 从自身的体验谈谈顾客满意与顾客忠诚的关系。

案例讨论题

忠诚于客户,忠诚于企业!

“现在去星巴克,经常看到什么都不点的大妈坐在那里蹭空调和高谈阔论。所以我很久没有再去里面办公了。”一位年轻商务人士如此告诉侦探君。当写进商业教材的“第三空间”不再那么“酷”的时候,白领和文青们需要新的精神飞地。这给了“瑞幸”们机会。“瑞幸成为史上最快的独角兽公司。”郭谨一在发布会上宣布。瑞幸咖啡(Luckin Coffee)已成为中国首家咖啡店“独角兽”,在一轮2亿美元融资中达到10亿美元的估值,成为仅次于星巴克的国内第二大咖啡连锁店品牌。撼动王者的,绝不是王者的模式。提供相近品质的产品,却拥有更低的价格和更好的便利性,是后来者崛起的一贯模式。比如小米之于苹果,比如滴滴之于出租车。

在这片崛起中的处女地,星巴克成功地教育了目标用户何为“咖啡文化”,数据显示,在不包含速溶咖啡的消费上,中国人均每年消费1杯左右,远低于韩国的130杯及日本的90杯,中国咖啡的商业增长空间远比想象的大。咨询机构罗兰贝格曾经针对中国咖啡消费者进行过专项调研。发现对于中国消费者而言,便利性是选择咖啡店的首要因素。“咖啡是随意性消费,消费者不太会专门去哪儿买咖啡,而是正好看到路过就去消费。”

对于伴随着互联网兴起成长的90后们,“随意性消费”的特点表现得更加明显。据高盛的研究数据显示,瑞幸App使用者的平均年龄要远比星巴克年轻,48%在24岁以下,而仅有22%星巴克App的使用者在该年龄段,另有27%年龄位于25岁至29岁之间。可见新兴消费人群对于星巴克的品牌忠诚度并没有上一代人高。同时,瑞幸销售点的选址与星巴克门店的重合度非常高,有55%的门店距离最近的星巴克在500米以内。虽然星巴克在中国的门店数量远多于瑞幸,但瑞幸的门店目前只开在14个一二线城市,且大多在核心

CBD。只看这些地区的门店密度，瑞幸甚至超过星巴克。此外，瑞幸咖啡提供的外送服务半径大于星巴克。如果有消费者原本倾向到星巴克消费，但碍于服务距离，可能会转而投向瑞幸咖啡。

瑞幸咖啡曾经公开表示：要用10亿元人民币教育市场。而到了7月12日，创始人钱治亚对外宣布：截至目前，烧了10亿元之后，瑞幸咖啡还有20多亿元人民币的现金储备。瑞幸的相关人员者透露，许多新兴咖啡店对于瑞幸的崛起表示欢迎，从中看到了撬动市场格局的可能。

瑞幸在发布会表示："仅就配送业务而言，目前客户从App下单到拿到咖啡的外送订单平均完成时间为18分钟，'30分钟慢必赔'超时率为0.4%，客户的满意度为99.3%。"依靠前期大量烧钱补贴抢占市场，同时扩张门店加大覆盖范围，后期推出副产品（轻食等）实现全品类追赶。面对中国本土品牌疾风骤雨的打法，星巴克的应对也许"为时未晚"。目前瑞幸的外送业务比重超过自提，但相关人士告诉侦探君："随着门店数量增加，未来瑞幸的自提比例肯定是超过外送的。新零售模式不是单纯外送，比如把门店开进写字楼里其实是比外送对顾客来说更便捷的，我们未来还是主打全场景。"

——资料来源：忠诚于客户，忠诚于企业！——瑞鹏铁军炼成记．搜狐财经，2018—08—20．有删改．

共同探讨：

1. 什么是顾客满意？瑞幸是如何理解顾客满意的？
2. 顾客忠诚表现在哪些方面？瑞幸的哪些措施会提高顾客忠诚？

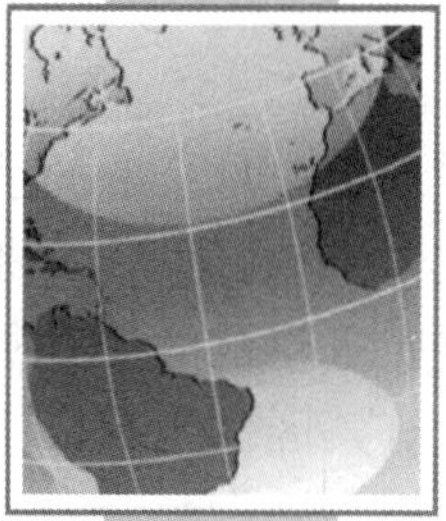

第十三章 服务质量管理

学习目标

理解服务质量的内涵。

掌握服务质量评估方法。

理解并掌握服务质量管理的差距模型。

掌握提高服务质量的方法。

了解服务补救的特点和策略。

案例导入

新华保险在服务创新上取得了巨大的成就，下面进行了部分列举：

一、微信自助让理赔更简单

理赔是保险公司执行保险合同、履行保险义务、承担保险责任的具体体现。便捷的理赔能为客户带来良好的服务体验。新华保险个人客户微信自助理赔经过前期在多个省市试点，于2019年11月面向全国个人客户上线。只要是医疗险账单金额5 000元以下的个人客户，简单三步“填写申请信息—提交申请材料—填写银行账号并确认申请”即可完成微信自助理赔。微信自助理赔无地域、时间限制，免往返，操作简单便捷，客户足不出户，不需要下载任何App，通过官微就可以申请理赔，让理赔越来越简便。

二、推出个人理赔诚信账单

新华保险创新推出个人理赔诚信账单，理赔诚信账单以数据形式客观呈现了每个营销员年度经办理赔的赔款金额、件数、获赔率等关键数据。对于客户而言，理赔诚信账单客观展示了营销员的服务质量，增强了客户对保险保障功能的信任。

三、借力科技实现保险销售可回溯

新华保险自主研发双录App系统，以支持对销售关键环节实施同步录音录像并质检处理。在确保销售人员、客户全程同框录制的基础上，2018年实现语音植入、解决固定话术诵读问题，2019年持续创新，引入人脸识别、语音识别，持续提升双录应用服务体验。销售行为可回溯管理引入服务创新后，录制全程更加便捷。一是增强了销售队伍的展业信心；二是提高了双录的操作能力；三是提升了客户的满意度。

四、打造移动保全2.0

新时代移动保全2.0将传统柜面保全业务转移到线上移动PAD或者手机平台，将保全服务从公司上下3 000余名柜员助力扩展至公司50万庞大业务队伍，堪称新华保险的“行走柜面”，为客户提供更加全面、优质、高效的贴心服务。其次，移动保全2.0以客户九要素为基础制作最新客户名片，通过“同步复制”技术有效完善提升客户信息质量，是现有严监管环境下客户信息质量提升的“执行利器”。最后，移动保全2.0是以客户为中心理念的“最佳践行”。让客户少跑腿，同时实现客户名下所有符合条件保单的一次更新；而且，人工作业大幅度被替代，释放更多精力投入到客户增值服务中，有利于客户服务体验的再度提升。

——资料来源：2019中国保险业服务创新案例暨影响力赔案．中国银行保险报纸，2020—01—09. 有删改.

思考：

1. 新华保险在理赔方面为了提高自身服务质量做了哪些努力？

2. 新华保险的案例对企业创新自身服务质量策略有何启示?

第一节 服务质量的含义与属性

服务是服务营销学的基础,而服务质量则是服务营销的核心。服务质量不仅是企业的生命,而且是企业在竞争中制胜的法宝。服务质量的内涵与有形产品质量的内涵有区别,消费者对服务质量的评价不仅要考虑服务的结果,而且要涉及服务的过程。服务质量应被消费者所识别,消费者认可才是好的质量。服务质量的特点、构成要素、基本属性均有其区别于有形产品的内涵。

一、服务质量的含义

质量是指一组固有属性满足规定或要求的程度。服务质量是产品生产的服务或服务业以其所拥有的设施设备为依托,为顾客所提供服务在使用价值上适合和满足顾客物质和精神需要的程度。

服务产品是一系列的非实体性过程,其生产和消费无法分离,同时顾客还要参与其中,因此,服务质量和有形产品质量有很大的不同。服务质量有以下特点:

(一)主观性

从提供者看,服务质量意味着服务属性对组织规定的符合程度;从顾客角度看,服务质量则意味着服务达到或超过期望的程度。可见,服务质量具有较强的主观性,它是一个主观范畴。

(二)过程性

有形产品的质量,主要是指产出质量,顾客一般看不到其生产及质量形成过程,只能看到产出质量。但服务质量不同,由于服务的生产和消费同时发生,服务的生产及其质量形成过程,可以被顾客参与和感知,可以根据服务过程的质量做判断。如到同一景点旅游(产出即景点是一样的),如果安排的活动、路线、导游或餐旅的质量不同,旅游服务的质量就会不同。

(三)整体性

服务质量是一种整体质量,它是由一次次的服务接触综合而成的,任何细小的失误都会危及整体。服务质量的形成需要包括一线、二线员工在内的全体人员参与和协调,服务质量不仅需要服务机构进行全面、系统的监控,还需要服务机构的营销和生产部门进行全面的协调,融为一体。

由于服务具有无形性和异质性,企业一般无法制定明确的质量标准;另外,由于服务的不可分性,企业一般不可能通过控制生产过程和减少操作上的失误以保证服务质量符合既定的标准。

二、服务质量的构成要素

一般来说,服务质量是由技术质量、功能质量、形象质量和真实瞬间构成,它取决于顾客感知质量与预期质量之间的对比。

(一)技术质量

技术质量是指服务过程的产出,即顾客从服务中得到的东西。它包括服务本身的质量标准、环境条件、网点设置以及服务事项、服务设备和服务时间等。例如,宾馆为旅客休息提供的房间和床位，航空公司为旅客提供的飞机、舱位等。对于技术质量，由于有比较客观的实际标准，顾客容易感知，也便于评价。

（二）功能质量

功能质量是指顾客是如何得到这些服务的，具体表现为在服务接触的过程中，服务人员的服务行为、服务态度、服务程序、言谈举止、仪态仪表等给顾客带来的利益和享受。同样的服务，由于服务对象不同，获得的质量评价可能会有很大差异。比如，企业传递服务的各类宣传活动，尽管都可满足顾客对信息的需求，但传递信息的方式却有多种，例如：宣传员强行塞给，顾客被迫接受；顾客急需信息时，宣传员雪中送炭。宣传员的表情如微笑、冷漠，态度如生硬、温和——这些不同的方式，会使顾客对服务质量产生不同的评价。功能质量完全取决于顾客的主观感受，与顾客自身的习惯、个性有关，所以不同的顾客对同一服务的评价可能是不同的，难以进行量化。

（三）形象质量

企业的形象质量是指企业在社会公众心目中的总体印象，它不仅影响顾客的服务期望，也影响顾客的服务感知。如果企业具有良好的形象质量，那么顾客对于服务过程中的个别服务失误就比较容易谅解；倘若企业形象质量不佳，则任何微小的失误都会导致顾客的不满意，所以人们把形象质量称为顾客感知服务质量的"过滤器"，而顾客感知的服务质量反过来又决定着企业的形象质量。

【实例13－1】

良好的企业形象，是企业产品在市场上无形的"通行证"，能大大提高企业的竞争能力，是企业可持续发展的动力。它能赢得广大客户、消费者的信赖，保证销售渠道畅通，并使企业顺利地不断开发新产品、开拓新市场。企业形象在公众心里有一种延续作用，留下深刻的"烙印"，会在长时间内发生作用，长期影响顾客的消费心理和消费行为。这种美好形象的延续作用，促使顾客持续地保留着消费的渴望，因而不断地涌现出新的消费需求。

良好的企业形象，对社会上的人有强大吸引力，对内部职工有强大的凝聚力，吸引更多的人才。市场的竞争就是人才的竞争。企业的人才是企业最宝贵的财富。企业之所以有良好的企业形象，其根本原因在于企业有一套系统的、先进的经营理念。这不仅为企业创造一个良好的工作环境，使企业员工心情舒畅地工作、提高员工的凝聚力，而且还有利于招聘更多的优秀人才进入企业，为其开拓新的事业。

——资料来源：佚名．良好企业形象的塑造．中外企业家，2017－05－19．有删改．

（四）真实瞬间

真实瞬间是服务过程中顾客与企业进行服务接触的过程。这个过程是一个特定的向顾客展示服务质量的时间和地点，一旦时机过去，服务交易结束，企业就无法改变顾客对服务质量的感知。一旦真实瞬间失控，出现质量问题的危险性就会加大，服务过程的功能质量也将恶化。由于服务的无形性和生产与消费的同时性，所以顾客与员工的接触——"真实瞬间"是服务质量的重要组成部分，对于服务质量有很大影响，是顾客评价服务质量的重要依据。

"真实瞬间"包括三个方面：首先是服务人员的态度、语言、外表等与顾客接触的一切方面；其次是企业与顾客的接触形式，可以分为自动化服务、自我服务和人工服务；最后指具体的服务对顾客需求的满足程度。

三、服务质量的基本属性

通过对服务的基本属性的感知，可以帮助人们认识、评价服务质量。有形产品的质量属性往往可以通过许多可操作的量化指标反映，如产品的使用寿命、最高运行速度等。由于服务的无形性，人们难以用比较客观的、量化的标准对它进行描述和测量。因此，人们可以比较客观准确地评价有形产品质量，而对无形的服务质量只能采取主观性很强的预期质量去评价。

近年来，国内外很多学者对服务质量的属性进行了较深入的研究。其中贡献最为突出的是美国营销学家帕拉休拉曼、泽丝曼尔和贝利。他们认为，顾客评价服务质量主要是基于服务所具有的十大属性来考虑的：

第一，可靠性(Reliability)：一致性的绩效、表现，并重视对消费者的承诺。

第二，反应性(Responsiveness)：员工提供服务的意愿和立即性。

第三，胜任性(Competence)：服务人员是否拥有执行服务的专业知识和技巧。

第四，接近性(Access)：是否容易接触或联络。

第五，礼貌性(Courtesy)：服务人员服务顾客或电话接听，都要做到殷勤有礼、尊重、体贴与友善。

第六，沟通性(Communication)：以消费者能"听得懂"的语言进行沟通并且倾听。

第七，信用性(Credibility)：以客户利益为先，给消费者信赖感、信任和诚实感受。

第八，安全性(Security)：消费者能免于担心危险、风险式疑惑等状况。

第九，了解性(Understanding/Knowing the Customer)：对顾客需要和预期的了解。

第十，有形性(Tangibles)：服务的实体证据以及其他服务设施等。

通过进一步研究，后来他们又将上述十大属性按照重要性排列归纳为五大基本属性：可靠性、反应性、保证性、移情性和可感知性。

(一)可靠性

可靠性是指企业能够准确无误地完成其所承诺的任务。可靠性要求企业在服务过程中避免出现差错，因为服务差错给企业带来的不仅是直接经济损失，而且还会造成大量潜在顾客的流失。

(二)反应性

反应性是指企业随时准备愿意为顾客提供快捷、有效的服务，它包括及时、准时和省时三个方面。对于在饭店点餐的顾客来说，反应性就是尽量按顾客的要求及时提供其所喜欢的菜肴并迅速结账。企业能否及时满足顾客提出的各种要求，反映了企业的服务导向，即是否把顾客的利益放在首位。服务递送的效率从一个侧面反映了企业的服务质量。研究表明，在服务递送过程中，顾客排队等候时间长短决定着顾客感觉、企业形象好坏和顾客满意与否。因此，企业应尽可能缩短顾客等候时间，提高服务递送效率，从而提升企业服务质量。

(三)保证性

保证性是指服务人员的友好态度和胜任能力，它能增强顾客对企业的信任和安全感。友好的态度和胜任能力两者缺一不可，前者的缺失会令顾客产生不愉快的感觉，缺了后者，服务人员无法提供优质服务，会令顾客失望，产生不满足感。因此，企业应努力提高员工素质，服务人员不仅应具备较高的专业知识素质，还要有较强的服务意识。

(四)移情性

移情性是指企业要真诚地关心顾客，了解他们的实际需要并予以满足，使整个服务过程充满人情味。这就要求企业站在顾客角度，想顾客所想，急顾客所急。对网站而言，移情性主要表现为网站向顾客提供个性化服务，如个性化页面、个性化问候等。

(五)可感知性

可感知性是指服务产品的“有形部分”，可以被顾客所感知。如银行网点的环境和设施的布局、装修，工作人员的着装和外表等。由于服务产品的本质是不可感知的，为帮助顾客识别和了解服务，企业应有策略地提供服务的有形线索，由此促进服务营销。

第二节 服务质量评估

一、服务质量体系

服务质量管理体系是在实施服务质量管理过程中的一系列内容、方法和对象的总集。在服务质量管理体系中，应包括服务质量管理的主体与客体、管理范围等方面的内容。

(一)服务质量的主体与客体

服务质量的主体是指服务过程的参与者，服务质量评价及认可是由顾客掌握的，不能由管理者单方面决定，它必须适应顾客的需求和愿望。同时，在公司内部，服务质量需要各层次的员工，包括管理者共同创造形成，因此，服务质量的主体应包括顾客、管理者和员工三类群体。服务质量主体的确立对公司实施服务质量管理具有现实意义，它明确了谁应对服务质量负责。正确认识服务质量主体，必须要树立正确的服务质量观以及内部营销观。服务质量客体则是服务质量的承载体，表现为具体的买卖双方互动的服务过程。服务质量是主体作用于客体而反映出来的一种评价结果。

(二)服务质量体系的范围

服务质量管理体系包括的范围主要是指通过体系建立，从哪些方面实施和解决服务质量管理问题。它包括：

1. 建立服务概念

顾客导向服务概念的建立是服务质量发展过程中的第一项任务，它指导对于产生质量的资源和行为的管理。

2. 顾客期望管理

管理顾客期望是任何服务质量管理体系的一部分。企业日常市场营销活动的计划和实施不应该各行其是，它们需要与企业能够向顾客提供的服务的实际情况联系起来。

3. 服务结果管理

企业与顾客相互作用的结果，也就是顾客得到服务的技术质量，是整个服务经历的一部分。互动过程的结果必须根据已经建立的服务概念和目标顾客的特殊需要进行管理。

4. 内部营销管理

一个持续的、得到战略支持的内部营销过程是任何质量管理体系中不可缺少的组成部分。服务过程的功能质量，即顾客如何认识相互作用的真实瞬间，在大多数情况下是一流服务质量和取得决定性竞争优势的关键所在。因此，企业的员工，包括一线营销人员、管理人员以及其他生产人员，首先就要被视为服务提供者的一个内部市场。

5. 顾客参与管理

顾客参与管理作为服务质量管理的一项内容，有助于企业帮助顾客对共同参与服务的过程提供建议，这样顾客就会对真实瞬间形成一种好感。如果顾客对服务过程一无所知甚至不按照企业的要求去做，企业的服务质量自然不会好到哪里去。

二、服务质量评估模型

优质的服务意味着既要符合企业制定的服务标准，又要满足顾客的需要。早在1982年，芬兰的格罗鲁斯就提出服务质量的评价模型——差异比较结构，如图13－1所示。这种服务质量评估模式得到了绝大多数学者的赞同，奠定了服务质量研究的基础。

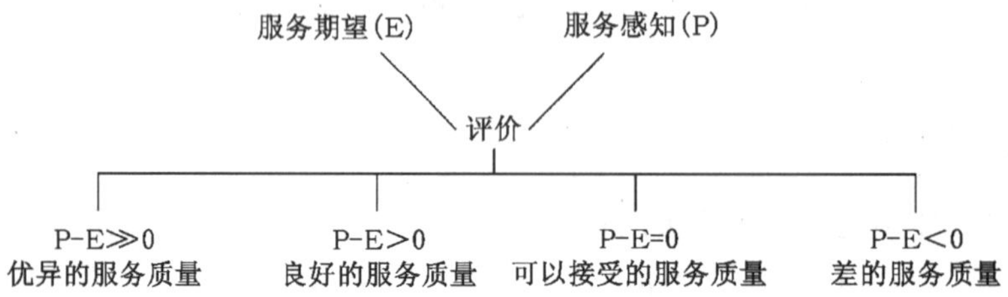

图13－1　服务质量的差异评价模型

在服务质量的差异模型结构中，服务期望被定义为“将接受的服务会是什么样的”，它主要受四个因素的影响：市场沟通、企业形象、顾客口碑和顾客需求。在这四种因素中，只有市场沟通直接为企业所控制，它主要包括广告、直接邮寄、公共关系以及促销活动等。市场沟通是企业与顾客的最先接触，在很大程度上影响着顾客的期望。因此，企业要向顾客传递正确的信息，既要防止客人期望过高而最终对服务失望，也要避免期望过低不能引起顾客的关注。对于企业形象和顾客口碑，企业只能间接地控制，它们一般表现为企业绩效的函数。而顾客需求是企业的不可控因素。顾客需求的千变万化及消费习惯、消费偏好的不同，决定了这一因素的不可控性。因此，企业应根据自己的市场定位和目标顾客的喜好来开发出针对性强的产品，用以满足目标顾客的需求。

顾客服务质量的评估是一个复杂的过程，最终顾客感觉中的服务质量不仅与顾客实际经历的服务质量有关，而且与顾客对服务质量的期望有关。

三、服务质量的评估标准

服务质量是顾客感知到的对象，它必须适应顾客的需求和愿望；也不是由客观方法制定，相反，它是顾客主观上的认识。虽然服务质量不能由管理者单方面决定，但从管理角度出发，衡量服务优劣的标准包括以下几个方面：

(一)规范化和技能化

服务的提供者应具有必要的知识和技能，并达到相应的产出标准，如一定的行业标准、国家或国际通用的等级标准。在提供服务的过程中，能规范作业，解决顾客的疑难问题。服务企业的员工必须做到熟悉本职、规范操作、持证上岗、技能熟练。

(二)态度和行为

服务人员对顾客必须做到热情接待、态度和蔼、服务周到、不厌其烦，主动关心顾客，以良好的态度、文明的行为举止为每一位顾客提供规范的服务。

(三)可亲近性和灵活性

服务时间、服务地点、服务人员和服务营运系统的设计和安排，应以顾客需求为导向，能灵活地根据顾客要求随时调整。

（四）可靠性和忠诚感

企业应以最大限度地满足顾客为宗旨，遵守承诺，全心全意为顾客服务，让顾客在享受服务的过程中感到放心和舒心。

（五）自我修复

由于服务是一种体验，不同顾客对同一服务感受并不一致，加上服务内外部环境不同，导致服务失误不可避免。服务人员如能诚恳认错并及时采取补救措施，就可以消除顾客怨气，甚至转危为安。无论出现任何意外，服务提供者应能迅速有效地采取行动，控制局势，寻找可行的补救措施。

（六）名誉和可信性

服务提供者的优良业绩和品牌价值可为其树立良好的企业形象，其经营活动易于获得顾客的信赖。

上述六个标准中，规范化和技能化与技术质量有关，名誉和可信性与形象有关，它可充当过滤器的作用。而其余四项标准，即态度和行为、可接近性和灵活性、可靠性和忠诚感、自我修复，显然都与过程有关，代表了功能质量。

这六个优质服务标准是在大量实证和理论研究基础上提出来的，对一般服务过程管理具有一定的实用价值和指导意义。但仅靠这六个标准进行管理是不够的，某些企业可能存在专业化很强的其他优质质量标准。对不同的行业和不同的顾客，各个标准的主次排序可能有所不同。

四、服务质量评估的一般方法

服务质量评估一般采取评分量化的方式进行，其具体程序如下：

（1）根据行业特点，选取服务质量的评价标准。

（2）根据每条标准的重要程度确定其权重系数。

（3）针对每条标准设计 4～5 个具体问题。

（4）制作调查问卷。

（5）发放调查问卷，进行市场调研，请顾客逐条评分。

（6）对调查问卷结果进行统计。

（7）根据消费者期望模型对统计结果进行分析，获得评价结果。消费者期望值模型公式为：服务质量＝预期服务质量－感知服务质量。差值越小，表明服务质量越好；反之，则表明服务质量越差。

【实例 13－2】

可口可乐公司是一个具有 100 多年历史的大型饮料公司，在全球家喻户晓，是世界上最有价值的品牌。该公司不仅是全世界最大的饮料公司，也是软饮料销售市场的领袖和先锋，其产品包括世界最畅销五大名牌中的四个，即可口可乐、健怡可口可乐、芬达、雪碧。该公司注重国际市场，在外国就地制造、就地销售，获取厚利。作为一个百年老店，可口可乐公司至今有着旺盛的生命力。为什么它能做得这么大而又享有盛名呢？这归根结底就是企业自身形象的塑造和维护。首先就是其象征性的标识。

1. 名称。可口可乐在进入中国的时候，译名为“蝌蝌啃蜡”，很明显，这样的名字不符合中国人的审美，其销量可想而知。后来，可口可乐专门负责海外业务的出口公司，公开登报悬赏 350 英镑征求译名。当时身在英国的一位上海教授蒋彝，便以“可口可乐”四个字击败其他所有对手，拿走了奖金。

2. 颜色。可口可乐的红色是热烈、冲动、强有力的色彩，它能使肌肉的机能和血液循环加快。并且由于红色容易引起注意，所以在各种媒体中也被广泛地利用，除了具有较佳的明视效果之外，更被用来传达有活力、积极、热诚、温暖、前进等涵义的企业形象与精神。更为重要的是，红色是代表着中国的颜色，可口可乐用“中国人红起来”的广告，把自己的红色元素和中国红很好地结合在一起。

3. Logo。可口可乐公司在近125年里用的都是极其相似的logo，coca-cola标志已经深入人心，标志下方的S形飘带，仿佛乘风破浪前进中的帆船，异常醒目，充满激情与活力。而这条曲线的弧度及粗细变化是经过心理测试而确定的，具有极强的科学依据。将字体与曲线结合在一起，更增强了标志的联想性和象征性，可成为“瞬间的动态”。这种“瞬间的动态”在观者的视觉与感觉中，由于联想的作用，显示出与众不同和难以言传的魅力。

4. 广告语。可口可乐公司的第一条广告语是：“请喝可口可乐。”当时可口可乐处于初级的发展阶段，需要更多的人去品尝可口可乐，请喝可口可乐成为其活动的主题。进入21世纪，竞争压力对于可口可乐来说也是不可避免的，“每刻尽可乐”的广告语被提出。‘刻’体现在时间上，表达可口可乐紧跟时代步伐，当红明星代言，目标锁定青少年。‘尽’体现在空间上，一方面公司从碳酸饮料向全饮料公司转移，全方位地开发茶、果汁、水等产品。另一方面开发二、三级城市，并开始拓展农村市场，价位越发趋于大众化、平民化。如今可口可乐更是与时俱进，不失时机地寻找市场机会。开展网络营销、体育营销等来吸引消费者的注意。

——资料来源：佚名．可口可乐企业形象的塑造分析．百度文库，2019－01－26．有删改．

表13－1　PZB的SERVQUAL量表

要素	组成项目
有形性	1. 有现代化的服务设施 2. 服务设施具有吸引力 3. 员工有整洁的服务和外表 4. 公司设施与它们所提供的服务相匹配
可靠性	5. 公司向顾客承诺的事情能及时地完成 6. 顾客遇到困难时，能表现出关心并提供帮助 7. 公司是可靠的 8. 能准确地提供所承诺的服务 9. 正确记录相关的服务
响应性	10. 不能指望他们告诉顾客提供服务的准确时间※ 11. 期望他们提供及时的服务是不现实的※ 12. 员工并不总是愿意帮助顾客※ 13. 员工因为太忙以至于无法立即提供服务，满足顾客需求※
保证性	14. 员工是值得信赖的 15. 在从事交易时顾客会感到放心 16. 员工是有礼貌的 17. 员工可以从公司得到适当的支持，以提供更好的服务
移情性	18. 公司不会针对不同的顾客提供个别的服务※ 19. 员工不会给予顾客个别的关怀※ 20. 不能期望员工了解顾客的需求※ 21. 公司没有优先考虑顾客的利益※ 22. 公司提供的服务时间不能符合所有顾客的需求※

注：(1)问卷采用7分制，7表示完全同意，1表示完全不同意。中间分数表示不同程度。问卷的问题随机排列。

(2)※表示对这些问题的评分是反向的，在数据分析前应转换为正向得分。

五、服务质量差距管理

(一)服务质量差距模型

经过营销实践,美国营销专家帕拉休拉曼、泽丝曼尔和贝利(简称 PZB)三位学者建立了五差距模型(见图 13—2),专门用于分析服务质量问题的根源。它是基于服务的设计和流程来探讨服务质量问题是如何产生的,因此通过对差距模型的分析可以找到产生服务质量问题的根源,进而有针对性地改进服务质量。

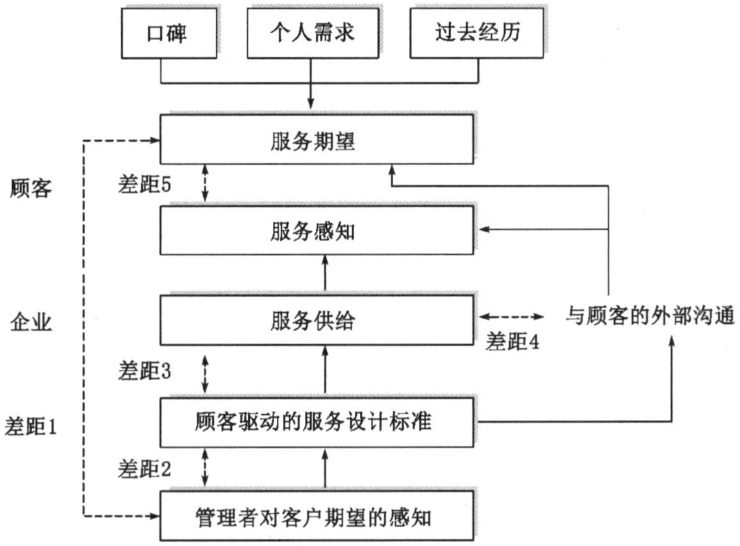

图 13—2 服务质量的五差距模型

由图 13—2 可知,五差距模型包括了在服务业的工作流程中产生的五个差距:服务质量的期望认知差距、服务质量的标准差距、服务质量的供给差距、服务质量的传播差距和服务质量的感知差距。五差距模型还说明了服务质量差距是如何产生的。

模型的上半部分与顾客有关,而下半部分则与服务提供者有关。根据箭头所指的方向可以看出,管理者对顾客期望的感知决定了组织要执行的服务标准;然后员工根据服务标准向顾客提供服务;同时,企业会采取各种方式与顾客进行市场沟通,向顾客传达服务信息;而顾客根据服务感知和服务期望的差异来评价服务质量的优劣。

(二)五差距根源及缩小差距策略

1. 服务质量的期望认知差距

该差距是指服务机构所了解的顾客期望与实际的顾客期望之间的差距,产生的主要原因是:

(1)企业未进行需求分析。

(2)企业进行市场研究和需求分析的信息不准确。

(3)管理者对预期的解释不准确。

(4)从企业与顾客联系的层次向管理者传递的信息失真或丧失。

(5)臃肿的组织层次阻碍或改变了在顾客联系中所产生的信息。

一旦出现差异,往往会使企业出现错误的决策,如使用不合适的设备、雇佣不合适的人员、对这些人员进行不合适的培训等，最终会导致公司提供的服务对顾客毫无用处，而公司又无法提供顾客期望得到的服务。

消除这一差距主要是努力了解顾客对服务的预期，具体对策如下：

(1)正确解读顾客期望服务。

(2)加强外部市场调查。

(3)加强企业内部沟通。

(4)提高服务一线人员和市场营销人员全面把握顾客期望服务的能力。

2. 质量标准差距

该差距是指服务质量标准与管理者对质量期望的认识不一致，产生的主要原因如下：

(1)企业计划失误或计划过程不够充分。

(2)企业计划管理混乱。

(3)企业组织无明确目标。

(4)服务质量的计划得不到企业最高管理层的支持。

消除这一差距主要是建立正确的服务质量标准，具体对策如下：

(1)加强最高管理层的市场导向观念，不断努力从顾客的观点定义服务质量。

(2)围绕顾客的期望或需要来制定服务标准。

(3)对管理人员进行培训，以加强其领导服务人员传递服务的技能。

(4)将重复较多的服务进行标准化、程序化。

(5)进行绩效评估并定期反馈。

3. 服务质量的供给差距

该差距是指在服务生产和交易过程中员工的行为不符合质量标准，产生的主要原因如下：

(1)标准太复杂或太苛刻。

(2)员工对标准有不同意见。

(3)标准与现有的企业文化发生冲突。

(4)服务生产管理混乱。

(5)企业内部营销不充分或根本不开展内部营销。

(6)企业的技术和系统没有按照标准为工作提供便利。

消除这一差距主要是使服务的具体实施达到规范的标准，具体对策如下：

(1)注重内部营销或人力资源管理。

(2)加强对服务中间商的管理。

(3)对顾客进行有效管理。

(4)有效协调服务需求与供给平衡问题。

4. 服务质量的传播差距

该差距是指营销沟通行为所做出的承诺与实际提供的服务不一致，产生的主要原因如下：

(1)企业营销沟通计划与服务生产没有统一。

(2)企业传统的市场营销与服务生产之间缺乏协作。

(3)营销沟通活动提出一些标准，但组织却不能按照这些标准完成工作。

(4)企业在营销沟通中有故意夸大其词、承诺太多的倾向。

消除这一差距主要是使服务的传递与承诺互相匹配，具体对策如下：

(1)在做广告等沟通策划时，尽可能地让生产人员参与其中。

(2)可以考虑使用真正的员工做广告的主演。

(3)开展有销售人员和生产人员共同参与的顾客交流会。

(4)保证不同地点的服务质量标准的统一性。

(5)对于服务中出现的差错,要给出确定的、合理的或不可控的理由。

5. 服务质量的感知差距

该差距是指顾客感知或经历的服务与期望的服务质量之间的差距,是上述四种差距的综合反映,受到前述四个差距大小和方向的影响,是前四个差距累积的结果。因此,降低和消除前四个差距有助于缩小感知差距。此外,还要做好以下几点:

(1)积极开展服务补救。

(2)努力提升企业形象。

(3)建立良好的顾客关系。

第三节　提高服务质量的方法与策略

一、服务质量低下的常见问题

(一)服务质量低下的表现

根据服务质量的定义,服务质量实际上包括有形产品质量和无形产品质量两个方面。服务质量低下在这两方面表现如下:

1. 有形产品质量

(1)服务设施设备:设施设备不能满足顾客需求,无法正常工作。

(2)实物产品:不能满足顾客的物质消费需要,如酒店菜肴味道差、提供的餐巾纸质量差。

(3)服务环境:不够整洁和美观,无序,安全无保障。

2. 无形产品质量

(1)服务设计与开发:盲目的服务产品开发,糟糕的服务设计。

(2)员工表现:员工缺乏基本的礼貌礼节,不遵守职业道德,服务态度恶劣,服务技能差,业务不熟练。

(3)人员状况:人员调动频繁。

(4)办事作风和效率:投诉得不到及时反馈;员工互相推诿,出了问题不知道找谁解决;置客于不顾,我行我素;聚集聊天,心不在焉;视而不见,充耳不闻。

(5)组织与协调:没有明确的服务蓝图,顾客无法便利地了解、参与服务;对提高满意率不采取措施;缺乏责任心,工作不主动;不测评顾客的满意情况。

(6)沟通交流:缺乏有效的沟通平台,内外部交流信息不准确、无价值。

(二)导致服务质量不高的原因

由于服务质量管理中存在许多企业难以控制的因素,上述看似表面的现象,在其背后反映的却是管理上的问题。在管理措施的制定和实施中,导致服务质量不高的原因主要是:

1. 企业高层管理人员不重视服务质量

企业高层管理人员的行为对员工起榜样作用,如果他们不重视服务质量,不把提高服务质量作为竞争的关键,即使企业已制定服务质量标准,也不会长期被员工接受和实施。高品质服务来自组织领导的激励、良好的服务系统设计以及优秀的企业文化。

2. 把服务质量作为专业人员的问题

许多企业还没有把服务质量放在整体的观念下去考虑，往往认为服务质量管理是应由专门的部门来解决的问题，认为服务质量的评估、处理和沟通应由这样的部门来完成。但服务与消费同时进行的特性也告诉我们服务质量及控制的责任属于实施服务工作的部门。也就是说，企业的各个部门应在平时就贯彻服务质量的观念。

3. 角色模糊

在关于什么想法与行为能产生优质服务的问题上，服务人员和管理人员没有达成共识，导致角色模糊。因为服务人员不了解管理人员的具体要求，在对顾客的面对面服务过程中就无法依照质量标准做好服务工作，无法满足顾客的需求。

4. 缺乏沟通，管理松散，协调不当，实施不力

良好的沟通与协调管理共同构成了团队合作的基础。要让每个员工都了解企业对员工的要求与期望，使员工明确该做什么、不该做什么。

5. 没有重视服务质量与社会进步的关系

顾客的期望在不断变化，很多企业管理人员不重视社会的发展及其带来的顾客需求的变化，不能理解这些变化对服务及服务质量的影响。在管理中遇到类似的问题时，管理人员不是根据顾客需求而改变管理要求和措施，而是代之以调整价格的方法。

【实例 13—3】

在理赔服务方面，着力提升理赔服务品质，围绕“便捷理赔、快速理赔、透明理赔”三大主题，使客户享受贴心、称心、放心的服务，有效减少理赔纠纷。寿险理赔是寿险产品保障价值的最终体现，是保险合同服务的重要环节，也是保险发挥“社会稳定器”的重要功能作用。中国人寿作为国有寿险公司一直致力于改善客户体验，坚持“主动、及时、准确、合理”的理赔宗旨，对符合保险责任范围内的案件，客户都能及时得到公司的理赔给付。

中国人寿一贯非常重视客户服务体验，在工作中始终贯彻“成人达己，成己为人”企业文化，在理赔方面则秉承“想客户之所想、急客户之所急”的服务理念，持续着力提升客户服务品质。我公司从进一步加强售前、售中、售后环节的管控和理赔环节为客户提供“贴心、称心、安心”服务着手，有效化解理赔纠纷。我公司客户理赔获赔率达 99.78%、拒赔案件占比仅为 0.21%就是很好的证明。

在加强售前、售中、售后环节的管控方面，我们一是加强承保前端管控，从源头上进一步规范销售人员的展业行为。二是努力创新服务方式，保障客户权益。新单回访是保障客户权益的重要方式，2016 年我公司创新了新单“微回访”方式，微信回访问卷中提醒客户对保险责任、犹豫期撤单、保单收益等重要权益进行了解，客户在操作过程中若对任何选项表示不清楚，公司会立即有人跟进服务，这一方式对维护客户保单权益起到了重要的作用，在最短时间里管控了销售误导的风险。目前我公司个险渠道新单“微回执回访”比例达 74.5%，为客户提供更高效便捷的服务。三是加强损害消费者合法权益行为内部问责制度的宣导和落实执行。

——资料来源：袁婉君．提升理赔服务品质赢得客户认可[N]．中国银行保险报，2017—03—23．有删改．

二、提高服务质量的方法

提高服务质量的方法与技巧很多，这里介绍两种常用方法：标准跟进和蓝图技巧。

(一)标准跟进

标准跟进是指将产品、服务和市场营销过程同竞争对手尤其是最具优势的竞争对手进行对比,在比较、检验和学习的过程中逐步提高自身的服务标准和服务质量。

标准跟进法最初主要应用于生产企业,服务企业在运用这一方法时可从策略、经营和业务管理方面着手。

1. 策略

将自身的市场策略同竞争者的成功策略进行比较,寻找它们的相关因素。比如,竞争者主要集中在哪些细分市场,竞争者实施的是低成本策略还是价值附加策略,竞争者的投资水平以及资源如何分配于产品、设备和市场开发等方面。通过一系列的比较和分析,企业将会发现以往被忽视的成功的策略因素,从而制定出新的、符合市场和自身资源条件的策略。

2. 经营

主要集中于从降低营销成本和提高竞争差异化的角度了解竞争对手的做法,并制定自己的经营策略。

3. 业务管理

在业务管理方面,根据竞争对手的做法,重新评估某些职能部门对企业的作用。比如,在一些服务企业中,与顾客相脱离的后勤部门,缺乏适度的灵活性而无法同前台的质量管理相适应。学习竞争对手的经验后,使二者步调一致、协同动作,无疑会有利于提高服务质量。

(二)蓝图技巧

蓝图技巧又称服务过程分析,是指通过分解组织系统和架构,鉴别顾客同服务人员的接触点,从这些接触点出发来提高服务质量。服务企业欲求提高服务质量和顾客满意度,必须理解影响顾客认知服务产品的各种因素,蓝图技巧则为有效地分析和理解这些因素提供了便利。蓝图技巧借助流程图分析服务传递过程的各个方面,包括从前台到后勤服务的全过程。其主要步骤是:

第一,将服务的各项内容绘入服务作业流程图,使服务过程一目了然地、客观地展现出来。

第二,找出容易导致服务失误的接触点。

第三,建立体现企业服务质量水平的执行标准与规范。

第四,找出顾客能看得见的、作为企业与顾客的服务接触点的服务展示。

在每一个接触点,服务人员都要向顾客提供不同的职能质量和技术质量,而顾客对服务质量感知的好坏将影响企业形象。

由于服务的不可感知性,顾客常因担心服务质量难以符合期望水平而在购买时犹豫不决。企业为化解顾客对质量风险的顾虑,可从以下几方面改进工作:

1. 突出质量第一

高层管理人员真正投入质量管理活动,包括履行承诺保证,在资源配置上支持质量管理活动;建立以质量为核心的企业文化,全体员工树立质量第一的服务观点,自觉地为提高服务质量贡献力量。顾客了解到企业内部的质量观及措施,会逐渐消除质量风险忧虑。

2. 重视人的因素

以人为中心的服务,其质量取决于人的操作技巧和态度,必须重视员工培训,让员工掌握新的服务技巧,改善服务态度。同时,管理者要创造一种能够得到员工支持的对优良业绩给予奖励的环境,争取在员工满意的基础上让所有的顾客满意。对员工进行研究揭示了服务问题为什么发生以及公司为解决问题必须做什么。

3. 广告强调质量

针对顾客对质量的担心，在设计广告宣传时要形象地突出有关服务的质量特征与水平。例如，请现有顾客"现身说法"，介绍自己购买服务后的心理感受。善用顾客口碑，有时能收到比广告更好的效果。

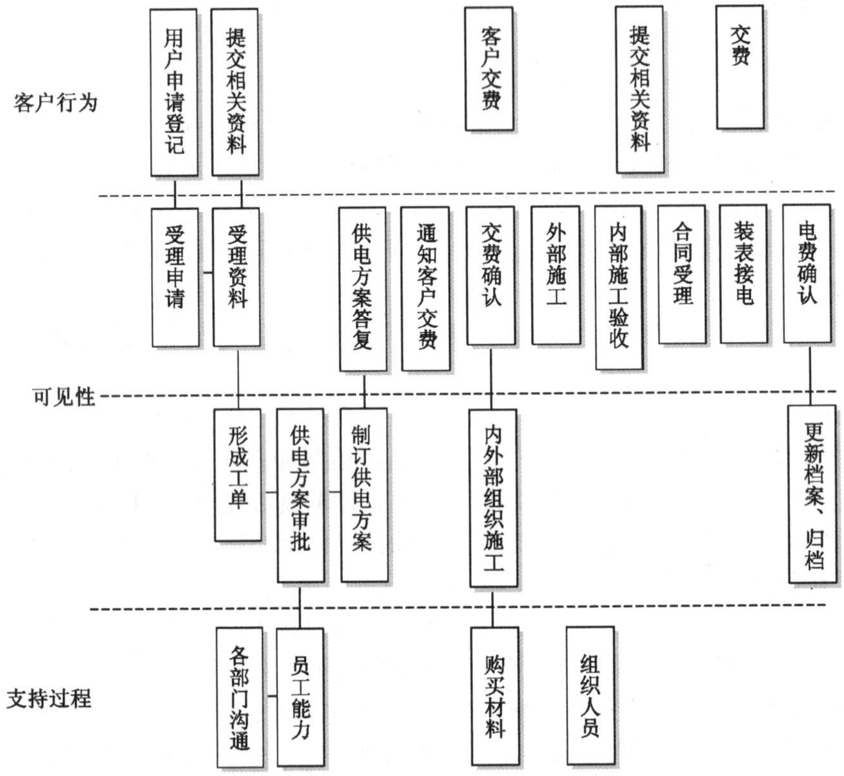

图 13－3　电力系统业扩报装业务服务蓝图

【实例 13－4】

华为在网上发布消息称：将于 9 月 25 日分批向华为和荣耀手机推送"华为应用市场"App 的更新。与以往版本不同的是，此次更新涉及对应用市场内的 App 进行"分级"。这在国内手机市场的安卓手机阵营中尚属首次，不过华为今年做类似这种的举动已经不是第一次了：

一、华为应用市场分级

华为应用市场将进行大版本更新——更新到 9.0 版本。从这个版本号看，此次更新与安卓 9.0 和正在内测的 EMUI 9.0 有关，带来了应用分级、全球应用精选以及专属空间等新功能，其中受益的不仅是华为手机用户及家庭用户，还有其他手机运营商，这是华为作为国内手机行业领军者的一个"领军"行为。

二、华为 DFH(Design For Huawei)合作伙伴

2018 年 9 月出现了一个"华为 DFH 合作伙伴"的概念。DFH 是类似于苹果 MFi 认证的事物。只不过苹果 MFi 认证服务的对象是"iPhone/iPad/iPod"，而华为 DFH 认证服务的对象是华为设备。华为希望借助 DFH 合作伙伴计划在当前混乱的安卓手机配件市场里搭建一个相对规范、有质量的新平台，为持有华为设备的用户提供一个相对放心的选择。除此之外，我们还看到华为可能在这份计划里隐藏了另外一份心思：做大配件产品市场后，未来或许会和华为 Hi-Link 智能家居开放互联平台融合成为一个更大的平台。

三、动静特别大的高清音频无线传输标准 HWA

华为曾在 P20 系列发布会上宣布过一项高清音频无线传输标准 HWA（Hi-Res Wireless Audio）。华为将联合中国电子音响行业协会以及音响行业内的众多品牌成立一个 HWA 产业联盟，旨在推广 HWA 这项高清音频无线传输标准的产品。目前市面上已经有一些符合 HWA 标准的音频产品了，未来半年内还会有更多我们耳熟能详的音响品牌会推出 HWA 相关的产品。

四、已经和德国莱茵联合做了两件事

第一件事是华为宣布和德国莱茵联合订立了一个为手机快充进行认证的标准，在充电安全、充电时的环境温度、充电次数等方面做出了一些安全规定。华为 Mate10 系列手机成为第一批符合这项标准的手机。此后华为和荣耀新发布的一些手机也通过了这项标准的认证，这样一来，就突破了华为和莱茵两家的范畴了，将给快充功率越来越高的手机行业提供一个相对可信赖的第三方安全验证。第二件事情是将护眼认证带进了手机屏幕。第一批通过该认证的是荣耀 8X 和荣耀 8X Max 两款手机，能够将蓝光级别将至健康的范围内，为手机重度使用者提供更舒适的手机使用体验。

一流企业做标准，通过以上四个方面的事情我们看出来华为是切切实实在做着"一流企业做标准"的事情。这对于国际手机市场份额越来越大并成为领军者之一的华为来说，是一件非常有必要的事情。以此来看，华为喊出手机销量要超越苹果和三星并不是一句空口号，是一个很扎实很系统的目标管理。

——资料来源：佚名．一流的企业做标准，华为手机今年在行业内做出了这几项重要的标准．腾讯新闻网，2018—09—24. 有删改.

三、提高服务质量的基本策略

（一）人员策略

服务企业应该不断地进行员工培训，通过提高员工的专业知识和技术水平、培养员工具有先进的服务理念和良好的行为方式等方法来提高服务人员的素质，从而提高服务质量。经过正反馈的作用，使得人员策略成为提高服务质量的重要手段。

（二）有形展示策略

通过有策略地提供服务的有形线索，如加强服务设施的建设，改善服务环境使顾客能够体验服务质量的提高，克服服务无形性对服务营销不利的一面，进而达到提高服务质量的目的。

（三）内部营销管理

顾客满意度、员工满意度和公司利润之间存在高度相关性。内部营销的目的是使内部员工满意，内部员工提供高质量的服务，可以提高外部顾客满意度。外部顾客满意才是利润增长的真正来源，而外部顾客的满意是通过内部员工的高质量的服务来实现的。内部营销管理包括态度管理和沟通管理，在理念上强调把员工视作内部顾客而非管理者下属，用有效的方法吸引员工，设计员工所期望和偏好的工作，并向他们促销组织本身。

（四）信息反馈机制

企业提供的服务完成以后，要及时进行访问，以获得员工和顾客是否满意的信息。如果顾客满意，企业通过访问可以加强顾客的满意度；如果出现服务失败（因为有的服务失败是在服务完成以后才出现的)，通过顾客提供的信息及时进行服务补救。企业应经常检查员工是否满意，因为积极的员工态度会促进顾客忠诚。

(五)价格策略

较高的价格使得顾客对服务的预期质量提高。如果企业提供的服务确实能够使顾客获得较高的体验质量，企业可以采取高价策略；反之，则可以适当降低价格，以降低顾客的预期服务质量，这样也可以达到提高服务质量的目的。

(六)广告策略

广告投入量越大，顾客的预期服务质量越高。对于一些能够使顾客获得更高的体验质量的服务企业，可以采用高投入的广告策略；否则应该适当降低广告投入，以降低顾客对服务质量的预期，达到提高服务质量的目的。

(七)品牌策略

服务品牌化是为了满足顾客需求和扩大服务企业知名度所不可缺少的。越是知名品牌，顾客对其服务质量预期就越高。企业要维护好自己的品牌，在提供服务时要考虑到顾客的需求特点，从顾客的角度考虑问题，并提供一些个性化、特色化服务，使得顾客的体验服务质量高于顾客的预期服务质量，这样才能获得高的服务质量。

第四节　全面服务质量管理

一、影响服务质量的因素分析

(一)服务产品的设计

质量是设计、制造出来的，而不是检验出来的。服务产品的设计影响着技术质量。这是功能质量的一个来源。例如，顾客或潜在的顾客可能参与设计过程。这可以改进技术质量，但对功能质量也有影响。顾客会认为卖主对他们非常重视，能够尽力解决他们的问题。这就是相互作用过程中功能质量的作用。

(二)服务提供者的个人技能、态度及健康状况

如果没有技术过硬的员工，仅有良好的设计是无法保证服务质量的。各种服务产品均需要特定的提供方式和技术标准。服务提供者的个人技能水平往往可以通过其拥有的各类职业资格证书和技能等级证书来体现。如演员通过他/她所持有的演员从业资格证表明其具有表演技能，国家一级演员证书则表明了他/她表演技能的高低。即便具备高超的技能，如果服务提供者态度情绪不好或身体健康欠佳，都会影响其提供的服务质量。

(三)设备与载体

很多服务行业的服务质量受服务设备或载体的影响较大，如电信、健身、娱乐、餐饮、广播电视和报纸杂志等服务行业。电影院的音响效果直接影响到观众对影片的欣赏效果和娱乐情趣；电信服务主要是通过通信设备传递信息的，因此，通信设备的先进性和完善性往往成为决定电信服务质量好坏的重要原因。

(四)顾客自身影响

由于服务生产和消费同时进行，顾客直接参与到服务的生产中，因此，顾客自身也是影响服务质量的关键要素之一。顾客在服务接触中可以扮演“临时领导”的角色。即在服务接触中，顾客可以替代管理人员为员工提供社会支持以及符合顾客需求的工作指导。例如，在饭店服务中，顾客需要准确地向服务人员提供其需求及偏好，如房间朝向、装饰风格、打扫时间以及菜品的口味等，这是服务人员提供优质服务的前提。顾客的认知水平、情绪状态也影响着其对服务的满意度，从某种意义上说，顾客满意度决定着服务产品的质量。

（五）价格因素

服务的价格会影响顾客的预期服务质量：价格高，顾客对服务质量的预期就高；价格低，顾客对服务质量的预期就低。如果体验的服务质量高于预期的服务质量，顾客就认为服务质量高；如果体验的服务质量低于预期的服务质量，顾客就认为服务质量差。企业也根据服务质量的高低决定服务产品的价格，如飞机上经济舱和头等舱价格不同，提供的服务质量不同；医院专家门诊和普通门诊收费不同，也说明了价格因素的影响。

（六）企业形象

良好的企业形象使得顾客对服务的预期质量提高。如果顾客的体验服务质量高于顾客的预期服务质量，则顾客认为服务质量好，企业竞争力提高，并有利于提升企业形象；反之，则有损于企业形象。

二、服务承诺

服务承诺又称服务保证，是指企业通过公开媒体向顾客预示服务质量或效果，并予以保证或赔付的营销行为，其目的是为了降低顾客购买风险和提高顾客满意度。由于服务本身具有无形性、同时性等特点，与一般有形产品相比，其质量具有更大的不确定性，服务承诺将抽象的服务理念转化为明确的可衡量指标，除降低购买风险外，还为企业加强质量管理、改进经营绩效、获得竞争优势提供有效途径。

（一）服务承诺的分类

依据不同的标准，服务承诺可分为不同的类别：

1. 依据承诺范围不同，可分为具体属性承诺和全面承诺

具体属性承诺，是指企业对其所提供服务的具体属性或要素进行承诺，又分为单一属性承诺和多属性承诺。前者是指企业对其所提供服务的某一属性或要素进行承诺，如某餐饮企业承诺：上菜时间不超过25分钟，如果25分钟过后还不能上菜，则该账单结账时可享受八折的优惠，这就是对“上菜时间”这一属性所做的承诺。又如美国马里奥特饭店承诺“提供友好有效的登记服务，一切运行正常的、干净舒适的房间，友好有效的结账服务，如果您认为我们没有达到以上承诺，我们将为您提供20美元的现金”就属于多属性承诺，即针对“入住登记”、“客房服务”和“结账”三个要素做出的承诺。全面承诺，是指企业对其所提供服务的所有属性或要素做出承诺，如美国假日酒店承诺“如果有任何让您不满意的事情，请毫不犹豫地告诉我们，因为您不希望为不满意的服务付费”，此即属于全面承诺。然而，采用全面承诺所冒的风险会较大，主要原因有二：一是服务提供者担心这种承诺会被消费者滥用；二是由于服务质量本身存在许多不确定性因素，当传递服务的质量在很大程度上受服务提供者不可控因素的影响时，承诺的代价过于高昂而不经济。因此，常用的服务承诺为具体属性承诺，即将焦点置于一个或多个服务属性上，将消费者最重视的特定的服务属性抽取出来加以承诺。

2. 依据承诺内容不同，可分为结果质量承诺和过程质量承诺

结果质量承诺，是指服务机构对所提供服务能够给予顾客最终带来的利益进行承诺，如饭店对于饭菜口味、安全和分量等做出的承诺。过程质量承诺，是指服务机构对如何给予顾客提供服务进行承诺，如饭店对顾客等待时间、服务人员态度等做出的承诺。

3. 依据有无赔付条件限制，可分为有条件承诺和无条件承诺

有条件承诺是指具有一定限制或附加条件的承诺，如一家互联网提供商承诺“如果一天内服务掉线超过 10 分钟，公司将免收该月上网费用的 5%”，此即有条件承诺。无条件承诺是指不附加任何限制条件的承诺，如台湾华新餐旅公司承诺“只要口味不满意，无条件予以更换，直到满意为止”，此即无条件承诺。

4. 依据承诺内容的完整性，可分为不完全承诺和完全承诺

在服务承诺中，仅仅预示服务质量或服务效果的承诺是不完全承诺，而不仅预示服务质量或效果而且予以保证的承诺是完全承诺。

(二)服务承诺的作用

1. 降低顾客购买风险

服务承诺起到一种保险作用，可以降低顾客由于各种不同的认知风险而产生的心理压力，增强顾客对服务的可靠感和安全感，建立购买信心，从而促进服务营销。

2. 有利于树立顾客导向的服务理念

服务企业要开发出对顾客具有吸引力的服务承诺，即承诺内容应当与顾客的期望或要求相一致，就必须密切关注顾客的期望，深入了解顾客的要求；如果企业对顾客缺乏关心和了解，就很难开发出有针对性的服务承诺，从而对顾客也就缺乏吸引力。因此，服务企业通过制定和实施服务承诺，有助于树立和履行满足顾客期望和要求的服务理念。

3. 使抽象的服务理念成为具体可衡量的绩效指标

对企业而言，服务承诺为企业服务设立了清晰的服务标准。承诺显示出哪些属性对消费者最重要，有助于使员工更加关注这些属性，为员工提供了服务导向的具体目标。对顾客而言，它为顾客提供了评判服务质量是否合格的依据，有利于顾客监督。服务承诺所承诺的标准，对顾客是一种吸引力，对员工则是一种鞭策和激励。

4. 塑造良好的企业形象

一家服务企业敢于推出服务承诺，尤其是全面承诺，这本身就表明该企业具有坚强的实力、追求卓越的气魄和对顾客负责任的精神，从而必将大大提升企业形象，赢得顾客的尊重和信赖。

(三)服务承诺设计原则

1. 内容适度

过度承诺会使企业加大服务成本，背上沉重的包袱。这种过度的承诺，虽然可在一定时期内刺激和吸纳一些用户来购买其产品或服务，但往往会引发很多矛盾，带来很大的后遗症。企业向顾客预示的服务质量或效果以及承诺的赔付标准要适中，即承诺范围不要太宽，预示的服务质量应略高于行业平均水平，承诺的赔付标准应略高于顾客因服务失误所遭受的损失。

2. 表述清晰

服务承诺应当是明确、不含糊、不易引起误解的，这就要求用定量化或时间化语言描述。例如，肯德基快餐店在美国本土的承诺是：“顾客在任何一家肯德基快餐店付款后必须在 2 分钟内上菜，否则可免费用餐。”这里“2 分钟内上菜”就是明确具体的。反之，如果承诺“保证尽快上菜”，则是含糊不清的——含糊不清的服务承诺等于没有承诺，因为它无法衡量，进而难以兑现，顾客会产生被“忽悠”之感而怨愤。

3. 兑付便捷

服务承诺公布后，就可能会出现因承诺没有实现而应当给予顾客的赔偿。假如服务承诺

包含太多的免责条款，或顾客必须经过繁杂的程序才能索赔，承诺就不能行之有效。因此，真诚有效的服务承诺应当是援引方便、索赔简单快捷的。

三、服务质量的认证

（一）质量认证

“认证”一词的英文原意是一种出具证明文件的行动。ISO对“认证”的定义是：“由可以充分信任的第三方证实某一经鉴定的产品或服务符合特定标准或规范性文件的活动。”

第三方的认证活动必须公开、公正、公平才能有效。这就要求第三方必须有绝对的权力和威信，必须独立于第一方和第二方之外，必须与第一方和第二方没有经济上的利害关系，或者有同等的利害关系，或者有维护双方权益的义务和责任，才能获得双方的充分信任。

那么，这个第三方的角色应该由谁来担当呢？显然，非国家或政府莫属。由国家或政府的机关直接担任这个角色，或者由国家或政府认可的组织去担任这个角色，这样的机关或组织就称作“认证机构”。

（二）质量认证制度——ISO9000族标准认证

ISO9000族标准并不是产品（服务）的技术标准，而是针对组织的管理结构、人员、技术能力、各项规章制度、技术文件和内部监督机制等一系列体现组织保证产品及服务质量的管理措施的标准。通俗地讲，就是把组织的质量管理标准化，而标准化的质量管理下生产出来的产品及其服务，其质量是可以信赖的。

ISO9000族标准认证，可以理解为质量管理体系注册，就是由国家批准的、公正的第三方机构——认证机构，依据ISO9000族标准，对组织的质量管理体系实施评价，向公众证明该组织的质量管理体系符合ISO9000族标准，提供合格产品，公众可以相信该组织的服务承诺和组织的产品质量的一致性。

2000版ISO9000族标准的构成如下：

1. 核心标准

ISO9000:2000 质量管理体系　基础和术语

ISO9001:2000 质量管理体系　要求

ISO9004:2000 质量管理体系　业绩改进指南

ISO19011:2002 质量和（或）环境管理体系　审核指南

2. 其他标准

ISO10012　测量设备的质量保证要求

3. 技术报告

ISO/TR1006 项目管理指南

ISO/TR1007 技术状态管理指南

ISO/TR1013 质量管理体系文件指南

ISO/TR1014 质量经济性管理指南

ISO/TR1015 教育和培训指南

ISO/TR1017 统计技术在ISO9001中的应用指南

4. 小册子

质量管理原理　　选择和使用指南　　ISO9001在小型企业中的应用指南

5. 技术规范

ISO/TS16949:2002 质量管理体系——汽车生产件及相关维修零件组织应用
ISO9001:2000 的特别要求

四、全面服务质量管理

ISO8402 把全面质量管理定义为：一个组织以质量为中心，以全员参与为基础，目的在于通过让顾客满意和本组织所有成员及社会受益而达到长期成功的管理途径。全面质量管理与传统的质量管理比较，其特点是：把过去以事后检验为主转变为以预防为主，即从管理结果转变为管理因素；把过去就事论事、分散管理转变为以系统的观点为指导进行全面综合治理；把以产量、产值为中心转变为以质量为中心，围绕质量开展组织的经营管理活动；由单纯符合标准转变为满足顾客需要，强调不断改进过程来达到不断改进服务产品质量。全面服务质量管理的基本要求如下：

(一)全员参加的质量管理

全面服务质量管理要求企业的全体职工参与，因为服务质量的优劣取决于企业全体人员对产品的认识和与此有密切关系的工作质量的好坏，是企业中各项工作质量的综合反映，这些工作涉及企业的所有部门和人员。因此，保证和提高服务质量需要依靠企业全体职工的共同努力。

(二)全过程的质量管理

全面服务质量管理强调要对与服务质量有关的各个过程进行质量管理。服务质量的产生和形成过程从售前到售后，包括设计、制造、成套供应、安装、调试、使用过程中的故障排除和维修等。

(三)全企业的质量管理

从组织的角度看，全企业的质量管理就是要求企业各个管理层次都有明确的质量管理活动内容；从质量职能角度看，要保证和提高服务质量，就必须把分散在企业各部门的质量职能充分发挥出来。为了有效地进行全面质量管理，就必须加强各部门的组织协调。

第五节　服务失误与补救

一、服务失误及产生原因

服务失误是服务行业不可避免的现象。在服务接触中，服务传送与其提供者是不可分离的。在服务传送的任何一个服务接触都可能会发生失误。

(一)服务失误的定义

从顾客角度看，根据服务本质，服务失误可定义为服务交易没有为顾客创造足够的象征或功利价值。顾客基于从前的经验、市场传播信息、口碑或文化规范形成自己对服务的评判标准或最低期望值，没有达到这些标准或最低期望值就会导致服务失败。

从企业的角度看，服务失误意味着提供的服务未达到企业的服务承诺或服务标准。

(二)服务失误产生原因

造成服务失误的原因多种多样，有来自企业自身的，也有来自外部环境不可控因素的，还有顾客自身原因导致的服务失误，大致可以分为以下几种：

1. 服务属性所致

服务消费是体验消费，对同一服务并非所有的顾客感受都一样。服务提供中包含了大量步骤和细节，如迪士尼乐园与每一位游客的服务接触环节很多，平均达74个左右，每一个环节都可能出现服务失误。服务是实时发生的，不可能像对待制造品那样在出厂时对其进行质量检验。服务多靠人力资源完成，而人是各不相同的，技能水平不同且易情绪化，或者说缺乏长时间维持高服务质量的能力。服务供需之间互相匹配是非常偶然的，致使顾客经常忍受延误，服务人员在补救时会失去耐心。

2. 企业方面的原因

从服务提供者的角度来看，失误包括服务的系统性失误和员工的操作性失误两方面。系统性失误是由于服务架构的缺损而导致服务中的失误，通常表现为：企业的服务体系不完善，服务设计不合理，服务架构不完备，服务要求不到位，缺乏有效的服务监管体系或没有完备的服务保障措施来满足顾客的要求等。员工的操作性失误一般表现为服务一线的员工在接待顾客的过程中，因违反服务规程而出现的行动迟缓、态度欠佳、业务不熟、用语不当等现象，从而引发服务失误或服务失败。上述服务失误的出现，既可能与企业的服务理念有关，也可能与员工的素质有关，还可能与企业对服务的监管不力有关。

3. 顾客方面的原因

从顾客的角度来看，服务具有生产与消费同步性等特点，从而在很多情况下，顾客对于服务失误也有一定的责任。顾客不能有效扮演其角色，如无法正确地表述自己的服务期望，就会带来服务失误与失败。

4. 外部环境因素

对于外部环境因素，企业不可控制。如地震导致电信设施损坏，服务中断；恶劣天气导致飞机航班延误等。

二、顾客对服务失误的反应

发生服务失误时，顾客会有两种反应：一种是选择沉默，另一种是采取行动，如图13—4所示。

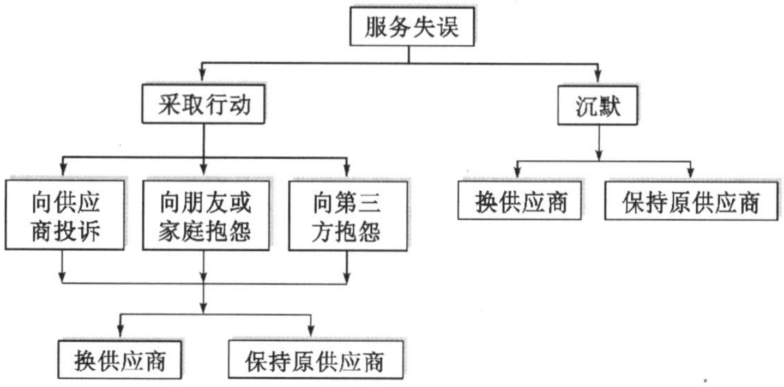

图13—4 服务失误之后的顾客反应

权威数据显示，有超过96%的不满意顾客会选择沉默，占绝大多数。这部分人的下一步反应分两种情况：一种是寻找新的供应商；另一种是继续容忍下去，保持原有供应商。

人们不抱怨的原因一般有以下几种：

(1)不愿意浪费时间和精力，认为投诉和反馈的成本都极为巨大。

(2)对提供服务的企业缺乏信任，不相信经过行动会对自己或他人有积极的事情发生。

(3)不了解投诉渠道，不知如何抱怨；不了解或没意识到哪里存在倾听抱怨的开放途径。

(4)认为自己有责任。

(5)服务质量难以评价。

(6)服务损失不大，不足以花费时间抱怨。

只有不到4%的顾客会选择抱怨，抱怨的途径有三种：向供应商投诉，向朋友或家人抱怨，向第三方抱怨。

向供应商抱怨(投诉)，对企业来说是最好的情况。据调查，因对服务不满而转移购买的顾客只有53%的人向企业提出了抱怨。有超过3/4的人对于所经历的服务失误做过负面口头沟通，其中46%的人声称告诉了"许多人"。向第三方(媒体、消费者协会、法院)抱怨，会对企业造成更大的损失。

人们抱怨的原因一般出于：

(1)获得赔偿，这多存在于直接向供应商或第三方抱怨。

(2)社会责任，认为自己有责任对不良企业抱怨，帮助他人避免遇到类似情况。

(3)惩罚或报复服务失误者，如散布对企业不良的言论甚至编造谎言等，这多存在于向朋友、家庭或第三方抱怨。

(4)释放不满情绪，这多存在于直接对供应商和向第三方抱怨。

(5)创造一种印象，即比不抱怨者更聪明和更有洞察力，直接对供应商和向第三方抱怨。

(6)获得同情或认同，这存在于向朋友、家庭抱怨。

选择抱怨的顾客，其中多数是很难取得令人满意的解决结果的。于是，顾客反应一般分化成两种：一种是转向竞争者，寻找新的供应商；另一种是继续容忍下去，保持原有供应商。

三、服务补救

(一)服务补救的概念

服务补救是指当顾客因企业所提供产品或服务产生缺失而感到困扰时，企业为使顾客满意而努力的过程。

服务补救有广义和狭义之分。狭义的观点认为，服务补救是指企业出现服务失误时所做的一种即时性的主动适应，其目的是将顾客带来的负面影响降到最低。广义的观点则认为，服务补救是针对导致服务失误任一环节所采取的特殊措施，不仅包括实时补救，而且涵盖事前预测和事后处理。

(二)服务补救的特点

服务补救不同于顾客抱怨处理，它具有实时性、主动性、全过程和全员性等特点。

1. 实时性

"实时"是指服务补救具有现场性和快速性。现场性是指企业必须在服务失误出现的现场，就地进行服务补救。快速性是指企业要尽可能快地进行服务补救，避免由服务失误造成的不良影响扩散和升级。这是服务补救与顾客抱怨管理一个非常重要的区别。

2. 主动性

服务补救多是由服务提供者主动采取措施，而顾客抱怨管理则只有当顾客进行抱怨时，企业才会采取相应的措施，安抚顾客，使顾客满意地离去。

3. 全过程和全员性

顾客抱怨管理是由专门的部门来进行的、阶段性的管理工作。一般来说,服务补救具有鲜明的现场性,服务企业授权一线员工在服务失误发生的现场及时采取补救措施,而不是等专门的人员来处理顾客的抱怨。

(三)服务补救策略

服务企业制定服务补救策略时,要以提高顾客的满意度和忠诚度为目标,具体策略如下:

1. 鼓励和追踪顾客抱怨

(1)要尊重顾客抱怨,承诺对顾客抱怨及时予以反馈,把顾客抱怨视作质量持续改进的源泉。其实绝大多数的投诉客户都是比较容易沟通的,他们所需要的就是投诉得到重视,并不会提出一些过分的要求。所以主动提出解决方案后,一定要征得客户的同意,并要征询客户是否满意,还有没有其他的要求。

(2)要为顾客抱怨构建平台,如公布企业电子邮箱、设置投诉热线等。这样,就避免了顾客沉默或向家人、朋友、第三方抱怨而使企业形象受损。在采取服务补救措施的过程中以及完成投诉处理后应主动联系顾客,征询顾客对服务的满意情况,巩固顾客信任。

2. 主动查找潜在服务失误

被动补救难以赢得顾客忠诚,这就要求企业的服务补救不能简单地停留在事后弥补上,而要做好事先预防,具体可以通过顾客投诉分析、顾客意见调查以及服务过程质量检查来进行完善。

3. 重视和尽快解决顾客问题

一线员工尤其要重视顾客问题。最有效的补救就是企业一线员工能主动地出现在现场,承认问题的存在,向顾客道歉并在恰当的时候加以解释,将问题当面解决。补偿时机的选择非常重要,服务补救越迅速越好。快速的服务补救可以提高顾客对服务质量的满意程度。同时,快速而有效的服务补救的成本比缓慢的服务补救的成本要小得多,如果通过服务补救将顾客与企业的关系保持下去,那么企业又会省去一笔争取新顾客的费用。

4. 公平对待顾客

服务公平性包括结果公平性、程序公平性、交往公平性三个组成成分。结果公平是指顾客接受服务之后获得的利益,主动给予顾客物质上、精神上的补偿,并积极为他们寻求改善,帮助他们实现其利益;视失误类型、内容与程度,再给予成本核算后最大限度的物质性补偿,以提高消费者对企业服务的满意。过程公平要求企业建立一个有效的服务补偿系统,对与顾客接触的员工要有强烈的服务意识和充分授权,并使其具有服务补救的能力,做到补救程序合理、等待补救服务时间短、服务效率高。结果公平就是要礼貌待客、喜欢顾客、不欺骗顾客、关心顾客利益、耐心服务。

5. 授权给一线服务人员

通过授权,使他们有权对失败的服务采取他们认为必要的补救措施或对顾客做出补偿。对于一线员工,需要特别的服务补救训练。为了使服务补救及时有效,企业有必要根据具体情况制订补救预案,做好模拟训练,以此提高一线服务人员的服务补救技巧和随机应变能力。

本章小结

服务质量是预期服务质量和感知服务的比较，它由技术质量、功能质量、形象质量和真实瞬间构成。

服务质量的管理关键是进行服务差距管理。服务质量差距模型从管理认识差距、质量标准差距、服务交易差距、营销沟通差距、感知服务质量差距五个方面分析了差距形成的原因及相应的管理措施。

提高服务质量是每个服务企业追求的目标，较高的服务质量不仅是服务企业获得利润的源泉，而且是企业获得竞争优势的有力武器。提高服务质量的方法和技巧有标准跟进和蓝图技巧两种。创造优质服务的方式是实施全面质量管理和进行服务质量认证。

强化优质服务的手段有服务补救和服务承诺。服务补救对顾客满意度和忠诚度影响很大。服务承诺为服务营销提供了有形线索，应当大力推崇。

复习思考题

1. 根据差距分析模型，服务企业与顾客在服务质量感知方面的差距是如何形成的？应采取哪些措施加以解决？

2. 提高服务质量应采取哪些具体措施？

3. 如何进行服务补救？

案例讨论题

变革新体验 客户将主导未来的银行

对如今那些精通数字技术的消费者来说，“客户就是上帝”这句老话从未像现在这样一语中的。精通技术并且随时联网的消费者已经被太多的选择宠坏。他们的期望值很高，并且希望得到卓越的服务和产品。如果个人需求得不到满足，他们会毫不犹豫地转身离去。

从金融服务领域来看，这种不断变化的以客户为中心的格局让已经竞争激烈的环境变得更具挑战性。找到新客户并留住现有客户比以往更难。对银行来说，更令人担忧的是颠覆性的新竞争对手的进入，以及对千禧一代未来会选择无银行的生活方式来获取金融服务的预期。千禧一代寻求与自己移动生活方式无缝连接的精妙而简化的银行体验。任何过于复杂的东西都会被拒绝——只需点击按钮，他们就能让世界知道自己不开心。金融机构必须利用新数字时代的力量来做出回应，并提供高质量的客户体验。对那些改变太慢的金融机构来说，前景可能一片黯淡。

一、不只是口头承诺

据 Forrester Research(Forrester，客户时代首席信息官的战略蓝图，2014 年 9 月）的数据显示，几乎所有公司都声称以客户为中心——但很少有人全面遵守这一原则。Forrester 针对所有行业所做的一份全球调查显示，70％的企业领导认为客户体验非常关键。但是，不到三分之一的客户体验专业人士认为他们的公司在做业务决策时，始终能考虑到这一点。

金融机构不能沦为这一类公司。他们正处于竞争超级激烈的行业，多元化的企业机构正在扩张业务，与它们展开正面竞争。这些行动快速的竞争对手证明，传统的实体银行并不一定会成功。

金融机构必须与客户互动，并建立情感上的联系和忠诚度——否则就有可能把客户拱手让给那些能够成功做到这一点的竞争对手。这意味着金融机构要变得对“以客户为中心”孜孜以求。

二、把"以客户为中心"作为IT战略核心

在当今以客户为中心的数字时代，成功的障碍可能是传统IT系统，以及IT部门与这些领导客户体验的部门之间的脱节。这会导致严重的后果。高管和IT专业人员之间要达成一个共识，学会说那些负责客户体验的专业人员的语言。首席信息官不仅仅是招聘员工来维护IT系统那么简单，他们必须考虑IT专业以外的技能，并考虑根据创造性和能力来雇佣专业人士，以便能够在这个需要迅速行动的环境中做出贡献。该战略的核心就是客户互动。任何解决方案都必须首先发现客户的真正诉求，并让他们参与设计。通过消除猜测，为每个客户提供更有价值、更加个性化的产品——"客户个人细分"。大数据分析和云计算等新技术让这一切变得简单很多，并且是优化客户体验的关键。金融机构应侧重于：善加利用采集到的大数据中的洞察，并使用客户情报来交叉销售和追加销售。

三、跟上互联网客户的步伐：十大黄金法则

据惠普研究员兼企业服务南太平洋区金融服务首席技术专家Daniel Biondi表示：要想满足这些新的互联网客户的需求，金融服务提供商必须解决十大关键领域的问题。

1. 即时性——快者为王：互联网迅速成为希望即时交付的新时代客户的首选销售渠道，其中包括金融服务提供商的即时分析以及决策。

2. 移动性——无处不在：数字生活无缝地融入那些使用移动互联设备客户的现实生活，金融机构应探索下一代应用，进一步提高这一功能。

3. 多渠道——随时随地、任何设备：客户交互的核心必须是一致的互动方式，必须提供所有渠道随时访问的权限。

4. 简洁性——对接受至关重要：简洁和便捷是吸引那些对可感知背景、直观的互联网互动期待甚高的年轻客户的关键元素。网站必须满足他们对干净明了的界面的需求。

5. 质量——不能容忍故障：普遍连接让金融机构比以往更加注重高质量的产品和服务。那些无法做到的金融机构可能会在博客、微博和视频分享网站上立即被曝光。

6. 个性化——了解每个客户：把客户当作个人——而不是大规模市场中无法辨认的一部分。这样的公司将有很大优势。这是下一个关键区别——个性化电子商务。

7. 安全性——建立客户信任：个人和金融信息的安全性是建立客户信任的基本要求。在数据共享时代，金融机构必须克服满足这一个性化因素的技术挑战。

8. 参与——主动消费者的出现：下一代客户将期望有机会参与产品和服务开发，以确保其需求得到满足。金融机构需要找到各种方式来管理这些期望值。

9. 可持续发展——环保意识：越来越多的客户根据企业在Climate Counts等网站上的环保记录排名来做决策。这让生态和商业价值链变得更加重要。

10. 集成——利用连接：利用信息技术无缝集成不相关的客户信息，这是提供终极体验看不见的驱动因素。

——资料来源：袁婉君．惠普：变革新体验，客户将主导未来的银行．赛迪网．有删改。

共同探讨：

1. 惠普服务承诺是哪种类型的服务承诺？服务承诺与服务标准、服务口号有何区别？

2. 请你评价惠普服务承诺的设计。

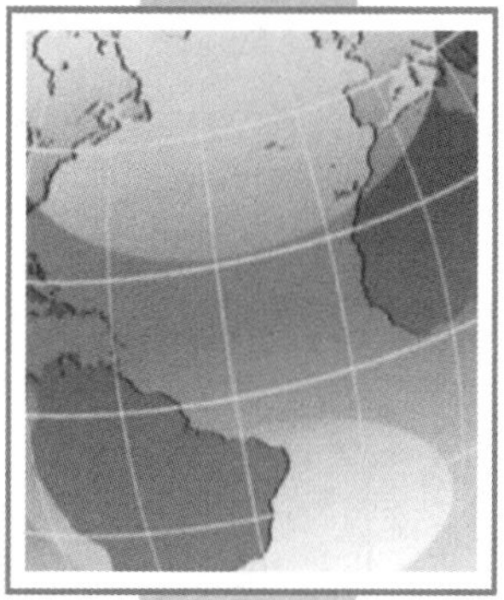

第五篇　服务营销发展趋势

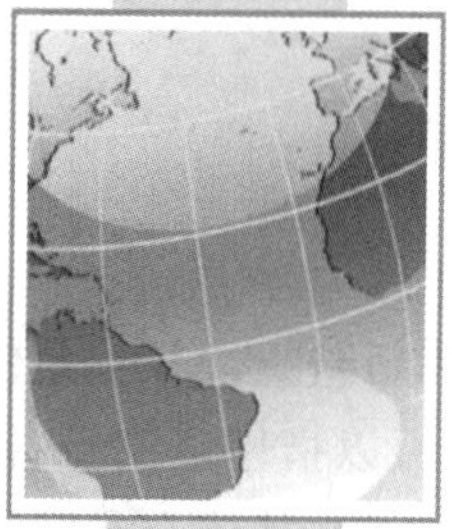

第十四章 服务创新与电子服务

学习目标

了解服务创新的概念、特点及对服务营销的作用。

掌握服务创新的一般过程模式及步骤。

掌握服务创新的形式及四维度模型。

了解电子服务的分类、功能。

了解电子服务的应用领域及其与传统服务的区别。

案例导入

商业银行的服务创新

银行业属于第三产业，所做的服务工作和任何事情，都属于其工作范畴，商业银行的本质就是为客户提供有效的金融服务。金融服务业在社会发展的前提下不断迅速发展，而金融服务最直接的产品就是服务。正因为如此，它们的内容也在不断地丰富和改进，创新的金融服务业也就应运而生了。在金融服务者提供服务的同时，服务产品和服务流程中体现出新思想和新技术的应用，从中可以明显地看出服务质量的改善对服务效率的提高，为客户创造更高的价值，在同行业中具备自己的竞争力，这便是金融服务创新。

商业银行不断地进行服务理念的创新，为未来的竞争创造优势，赢得主动的立场，银行不再是过去“坐等客户上门，以自我为中心”的服务理念，而是坚持“客户需求，银行盈利”这种双赢的思想。例如引入一站式服务、电子服务、个性服务等项目。

产品是可以维系客户和服务者关系的桥梁，银行通过客户还可以发现潜在客户，这是最有效的宣传方式。因此，大规模发展高科技、高文化产品、高附加值的新服务产品，能够有效地扩展客户圈子。

机构实现“扁平化”也就是服务流程创新的内涵，减少管理阶层的数量，可以更快更高效地传递信息。一是继续使用流程银行的理念，按照业务规划保持垂直化、扁平化、专业化的构造，线条管理和区域管理可以使业务保持矩阵式结构，其特点是“小支行，大部门，大总行”。

银行在服务创新的过程中，除了注重深化服务内涵，还要不断进行服务创新，注重打造服务品牌。在保证服务质量的前提下进行宣传活动，并且要通过提升服务促进工作效率的提高。这就需要分析明确客户的投诉记录，认真地解决背后的问题，把客户的投诉认真地加以分析，找到如何深化服务的途径，积极探索什么是“三位一体”服务模式。除此之外，还需要最大化地解决网点数量有限、人员编制紧张的瓶颈问题。通过铺设网店渠道，打造精品人工网点的方式，扩大服务范围，增加受益群体。在此过程中，服务质量是必然要保证的。

——资料来源：陈依．商业银行的服务创新[J]．经济管理，2017(16).

思考：

1. 商业银行在服务方面进行了哪些创新？
2. 试分析一下这些创新为商业银行带来了哪些好处。

第一节　服务创新的模式及流程

一、服务创新的概念及特征

(一)服务创新的概念

创新是生产要素的重新组合，即新产品、新工艺、新市场、新的原材料和新组织，同时，是任何可以提高资源配置和产出效率的新活动，也是经济发展的根源。创新既可以指理论创新、技术的发明创造，也可以是观念、体制的更新等，是包括多项要素在内的系统工程，其核心要素是取得新认识、新成果。创新是活动主体在已有知识积累基础上的智慧创造，是对传统观念、理论、体制、技术等进行革命性扬弃的过程，是在获取原有思想理论的基础上，研究新情况、解决新问题、形成新认识、求得新发展的过程。

服务创新是服务组织通过服务概念、服务传递方式、服务流程或服务运营系统等方面的变化、改善或提高，向目标顾客提供更高效、周到、准确和满意的服务产品，增强顾客忠诚度，创造更大的服务价值和效用。广义服务创新的范畴包括服务业服务创新、制造业服务创新和公共服务创新三个层次，即一切与服务相关的创新活动；狭义的服务创新则是服务业的服务创新。

【实例 14－1】

川航“优优”伴您行

为全面贯彻落实局方“真情服务”内涵要求，增进旅客对机上服务的满意度和获得感，满足广大人民群众对美好生活的向往，四川航空客舱服务部 2018 年持续推进“提升民航服务品质”改革任务，确立了以“旅客体验”为核心的服务产品设计理念。聚焦旅客需求，回应社会大众对高品质空中服务的关切，并坚持以创新为导向，全面提升旅客乘机体验，围绕“一带一路”倡议成功打造了以熊猫“优优”为主题形象的“熊猫之路”品牌文化系列服务产品。客舱服务部围绕“优优”熊猫元素，设计打造了包含机上腰枕、头片、湿纸巾、纸杯、餐盒等 13 种涂印熊猫主题形象的主题物料，客舱在熊猫“优优”憨态可掬的形象下营造了欢快活泼的乘机氛围。

在国家“一带一路”倡议下，国宝大熊猫作为四川对外文化传播的载体，承载着四川人民对外文化交流的热切期盼。以多元的熊猫文化服务产品为支撑，以真情的客舱服务的内涵为传导，“熊猫主题”系列航班得到了社会大众的热烈关注，联合国驻华代表罗世礼先生也曾在感受熊猫主题航班后肯定四川航空乘务组对四川文化输出作出的贡献，四川航空客舱乘务员因此荣获“大熊猫文化全球推广大使”称号的美誉。

——资料来源：民航资源网，2019－04.

(二)服务创新的特点

服务创新不同于技术创新，有其独特性，主要体现在：

(1)服务创新可能是技术的创新，但更多的是非技术或者社会性的创新。因此，服务创新不能狭隘地从技术决定创新的观点去理解。

(2)渐进性多于根本性。服务创新通常是流程的小小变动，因此更多的是渐进性创新，几乎没有突破性创新。服务创新的目的有：减少成本，提高对客户问题的反应能力和灵活性，开拓新市场，提高顾客忠诚度。

(3)产品和过程创新经常连在一起。服务创新可以是新的服务产品、新的服务生产或交付流程，或新技术的推广，由于服务具有不可存储性，所以服务流程不能完全与产品分开，服务产品的创新不能脱离服务流程的创新。因此，服务创新通常同时产生服务生产过程和服务产品的许多要素的变革。

(4)以客户定位为中心。服务创新主要以顾客为导向，但也可能起源于服务公司内部的理念发展。服务的标准化程度越高，即定制程度越高，服务创新中顾客决定的程度就越高。

(5)服务创新可能形成新的知识或信息，例如服务员工处理事物的新知识或信息服务或新方式。

(6)由于服务创新不需要进行科学知识的研究，所以服务创新所需的时间比较短。

(7)创新组织灵活。由于服务企业没有或很少有 R&D 部门，创新组织一般为非正式的组织，从企业各个部门抽调人员组成项目小组，负责创新构思和蓝图绘制。在创新项目开始实施或已经融合到日常业务流程中后，小组解散。

【实例 14—2】

超市如何做到服务创新?

随着社会的不断发展，多种销售方式并举，超市经营也面临着很大的竞争压力。加强超市服务规范，对增强顾客服务质量感知度，以加强连锁超市服务创新和获得顾客满意度，实现可持续发展有很重要的作用。服务创新最快的方式就是过程创新，比如超市引入亲情服务模式。

但超市如何做到亲情服务呢?

一是尽可能了解顾客，只要不涉及顾客的隐私，友善地问一些顾客的情况，顾客会感觉到非常有人情味。二是与顾客亲切地打招呼，靠"欢迎光临"这种礼貌用语是无法拉近与顾客之间的距离的，要学会用更亲切、更生活化的词句。三是了解顾客的需求和不满足点，尽可能予以满足，要善于从平时的交流中获取信息。四是上门服务时增进与顾客之间的感情。五是在附近的小区搞一些促销活动、便民活动，将可以有效地宣传本门店，把亲情服务送到顾客家里。六是强化收银员的收银服务意识，热情接待，介绍商场里有竞争力的商品和促销活动。七是针对儿童较多的门店，拉近与一个儿童的关系，就把他/她后面的大人的关系也拉近了。八是使来购物者获得额外的满足感、归属感。顾客体验是全方位的，哪怕是顺便帮他拎一下袋子、临走时送上一个笑脸和一句温馨的感激话语，都会起到意想不到的效果。九是对于生鲜熟食等商品，确保卫生、干净整洁是非常重要的服务。

——资料来源：学习啦，http://www.xuexila.com，2017—10.

二、服务创新对服务营销的作用

服务创新对营销的作用主要有建立服务特色、保持服务竞争力、带动服务技巧的提高、刺激服务消费和促进个性化营销等。

(一)建立服务特色

服务创新与服务特色之间有密切的联系。服务特色是服务创新的目的和结果，服务创新是建立服务特色的手段。因此，促进服务特色的建立是服务创新的首要作用。

(二)保持服务竞争力

具有服务竞争力的服务机构在服务创新中具有优势，但服务创新的优势较难保持，因为服务创新一般没有专利，竞争对手容易迅速地模仿。服务创新与服务本身一样也具有易逝性。因此，要保持服务竞争力，就要不断地创新。通过不断创新，可以动态地保持竞争优势。服务业的创新频率比制造业高。

(三)带动服务技巧的提高

服务创新的核心是服务技巧的创新,成功的技巧创新一般会带动技巧的提高,因为任何创新的目的无非是用新的更高水平的东西替代原有的水平较低的东西。

(四)刺激服务消费

服务创新对消费者有刺激性,尽管服务消费者对服务创新的接受程度不如对产品创新高,但随着服务市场的开放、消费者收入和受教育程度的提高,消费者对服务创新的态度也逐步转变,服务创新对消费的刺激作用会逐渐显现出来。

(五)促进个性化营销

服务创新与服务个性化也是密切相关的。许多服务创新来自对顾客的个性化服务,同时,服务创新也促进个性化服务。如信用卡是银行业一大创新,信用卡的一项重要功能是允许适当透支,而适当透支能较好地满足用户的某些个性化需要,如临时的应急支付。

三、服务创新的一般过程模式及流程

(一)一般过程模式

服务创新的一般过程模式主要包括三个阶段:概念阶段、发展阶段、保护阶段。创新的概念来源广泛,既有组织内部各个部门员工的创新想法,也有来源于客户实际需求的创新思想,同时也有受到竞争者启发而产生的创新概念,甚至是基于某一技术创新的应用而产生的新的服务概念。

经过筛选、完善、可行性分析和市场分析等综合评价,服务创新活动将由概念阶段进入发展阶段,将员工个人的创新活动系统化、组织化地提升为项目团队的创新活动,服务创新发展阶段的后期活动主要以项目团队为创新行为主体。其间涉及企业内部的营销部门、ICT 部门和其他生产部门,以及企业外部的市场(客户)、ICT 供应商和咨询顾问等多种行为群体或主体。

一般服务创新模式的后期是服务创新保护阶段,初级保护阶段主要涉及市场定位、形象提升、品牌打造等内容,第二级保护阶段主要涉及竞争条款的制定和知识产权的保护等内容。图 14—1 表明了一般服务创新模式及流程。

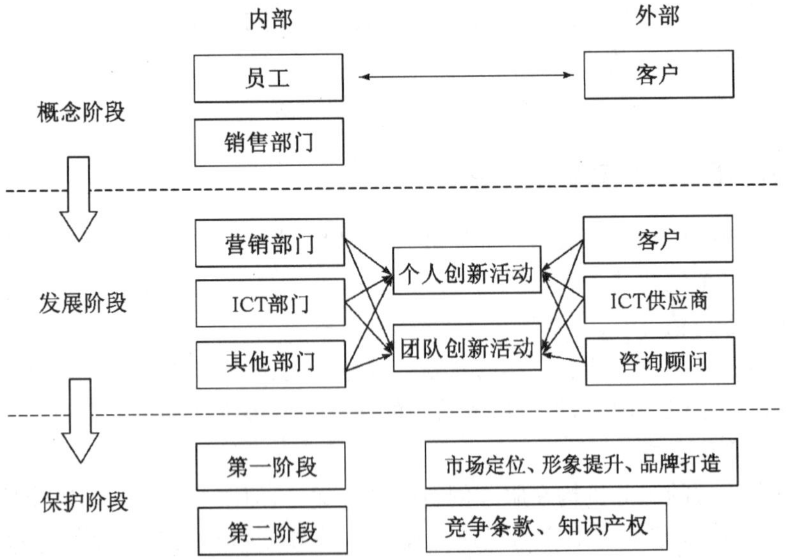

图 14—1　一般服务创新模式及流程

(二)服务创新流程

服务创新是一种创造性活动，从理论上讲似乎很难预先制定流程，但从服务创新的实际经验看，有一套系统的服务创新流程比没有流程更能取得成功。服务创新的一般流程是：了解服务理念、建立服务创新战略、产生新服务的构想、定义和评估新服务、新服务的商业性分析、新服务蓝图的设计、新服务的市场试销和新服务的市场导入。

1. 了解服务理念

服务创新首先需要了解本服务机构的服务理念，包括服务宗旨、服务使命、服务目标、服务政策、服务原则和服务精神等。顾客导向的服务理念是服务创新的方向和指导思想，服务创新的每一步都应当符合服务理念。

2. 建立服务创新战略

服务机构要根据服务理念、服务机构的优势和利润计划建立服务创新战略。服务创新战略的内容包括服务创新的市场目标、服务创新的类型、服务创新的时间计划、利润目标等。例如，服务机构可以考虑两类战略：一类是针对原有市场的服务创新；另一类是针对新市场的服务创新。针对原有市场的服务创新，创新程度不必要求很高，以延伸型、拓展型、改进型和包装型服务创新为主；针对新市场的服务创新，创新程度要求较高，否则不足以吸引新的顾客。

3. 产生新服务的构想

产生新服务的构想是服务创新的关键一步。新服务构想的来源主要是员工、顾客、服务中间商和竞争对手等。员工是服务创新构想的一个主要来源。沃尔玛零售公司(Wal-Mart)的服务领导人山姆·沃顿说过："我们最好的构想都来自服务人员。"服务机构可以通过开展合理化建议活动等鼓励员工提出服务创新的构想。新服务构想应当符合服务机构的服务理念和服务创新战略，这是筛选新服务构想的主要标准。

4. 定义和评估新服务

这一步是给构想的新服务下定义。由于服务的无形性和不可分性，定义一项新服务是困难的。不同的员工、服务机构与顾客对新服务会有不同的定义，这就需要通过反复征求各方面的意见才能达成共识，形成大家比较认同的定义。

在给新服务下定义时，还需说明：新服务的特征和特性，推出新服务的理由、程序及其作用和新服务购买的规则。在推出新服务程序的说明中应当包括顾客和员工的作用。新服务定义后，需要由员工和顾客对它加以评估：新服务是否被员工和顾客理解；新服务是否被员工和顾客喜欢；新服务是否被员工和顾客认为是满足不适当的需要。

5. 新服务的商业性分析

新服务的商业性分析是指可行性分析和盈利性分析，其中包括新服务的需求分析、收益分析、成本分析和操作可行性分析等。由于新服务与服务机构的操作系统关系密切，因此新服务的成本中包括人员招聘和培训、服务系统加强、设备更换等与操作系统关系密切的前期成本。

6. 新服务蓝图的设计

新服务通过商业性分析后就需要设计具体的服务蓝图。由于服务的无形性和不可分性，新服务一般很难用语言表述，但可以采用服务蓝图加以表述。服务蓝图可以形象地表述参与新服务的各部门、各人员之间的互动关系。新服务的蓝图设计后，需要将它变成服务部门和人员的执行计划。

7. 新服务的市场试销

由于新服务常常是插入原有服务中进行的，因此较难单独测量新服务的市场效果。在这种情况下，可采用实验法，即在服务机构的两家服务种类（或品种）相同、服务水平接近的网点中进行对比实验：一家推出新服务，是实验网点；另一家维持原有服务，是对比网点。在一定的期限内考察两个网点的服务实绩和运营实绩，并进行对比分析，从中检验新服务市场试销的效果。

8. 新服务的市场导入

新服务的市场导入主要有两个任务：一个是让服务人员接受新服务。事实上，要让一项新服务为顾客所接受，首先要让服务人员接受。提高服务人员对新服务接受率的途径有：鼓励服务人员参与新服务的构想和设计；加强服务机构的内部营销。另一个任务是对导入的新服务加以监察，以发现需要进一步改进的问题。

第二节　服务创新的形式及四维度模型

一、服务创新的类型及形式

（一）创新类型

服务创新的类型，按创新程度的高低分，有全新型服务创新、替代型服务创新、延伸型服务创新、拓展型服务创新、改进型服务创新和包装型服务创新等。

1. 全新型服务创新

全新型服务创新，是指在服务内容和方式上与原有服务完全不同的服务创新。如电视、速递、移动电话、超级市场、互联网和电子商务等都是全新型服务创新。全新型服务创新具有革命性，它们给人类生活方式都带来了质的变化。全新型服务创新与技术具有关联性，它们往往都伴随着技术进步而产生。全新型服务创新还具有行业启动性，它们的产生都意味着一个新的服务行业或子行业的兴起。

2. 替代型服务创新

替代型服务创新，是指用新的服务手段替代原有服务手段的服务创新。如自动取款机替代银行传统的出纳服务，就是替代型服务创新。新的替代型服务与原有服务相比，服务内容是相同的，不同的是服务手段。替代型服务创新一般不是质的创新，创新程度比全新型低。由于是手段的创新，替代型服务创新与技术的关联度也比较大。替代型服务创新一般不意味着一个新的服务行业或子行业的兴起，而意味着原有行业内部竞争的加剧。

3. 延伸型服务创新

延伸型服务创新，是指在原有服务的延伸领域（或相关领域）开发不同于原有服务的服务创新。如零售商店开设餐饮部、邮局开设储蓄部、银行推出理财咨询服务等，都是延伸型服务创新。延伸型服务创新在服务业比较普遍，因为服务业各行业（各子行业）之间的交叉、渗透和相互延伸比较容易。服务机构推出的延伸型服务对自己而言是新服务，对市场而言则并非新服务，而是其他服务行业或子行业已有的服务。

4. 拓展型服务创新

拓展型服务创新，是指在原有的服务种类（或服务线）里开发新的服务品种的服务创新。例如，大学开设新的课程、专业或学位等级，就是拓展型服务创新。又如，饭店推出新的菜肴、航空公司开设新的航线和银行推出新的储蓄品种，都是拓展型服务创新。拓展型服务创新在服务业也十分普遍，是服务业主要的服务创新类型。拓展型服务创新与延伸型服务创新相比，相同点在于都是本机构原有服务的拓展；不同点在于延伸型服务创新是向不同的服务种类拓展，而拓展型服务创新是在同一服务种类内向不同品种拓展。

5. 改进型服务创新

改进型服务创新，是指对原有服务（品种）的程序、方式、手段、时间、地点、人员等服务要素进行改进的服务创新。如银行推出的“一米线”就是一种改进型服务创新，这是对等候方式的一种改进，目的是增强服务的安全性、可靠性。改进型服务创新是最普遍的服务创新。改进型服务创新是“量”的意义上的创新，这是它与前面四种创新的不同之处。从改进型服务创新到全新型服务创新，是一个从量变到质变的过程。一项全新型服务创新往往建立在大量改进型服务创新的基础上。

6. 包装型服务创新

包装型服务创新，是指对服务的包装进行改进的服务创新。服务的包装是指服务机构的环境形象。从严格意义上讲，包装创新不能算服务创新，但包装创新一般能带动服务创新。许多服务机构在对环境重新装修之际进行服务改进，因此顾客在看到新装修的同时也看到新的服务。

（二）服务创新的形式

服务创新可以分为产品创新、过程创新、传递创新、市场创新、技术创新、组织创新、重组创新、专门化创新和形式化创新等多种形式。服务创新主要是以社会科学为基础，以客户和市场需求为导向，以新的服务概念、服务内容和服务流程为主要表现形式，通过不断地应用新技术来实现的。在服务创新过程中，客户是重要的产品创新参与者，甚至有些服务流程的设计和开发必须有客户参与。因此，客户本身的属性，如受教育程度、经验、性别、年龄等对于服务创新影响较大。服务流程或工艺创新、服务传递系统创新和客户界面创新是服务创新的主要表现形式和重要创新内容，新技术在服务生产和传递过程中的应用成为服务质量、生产效率和传递方式的重要影响因素。

【实例 14－3】

2018 年 11 月 27 日至 28 日，由中国旅游协会主办的“中国服务”·旅游产品创意案例发布及创新大会在北京举行。本次大会旨在助力旅游供给侧改革，促进广大旅游企业打造出更多更好的旅游产品，满足人民对美好生活的向往。

中国旅游协会会长段强在创新大会上表示，中国旅游协会开展创意案例征集活动的初衷，不仅仅是要推举出几个案例在全国树立样板，而是希望通过此项活动，推动市场良性运行，更好地解决旅游发展中不平衡、不充分的问题，持续提高服务供给的质量和效益，满足人民对美好生活的向往，进而提升全行业的国际视野，促进跨界合作，打造“中国服务”品牌，向世界讲好“中国服务”的故事，让“中国服务”像“中国制造”一样具有影响力，成为展示中国形象、弘扬中华文化的载体。

据了解，中国旅游协会从 7 月开始到 9 月共征集到 144 个案例。这些案例全景式地反映了近年来广大旅游企业在供给侧改革创新中的最新成果，凝聚着众多旅游从业者的智慧和心血。此外，中国旅游协会与故宫博物院在会上还举行了签约仪式，双方将在文化旅游传播、数字化建设、文创产品开发等方面展开合作，共同打造“中国服务”标杆产品；共同挖掘历史文化元素，研发旅游文化精品，整合旅游文化资源，提升文化内涵，提升产业价值，获得可持续发展。

——资料来源：人民网，2018－11.

服务创新一般没有常规的研发活动,没有专门的研发机构和稳定的研发投入。服务业对创新和研发的投入普遍较低,创新主体主要注重改善服务流程、提高服务质量、降低运营成本等。服务创新中包括一定的技术创新,更多的是以技术为支撑的组织、结构、管理、流程、界面、功能等软技术创新或非技术性创新。

1. 产品创新

服务产品创新即是全新的服务产品的开发和引入,产品创新的基础是新的服务概念的产生,以及基于需求分析的服务产品的功能、原理、形式、流程、界面等的设计与制造。服务行业的创新过程首先是渐进性流程创新,其次是效果相对显著的激进性流程创新,最后达到提升服务功效和质量的产品创新。

2. 过程创新

由于服务创新的特性决定了服务的生产、销售和使用过程基本是同时发生、进行和完成的,服务产品本身往往表现为一项服务流程或者服务过程。因此,过程创新在一定意义上或某种程度上就是产品创新。但是,服务的生产、传递和供给过程从生产流程的角度以客户界面分为“前台”与“后台”。因此,服务过程创新可以分为前台创新与后台创新两个阶段,前台创新主要是服务的供给和传递创新,后台创新则是服务产品的开发和生产创新。

3. 组织创新

组织创新是在一个团队和组织或针对一项任务有意导入相对新的、对其和社会有益的想法、过程、产品或工艺。组织的结构、功能和表现形式的变化和改进,其主要诱导因素是市场需求变化、生产流程变化、管理方法变化和新技术的应用等。其中,组织创新的根本驱动力主要来源于组织外部,技术创新、市场拉动和组织外部的创新想法是组织创新的主要动力因素,组织创新从某种程度上来说是外部驱动的创新。

4. 市场创新

市场创新是以产品创新市场,或者是原有产品的新市场开发。根据创新程度可以将市场创新划分为首创、改创和仿创三种主要类型。其中,模仿创新是市场创新的初级形式,首创则是市场创新的高级表现形式。

5. 技术创新

技术创新是服务生产过程中新技术的引入和应用,技术创新往往会带来组织结构和功能的变化,同时也会促进新产品的开发和使用。技术创新不但是制造业创新的主要形式,在服务业中,基于技术创新的服务创新也十分广泛,如网上银行、电子服务等。

6. 传递创新

传递创新存在于服务的生产、销售、使用的全过程,以客户界面创新和前台创新为主要创新内容。物流服务在传递创新方面具有显著特征,如特快专递、邮件到付、上门取件等都是在市场需求的基础上,基于客户界面和服务流程的改进对服务产品传递过程的创新。

7. 专门化创新

专门化创新是指针对客户的某一类特殊问题提出具体的解决方案,并进一步将解决方法样板化、规范化和标准化的创新模式。

8. 形式化创新

以上的创新模式都是基于技术特征、服务属性或者结构组成的量变或者质变,而形式化创新主要是服务要素的明确化、标准化过程,不存在服务特性或者组织结构的质变或者量变。快餐、清洁、法律咨询等行业具有显著的形式化创新特征,同时,在很多服务业,包括知识密集型服务业，形式化创新都存在其真实的“自身轨道”。形式化创新过程包括服务的命名、指导标准和方法建立等。

表 14－1　　服务创新形式的内容和含义

创新形式	内容和含义
产品创新	创新概念来源多元化，包括客户、员工、消费统计数据和市场调研
过程创新	以客户界面分为客户可视过程创新与不可视过程创新，即前台创新与后台创新
传递创新	服务传递系统的创新活动，IT 媒介等新技术的应用成为重要表现形式
市场创新	市场细分及全新市场的开辟
技术创新	包括信息技术、管理方法、新能源、新材料等
组织创新	组织结构和功能的变化和改进
重组创新	原有服务要素的系统性整合或重组而产生的创新
专门化创新	针对某一客户群体或个人开发的针对性较强的专门化服务的创新
形式化创新	主要表现形式是服务的标准化过程，使原有服务的有形性程度增加

【实例 14－4】

“一门式”政务服务创新与实践

推进“互联网＋政务服务”，是解决群众办事难问题的现实需要，是互联网时代提升基层治理能力现代化的客观要求，是加快政府职能转变、建设现代服务型政府的重要支撑。

近年来，荷塘区政务中心按照“智慧株洲”建设的总体部署和先行试点的要求，按照“把方便带给群众、把复杂交给系统、把高效留给政府”的服务理念，借助现代信息技术手段，用 2 年多的时间进行了一场艰难而深刻的“一门式”政务服务改革，于 2016 年在全省率先建立了“一门式”政务服务、“自治家园”大数据库、“智慧荷塘”手机 App 三个相互匹配运行的系统，共用一个平台、共享一套数据，构建了一个覆盖区、街道（镇）、社区（村）三级，线上线下功能互补、相辅相成的政务服务新模式，逐步实现了自然人服务事项的“一号办、一窗办、一网办、一门办、马上办、全区通办”。

“一门式”政务服务平台让群众办事基本消灭了部门概念，也大部分消除了层级的烦琐，既打通了服务群众的“最后一公里”，又节约了行政成本，减轻了基层工作人员的工作负担，更有效提高了政务服务效能和社会公共服务的精准水平，全面提升了老百姓的获得感和幸福感。

——资料来源：湖南省株洲市荷塘区政务服务中心案例，2017－07.

二、促进服务创新的要素

虽然不同服务组织的服务创新过程不同，但学者们一致认为，存在各种要素影响组织的创新活动，主要有良好的创新文化、跨职能团队、顾客对服务创新的接受程度。

（一）创新文化

创新文化会受到绩效指标和奖励制度的支持，一方面促使员工关注创新，另一方面奖励和鼓励员工的创新行为。员工受到激励和奖励而进行冒险，以改善顾客服务能力。创新文化的核心是所有员工对待变革和绩效改善的态度和价值观，这与公司文化有关。创新文化的基本特征有较高的管理层承诺、明确的创新目标和顾客认知。只有创新成为整个服务组织的责任，组织才能成功。组织还必须对创新加以引导，否则员工就会失去控制；必须明确完成的目标和时间安排，明确什么样的创新才有意义，以及哪些环节需要创新和要达到的财务指标。顾客认知保证了创新为顾客提供切实的利益，站在顾客的角度来看待服务是每个管理人员应该开展的工作，组织必须向他们提供第一手的信息，以使其了解顾客如何与服务发生互动以及在服务过程中又会遇到什么问题。

(二)跨职能团队

在进行创新时，要确保组织在实实在在做这项工作。跨职能团队由具有不同背景、经验和技能的人组合在一起进行新服务开发，就会形成一股强大的力量，不仅获得各部门的资源，而且确保了创新不会受到组织内狭隘主义或冲突的阻碍。

(三)顾客对服务创新的接受程度

有些顾客天生乐于接受任何创新，他们占总顾客人数的很小一部分，而大部分顾客并非很积极地乐于接受。因此，组织不仅要了解最先使用者的特征，还要了解其他随后使用者的特征。目前，很多服务创新主要以技术为基础，组织首先要考虑如何获得技术平台；其次要考虑潜在的使用者是如何看待这些技术创新的、是如何与现有服务进行比较的；还要考虑创新的复杂度和可测试性，让顾客充分了解，逐渐使用。

三、服务创新四维度模型

服务创新的四维度模型理论(见图 14—2)表明了服务创新作为新的服务概念、新的客户界面、新的服务传输系统和技术选择四个维度或者其中某几个维度的有机结合或重组的系统思想。

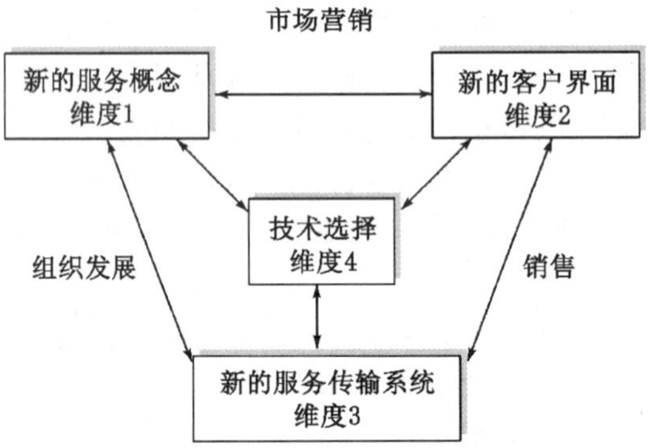

图 14—2　服务创新四维度模型

服务创新理念的主要含义是新的规则(营销、品牌)、新的地点、新的组合、新的特殊客户群体分类。以零售业为例，其主要表现形式有：城外零售(工厂出口)；零库存零售(电子商务)；购物、餐饮、娱乐、休闲一体化，增加客户购物时间(综合性花卉中心、宠物商店、休闲餐饮娱乐)；零售与非零售合并(超市银行柜台、旅游机构和户外中心提供的旅游保险)；商店的生活体验(超市提供的烹饪课程)；基于强品牌的新服务(特易购发放的信用卡)；适合小型家庭或产品的包装(小份的特别食品)；绿色产品(电子商务/移动商务)。

新的客户界面是顾客与供应商交流方式的创新，如人性化与非人性化形式、虚拟或现实的人性化零售方式、新的电子化界面。其主要表现形式有：超市快捷路线(折扣通道、便利区)；电子商务(电子化购物和信息发布);根据个人喜好的半标准化(个性化)商品列表、读物、音乐;友好的零售交互界面和虚拟客户界面(电子商店、购物广场);基于忠诚度和客户卡的特殊服务支持(个性化产品上门服务);上门服务或者建立接送中心(接送中心取货);自助扫描支付。

新的服务传递系统是内部组织与外部组织的交换方式和服务技能的创新,客户是服务生产的参与者,同时希望获得更多的个性化服务。其主要表现形式有:随着库存最小化和流通率的增长,物流供应链的创新(JIT、补给、状态信息);自助扫描付账;关于产品的更多个人化建议;家庭服务(电子订餐服务);附加服务(运输、安装、指导)。

技术选择主要是指能够支持物流优化、客户管理、自助服务和个性化电子商务应用的新的ICT系统。其主要表现形式有:支持实时库存管理的存货控制系统和补给系统;智能包装、标签、扫描;扫描收银机;识别和存取技术、电子支付系统;客户管理(支持一对一市场营销)和数据挖掘;数据导航产品和电子化界面;支持电子商务和移动商务的多媒体硬件和软件(3D模拟试衣、一键点击购买技术);支持电子采购(E-procurement)的电子商店(E-shops)、电子购物广场(E-malls)和平台(Platforms)。

以电子商务创新为例,其创新维度主要有:

(1)服务概念方面:虚拟超市、购物广场(电子超市、电子购物广场)、虚拟供销平台(汽车工业、ICT硬件产业)、新的市场营销形式(电子营销)、个性化产品提供建立客户交互式对话、增加虚拟超市顾客访问量的新途径(客户有偿光临)。

(2)客户界面:创新的图形界面、上门交付、实物感知替代品(3D模拟试衣)。

(3)服务传输系统:小订单规模化处理、全天候24小时购物服务设施、服务人员计算机使用熟练化、支持多通道信息策略的ICT系统、新的支付机制、新的质量保障机制、多包裹直达客户物流、售后服务系统。

(4)技术选择:新的支付系统、新的忠诚度系统、数据挖掘技术增加越区销售的可能性、一对一市场营销系统、多媒体数据库精确标定指数。

四维度模型充分考虑了技术以外的其他因素对于服务创新的影响,表明服务创新是多种因素综合作用的结果。一个新的服务形式是由一个维度占主导地位,同时结合其他三个维度产生的。在四维度模型的基础上,服务创新模式可以分为供给主导型创新、服务创新、客户主导型创新、基于服务的创新、集成创新等。这五种创新模式主要包括投入、供给主导、客户主导、地方创新活动、实施新的服务产品、新服务产品的使用者六个因素的有机组合。

第三节　电子服务

一、为什么需要电子服务技术

在互联网和现代通信技术大力发展之前,绝大多数的信息系统是为了提高企业或者机构的工作效率而建立的。信息系统和其他应用系统的用户一般都是企业或者机构的工作人员。因此,信息系统最重要的目标是如何提高效率和更好地辅助决策。随着互联网的应用和现代通信技术应用的深入,越来越多的信息系统是面向企业客户、潜在客户、机构服务对象和潜在服务对象的。例如企业的电子商务门户,更多的是为企业的客户和潜在客户展示企业产品和服务并为其提供服务的。如何分析潜在的使用者的需求,如何使这些系统的使用者更加方便和满意,如何构建符合这些新要求的系统,都需要新的技术和方法。电子服务技术和方法正是从这些需求出发而在逐渐发展的领域。随着互联网应用的发展，新的直接以客户为对象的在线服务系统已经产生并发展成新的行业。其中，最为典型的有电子交易。例如 B2C 系统，已经从早期的以巨大的客户群和不受地域限制，从而能够通过低价和高销售量取胜的思路，发展到今天如何更方便地满足客户的个人需求、让客户掌控自己的消费方式和习惯、增加客户的满意度从而增加客户的回头率等方向发展。而这些正是电子服务技术和方法所需要解决的。

电子订票的发展历程最能体现电子服务技术的需要和发展。这里我们以航空旅行的电子订票系统为例。最早的电子订票系统仅限于航空公司内部，目的是为了提高航空公司的效率。随后发展到更为广泛的使用群体——旅行社。

互联网的发展，使得客户能够直接通过网络(互联网络或通信网络)去更加自主地选择和购买机票。从十年前的通过网络查询航班信息，发展到今天几乎完全可以通过网络实现旅行行程和住宿的安排。这中间，为客户提供服务的系统逐渐从单一的在线信息系统发展到以客户为中心、以服务为目标的电子服务系统，甚至发展到为客户提供商务旅行或者休闲旅行的电子商务门户系统。

基于电子服务技术的在线订票系统，不仅可以实时提供最优惠和合理的票价、安全快捷的付款机制、快速的处理和反应速度，更多的是如何使不同类型与不同个性需求的客户能够更自主、方便地获得服务。因此，构建这样的系统，需要更具针对性的电子服务分析技术、更合适的提供电子服务的软件和系统技术，以及专门的效果评价和分析技术等。

随着现代服务业的发展，越来越多的传统和新兴服务领域需要电子服务技术，因此，电子服务作为现代服务业发展的核心动力之一，需要在我国得到更快更广泛的发展和应用。

【实例 14－5】

北医三院“互联网＋医疗健康”，诊疗服务线上线下一体化

2018 年，北京大学第三医院全面启动构建覆盖诊前、诊中、诊后的线上线下一体化医疗服务模式，推动医疗健康与互联网的深度融合。

面向医、患、管三方用户，该院分别提供系统路径，打造四大核心功能模块以及运营支撑平台，充分利用医院已有信息化建设成果，对接集成平台和数据中心，实时获取院内业务数据，实现线上线下数据融合利用。截至 2019 年 4 月 1 日，累计患者端注册用户 11 万余人，在线服务医生近 500 名，有效订单 3 万余单，订单回复率近 90%，患者满分好评达 96%。

现今，患者居家可以咨询该院专家，医生在线能实时查阅患者就医的历史病历，以及检查、检验等报告结果，还能在患者病历依据的基础上，进行报告解读、病情咨询及用药指导，有效突破时空限制，延伸服务半径，提高线上服务质量。医院还基于 App 为患者提供丰富的线上医疗服务，包含图文咨询、预约挂号、健康科普等；除支持图片、文字等传统医患沟通方式外，还提供语音回复、赠送回复等特色功能。咨询后需要进一步来院诊治的患者，医生还可在线为患者预约线下的就诊号源，实现医疗资源上下贯通、线上线下系统联动、院内外信息互通共享、业务高效协同。

——资料来源：搜狐新闻网，http://www.sohu.com/a/315104103_120138627，2019－05.

二、电子服务与传统服务的区别

对于电子服务而言，顾客比在传统服务中更加难以拥有服务，因为它们更加难以掌握，且完全依赖于无形的技术。但另一方面，顾客能够通过屏幕看到服务的结果，这又增加了服务的有形性，使得服务更加容易。在生产消费的同时性和易逝性方面，两者区别不大。但与传统服务相比，电子服务通常产生于服务企业的计算机系统与顾客的互动中。因此，电子服务具有消费和生产的同时性，这一点与传统服务相似。电子服务也具有易逝性的特点，因为顾客通常需要与服务企业的计算机网络连接，并保持在线才能接受服务。这就表明沟通幅度即员工的人数要与顾客需要服务的数量相匹配。

在异质性方面，可以比较以下两个方面：一是不同顾客质量感知的差异；二是同一顾客对不同服务提供的质量感知的差异。电子服务在线和离线存在很大差异。在传统服务中，质量感知主要取决于员工的表现、顾客的情绪和态度。在第二个方面，在线的质量感知既取决于网络服务者的技术水平，也取决于网络连接的质量。这里，顾客行为不影响结果。而在传统服务中，员工几乎可以完全根据顾客的特定需求或偏好提供服务，乃至影响顾客满意度。电子服务的定制化既受限于服务的设计，也受限于顾客能够或准备接受服务的程度。所以，在线顾客的感知差异很小。

传统服务和电子服务在无形性方面也存在差异。尽管网站设计、页面颜色、尺寸和形状等客观存在，并被视为有形因素，但在线服务几乎是无形的。像服务说明书等服务内容也被视为在线服务的有形方面。

三、电子服务的应用领域

电子服务能够兴起，是与许多具体电子服务应用领域的前期发展分不开的。电子交易、电子商务、电子政务、电子银行、电子医疗和电子医院都是其中的典型应用。现今研究较多的领域主要有：电子商务、电子政务、企业信息化、社区化服务等。其中，电子交易（E-commerce）是电子服务领域里最先发展也最为成熟的应用领域，在 B2C、B2B、C2C 等领域都已经有了很多成功的应用实例，甚至成为一个行业。

（一）电子商务

从电子服务的角度谈及的电子商务，则是各个商业领域的电子化运作。移动电子商务，就属于电子服务的典型应用。移动电子商务的主要应用领域有：基于位置的服务、移动交易服务、移动信息服务、多媒体信息服务等。

（二）电子政务

电子政务是指利用信息技术和电子商务技术让公众和机构更好地得到政府信息和服务，以及向公众、合作伙伴、供应商、公共机构工作人员提供公共服务。电子政务应用的主要类型有：

（1）政府对公众。最基本思想是让公众在家里就可以与政府交流。

（2）政府对企业和企业对政府。主要包括电子采购和电子拍卖。

（3）政府对政府。包括政府内部以及部门之间的所有活动。

（4）政府对雇员。政府像私人组织一样向自己的雇员提供各类电子服务。

（三）企业信息化

企业信息化不仅是发展电子商务服务产业的重要前提，而且是国家信息化的基础。企业信息化包括两个方面：（1）企业业务的信息化。其信息化工作必须围绕产品来进行。从市场预测、分析、销售产品，并提供售后服务，这是一个产品开发、生产、销售、服务的全过程。（2）企业管理的信息化。通过互联网技术所实现的电子商务服务能帮助企业及时准确地实现信息获取和信息交互，并得到相应的决策支持，提高企业经营管理水平，降低经营成本以增加收益。

(四)社区化服务

作为电子服务的社区化服务指的是人们的居住环境、饮食购物、医疗保健、消费娱乐、文化体育等最大限度网上一体化的实现过程,通过利用互联网快捷、集成的优势来为人们提供优质的社区服务。除了生活需求的各个方面,还有商家联合向社区消费者提供增值服务,让人们足不出户就可以享受到各种各样的服务。

四、电子服务的评价与控制

电子服务将成为企业的一个重要平台和经营组成部分,因此对电子服务的管理和评测也将成为与企业投资、绩效和管理紧密联系的部分。与传统的信息系统管理与评测有所不同的是,电子服务的核心是针对所服务对象的满意程度和服务质量展开的。同时,电子服务应用的服务对象往往又不可直接获取其满意程度的信息,因此,如何有效地对电子服务进行管理和评测,需要发展出专门的技术和方法。在评价电子服务质量时,需要考虑服务类型与质量维度选择的一致性问题。

在美国,电子零售业服务质量包括以下五个维度。

(1)绩效:在线零售商满足顾客期望的程度。这与订单的完成情况有关,也包括时间和完成全部在线交易的情况。

(2)可进入性:通过特定在线零售商,顾客可以从世界各地购买产品的能力。

(3)安全性:金融安全与非金融安全。金融安全是指在线传递像信用卡卡号等金融信息的安全性,非金融安全是指显示像电话号码等个人信息的安全性。

(4)感觉:在线顾客在购物过程中与产品或其他个人的互动能力。

(5)信息:信息数量和可信度。

最近,学者提出了 E-S-QUAL 模型,用来测量各种网上购物的服务质量。该模型包括以下四个维度。

(1)效率:顾客使用网站的难易程度和速度。

(2)成效:网站对订单传递、商品可用性做出承诺的完成情况。

(3)系统有效性:网站正确的技术功能。

(4)隐私:网站的安全程度以及保护顾客信息的程度。

与电子服务补救质量相关的维度共有三个。

(1)响应性:网站有效处理问题和反馈的情况。

(2)补偿性:网站补偿顾客的程度。

(3)接触度:通过电话或在线员工帮助处理问题的效率。

五、电子服务系统技术与开发

电子服务系统通常以软件为主体并结合网络技术、安全技术、通信技术等众多其他技术。采用何种软件架构更适合电子服务系统,采用何种软件技术更适合电子服务系统的建立,采用何种软件过程和质量保证方法和技术更适合电子服务系统?这些都是软件和软件开发领域里需要进一步发展的方向。因此,对相关软件技术的知识和针对性的软件开发过程和质量保障的知识的掌握,都是电子服务系统的建立和应用中的重要环节。针对电子服务的需求,还需要掌握许多关键技术,例如工作流技术、网络和系统安全技术等。图 14—3 反映了电子服务的基本模型。

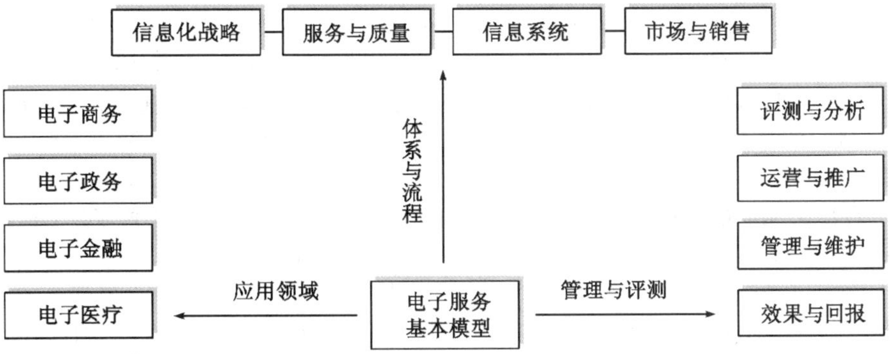

图 14—3　电子服务基本模型

本章小结

服务创新是服务组织通过服务概念、服务传递方式、服务流程或服务运营系统等方面的变化、改善或提高，向目标顾客提供更高效、周到、准确和满意的服务产品，增强顾客忠诚度，创造更大的服务价值和效用。广义服务创新的范畴包括服务业服务创新、制造业服务创新和公共服务创新三个层次，即一切与服务相关的创新活动。狭义的服务创新则是指服务业的服务创新。

服务创新可以分为产品创新、过程创新、传递创新、市场创新、技术创新、组织创新、重组创新、专门化创新和形式化创新等多种形式。服务创新主要是以社会科学为基础，以客户和市场需求为导向，以新的服务概念、服务内容和服务流程为主要表现形式，通过不断应用新技术来实现的。服务创新的四维度模型理论表明了服务创新作为新的服务概念、新的客户界面、新的服务传输系统和技术选择四个维度或者其中某几个维度的有机结合或重组的系统思想。

电子服务的管理和评测是针对所服务对象的满意程度和服务质量展开的，与企业投资、绩效和管理紧密联系。电子服务系统通常以软件为主体并结合网络技术、安全技术、通信技术等众多其他技术。

复习思考题

1. 什么是服务创新？其特点有哪些？举例说明不同行业的服务创新的形式有哪些不同。
2. 什么是电子服务？电子服务的应用领域有哪些？为什么要发展电子服务？

案例讨论题

百度回收站 3.0，继续致力于提供更优质电子废物回收服务

随着环保需求和大众环保意识的逐渐增强，为进一步解决家庭“电子垃圾”的处理烦恼，缓解目前日益加剧的环境污染问题。2015 年 9 月 2 日，联合国秘书长潘基文与李彦宏共同启动百度回收站，旨在增强中国大众对电子垃圾回收的意识。用户打开手机百度输入“@百度回收站”，即可进入百度回收站直达号页面。提交相关信息后，72 小时之内就会有正规回收厂商上门进行回收，然后交由获得国家认可拆解资质的正规拆解厂进行处理。

在中国，早于2015年，每年主要电器电子产品报废量已超过2亿台，重量超过500万吨，已成为世界第一大废弃电器电子产品产生国。对于每年数量巨大的废弃电器电子产品，回收处理情况却不尽如人意，这也是企业和社会一直关注的问题。如果将这些电子垃圾随意丢弃或掩埋，大量有害物质渗入地下，会造成地下水严重污染；如果进行焚烧，会释放大量有毒气体，造成空气污染，还会对人体造成伤害。通过非正规渠道回收的其中很大一部分的电子废物被不法商贩改造再次进入市场流通或进行暴力拆解，这个过程对环境造成了巨大的污染。

经过对百度回收站的精细化运营，2018年1月，百度公益基金会携手国内知名电子产品回收平台爱回收，正式推出"百度回收站3.0"，共同践行企业责任，为公益与环保发声。

为更高效便捷地解决废旧电子设备回收难题，倡导"人人公益，人人环保"的绿色生态理念，百度引进了专门自动回收手机的百度回收站，并于2018年7月31日起，长期驻场在百度各办公区为公司员工服务，以方便百度同学们进行废旧手机的环保回收，唤起大家对电子垃圾回收的关注。自动回收机一经设立，收效颇丰，很多人都非常积极自觉地加入其中，大家在尝试新鲜有趣机器的同时，都不忘为公益献出自己微薄的一份力。

除了手机，运行卡顿的笔记本电脑、被中央空调取代的旧空调风扇、各式各样的手机充电器、曾经风靡一时的MP3……这些曾用高价买回来的最时兴的电子产品，如今也都成为家中闲置的"电子垃圾"，丢了不仅让人心疼，还污染自然环境。所以，除了自动回收机专门回收废旧手机外，2018年8月2～3日，百度公益特邀爱回收平台专业验机师在百度公司开展旧电子设备人工回收服务落地活动。现场验机，手机、笔记本电脑、平板电脑、摄影设备、智能数码产品……统统都能回收。自8月2日活动开始，仅2天时间，百度回收站总计回收141件电子设备，其中包括：手机67部、电脑14台、PAD10个、电脑充电线和数据线共15个、电池9个以及其他小件电子设备共26个。

活动现场，有的人将回收兑换的款项全部捐赠给了百度公益平台，也有人成功通过百度回收站回收了可用的二手设备。同时，每成功回收一台电子产品，百度回收站将捐出1元到专项基金，用于环保公益项目。

在此项目前，百度公益已先后在北京、济南、广州、武汉等地陆续开展百度回收站线下电子垃圾回收服务落地活动。截至目前，百度回收站已遍布国内近22个城市，实现了包括手机、笔记本电脑、平板电脑、摄影摄像设备、智能数码、耳机、电子书等在内近30个品类的电子产品回收，为用户提供便捷、安全、专业的回收服务，为绿色环保公益赋能。

"百度回收站"是基于互联网的高效和便捷，为低耗电子垃圾回收产业模式探索一条新的道路，促进环境生态的绿色发展。百度公益旨在让更多的人认识到废旧电子产品对环境与人体的危害，从而通过正规途径进行回收处理，从生活点滴做起，加入环保与公益的阵营中来。未来，百度回收站将为全国更多城市带去电子垃圾回收服务，让更多闲置的电子设备不再废弃；百度将通过科技的力量打造绿色生态的同时，也助力公益项目得到更好的发展。

——资料来源：百度公益基金会，http://gongyi.baidu.com，2018－08.

共同探讨：

为什么要推广"百度回收站3.0"？

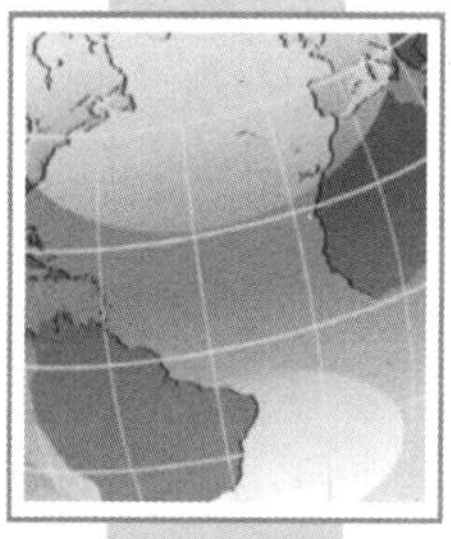

第十五章
服务营销的新发展——体验营销

学习目标

了解体验经济及其特点。

了解体验经济时代的新消费者理念和消费特点。

掌握体验营销的概念、类型及要素。

掌握体验营销的 4Ps 及 6Es 策略组合。

案例导入

宜家的体验营销

宜家家居(IKEA)自 1943 年成立以来,经过数十年的发展,已成为全球最具影响力的家居用品零售商,占据着不可撼动的市场地位。作为全球增长最快速的市场,其独特的营销策略——体验式营销,是成功的关键因素。体验营销是一种使消费者了解产品的特点,通过比较不同的产品功能和使用感受后,了解产品的特点和优势所在,继而达成交易的一种营销手法。

宜家是如何把体验式营销做到极致的呢?

一、视觉影响法

即利用场景。宜家的营销从你踏进店面那一刻就开始了,简洁醒目的 LOGO,具有艺术气息的装潢,整齐罗列的商品,通过打造出最佳的视觉效果来刺激消费者的眼球神经,激发消费者的购买欲。

就拿宜家的商品布置来说,你会发现宜家是将产品的使用环境模拟出来,通过设计师的布置来创建一个小房间。在这里,你能感觉到产品的使用效果,可以考虑选择什么样的产品进行搭配。此外,宜家的样板间随着新品和季节不断变化,让消费者可以迅速了解到家具应该如何布置,从而吸引了大批消费者前来购买商品。

二、听觉影响法

即利用口碑。在大部分情况下,设计精美的家具是为贵族服务的,而宜家却不同,它的目标群体是中等收入的家庭。宜家使人们不必支付昂贵的价格就可以得到精美的产品。在这一点上,宜家打造出口口相传的好口碑,赢得了消费者的持续关注,因此市场更加有保证。

三、感受影响法

即利用体验,是宜家最大的特点。与国内其他品牌的家具商相比较,部分商家会在沙发、床垫等产品上标上"损坏赔偿"、"样品勿坐"等警告标志。相反,宜家则是让消费者可以随心所欲地浏览和感受自己感兴趣的商品,能够触碰所有商品,并且,不会有喋喋不休的导购员推荐,他们通常都是安静地站在一边,除非有消费者需要询问时才会上前来。

宜家这种让消费者尽情体验的方式极大地增强了与消费者之间的一种互动、体验的营销。目的是为了让消费者感觉到这里的产品不错,产生对品牌的信任感。久而久之,消费者可能会产生宜家卖的不是产品,而是一种文化、一种生活态度的念想。宜家在潜移默化中树立了良好的口碑形象,消费者们自然都会毫不犹豫地选择购买。

宜家产品凭借自身的特点,打造出线上所不具备的体验感,这种体验式营销不仅为自己创造了一个良好的营业额，也以其独特之处受消费者赞扬，是许多品牌值得借鉴的地方。

——资料来源：搜狐新闻，http://www.sohu.com/a/276701629_100284951，2018－11.

思考：宜家的营销成功在何处？

第一节 体验经济与体验营销

一、体验与体验经济

(一)体验的含义

1. 体验是创造难忘的经历

为什么走进清华的那一天、第一次与恋人约会的那一天、孩子呱呱坠地的那一天、拥有第一张职业经理办公桌的那一天至今仍历历在目、回味无穷？因为，那一天对我们来说太重要了，它是我们永生难忘的一次经历，是我们经久不衰的一次体验。岁月的流逝只能磨损购买的商品，而体验却是这样一种奇怪的东西，它总是在忘却的砥砺中时时地、轻轻地敲打着我们敏感而多情的心灵。

2. 体验是一种感觉

它是在一定的时空条件下，人们达到情绪、体力、智力、经验甚至是精神的某一个特定水平时，人们的意识层面所产生的感觉。“酒逢知己千杯少”就是这种体验所产生的感觉。以服装消费为例，现在，消费者对服装的功能性利益诉求大幅度降低，而对服装的情感性、自我表现性利益诉求日益高涨。服装实际上成了消费者体验的符号、载体和面具。在体验经济中，商品成了消费者体验的道具和附属物。

3. 体验是创造记忆的经历和过程

父母带着孩子们到迪士尼乐园，是为使家庭成员通过这个事件共同分享这次难忘而愉快的经历，这是他们通过交流来体验家庭幸福的一个组成部分。尽管它是无形的，但大家都十分珍视它，因为在这次体验的经历中，家庭成员都获得了增进家庭情感的价值诉求。他们为此而慷慨付费，并经常回忆起那次难忘的经历。“蜜月之旅”尽管已随岁月的流逝而远去，但“蜜月之旅”所获得的刻骨铭心的幸福体验却经久不息地留在了恩爱夫妻的记忆之中。

4. 体验是个性化和互动的一系列事件和经历

微软公司将它的第三代操作系统和办公软件命名为XP。所谓XP，就是Experience，也就是体验。它同时宣称，它的第一代电脑主要功能是文字和数据处理，第二代电脑的主要功能是网上交流和互动，而第三代电脑的主要功能则是提供包括三维接触在内的更加深刻和更加丰富的体验。其实，目前此起彼伏的“娱乐消费”、“假日消费”、“休闲消费”等，都是以提供个性化的、互动的商品和服务，创造出一系列虚实结合的事件、环境氛围和过程，使人们在难忘的体验之后慷慨解囊。

5. 体验是精神的满足和心灵的享受

豪华的奔驰轿车徐徐停在五星级酒店门前，在服务生的簇拥服侍下走进大堂，这是一种气派、尊贵的精神满足的体验。而坐着飞机来到戈壁大漠，在人迹罕至的荒野中独自一人躺上一天，这种体验则是一种心灵宁静的享受。2004年9月，芝华士自进军中国市场的那一刻起，就在中国发起了一系列活动来诠释“芝华士人生”理念，同时也创造了更多的机会让消费者亲身体验这种快乐，如“芝华士未知2070”、“芝华士狂热1970”、“芝华士18之夜”等大型主题派对，以及诺拉·琼斯(Norah Jones)中国演唱会、全球十大顶尖DJ等芝华士音乐体验。

(二)体验经济——"第四种经济形态"

经济发展的演进从过去的农业经济、工业经济、服务经济走向现阶段的体验经济(Experience Economy),各经济发展阶段在生产行为及消费行为上呈现不同的形态:农业经济在生产行为上是以原料生产为主,消费行为则仅以自给自足为原则;工业经济在生产行为上是以商品制造为主,消费行为则强调功能性与效率;服务经济在生产行为上强调分工及产品功能,消费行为则以服务为导向;体验经济在生产行为上以提升服务为首,并以商品为道具,消费行为则追求感性与情境的诉求,创造值得消费者回忆的活动,并注重与商品的互动。

所谓体验经济,是指企业以服务为重心,以商品为素材,为消费者创造出值得回忆的感受。传统经济主要注重产品的功能强大、外形美观、价格优势,现在的趋势则是从生活与情境出发,塑造感官体验及思维认同,以此抓住消费者的注意力,改变消费行为,并为产品找到新的生存价值与空间。

随着体验经济的到来,生产及消费行为已有了如下的变化:以体验为基础,开发新产品、新活动;强调与消费者的沟通,并触动其内在的情感和情绪;以创造体验吸引消费者,并增加产品的附加价值;以建立品牌、商标、标语及整体形象塑造等方式,取得消费者的认同感。

(三)体验经济的基本特征

1. 非生产性

体验是一个人达到情绪、体力、精神的某一特定水平时,在意识中产生的一种美好感觉,它本身不是一种经济产出,不能完全以清点的方式来量化,因而也不能像其他工作那样创造出可以触摸的物品。

2. 短周期性

一般规律下,农业经济的生产周期最长,一般以年为单位,工业经济的周期以月为单位,服务经济的周期以天为单位,而体验经济是以小时为单位,有的甚至以分钟为单位,如互联网。

3. 互动性

农业经济、工业经济和服务经济是卖方经济,它们所有的经济产出都停留在顾客之外,不与顾客发生关系;而体验经济则不然,因为任何一种体验都是某个人身心体智状态与那些筹划事件之间的互动作用的结果,顾客全程参与其中。

4. 不可替代性

农业经济对其经济提供物——产品的需求要素是特点,工业经济对其经济提供物——商品的需求要素是特色,服务经济对其经济提供物——服务的需求要素是服务,而体验经济是其经济提供物——体验的需求要素是突出感受,这种感受是个性化的,在人与人之间、体验与体验之间有着本质的区别,因为没有哪两个人能够得到完全相同的体验经历。

5. 深刻的烙印性

任何一次体验都会给体验者打上深刻的烙印,几天、几年甚至终生难忘。一次航海远行、一次极地探险、一次峡谷漂流、一次乘筏冲浪、一次高空蹦极,所有这些,都会让体验者对体验的回忆超越体验本身。

6. 经济价值的高增进性

一杯咖啡在家里自己冲泡,成本不过1元钱,但在鲜花装饰的走廊、伴随着古典轻柔音乐和名家名画装饰的咖啡屋,一杯咖啡的价格要几十元,你也认为物有所值。有幸进入太空旅游的美国富翁丹尼斯·蒂托和南非商人马克·沙特尔沃斯,他们各自为自己的太空体验支付了

2 000 万美元的天价。这就是体验经济,一种低投入、高产出的暴利经济。

【实例 15－1】

BMW 以客户为中心的体验式营销实现情感共鸣

2018 年 6 月 30 日,“2018 BMW 越山向海人车接力中国赛”(BMW Hood to Coast China Relay)在张家口崇礼开赛起跑。

这是继 2017 年作为创始合作伙伴、首次将 Hood to Coast 这一世界上最具规模和名望的人车接力赛事引入国内之后,BMW 再次携 X 家族全系产品参与到赛事当中,展现积极向上的探索精神和无惧艰险的挑战精神。今年,这项源自美国、地表最富挑战性的赛事保留了原汁原味的人车接力、团队协作的比赛形式。挑战性却进一步加码,不仅赛程总长增至近 180 公里,还新增越野路段,对跑者的身体和心理素质都提出了更高的要求。强大的 BMW X 家族,仍是每支跑团中不可或缺的一员,与团队成员携手共进、肝胆相照,一起创造独特的人生体验。

华晨宝马汽车有限公司营销高级副总裁高翔先生表示:“越山向海不仅是一次比赛,更是人、车、自然的一种交流。这场比赛当中,每一名亲历者与 BMW X 一同用探索精神创造终生难忘的体验,他们不断挑战自我极限,通过人车接力释放内心深处的情感。通过深入体育、音乐、艺术等各个领域,BMW 正在创立最具情感魅力的品牌。”

作为体验式营销的先行者,BMW X 家族早在 2006 年便通过创新的 BMW X 之旅开创了中国汽车市场体验式营销活动的先河。当前,通过发起多维度创新式品牌体验活动,宝马正在从一个以产品为基础的品牌,向以互动关系和情感为基础的品牌发展,让更多的人体会到 BMW 的品牌精神和倡导的生活方式。

在跑步运动蔚然成风的背景下,宝马通过越山向海这一极富挑战和创新性的人车接力赛事,将情感体验抬升到了前所未有的高度。通过“2018 BMW 越山向海人车接力中国赛”,BMW X 家族展示了其创新、强大的产品实力,吸引了众多消费者的目光。

——资料来源:汽车头条,2018－07.

(四)体验经济时代的新消费者理念

1. 新消费者理念

我们姑且称体验经济时代的消费者为新消费者,称商品经济和服务经济时代的消费者为旧消费者。当然,这两种消费者之间并不能截然分开,在更多的情况下你中有我、我中有你,只不过在不同的时空条件、经济条件乃至心理条件下,新、旧消费者的消费行为所表现出来的新、旧消费理念孰轻孰重而已。在同一消费者的身上亦是如此。从表 15－1 可以大致看出新、旧消费者的行为和观念差异,当然只是相对而言。

表 15－1　　新、旧消费者的消费理念对比

旧消费者	新消费者
同质化、大众化	个性化、唯一化
低参与度、被动接受	高参与度、互动接受
从众消费	独立消费
寻求便利性	寻求便利、真实、可靠性
信息闭塞、知识程度低	信息灵通、知识程度高
追求物质性价值	追求精神性价值

续表

旧消费者	新消费者
追求功能性利益	追求情感性利益
实用的、便宜的	体验的、属于我的
价格弹性高	价格弹性低或无弹性
市场追随者	市场领导者
品牌从众意识	品牌自我意识
消费权利意识差	消费权利意识强
消费唯物主义	消费唯心主义

2. 新消费者典型消费形式

(1)花钱买时间。消费者有两种人，一种是为了省钱而不惜花费大量时间的人，另一种是为了节约时间而不惜花费大量金钱的人。显然新消费者属于后一种人。他们受速度文化的影响，整日步履匆匆，喜欢网上购买或即时消费，他们迫切希望能有额外的服务来帮他们节约时间，甚至不惜为此支付报酬。他们最不能容忍的是寂寞焦灼的购物等待，甚至愿意花钱购买无须等待的优先权。

(2)花钱"浪费时间"。新消费者有时对时间十分吝啬，有时又十分奢侈，甚至是有意地去"浪费"光阴。他们用买来的时间挣到了足够的金钱，于是又用挣来的金钱把时间"浪费"出去。一杯咖啡或一壶茶他们会喝上两三个小时，他们愿意把时间"浪费"在自认为值得的地方，他们可能仅仅出现在那个地方，可能愿意在那个地方想点什么、做点什么、学点什么，也可能只是愿意在那个地方静静地待着而物我两忘。并且，他们愿意为提供场所、服务或体验的品牌和商家付钱，尽管别人看起来他们"一无所获"。

(3)体验消费，体验人生。新消费者愿意花钱购买娱乐的、教育的、逃避现实的、审美的和自我实现的人生体验。他们渴望激情一刻和精神的愉悦，渴望在消费中受到潜移默化的教育，渴望"第三空间"能还原自己心灵的宁静，渴望消费过程也是一个陶冶情操、升华灵魂的过程，更渴望在消费中获得改造自己、自我实现的人生体验。

二、体验营销

(一)什么是体验营销

体验营销是基于顾客精神享受和心灵体验的营销活动。它以满足顾客精神体验为出发点和归宿点，通过一系列的营销调研、策划、传播、执行等实践活动，在顾客身心愉悦的同时，以教育的、审美的、道德的、文化的力量，创造顾客体验，并在不断创新营销效果的过程中，强化顾客体验，实现顾客品牌忠诚的营销目标。

体验营销是建立在现代营销理论基础上的一种新的营销思想和营销方法，它是现代营销理论和营销技术的延伸与扩展。在人类对精神产品的需求越来越呈旺盛之势的21世纪，以满足人类精神体验为宗旨的体验营销可能会引领新世纪现代营销的趋势和未来。

(二)体验营销哲学——"营销唯心论"

如果说传统营销的哲学基础是"营销唯物论"的话，那么，体验营销的哲学基础则是"营销唯心论"。表15－2是二者的相对区别。

表 15—2 营销唯物论与营销唯心论的对比

对比处	营销唯物论	营销唯心论
营销模式	传统营销	体验营销
顾客类型	旧消费者	新消费者
价值导向	物质的满足	精神的体验
购买决策	理性的	感性的
传播方式	大众传播	口碑效应
传播目标	占据大脑	感化心灵
顾客认知	经济人	社会人
顾客反应	满意	兴奋、感动
营销终端和人员	卖场、推销员	剧场、演员
营销关系	买卖交易关系	互动朋友关系
营销策略	“攻城为上”	“攻心为上”

相对于“营销唯物论”,“营销唯心论”认为:精神满足决定物质满足。在人们的消费过程中,精神满足是第一位的,而物质满足则是第二位的。“得人心者得天下,得人心者得市场”。人的大脑是理性的,而人的心灵则是感性的。营销的终端不仅仅是人的大脑,更重要的是人的心灵。

体验营销是人性化的营销过程。它强调经济资源、文化资源和艺术资源的整合与交融,使营销活动由生硬的、赤裸裸的金钱交易过程转变为温馨的、互动的人性化过程。在体验营销中,“以人为本”绝不再是一句空洞的口号,而是具有了更为深刻的内涵和广阔的实践空间。

总之,“营销唯心论”告诉我们,在体验经济时代,打开顾客封闭已久的心灵之窗,在与顾客“一见钟情”之后,建立并维持“心心相印”的品牌依赖关系,是现代营销人的终极追求。体验强化沟通,沟通从心开始。营销人员不仅要具备较高的智商和财商,还必须具备较高的情商。披上温情脉脉的面纱,拨动顾客多情的心灵,把直白的商业交易活动演化为与顾客情感交流的心灵之旅,这大概是体验营销的精髓所在。

第二节　体验营销的类型及要素

一、体验营销的类型

人类的体验需求是多样化的。派恩和吉尔摩将体验划分为娱乐体验、生活体验、审美体验和氛围体验四个方面,《体验式营销》一书的作者伯恩德·H. 施密特(Bernd Schmitt)则将体验分为感官体验(Sense)、情感体验(Feel)、思考体验(Think)、行动体验(Act)和关联体验(Relate)五种形式。本书延用五种形式的划分。

(一)感官体验营销

在当今社会中,大量的媒体工具,以及交互式、充满感觉的多媒体,使通信量十分巨大,因此产品的性能和价值、品牌的名称和联想是不足以引起注意并吸引顾客的。能够吸引顾客的企业提供的是能够使顾客享受到与企业、产品或服务的定位相一致的、令人难忘的感官体验。正是由于这些原因，各种各样的方便面、月饼、咖啡等快销品在超市经常举行免费试吃活动，在感观上通过味觉、嗅觉、视觉让消费者直接体验，以拉动产品品牌在消费者心目中的地位。由此可见，感性不是物的实体，而是某种意识，是心中的状态。商品的感性化现象是与顾客意识有关的一种心理现象。感官体验营销的诉求目标是创造知觉体验的感觉，它包括视觉、听觉、触觉、味觉与嗅觉。感官体验营销可以区分公司和产品的识别，引发顾客购买动机和增加产品的附加值等。单独来看，每个感官都有自己的作用。合在一起，这五个感官就可以左右我们的情绪。

1. 视觉

视觉是影响顾客的重要感觉之一，它帮助我们捕捉诸如颜色、外形和大小等客观情况，产生对包括体积、重量和构成等有关物理特征的印象。红色被视为温暖、感性，是生机的根源。可口可乐、百威、高露洁、万宝路等著名产品都是以红色为主。绿色象征着和平、成长、自然、安静、安全、旅行等，如富士胶卷、雪碧等。黄色象征着希望、快活、愉快、智慧、辉煌等，如柯达胶卷、麦当劳等。此外，蓝色也是比较醒目的颜色，蓝色被视为舒适，这是IBM追求蓝色的原因之一，也是IBM因通常被视为冷酷和有距离感而为传达更为友好的形象做出的努力。颜色偏好与品牌选择之间存在着密切的联系。但视觉体验带来价值的多少还取决于它如何被运用。

2. 听觉

许多产品和服务都需要声音，产品通过听觉与顾客沟通是一种其他感觉所不能替代的方式。宾馆、饭店、超市、百货商店、美发厅、机场，以及专业服务提供者，如医生、律师、会计师，都经常利用听觉刺激来加强与顾客的联系。在电话服务、销售大厅、候客室，以及其他任何顾客可能会访问的地方，都会存在声音。因此，企业应当谨慎选择不同的音色和音调，从而令人产生愉快的联想，得到顾客的认可以及较高的评价。移动、联通、电信等客服人员的声音听起来都很甜美，让有一肚子意见要提的消费者很难大动肝火。

3. 触觉

如同听觉一样，触觉也同样帮助形成印象和主观感受，从而转化为价值。产品的材料可以产生对产品的某种“感觉”。一件羊绒衫划过肌肤时的轻柔，让你感到无微不至的关怀，而又倍感优美典雅。伴随这些身心感受的则是一种理性的判断——这件衣服一定价格不菲。最为大众普遍认知的经典例子非可口可乐玻璃瓶莫属。它是一个能够巧妙地迎合触觉的典范，通过曲线优美的瓶子，人们通过接触和把握而感觉到强烈的快感，通过可口可乐瓶子的独特设计，可口可乐演绎着品牌在手握接触中非同一般的特性。

4. 味觉和嗅觉

在我们这个环境中，气味是无所不在的。芳香疗法认为，香味具有心理上和生理上的作用。当我们再次闻到某次经历中闻到过的某种气味，我们会回忆起那次经历的所有细节。火锅全国各地都有，但全国各地的人还是要千里迢迢跑到重庆来品尝正宗的重庆火锅，为的就是正宗重庆火锅独特的香味和口味。气味的差异所导致的记忆程度，以及能产生独特联想的能力，使嗅觉成为一种理想的增强企业或品牌识别的工具。星巴克咖啡连锁店的成功基础是“人们对咖啡的感觉90%来自嗅觉，10%才来自咖啡的味觉”。

(二)情感体验营销

“人非草木，孰能无情”。情感营销就是以顾客内在的情感为诉求，激发和满足顾客的情感体验。人们的情感可分为感情与情绪两个方面,从正面的情绪到负面的感受,从温和的心情到强烈的感情,从喜怒哀乐到爱恨悲愁,都可纳入情感的范畴。营销人员的任务在于,认真探究顾客的情感反应模式,努力为他们创造正面的情感体验,避免或去除其负面感受,从而引导顾客对公司及其产品和服务产生良好印象,直至形成偏爱的态度。与传统营销方式相比,情感营销是更人性化的营销,它真正从顾客的感受出发,细心体察与呵护顾客的情感。从这个角度说,营销人员并不是产品或服务的推销者,而是美好情感的缔造者。

与感觉相对比的情感特征,不是五种感觉器官的单独活动,而是复合了复数感官信息的东西和记忆。情感是复合感官作用的结果。感觉虽然是单一器官的作用,但情感是由复数感官形成信息而被合成时激发的意识,还有在情感中的大脑发挥着记忆和学习、比较和判断等作用。情感比感觉更具有较强的价值和记忆,因此情感因人而异。

情感体验营销是指在营销过程中,要触动顾客的内心情感,创造情感体验,其范围可以是一个温和、柔情的正面心情,如欢乐、自豪甚至是强烈的激动情绪。情感体验营销需要真正了解什么刺激可以引起某种情绪,以及能使顾客自然地受到感染,并融入这种情景中来。

陕西省西安市街头日前出现了一批"开心候车亭",市民在等候公交车时,可以通过摁压候车亭灯箱上的卡通圆脸开关,选择自己候车时的心情,并显示在灯箱上的"开心指数"和"不开心指数"的统计数字上。据了解,这种开心候车亭面对马路一面的灯箱上,分别显示着两张代表"开心"和"不开心"的卡通圆脸。卡通脸的鼻子处是一个机关,摁下机关,灯箱上"开心"或"不开心"的字样会发亮,而且上面显示的指数也会自动增加。通过摁压开关,市民就能在候车亭的灯箱上留下自己的心情了。一位清纯、可爱、脸上写满幸福的女孩子,偎依在男朋友的肩膀,品尝着他送给她的"水晶之恋"果冻,就连旁观者也会感受到那种"美好爱情"的体验。小男孩看见妈妈给奶奶洗脚,也主动打来洗脚水给妈妈洗脚,这个广告感人至深,让无数人流泪,有了想立刻给妈妈洗脚的感觉。

(三)思考体验营销

思考体验营销诉求的是智力,创造性地让顾客获得认识和解决问题的体验。它运用惊奇、计谋和诱惑,引发顾客产生统一或各异的想法。新居网通过推出三维看房、模拟装修产品,通过"我家我设计"软件让用户直接参与到虚拟实物家居设计的在线体验中,进一步提高了用户黏性,让客户在一遍一遍追求设计的完美和自我成就的同时对新居网产生好感,开创了房产家装互联网广告的新局面,并获得了数千万美元的风险投资支持。

(四)行动体验营销

行动体验营销的目标是影响身体的有形体验、生活形态并与顾客产生互动。行动体验营销通过偶像角色如影视歌星或著名运动明星来激发顾客的身体体验,指出做事的替代方法、替代的生活形态与活动,丰富顾客的生活,使其生活形态得以改变,从而实现产品的销售。红透了2009年的魔术师刘谦接下了很多代言,这其中最引人瞩目的莫过于刘谦和方太新品近吸式油烟机的结合,作为一个以女性为主的时尚家庭消费品牌,方太近吸式油烟机的推出与刘谦魔幻概念的推出,不仅牢牢抓住了女性粉丝的市场潜力,也将代言人刘谦本身的魔术师身份良好嫁接。更值得称道的是,方太与刘谦的结合不仅停留于电视画面,而是将其引入线下和网络推广中,方太聪明地引入了体验式消费,开创消费体验周,线上线下三方联动。方太好厨房会呼吸体验活动使消费者近距离地感受方太近吸式抽油烟机带来的洁净,创造了一个厨房家电行业的新范本。

(五)关联体验营销

关联体验营销包含感官、情感、思考和行动或营销的综合。关联营销超越私人感情、人格、个性，加上“个人体验”，而且与个人对理想自我、他人或是文化产生关联。关联活动的诉求是：满足自我改进的个人渴望，例如，想要与未来的“理想自己”有关联；要别人对自己产生好感，例如，一个人的亲戚、朋友、同事、恋人或是配偶和家庭。让人们和一个较广泛的社会系统(一种亚文化、一个群体等)产生关联，从而建立个人对某种品牌的偏好，同时让使用该品牌的人们进而形成一个群体。关联体验营销战略特别适用于化妆品、日常用品、私人交通工具等领域。

交通银行举办的“交通银行世博卡卡面设计大赛”有奖活动，邀请家庭全体人员共同参与，通过小小信用卡促进更多人了解世博会、宣传世博会、参与世博会。体验营销最大的特点是对参与者的情感和行动上的肯定，继而获得价值认可、品牌认知。交通银行信用卡世博会主题卡卡面设计营销上的创新，不仅实现了满足年轻一族个性化、差异化的成就感、价值感，而且达到了宣传世博会的公益化品牌诉求，最终形成了对交通银行信用卡“世界的，我的”品牌理念的广泛认知。显然，交行信用卡对客户心智的渗透与争夺突破了传统意义上的信用卡营销策略，这种兼具公益、个性的互动与体验营销创新成为 2010 年上海世博会的亮点之一。

上述五种类型的体验营销分别以不同的顾客体验作为营销侧重点。值得强调的是，它们之间并非互相排斥、互不包容。体验营销的最终目标，不是单纯构筑某一类型的体验，而是为顾客创造一种整体体验。企业应将各种体验领域恰如其分地组合在一起，模糊它们之间的界限，这样才会创造出更真实、更具感染力的体验。

二、体验营销的要素

(一)设施环境

顾客的第一印象是由设施环境形成的。因此，设施环境可以称作“体验景观”，它是体验发生中的物理环境的各个方面，包括设施背景、设施风格、设施配置以及设施所渲染的情调。设施环境对施展卖场营销的企业来说尤为重要。重庆阿兴记大饭店，一反其他饭店惯用的民族风格，以豪华的金碧辉煌的欧式装修、精致的欧式餐具，配合精美的各菜系菜肴，从视觉、听觉、味觉、嗅觉等各方面给予前来用餐者强烈冲击，让人赞不绝口，体会深刻。当然，设施环境的体验营造并不一定需要付出高昂的代价，有时是极为简单的构想，如在书店里设置香味飘逸的咖啡及休息椅等。据调查，精心营造设施环境的企业，其销售额能上升 10%～30%。

(二)产品实体

大多数企业向顾客提供的是有形的产品，因而产品是体验营销构成因素中的关键要素。科特勒指出，产品是能够提供给市场以满足需要和欲望的任何东西。但是，最为成功的企业所提供的产品不仅让顾客满意，而且令顾客愉悦。因此，为了使企业的产品具有体验的价值，也许最直接的办法就是在产品中增添某些要素，使产品“活”起来，这样能增加顾客与它们相互交流的感觉。企业可以突出产品中的任何一种感官特征，创造出一种感观体验。如想做到这一点，要求企业清楚哪种感觉最能打动顾客，从而针对这种感觉重新设计产品，使其更富有吸引力。从事产品体验营销的企业可以针对核心产品、基础产品、期望产品、附加产品、潜在产品这五个产品层次展开体验设计。

(三)服务质量

服务是为特定顾客演示的无形产品，不仅是服务业要求充分开展体验营销，即使有形产品中的服务因素比例越来越大，以至于制造业也逐渐把自己看作是为顾客提供服务的企业，如

IBM 就意味着服务。但是像舞台一样，服务体验如何让顾客感知或体验到，已成为体验营销能否成功的关键。一般来说，服务体验表现由许多细节融合而成，体验表现的许多要素发生于后台而不为客户所知，或被前台演出所掩盖。这就需要在向顾客提供服务的过程中，经常让顾客惊喜或愉悦。服务提供商在这方面更有优势，因为他们不专注于有形的商品，他们能够致力于改善顾客在购物或接受服务时所处的环境，或者使顾客迷恋于企业精心营造的温馨氛围，或者引导顾客参与其中，以便将服务转化为难忘的体验。

(四)互动过程

难忘的体验就在于参与其中，而参与其中的活动就是彼此互动的过程。其实营销的本质就在于相互沟通，沟通得越畅通、越淋漓尽致，体验也就越深刻。尽管教育是一件严肃的事情，但并不意味着教育的体验不能成为一件快乐的事。在加利福尼亚一个占地 28 000 平方米的儿童乐园里，为 10 岁及以下的小孩提供了一种教育体验，通过购买门票请他们参加有助于智力开发的自发性的游戏。孩子们在丛林花园和沙地里挖掘，以寻找化石、人类遗迹，甚至包括整副恐龙骨骼。他们穿着老式的衣服，自己在交互式的厨房里准备食物，还能爬岩石和楼梯，玩各种各样需要技巧的游戏，每个游戏场所都能提供多种学习体验。

体验营销的四个构成要素共同营造顾客的体验。然而，对于不同的体验互动过程而言，这四种要素对体验效果的贡献程度却因产品、服务和行业性质而异。对于百货商场来说，它的设施环境和服务质量就显得格外重要；而对于邮递销售商，它的设施环境在体验中的影响就不大，因为顾客是根据商品目录通过电话订购商品的。因此，体验营销构成因素的重要程度，不同的企业应有所不同。

第三节　体验营销策略

一、体验营销 4Ps 组合策略

(一)体验产品

企业针对不同顾客的不同体验，开发出相对应的体验产品，如娱乐体验、教育体验、逃避现实的体验和审美的体验。还可以针对人们的不同体验形式，如感觉、感受、思维、行动和关系，开发出不同的体验产品。不管什么类型的体验产品，只要迎合了顾客的需要，具有高度的体验价值，顾客就会给予提供体验产品的公司更高的价格作为回报。同时，可以打造出体验产品，以吸引顾客参与品牌互动，实现品牌认同和忠诚。因此，提高商品和服务体验化程度，吸引顾客的参与是体验营销成功的关键。

(二)体验价格

理性消费者总是追求自身利益最大化。顾客将从能为其提供最大让渡价值的公司购买商品。传统营销把体验作为一种服务，实际上，我们可以从中分出体验价值。而对于除产品之外的价值估计都是主观行为，并且人们对于机会成本方面的估计也不相同，有时取决于人们所掌握的信息量的多少。体验类消费的价格应主要按心理和需求确定，因此必须加强与顾客交流来使其认识到物有所值。最成功的定价方式是顾客把价格作为回忆体验价值的一种手段。

(三)体验促销

促销本身是对体验的一种描述，对消费者起引导作用。顾客很多时候是通过企业促销了解体验活动内容的。不同类型的体验通过不同的促销形式传播。促销形式不同，但发生机制却是相同的。因为体验促销都是将图像、文本等符号化的东西和位置等元素结合起来，使其展现的日常生活的叙事是动态的而且具有很高的仿真性。比如促销的位置就控制着语境、背景、叙事的内容。这种控制使它们具有了特别的权利——使促销所表征的现实可以是“超真实的”。这样，体验促销就以极大的弹性构筑了一个“体验的现实”，这个体验的现实在勾起欲望、潜意识和想象时特别有效，进而提高顾客体验价值。

（四）体验地点

从根本上讲，体验所在的位置也会影响体验的结果。当消费者离体验地距离较远时，一方面会造成顾客消费体验总成本的上升，使顾客消费的次数减少；但另一方面地域的距离带来文化上的差异，进而给顾客带来体验的差别化。如拉萨人和内地人参观布达拉宫的体验是有很大差别的。网络的流行正是因为其在一定程度上克服了地点的限制，而且体验选择性大大增强。如何让顾客在消费中身临其境，是体验营销活动的关键环节所在。

二、体验营销 6Es 组合策略

体验营销的目的是依靠客户参与事件来生产和让渡体验，所以体验营销组合应紧紧围绕着体验的生产和消费来建立。基于顾客角度的体验营销组合可以分为以下六大要素：体验（Experience）、情境（Environment）、事件（Event）、浸入（Engaging）、印象（Effect）、延展（Extend）。

（一）体验

体验是体验营销组合中最基本的要素，就像“产品”一样，它描述了公司要提供给顾客什么样的体验。但是，顾客所感知的体验却无法被清楚地归属于哪一类型，而是几种类型的混合物。当然，这种混合并不是杂乱地交织在一起，而是以“体验的车轮”这种形式出现的，或是基于价值的层级发展的。因此，在实施体验策略时，一定要找到各种类型体验或各层级的连接点，然后在连接点上进行体验线的扩充组合，从而生成一个完整的顾客体验计划。

（二）情境

情境就是企业为顾客创建的“表演舞台”，是体验产生的外部环境。它既可以被设计成现实的场景，比如星巴克咖啡店设计的店堂环境；也可以被设计成虚拟的世界，比如一些网站经营者设计的虚拟空间，同时又是事件展开的必要条件，因此必须重视情境策略在体验营销中的运用。在情境的设计过程中，情境策略必须服从和服务于体验策略，否则就发挥不出整合的效果，甚至有可能取得相反的效果。

（三）事件

这里的事件特指为顾客设定的一系列的表演程序。在以往对体验的定义中，一再强调作为经济提供物的体验的产生必须要顾客亲自参与表演，但是作为企业又不能任意由顾客表演，因为那样做将很难为顾客提供特定的体验。如果企业提供的体验零散而无法辨别，那么将很难在顾客心目中形成一个清晰的概念和定位。因此，企业必须对表演的过程进行特别的设计，这就是事件策略。根据表演程序的松散程度，可以将事件策略分成两种模式：一种是设立严格的程序，在线游戏的体验营销就属于此；另一种是设立一个相对宽松的程序。在事件策略的制定过程中，除考虑顾客自身的活动之外，还要考虑到顾客相互之间的关系，这是因为在体验活动中，经常是许多顾客同时参与过程，如果不注意协调他们之间的活动，很容易带来负面的体验，这对企业来说将是巨大的损失。

(四)浸入

体验营销关注的是顾客的主动参与性,浸入策略主要是指要通过营销手段使顾客真正浸入到企业所设计的事件中,因此设计一个什么样的角色给顾客将是非常关键的。浸入策略要求在角色的设计中一定要使顾客成为一个真正的"演员",而不能将其看成观众,或者是可有可无的人。诱使顾客主动表演是浸入策略的关键所在,因为顾客只有在事件的过程中真正地参与进去,才能使心理活动真正地浸入到我们设计的情境中,这样才会最终引致体验(愿意付费的体验)的产生。

(五)印象

印象是体验给顾客留下的深刻和难忘的记忆。营销的本质是需求的管理,营销关注的焦点是顾客关系管理,这也是关系营销得以流行的主要原因。关系营销强调的是顾客的终生价值,而不是单次交易所产生的价值。因此,体验营销在向顾客让渡体验的过程中,也必须注意顾客重复购买的问题,在体验营销组合中引入印象策略正是基于这一考虑。从体验的定义可以看出,体验是深刻的和难忘的,体验的难忘过程产生了印象,因此印象就成了维持长期顾客关系的一个重要因素。但是,印象是会随着时间的推移逐渐衰减的,如果不对印象进行管理,长期顾客关系的保持将很难实现。印象策略就是对印象进行管理的策略。

(六)延展

营销的最终目的是获得顾客的忠诚,以及以最小的成本实现最大的企业价值。延展策略会很好地解决这个问题。通过体验营销,可以使体验再次以顾客为中心向外辐射,起到体验的最大作用。顾客的体验可以延展到企业的其他产品,可以延展到不同的地区、不同的时期。更重要的是向他人进行传播,从而使体验在延展过程中得到升华,实现顾客价值的最大化。体验营销通过各种措施对延展策略完备周详地加以实施,就能够使体验的功效发挥到极限。

上述几种要素并不是相互独立的,它们之间在组合策略中存在着非常密切的联系。首先,体验策略是体验的设计过程,是情境策略、事件策略和浸入策略的前提和基础,其他策略必须服从和服务于体验策略的基本内涵和思想。其次,情境策略、浸入策略和事件策略是体验的实现过程,企业通过这三个策略的实施,完成体验的生产和让渡,同时顾客也完成了对体验的消费。最后,印象策略和延展策略是体验影响的管理过程,它建立在前面几个策略的结果上,同时又是下一体验让渡过程的输入,影响着下一体验让渡的策略组合。

三、实施"体验营销"要注意的问题

(一)关注顾客的体验

与传统营销相比,体验营销关注的是顾客体验。体验的产生是一个人的遭遇、经历或是生活的结果。这些体验往往激发某种感觉,触动心灵以激发灵感。体验就是把企业和品牌与顾客的生活方式联系了起来,而且把顾客的消费行为和购买场景放置到了更广泛的社会环境之中。企业应注重与顾客之间的沟通,发掘他们内心的渴望,站在顾客体验的角度,去审视自己的产品和服务。当顾客十分口渴的时候,过去的厂商可能就是给顾客一杯水,而不管顾客是希望喝白开水还是矿泉水或是可口可乐,而关注顾客体验就是不仅要满足顾客口渴喝水的需要,还要满足顾客对水的喜好和偏爱,也就是让顾客在接受商品时能体验到企业理解他、尊重他和体贴他。

(二)让顾客参与其中

体验营销的威力就在于使顾客个人以个性化的方式参与事件中。企业应注重与顾客之间的沟通，发掘他们内心的渴望，站在顾客体验的角度，去审视自己的产品和服务。通过体验使顾客对品牌产生情感寄托，从而成为品牌的忠诚顾客。

（三）增加产品附加值

体验是由某些刺激而产生的内在反应，它产生于直接消费的有形产品或无形产品，无论是真实的还是虚拟的，重要的是能满足人们的某种体验需要。当咖啡被当成“货物”贩卖时，一磅可卖300元；当咖啡被包装为“商品”时，一杯就可以卖一二十元；当其加入了“服务”，在咖啡店中出售，一杯最少要几十元至100元；但如能让咖啡成为一种香醇与美好的“体验”，一杯就可以卖到上百元甚至是好几百元。好的体验设计可以让产品增加“体验”含量，带来附加值，为企业带来可观的经济效益。

（四）树立核心竞争力

体验营销能带来企业的核心竞争力，它把顾客的注意力从产品转移到了消费过程，从物质的功能和利益的满足转移到了更多对情感的满足层面，让顾客通过企业设定的体验，能够理解产品与众不同的卖点，为企业树立核心竞争力，为品牌塑造忠诚的顾客，确定自己品牌在行业中独特领导的地位。

（五）提供消费的情景

在信息时代，只有那些真正刺激顾客感觉、心灵和大脑，并且进一步融为其生活方式的体验才会使顾客内心深处感受到强烈的震撼，才能真正俘获顾客的心智，得到他们的支持和认可。营销人员不再孤立地去思考一个产品的质量、包装、功能等，而要通过各种手段和途径，比如娱乐、店面、人员等来创造一种综合的效应以增加消费体验；不仅如此，还要思考消费所表达的内在的价值观念、消费文化和生活的意义。设计必要的消费情景，通过综合考虑各个方面来扩展其外延，并在较广泛的社会文化背景中提升其内涵。比如，体验营销人员不仅要考虑洗发水、剃须刀、吹风机和香水等产品本身，而且更要考虑“浴室里的气氛”，他们会问自己什么产品适合这种消费场景以及如何使用这些产品，产品包装和消费之前的广告如何强化消费体验。顾客购物前、中、后的体验已成为增加顾客满意度和品牌忠诚度的关键决定因素。

（六）理性和感性并重

对于一个体验营销者而言，顾客既是理性的又是感性的。顾客在消费时经常会进行理性的选择，但也会有对狂想、感情、欢乐的追求。遗憾的是，在传统营销理念中，这种看待顾客的独特观点，虽然融合了心理学领域里的最新概念和发现以及认知科学和生物进化论，但对营销领域的影响却很小。这种观点对于今天的营销人员而言具有重要意义：不要把顾客仅仅看成是理性决策者。顾客希望得到乐趣、刺激，感受到感情上的触动以及接受有创意的挑战。所以，企业不仅要从顾客理性的角度去开展营销活动，也要考虑顾客情感的需要。

（七）从体验主题出发

体验要先设定一个主题。体验营销是从一个主题出发并且所有服务都围绕着这个主题，或者其至少应设有一个“主题道具”，例如一些主题博物馆、主题公园、游乐园，或以主题设计为导向的一场活动等。这些“体验”和“主题”并非随意出现，而是由营销人员精心设计出来的。如果是“误打误撞”形成的则不应说是一种体验营销行为，在这里所讲的体验营销是要有严格的计划、实施和控制等一系列管理过程在其中的，而非仅是形式上的符合而已。

（八）体验途径多样化

体验通常是需要诱发的，营销人员必须采取一定的体验途径，同时要考虑你为顾客提供哪一类体验的形式，及如何才能提供永久的新奇。体验又是非常复杂的，没有哪两种体验是完全相同的，人们只能通过一些标准将体验分成不同的形式。与传统营销分析性强的、定量的以及处理语言信息的方法相比，体验营销采用的方法和工具比较多变而且种类繁多，并且这些与传统营销又有很大的差异。总之，体验营销不会局限于单一的方法，企业要善于寻找和开发适合自己的营销方法和工具，并且不断地推陈出新。

本章小结

体验经济是以商品和服务为载体，使消费者得到情感利益和自我实现利益的超值满足和享受的经济形态。体验经济具有非生产性、短周期性、互动性、不可替代性、经济价值的高增进性等特点。

体验营销是基于顾客精神享受和心灵体验的营销活动。它以满足顾客精神体验为出发点和归宿点，通过一系列的营销调研、策划、传播、执行等实践活动，在顾客身心愉悦的同时，以教育的、审美的、道德的、文化的力量，创造顾客体验，并在不断创新营销效果的过程中强化顾客体验，实现顾客品牌忠诚的营销目标。

体验营销分为感官体验(Sense)、情感体验(Feel)、思考体验(Think)、行动体验(Act)和关联体验(Relate)五种形式。体验营销的最终目标不是单纯构筑某一类型的体验，而是将各种体验领域恰如其分地组合在一起，为顾客创造一种整体体验。体验营销的要素有设施环境、产品实体、服务质量、互动过程。

体验营销 4Ps 组合策略是体验产品、体验价格、体验促销、体验地点。体验营销的 6Es 组合策略是体验(Experience)、情境(Environment)、事件(Event)、浸入(Engaging)、印象(Effect)和延展(Extend)。实施体验营销要注意关注顾客的体验、让顾客参与其中、增加产品附加值、树立核心竞争力、理性和感性并重、体验途径多样化。

复习思考题

1. 什么是体验营销？哪些产品不太适用体验营销？
2. 试选择你熟悉的一种产品或服务，为其设计体验营销策略。

案例讨论题

星巴克的体验营销模式

星巴克(Starbucks)是在 1971 年由杰拉德·鲍德温、戈登·波克和泽乌·西格尔共同创办于美国西雅图的一家连锁咖啡公司。现如今已经成为全球最大的咖啡连锁店。1999 年 1 月 11 日，在北京国贸中心，中国第一家星巴克咖啡店开业了。接下来星巴克相继在中国的上海、广州等 60 多个城市陆续地开了近千家的咖啡连锁店。到目前为止，除美国本土以外，中国市场已经发展成第二大市场，在我国的很多较发达的城市，星巴克门店已经随处可见。

和同类的商品相比，星巴克在中国市场的定价是比较贵的。可是昂贵的价格并没有阻止中国人对星巴克的喜爱和消费忠诚度。这与星巴克的营销策略必然是密不可分的。星巴克公司认为咖啡是一种载体，是一种媒介，是顾客与企业之间的沟通的最有效方式。星巴克出售的并不只是一杯咖啡，而是一种体验，一种星巴克独有的咖啡体验。星巴克公司正是利用这种独特的体验营销策略，使星巴克公司发展成现在这种跨国企业。星巴克里舒适的环境、舒缓的轻音乐、周到的服务、充满活力的氛围，加上对产品种类和质量的要求，使顾客在星巴克里感受到完美而又独特的体验。在中国市场，星巴克已经成为人们约见朋友、商务会谈、休闲娱乐的重要场所。独特的体验营销已经让星巴克不只是一杯咖啡，而变成时尚和文化的代名词。

一、高品质的咖啡体验

咖啡是消费者在星巴克消费的有形产品，是顾客与企业之间的媒介，为了保证星巴克咖啡有一流纯正的口味，星巴克设有专门的采购部门，他们常年活动在拥有世界上最好品质咖啡豆的地区。购买后的咖啡豆会被及时送往炒制车间，熟练的工作人员必须按照高标准的方法进行混合炒制，随后咖啡豆会被密封包装送往星巴克连锁店。咖啡的调制几乎有着苛刻的要求，负责调制咖啡的员工都要专门接受"煮制极品咖啡"的课程。从咖啡豆的采购、炒制到咖啡的调制，每一个步骤都有着严格的要求，为的就是能让消费者喝到纯正的一流的咖啡，这是星巴克体验营销的核心。

二、感性色彩的环境体验

咖啡店环境是顾客体验咖啡的场所，而环境也是人们得到美好体验的来源之一。完美的体验塑造要带给消费者全面的感官刺激，在咖啡的嗅觉、味觉刺激之外，星巴克还追求对顾客视觉、听觉、触觉的全面的刺激，使人们的感受更加深刻。好的消费环境是完成这一切的必需，也是打造顾客难忘体验的重要因素。星巴克的美国总部拥有一批专业的设计师和艺术家，专门设计全世界的星巴克店铺，所以星巴克的每一家店，在品牌统一的基础上，还拥有自己的个性特色。人们来到一家咖啡店，不仅仅为了咖啡，更可能是为了摆脱繁忙的工作、休息放松或是约会，环境的营造使得星巴克咖啡店成为人们除家庭和公司以外的"第三生活场所"。这种生活场景的环境设置，让某些不喝咖啡的人也会选择星巴克作为独处或会友的休闲场所，从这个意义上说，星巴克是在大城市中营造着小绿洲，远离尘嚣的氛围吸引人们前来体验。

三、品质一流的服务体验

星巴克的咖啡不仅口感好，而且种类繁多，在用品区，顾客还能根据自己的喜好来添加各式各样的调味品。如果想喝到属于自己的独有风味，调配师还会单独为顾客泡制，让消费者体会到独一无二的享受。星巴克咖啡的颜色可以模仿，但它的独特风味却无法模仿，通过每一杯优质的咖啡为顾客营造独特的星巴克体验。

四、店铺之外的延伸体验

星巴克通过设立会员俱乐部的方式让所有星巴克的粉丝可以交流互动。星巴克在给顾客提供店内的优质服务的同时，还会用电子邮件等方式和顾客进行互动，让顾客和星巴克的关系更加紧密。星巴克的会员期刊也是精心设计的产物：精心策划的期刊主题、雅致的页面、多元化的参与活动，打开电子刊物，星巴克店内的温馨气氛仿佛在其中得到了延续。

体验经济时代已经到来，体验营销模式和理念的不断发展，很多的服务型企业也越来越重视顾客的消费体验，而星巴克的体验营销策略给了我们很好、很重要的启示。随着国家经济的快速发展、人民生活水平的日益提高，人们将更加注重精神方面的消费需求，更加注重有个性化的消费体验。抓住消费者消费体验的个性需求，设计符合其体验需求的产品和服务，让顾客体验到独一无二的消费体验，才能够得到他们的忠诚和青睐。

——资料来源：行知部落，https://www.xzbu.com/2/view-11366983.htm，2018－06.

共同探讨：

1. 星巴克是如何进行体验营销的？
2. 星巴克的体验营销是否成功？为什么？

参考文献

[1]瓦拉瑞尔·A. 泽丝曼尔,玛丽·乔·比特纳. 服务营销(第3版)[M]. 张金成,白长虹译. 北京:机械工业出版社,2004.

[2]森吉兹·哈克塞弗,巴里·伦德尔,罗伯塔·S. 拉塞尔,罗伯特·G. 默迪克. 服务经营管理学(第2版)[M]. 顾宝炎,时启亮等译. 北京:中国人民大学出版社,2004.

[3]卡斯帕尔(Kasper,H.)等. 服务营销与管理——基于战略视觉(第二版)[M]. 北京:人民邮电出版社,2008.

[4]菲利普·科特勒,凯文·莱恩·凯勒. 营销管理[M]. 卢泰宏译. 北京:中国人民大学出版社,2009.

[5]曼弗雷德·布鲁恩,多米尼克·乔治. 服务营销——服务价值链的卓越管理[M]. 北京:化学工业出版社,2009.

[6]菲利普·科特勒,凯文·莱恩·凯勒. 营销管理(第12版)[M]. 上海:上海人民出版社,2006.

[7]加里·阿姆斯特朗,菲利普·科特勒. 科特勒市场营销教程(第6版)[M]. 余利军译. 北京:华夏出版社,2004.

[8]克里斯托弗·洛夫洛克,约亨·沃茨. 服务营销[M]. 北京:中国人民大学出版社,2009.

[9]罗伯特·J. 卡尔文. 销售管理[M]. 周洁如译. 北京:中国财政经济出版社,2003.

[10]Gray Armstrong, Philip Kotler. *Marketing: An Introduction* (6th edition). NJ: Pearson Education, 2005.

[11]叶万春,王红. 服务营销学(第二版)[M]. 北京:高等教育出版社,2007.

[12]李强. 市场营销学教程(修订版)[M]. 大连:东北财经大学出版社,2000.

[13]万晓. 市场营销[M]. 北京:清华大学出版社,北京交通大学出版社,2007.

[14]李雪松. 服务营销学[M]. 北京:清华大学出版社,北京交通大学出版社,2009.

[15]刘宝宏. 企业战略管理[M]. 大连:东北财经大学出版社,2009.

[16]杨顺勇,丁萍萍. 会展营销[M]. 北京:化学工业出版社,2009.

[17]李颖生,鲁培康. 营销大变革[M]. 北京:清华大学出版社,2009.

[18]克里斯·安德森. 长尾理论[M]. 乔江涛,石晓燕译. 北京:中信出版社,2009.

[19]W. 钱金,勒妮·莫博涅. 蓝海战略[M]. 吉宓译. 北京:商务印书馆,2009.

[20]岳俊芳. 服务市场营销[M]. 北京:中国人民大学出版社,2008.

[21]陈祝平,陆定光. 服务营销管理[M]. 北京:电子工业出版社,2002.

[22]阎剑平. 服务营销[M]. 北京. 中国纺织出版社,2004.

[23]傅云新. 服务营销学[M]. 广州:华南理工大学出版社,2005.

[24]曹礼和. 服务营销[M]. 武汉:湖北人民出版社,2001.

[25]曹礼和,邱华. 服务营销[M]. 武汉:武汉大学出版社,2004.

[26]李晓. 服务营销[M]. 武汉:武汉大学出版社,2004.

[27]贾昌荣. 服务营销战[M]. 北京:中国经济出版社,2006.

[28]李怀斌,于宁. 服务营销学教程[M]. 大连:东北财经大学出版社,2002.

[29]王方华等. 服务营销[M]. 太原:山西经济出版社,1998.

[30]赵强. 服务失误的防范与补救[J]. 企业改革与管理,2007(8).

[31]张圣亮,汪晓旺. 服务承诺策略有效性实施探讨[J]. 价值工程,2009(6).

[32]林有宏,黄宇芳. 电信行业精确营销方法与案例(第2版)[M]. 北京:人民邮电出版社,2009.

[33]叶万春. 服务营销管理[M]. 北京:中国人民大学出版社,2003.
[34]郑吉昌. 服务市场营销[M]. 北京:中国对外经济贸易出版社,2003.
[35]邱华. 服务营销[M]. 北京:科学出版社,2004.
[36]章海荣. 服务营销管理[M]. 北京:清华大学出版社,北京交通大学出版社,2009.
[37]冯丽云,程化光. 服务营销[M]. 北京:经济管理出版社,2002.
[38]陈祝平. 服务营销管理[M]. 上海:立信会计出版社,2007.
[39]陈健. 电子服务新趋势:按需定制[J]. 中国计算机报,2006(10):75.
[40]杨名. 服务创新及其标准化——定制化模式研究[D]. 大连理工大学,2007.
[41]马连福. 体验营销:触摸人性的需要[M]. 北京:首都经济贸易大学出版社,2005.
[42]高铁生. 服务营销管理[M]. 北京:电子工业出版社,2003.
[43]杨海娜. 针对服务产品基本特性的营销策略分析[J]. 现代企业教育,2008(10).
[44]陈丁晖,黄儒伟. 服务特性及其对营销策略与管理的挑战[J]. 沿海企业与科技,2007(7).
[45]刘红一. 服务营销理论与实务[M]. 北京:清华大学出版社,2009.
[46]阳林等. 服务营销[M]. 北京:电子工业出版社,2008.
[47]王永贵. 服务营销与管理[M]. 天津:南开大学出版社,2009.
[48]王永贵. 服务营销[M]. 北京:北京师范大学出版社,2009.
[49]杨旭东. 市场营销学[M]. 哈尔滨:黑龙江教育出版社,2005.
[50]马龙龙,李智. 服务营销与管理[M]. 北京:首都经济贸易大学出版社,2006.
[51]季辉,王冰. 服务营销[M]. 北京:高等教育出版社,2006.
[52]马清梅. 市场营销理论与实务[M]. 北京:清华大学出版社,北京交通大学出版社,2008.
[53]陈祝平. 服务营销管理[M]. 北京:电子工业出版社,2008.
[54]犁开莉,徐大佑. 市场营销学[M]. 大连:东北财经大学出版社,2009.
[55]邱华,程洁. 服务营销[M]. 武汉:武汉大学出版社,2009.
[56]岳俊芳. 服务市场营销[M]. 北京:中国人民大学出版社,2008.
[57]吕书梅. 管理沟通技能[M]. 大连:东北财经大学出版社,2008.
[58]韦福祥. 顾客满意与顾客忠诚互动关系研究[G]. 中国营销传播网,2001:11.
[59]清华服务创新研究网(http://www.thirs.org).
[60]中国营销传播网(http://www.emkt.com.cn).
[61]会展 365(http://www.cce365.com).
[62]约亨·沃茨,克里斯托弗·洛夫洛克. 服务营销[M]. 北京:中国人民大学出版社,2018.
[63]杨米沙. 金融营销[M]. 北京:中国人民大学出版社,2018.
[64]安贺新,张宏彦. 服务营销[M]. 北京:清华大学出版社,2015.
[65]郭国庆等. 服务营销学(第二版)[M]. 北京:高等教育出版社,2019.
[66]李敏. 大数据时代的全渠道营销研究[J]. 企业科技与发展,2018(2).
[67]邓学芬. 企业如何提高顾客满意度并培养顾客忠诚[J]. 现代管理科学,2005(4).
[68]冯琳. 服务营销中的服务质量管理对客户满意度的影响[J]. 企业改革与管理,2017(9).